西南人类学文库 | 流域与传统村落系

Longheqiaotou

龙河桥头

桥头双村生活的人类学考察

田阡 石甜 李胜 ◎编著

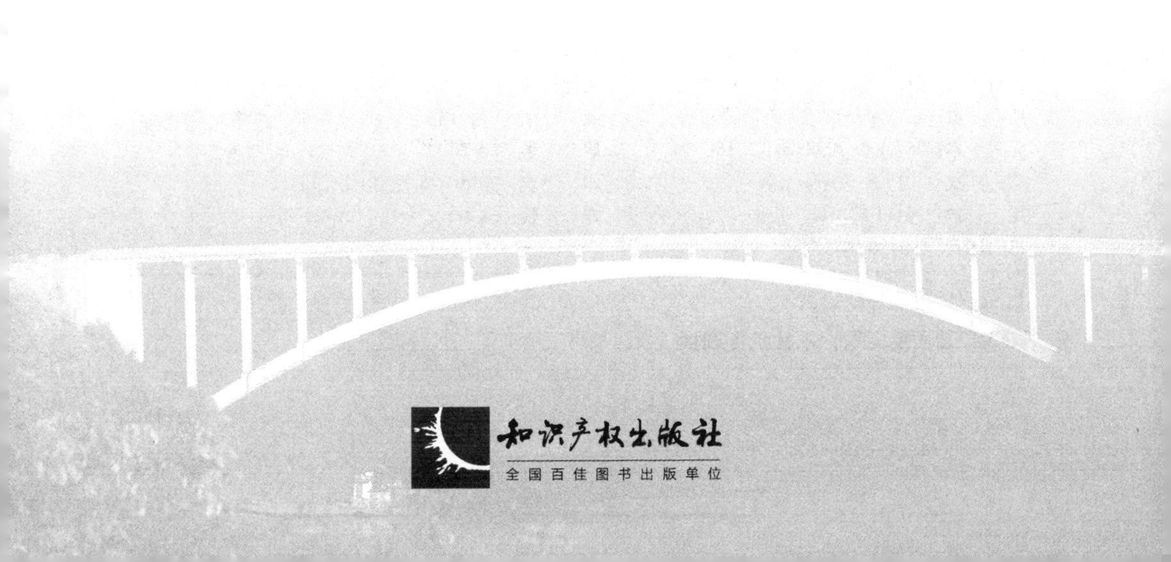

知识产权出版社
全国百佳图书出版单位

图书在版编目（CIP）数据

龙河桥头：桥头双村生活的人类学考察/田阡，石甜，李胜编著．—北京：知识产权出版社，2015.6

ISBN 978－7－5130－3431－9

Ⅰ.①龙… Ⅱ.①田…②石…③李… Ⅲ.①农村社会学—研究—重庆市 Ⅳ.①C912.82

中国版本图书馆 CIP 数据核字（2015）第 070345 号

内容提要

桥头，这个渝东南的小镇，似乎沉静在山水之间，但数百年前却是中央王朝往西南边疆拓展的咽喉要道。如今金戈铁马的硝烟早已散去，只剩下“天降神兵”的传说在村民之间口口相传。桥头镇属于石柱土家族自治县所辖，大部分居民为土家族，以农业种植和外出务工为主要经济来源。村民们的生活日复一日，似乎单调无味；但复杂的民间信仰、多姿多彩的民俗活动，都呈现出精彩的土家民族文化。

责任编辑：石红华　　**责任校对**：韩秀天

封面设计：春天书装　　**责任出版**：刘译文

龙河桥头

——桥头双村生活的人类学考察

田阡　石甜　李胜　编著

出版发行：知识产权出版社有限责任公司　　**网　　址**：http：//www.ipph.cn

社　　址：北京市海淀区马甸南村 1 号　　**邮　　编**：100088

责编电话：010－82000860 转 8130　　**责编邮箱**：shihonghua@sina.com

发行电话：010－82000860 转 8101/8102　　**发行传真**：010－82000893/82005070/82000270

印　　刷：三河市国英印务有限公司　　**经　　销**：各大网上书店、新华书店及相关专业书店

开　　本：787mm×1092mm　1/16　　**印　　张**：20.25

版　　次：2015 年 6 月第 1 版　　**印　　次**：2015 年 6 月第 1 次印刷

字　　数：364 千字　　**定　　价**：58.00 元

ISBN 978-7-5130-3431-9

西南人类学文库

序　言

人类学于20世纪初被引进中国，其研究一度繁荣。1923年，在美国哈佛大学人类学博士李济主持之下，南开大学建立了中国第一个人类学系。20年代至30年代初，全国许多院校，如金陵大学、燕京大学、厦门大学、浙江大学、华西协和大学、大夏大学、中央大学、岭南大学、中山大学、复旦大学、东吴大学、光华大学、广西大学、华中大学、福建协和学院等校纷纷设立人类学机构，或者在社会学系中开设与人类学相关的课程。北京大学等校虽然没有设置系科，但也开设了人类学、民族学课程。抗战胜利后，国民政府教育部先后批准暨南大学、清华大学、中山大学、浙江大学、辅仁大学建立人类学系。1952年院系调整，国内各大学的社会学系、人类学系和民族学系先后撤销，人类学中研究体质的部分基本保留下来，但被归并到生物学或古生物学之下；研究人文与社会的那部分则被调整到历史学内，或以“民族研究”的名义得以延续。

20世纪70年代末80年代初，人类学地位重新得到恢复。1981年，中山大学复办人类学系，设民族学和考古学两个专业，同年获得博士授予权。随后，厦门大学也建立了人类学系和人类学研究所，设人类学、考古学两个专业。中央民族学院于1983年建立民族学系，1993年该校成立民族学研究院，2000年9月改名为民族学与社会学学院。中国社会科学院研究生院民族系于1978年成立，设有民族学与人类学专业，并于当年开始招收硕士研究生，1983年起开始招收博士研究生。北京大学社会学人类学研究所成立于1985年3月，是一个以研究为主、教学为辅的机构。此外，云南大学、中南民族学院、湖北民族学院、广西民族大学、云南民族大学、贵州民族学院等一些综合性大学和民族学院（大学）也成立了人类学研究所或民族研究所，招收博士、硕士研究生。在中国，现阶段本科开设人类学课程的只有中山大学及一些民族学院（大学）。截至2009年，全国共有二十多所高校院所在民族学、社会学一级学科下设立了人类学硕士授予点，北京大学、中国人民大学、清华大学、中央民族大学、中国社会科学院研究生院、南开大学、上海大学、厦门大学、中山大学9所大学设立了人类学博士点。其中，北京大学和中山大学的人类学专业被评为国家重点学科。2010年国务院学位办将博士授予权下放到部分重点高校，一部分高校增设了人类学博士点，如南京大学、哈尔滨工业大学等。

人类学这些年来在中国已经有了长足的进步，特别是2009年人类学民族学联合会第16届世界大会在中国召开后，发展迅速。这表现在，越来越多的人类学、民族学机构的建立——根据相关的统计可知，我国现有的人类学民族学机构已经超过100个，专业人员超过5000人。此外，越来越多的高校建立起硕士、博士学位点，除了"985"高校外，部属和各省的民族院校普遍建立起学科点。进而，各类学术活动亦越来越多。中国人类学民族学研究会是最大的学会，每年举办年会和学科单位负责人会议，其下属的各分委员会亦举行各种专题会议。民间团体"人类学高级论坛"每年举行年会和青年圆桌论坛，已经连续举办了12届，2013年还在台湾地区举办了首次论坛。各类研究课题在国内外展开，尤其是海外民族志研究方兴未艾，各种专著、文章更是如雨后春笋层出不穷。

笔者认为重庆这片区域在人类学、民族学的发展中有着重要的地位。首先，重庆位于中国的腹地，在习惯上称之为"西南"，实际上在中国地理位置上是中部偏东。地处长江上游，是青藏高原与长江中下游平原过渡地带，古往今来是兵家必争之地。从古代的巴楚战争，到元时的钓鱼城之战，以及民国抗战时首都就可见一斑。其次，重庆是中国文明的发祥地之一，从200万年前的"巫山人"到农业起源时的新石器文化，从别具一格的巴国青铜文化到石盐生产中心。其三，重庆也是多民族聚居的地方，古往今来族群互动繁多，迄今还保留4个民族自治县（原来有6个自治县），分布着上百万的土家族和苗族。其四，重庆是中部经济核心地区，是铁路、公路、水运和航空的交通枢纽，是中国制造业、高科技、高等教育的核心区之一。当前，重庆经济飞速的发展带来的社会、文化急剧变迁，为人类学民族学的研究提供了广阔的天地。

然而总体上看，重庆人类学民族学发展的状况却不太尽如人意，这与重庆的地位不太相称。重庆自成为直辖市后，随着政治地位的提高，经济也获得了高速发展，可是人文社会科学的发展相对滞后。不过，我们欣喜地看到，不仅西南大学作为重庆人文社会科学的重镇继续担当着领头羊，重庆大学也建立起高等研究院和相关的社会科学研究院以弥补单纯理工科大学之不足。近来，人类学民族学在重庆也有了欣喜的进步，首先是在西南大学建立了相关机构，开展人类学民族学的研究，并招收相关专业的研究生。接着是在重庆大学高等研究院建立人类学研究中心，聘请海外专家做中心主任，目前已经举办了相关的学术会议和人类学系列讲座。在重庆文理学院也开展了文学人类学、文化遗产的研究，还承办了2013年人类学高级论坛。

重庆人类学民族学的进步与田阡及所在团队的努力是分不开的。本丛书的出版正是近年来研究成果的展示。从本丛书看其研究在如下几个方面是有所突破的。

田阡的团队立足武陵山区与乌江流域，以区域自然与人文生态为基础，关注非物质文化遗产的文化基础，将文化总体特征与多样性相结合，开展非物质文化遗产与区域文化互动关系研究。同时运用区域研究的方法，坚持整体观与跨文化比较的研究取向，基于非物质文化遗产研究的视角，以教育部人文社会科学研究项目“龙河流域区域文化与族群关系研究”和文化部民族民间文艺发展中心项目“中国节日志·春节（重庆卷）”为依托，对该区域文化的共同特征和多样性开展了系统的研究工作。首先，对区域文化进行具体的分类研究。将区域文化分为民族艺术、民族体育、民族音乐、民族手工艺、民族舞蹈等方面，从民族文化形式、内涵、传承、文化产业等角度对不同的民族文化作了专题调查研究，凸显民族文化的多样性，探讨非物质文化遗产的文化根基及传统文化在非物质文化遗产保护中的应用。其次，运用人类学的进化论、整体观等理论与方法，通过多点式田野调查，对该区域的非物质文化遗产进行了系统的比较研究。最后，对区域文化开展总体性特征的研究。在大量田野调查的基础上，从生计方式、价值体系、社会风尚、行为规范和制度体系等角度，对武陵山区和乌江流域的区域文化作综合分析，总结该区域文化的基本特征与文化价值。

田阡的团队以都市为研究场域，以城市化进程中新的社会文化现象为基础，以族群流动与互动关系为研究对象，开展了丰富的都市少数民族社会管理问题研究。区域文化的整体性与多样性是在族群互动的基础上形成的。在关注区域文化研究的同时，该团队依托国家社科基金项目“西部地区少数民族农民工生计模式与身份认同研究”，展开都市族群关系问题研究。该研究的创新之处在于突破了原有流域个体、单一民族研究的思路，通过社区研究对族群互动关系的多样性作了综合分析，推动了学科互动研究。他们对大都市的散杂居状态进行了深度剖析，利用科塞提出的社会安全阀理论，创造性地将城市民族事务部门定位为城市民族工作的“安全阀”，指出城市民族事务部门应充分利用自身各种优势，在日常管理和突发事件应急处理等方面，发挥资源动员和服务传递的职能，充分发挥“安全阀”的疏导、转化和催化作用，推动城市民族工作的顺利开展。

田阡的团队将田野调查与文献分析相结合，关注历史上地方社会与国家的“中心与边缘”互动关系，开展了卓有成效的族群与区域文化的历史人类学研究。在已有的区域历史研究基础上，通过历史文献的分析和大量的田野调查，从文化生态的角度对不同民族和不同区域的生活状况进行了研究和评价，对地方社会与国家之间的互动关系进行了创新性的、历史性的演绎与归纳。同时，以历史事件的反思关照现代地方社会发展的问题，对民族地区社会发展进行了分析，为解决当前的民族关系问题提供了更加系统的理论支撑和明确的决策参考。如运用人类学的理论与方法，以苗疆社会自身为研究视角，从苗疆民众的日常生活分析出发，对苗疆民众的日常生活进行了全新的理解与评价，为西南边疆与民族历史问题研究提供了新的研究思路。该成果凸显了民间组织与民间行为规范的社会价值，对于解决中国基层社会的现实问题，维护基层社会的社会秩序提出了新的路径，从理论上推动了社会主义和谐社会的建设。

田阡教授嘱我为西南人类学文库写个序。犹豫再三，还是答应下来。田阡十多年前就读于我的门下，毕业后去了西南大学。在那里，他将人类学理论与应用相结合，将学术研究与学科建设相结合，在人类学基础薄弱的重庆打出了一片新的天地，特别是在流域人类学领域所做的研究和思考更有新意。当老师的最高兴的莫过于学生能够做出成绩。这也是我愿意写序的原因。最后，祝愿田阡的团队能有更多的成果问世，祝愿重庆的人类学有美好的明天！

2013年11月27日

重观西南：走向以流域为路径的跨学科区域研究

学术从来不是静止的，我们的探索永远是理论和实践上的无尽开拓。无论做哪一学科的学术研究，方法都是非常重要的。英国社会人类学家利奇（E. R. Leach）在其代表作之一《缅甸高地诸政治体系：对克钦社会结构的一项研究》中提到人类学研究中的“蝴蝶论”：当时很多研究者的工作，就像收集各种蝴蝶标本一样去收集各种人类文化现象。他认为这些文化现象收集得再多、再全，如果不去深究“蝴蝶”的归类、“蝴蝶”的演化等问题，对我们认识人类社会就没有多大帮助。同样，当我们回头去看弗雷泽（James George Frazer）强调在古典人类学家泰勒（Edward Burnett Tylor）的基础上要对比较方法进行革新，放弃使用先验的阶段论，转而做共时的比较，从而看到事物和事物之间的关系的理念时，就可以确信这样的学术思维可以理出一条通过认识事物，进而认识人类社会的主线来。

一、方法论转向：从社区研究到区域研究

源于结构功能学派社会人类学的社区研究，作为一种方法论，长期以来都是人类学研究的基石，为人类学这门学科的世界性的发展做出了不可磨灭的贡献。但事实上，只要对学术史稍作梳理即不难发现，社区研究本身也经历了一个动态演化的过程。在人类学传统的社区研究中，其实存在着“社区研究”和“在社区中做研究”这样两种研究取向。一直以来，大多数的中国研究者都传承了人类学民族志的传统，将社区视为可操作单位，对其进行“麻雀解剖”，以期代表中国，至少代表中国社会的一种“类型”或“模式”。然后试图通过类型比较方法达到对中国整体的认知。

费孝通先生在后来的《云南三村》序言中反思《江村经济》，承认《江村经济》做的是社会调查而不是社会学调查，他在《云南三村》中的类型比较研究，可以看做是对“利奇之问”的回应。这段学术公案众所周知。利奇质

疑费孝通先生的社区研究方法，“在中国这样广大的国家，个别社区的微型研究能否概括中国国情?”[1] 费孝通坦承，“江村不能在某些方面代表一些中国的农村”，但他认为：“如果承认中国存在着江村这种的农村类型，接着可问，还有其他哪些类型？如果我们用比较方法把中国农村的各种类型一个一个地描述出来，那就不需要把千千万万个农村一一的加以观察而接近于了解中国所有的农村了。通过类型比较法是有可能从个别逐步接近整体的。”[2] 这样一来，我们的研究就不再仅仅是“对社区的研究”，而进入了“在社区中做研究”而且是做更大范围或规模研究的新视野。在这种类型比较法的信念下，费孝通先生从“江村”走到“云南三村”走到“中国小城镇模式”乃至“区域社会”，为理解中国奉献了毕生精力。这种研究传统至今仍然在人类学和社会学的实证研究中有着重要的地位。在其影响下，我们的研究不但要思考整体与局部、一般与特殊、宏观与微观的链接，而且事实上还是一种加入了他者文化关怀的研究。一方面，区域社会的地方知识体系在支撑着“传统”或“他者”意义上的民族文化；另一方面，地方性的问题已经成为国家治理技术和世界政治经济体系在地方社会中实践和权力展演的空间。

作为学术工作者，我们既要时刻警醒自己将自身的世界当作众多世界中的一个，寻找他者历史与社会的独特运行逻辑，同时也要“追问流行于不同的地理单位中的宇宙观在互相碰撞的过程中如何保持自身的‘不同’”。[3]

区域研究作为人类学重要的组成部分，无论是在人类学学科起源和兴起的过程中，还是在人类学学科理论与学科流派的形成中，都具有举足轻重的作用。其主要目的在于通过区域个案的研究来认识区域整体。在全球化时代，人口的大规模流动使原有区域研究的理论与方法遇到严峻的挑战。尽管如此，人类学区域研究的重要性却从未动摇过。区域研究的理论和方法，只是比以前更加强调人类学理论上的批判性和人类学田野调查的科学训练而已。

二、对象转向：从族群研究到流域研究

人类学家周大鸣教授曾指出，族群的认同必须在族群之间的互动过程中去探讨，在与世隔绝的孤立群体中，是不会产生族群认同的，至少族群认同是在

---

[1] 费孝通：《人的研究在中国：个人的经历》，《读书》，1990 年第 10 期。

[2] 同上。

[3] 王铭铭：《人类学：历史的另一种构思》，王铭铭主编《中国人类学评论（第 9 辑）》，世界图书出版公司·后浪出版公司 2009 年版，第 55 页。

族群间互动的基础上发展起来的。经过认同和互动过程的族群关系呈现的是多元模式局面。[1] 事实上，包括地域性在内的现实认同在具体的时空下也是重要的族群认同操作工具。生活在同一区域的群体在新的历史条件下，不断受到政治的、市场的、历史记忆和社会结构等因素的影响而使族群认同和族群文化处于动态的变迁之中，这是历史的建构过程，也正在现实中发生着。

孤立的群体研究方法也无法把握族群之所以形成自我认同的过程。族群文化归纳，如果缺乏时空格局意识，就会忽视对地方社会的族群关系、地域关系和历史情境之间的关系，从而造成对区域文化地方性差异以及差异形成过程的关注的不足。

以空间、历史与族群互动为视角的区域研究，并不是单一的区域史，而是人类学上文化整体观和比较研究传统的延续，也是对中国地方社会研究中历史研究取向和区域文化研究取向相结合的进一步深入。这种研究视角以发现具体历史社会情境中地方社会与族群社会的关系为目的，去揭示国家、社会、地域、宗族、个人等多层次的社会力量在多样性的具体“历史真实”中的整合以及民间生活中“文化创造”的多样性，并最终以“过程民族志”的方式展现传统中国社会的运作机制。[2] 对于中国历史文化局部整体性的把握，是对中华文明总体整体性进行理解的必经阶段和重要步骤。因此将族群文化研究与地域进行结合，将族群与族群互动嵌入具体的时空轴进行审视就显得尤为重要。

从这个意义出发，我们的研究不应拘泥于族源、客观文化表征以及单一族群历史方面的考察，而应将其作为资料性素材，重点通过对区域空间内的族群文化与族群关系的把握，从河流区域与族群文化角度对族群研究进行田野调查和理论层面的探讨。

流域，正如龙宇晓教授所言：“是以河流为中心的人－地－水相互作用的自然—社会综合体，以水为纽带，将上中下游和左右岸的自然体和人类群体连接为一个不可分割的整体，在人类生活世界的本体系统中具有十分重要的地位。”[3] 从某种意义上来说，流域是群集单元，是世界本体的一部分。用地理学的说法，流域是一条一条的河流和分水岭形成的山水基线；从文化的发生角

---

[1] 周大鸣：《动荡中的客家族群与族群意识：粤东地区潮客村落的比较研究》，《广西民族学院学报（哲社版）》，2005年第9期。

[2] 彭兆荣：《边际族群：远离帝国庇佑的客人》，黄山书社2006年版。

[3] 曾江：《作为方法的流域：中国人类学研究新视角——流域人类学大有可为》，《中国社科科学报》，2015年6月9日。

度看来，流域就是一条条的文化赖以起源、演化、传播、交融与发展的时空通道；从整体观的视角看，流域还是一个体系架构，由大大小小的流域线条网络形成一个个的区域扇面。就社会内涵角度而言，流域是一个问题域，集结了诸如生态、人口、资源、民族、族群关系等各方面的问题；从方法论角度讲，流域则可以作为一种认知范式，从流域的角度看待问题，可能和过去泛泛地看待问题是不一样的。如果我们能用流域的方法，从流域的角度看问题，肯定能够发现以往我们不能发现的很多的知识的盲点。

流域是世界本体的一部分，这与流域的性质有关。流域在国外的理解各有不同，有广义的 valley，还有一个狭义的 watershed，即分水岭。希罗多德曾说“埃及是尼罗河馈赠给人类的厚礼”，深入理解他的话，可以说整个人类的文明都是和流域有关系的。马克思说“尼罗河水涨落启示，诞生了埃及数学”，可见流域不仅仅是文化的问题，也与地方知识、科学知识有关。流域的重要性在于它既是自然资源的群集单元，也是文化多样性的承载单元，更是我们认识社会的一种方式。顺着河流，就有物的交流、人口的流动、文化的传播和分布。流域作为一种系统的架构，是一个人、地、水互动的复杂系统，从中可以分成很多子系统，可以在这个系统层面发现很多现实问题，诸如生物多样性的问题、传统知识的传承保护的问题等。从这个角度来说，通过流域的视角，我们能够在研究中不断发现新的资源，给老的问题赋予新的意义，并最终解决这些问题。

作为范式创新的一个出发点，流域研究可以帮助我们超越以往点状认知的局限性，超越现在人类学区域研究上一个个民族志点之间缺乏关联的局面，还可以超越“边缘－中心”的理论范式。正因为如此，流域人类学作为一种跨学科的研究，能够极大地帮助我们实现文化整体观照的目标；流域的研究、流域的视角、流域的方法，或许能够真正推动人类学成为一套完整的知识体系。

三、空间转向：从东南研究到西南研究

中国研究的空间转向经历了从西南到东南再回归西南的历程。如西南彝学研究的现代学术确立开端于中山大学人类学系的杨成志先生。20 世纪的二三十年代，专业的社会学和人类学家开始进入西南地区，进行民族社会调查，留下许多重要的调查成果。中山大学人类学系先驱杨成志先生在 1928 年 9 月至 1929 年 5 月，孤身深入凉山进行民族调查，后来结合云南的一些调查撰写了

《云南民族调查报告》，被称为“我国西南民族调查的先导杰作”，后来出版的论文集《云南罗罗族论丛》被称为“罗罗研究的第一本巨著”。❶ 此外，袁家骅、李仕安、江应樑、陶云逵、林惠祥、芮逸夫、马长寿、林耀华等诸多民族学和人类学大家都曾进行过西南地区社会文化调查和研究。他们融会贯通，将人类学、民族学、民俗学、社会学、政治学、经济学等数门学科的理论与方法整合运用，写就了一批经典之作。相比于华北农村研究和东南宗族研究后期崛起，西南族群研究的传统曾一度低潮。随着费孝通先生于20世纪70年代末以后提出关于“藏彝走廊”的论述，人类学研究的目光又逐渐回到西南。

自1980年民族学人类学学科重建以来，西南研究的“区域研究”特征也日益明显。特别是1981年“中国西南民族研究学会”的成立，更标志着西南研究区域视野与实践的开启。在该学会的推动下，西南研究的学术力量被整合组织在一起，进行了一系列“流域”“走廊”“通道”等具有较强区域性研究的专题调研，如横断山区六江流域、西南丝绸之路、贵州“六山六水”、南昆铁路沿线、茶马古道、藏彝走廊等研究，从而开启了学科重建以来西南研究的第一次高潮，并取得了显著的成果。❷

人类学的区域研究曾经在村落个案的基础上，由国外中国研究者和台湾学者先后提出了市场体系理论、祭祀圈理论和历史人类学华南研究理论等范式，将连接一个个村落的关键，或认定为村庄集市网络内的交换关系，或认为是为了共同的神灵信仰而举行的祭祀活动的居民，或归结为某一特定区域范围内的宗族、信仰及社会整合。❸ 这些研究范式各有所长，也各有其缺陷，这些缺陷的共同之处在于：都只能解决相对较小范围内的区域研究问题，一旦将其置换于其他环境之中，就会遇到严重的“水土不服”情况。在实地的调查和研究中我们发现，地理自然环境因素天然地对区域社会形成具有形塑作用，而经济、政治、文化关系是区域社会形成、分化和变迁的重要基础。同时，把握地方社会形成及变迁所需要考察的区域族群关系、政治层级、经济关联、地理空间等社会结构性界线，都包含在区域社会之中而不是以族群为边界。作为族群互动的具体时空坐落，区域社会正是进行地方社会文化研究的可操作单位。

我自进入西南大学以来，结合区域研究和西南研究的新传统，带领团队在

---

❶ 王水乔：《杨成志与西南民族研究》，《云南民族学院学报（哲社版）》，1996年第2期，第55页。

❷ 张原：《“走廊”与“通道”：中国西南区域研究的人类学再构思》，《民族学刊》，2014年第4期。

❸ 周大鸣、詹虚致：《人类学区域研究的脉络与反思》，《民族研究》，2015年第1期。

龙河流域开展了持续性的区域田野调查和民族志写作。龙河发源于鄂渝交界处的重庆市石柱土家族自治县黄水国家森林公园冷水镇李家湾七曜山南麓，全长164公里，天然落差1263.3米，其中在石柱境内有104公里，是石柱境内最大的河流。龙河流出石柱县后，在丰都县王家渡注入长江。龙河穿越石柱和丰都两县20多个乡镇，因流经石柱县城南滨镇，绕城三面，龙河在石柱县内又称“南滨河”。龙河流经的地区地处川鄂交界地，当楚黔之交，控楚连黔，襟带湘境，自古为洪荒之地，是巴蜀古国最边远的山区，古称“九溪十八峒”，也是土家族的祖先古代巴人的聚居区。我和我的团队对龙河的人类学研究是从《冷水溪畔》开始的，陆续有《万寿山下》《沙子关头》《龙河桥头》《边城黄鹤》等传统村落的系列调查研究，还有《“边缘”的“中心”》等呈现族群互动的系列研究，以及流域内的物质文化遗产与非物质文化遗产研究。至此，一个以流域为路径的西南区域研究的新人类学空间正在凸显。在冷水乡开展田野的意义在于它是贯穿于石柱县的龙河的源头，也在于它已被置于流动和发展的背景之中，需要尽早地描述和挖掘。而在西南流淌着很多与龙河一样的小流域，都存在着一个个相对独立的族群多样社区，对学术研究的标本作用以及田野调查方法的训练都是一个很好的实践场域。我们期待能通过做一条河流的上、中、下游不同社区的研究，构建起对该流域整体性的文化和社会认识，继续寻找文化的相似性和社会发展的多样性，也为武陵山区和西南的多流域研究拓宽拓新思路与方法。

面对新时期全球化浪潮下对人类学区域研究迫切呼唤和相关学科领域的理论失语，在费孝通的中国区域研究蓝图和中山大学人类学系的岭南研究与珠江流域研究的基础之上，我们总结七年来集中于西南地区的流域研究的理论成果与田野成果，初步得出了一些关于人类学区域研究，尤其是中国西南山区人类学区域研究的规律与方法。

四、学科转向：从人类学洞见到跨学科协同

我们认为，流域文明不仅是流域文化、流域历史，更多应关注现实的流域治理问题，进而参与到国家治理能力和治理体系现代化的讨论中去，因此，挖掘流域文明，其根本目的应该是更好地从点、线、面三个层次上为社会治理提供理论指导。

第一，流域文明凝聚社会治理的文化意蕴。水是流域文明的主体，水的特性在于它的流动性和循环性。水的流动性体现在它最一般的液态，水的循环性

体现为它在“三态”间的转化。水在沸点化为气态，在冰点结为固态，但是无论如何蒸发和凝结，它都在循环往复之中保持自身的存在。水也在“三态”转化之中实现着自身的充斥和弥漫。一地一域之水受到污染，水的流动性就会促使污染在更大范围内持续扩散；一堤一坝存有缝隙，水就会在引力作用下发挥出“柔弱胜刚强”的特性；水库不坚，水道不通，暴雨积累起来的洪涝就会引发灾难；水源的开通、引调、提升的不足则会引发缺水困境；水管查漏减损、废水再生利用和雨水收集的工作不济，就会造成水资源的浪费。水的这些特征，决定了治水思维的系统性和治水形式的协同性特征。水的文化产生于人与水的历史互动性实践中，内涵在世界文化、民族文化和地域文化之中。人类在用水、治水、护水等实践中不断构建文明史，在渡河、越江、航海等活动中不断构建世界历史。从中华民族范围看，松花江、辽河、海河、黄河、淮河、长江、珠江以及东南、西南、西北诸河等流域，孕育了先哲对水的哲学思索，凝结了历代水利工程的科技文化，汇聚了各朝文人对水的人文赞美。

第二，流域文明突显社会治理的系统关联。水是人类的生命之源，但是其发挥功用需要依靠人对于水的规律的科学把握。山水林田湖之间的辩证运动构成生态系统，水的规律即是在生态系统中发挥作用。在人类社会快速发展进程中，人们对于自然界的作用逐渐多样化，导致水的规律发挥的作用机制也变得日益复杂化，人们治水的机制也日趋系统化。科学发展观的基本要求就是全面、协调、可持续，因此治水必须具备统筹协调的战略思维。

第三，流域文明反映社会治理的本质属性。人对水的治理体现的是人通过物质实践以文明的形式获得对以水为代表的自然资源的利用和驾驭能力。治水直接反映的是人与自然界的关系，同时也反映人与人、人与社会的关系。人类为了维持自我生存与生活，对于水的实践形式包括探寻水、储存水、去污水等。生产力低下的时代，人类以傍水而居作为寻找充沛水资源的最直接方式，因此早期人类文明几乎都起源于各种大型河流。丰沛的水源有助于化解供水与节水的矛盾，但是也带来了洪水和涝水的矛盾，因此，以泄洪水、排涝水为核心内容的治水也几乎成为所有早期人类文明面临的必要任务。随着人类文明的不断发展，人与人、人与社会的协作成为人类利用和驾驭水资源的重要形式，人们在治水中不断探索和改进社会管理和治理的机制，以便更加积极有效地应对水的问题，实现人与水的和谐相处。

因此，在这一系列理念体系统领下，我们下一步的计划是以流域为主题开展历史学、社会学、人类学、民族学、考古学、公共政策、农业科技史等多学科对话的系列研究，并将研究成果付诸具体社会治理问题的实践。除了流域人类学理论和方法的研究，我们计划从历史流域学中吸取社会治理的历史经验，并将研究对象拓展到跨境流域研究与跨境社会治理方面，分别从三江源地区的流域生态学、珠江流域宗族与族群、松花江流域的农业人类学、大运河的考古与治水历史、武陵山地区多流域切入，探讨复合的人－地－水系统中的社会治理问题，最后将流域与社会治理的理念上升到生态美学的人地和谐与社会哲学的天人合一层面。

我们期望今后能够通过“流域”这个突破行政区划限制的概念，加强国内跨区域体系之间的合作，并深入持续地与国际学术界开展以流域文明比较研究为主题的学术对话，使我们的研究更好地发挥其作用，使我们的学术更进一步地融入国际主流。

是为序。

田　阡

2014 年 12 月 28 日于西南大学

目　录

图表目录

图目录

表目录

第一章　导　言

重庆市石柱土家族自治县桥头镇地处丰都、石柱两县的交界地带，自古以来既是交通要道，又是著名的“两不管”地带，所以，生活在这里的人们，很早以前就学会了自己管理自己，“桥头国”的旧称，说明了此处的社会已经自成一体，也彰显了这里曾经的繁荣。

在重庆三峡博物馆，收藏有一件3.1米高，5.35米长，共3300余字的《石柱县向氏族谱叙考》木刻，这一刻于1936年的族谱，详细记录了从元、明、清三代至今散居于渝东北、渝东南万州、丰都、忠州、石柱等地的向氏源流、支脉和后裔，是罕见的木刻家族族谱，被确定为国家一级文物。这件记录向氏家族历史的珍贵史料，正是来自桥头乡（镇）。带着对“桥头国”的向往和对土家族历史文化的探索兴趣，带着对龙河流域文化探寻的思考，我们于2011年8月来到桥头镇。

从8月1日至23日，我们沉浸在“桥头国”近一个月的实践中，感觉时间是非常短暂的，短暂到来不及细细品味桥头的历史沉淀、传说故事和民族风味，也来不及更进一步地深入当地民众的生活，了解他们内心深处的所思、所想；这不到一个月的时间又是非常充实的，调查组在科学的人类学田野调查理论和方法的指导下，分别从自然环境、民族状况、经济情况、人口流动、婚姻家庭、教育文化、民俗习惯、宗教信仰等方面，完成了全景式的情况调查，并针对数个重点领域进行了细致的采访和回访，形成了这部近30万字的田野报告集。

这个田野报告集是2011年龙河流域系列调研报告中关于重庆市石柱土家族自治县桥头镇的田野调查资料。龙河在石柱县内全长104公里，而于丰都县内则长60公里左右。在全长164公里的龙河流经地区，地形上总体呈现出群峦叠翠、沟壑纵横的特征，天然落差达到1263.3米。这种地形特征形成了流域内巧夺天工的自然景观。近些年来，这种地形所形成的湍急的水流也为能源开发与利用创造了基础条件。不过更为明显的是，这种地形为长期生活于这一流域内的人们限定了传统的生存空间。在石柱土家族自治县内，地形主要以山地为主，其间有大大小小各种河流、溪沟，这些水流所经之处，通常会形成较低的峡谷平地。石柱县域的山地主要由两组重要的山脉构成，这两组山脉分别为西北部的方斗山以及东南部的七曜山。这两组山脉都呈东北—西南走向，两组山脉之间形成一些狭窄的峡谷平地。龙河流域的主要分布地石柱县，是重庆市中唯一的单一以土家族命名的自治县，与同属于重庆市少数民族地区的彭水苗族土家族自治县、酉阳土家族苗族自治县、黔江土家族苗族自治县（现已改为黔江区）、秀山土家族苗族自治县所不同的是，石柱县的土家族人口占全县的72%以上，是重庆市辖区内土家族的主要聚居地之一。

桥头镇辖七个行政村：桥头村、马鹿村、瓦屋村、长沙村、赵山村、田畈村、野鹤村。其中，桥头村是桥头镇位置所在，其他六个村呈水平直线状分布在桥头村的两侧，田畈村部分村民居住在桥头村的对面，与桥头之间隔水库相望。各行政村的界限是以桥、沟为界，顺着山脊往上，“一匹梁往上都是这个村的”。每个行政村的村民小组几乎都是沿着山脊垂直分布，村民到桥头镇赶场或购物都需要翻山越岭。野鹤村是桥头镇最大的行政村，由三个村合并而成，有10个村民小组，800多户，3000多人。其他六个村也经历了合并和调整，但是规模都小得多。

2011年8月1日，我们一行到达桥头镇，在镇上的一家旅馆简单安置后，三位带队老师马不停蹄地赶往镇政府，与镇领导干部见面。我们解释了田野调查的初衷之后，桥头镇人大黄主任详细介绍了桥头镇所辖各行政村的情况。当天下午，黄主任找了一辆长安车，陪同我们逐一考察各个行政村的位置和大体情况。除了田畈村，其他六个村的交通都比较方便；田畈村需要从野鹤村与公路交接的分叉路口转过去，离场镇很远，开车都要几十分钟。

初步考察完毕后，我们回到旅馆，讨论了田野调查选点的问题。我们决定先排除野鹤村，因为野鹤村的规模太大，不易在短时间内完成田野调查，而且该村没有什么突出的方面；其次排除桥头村，因为桥头村是水库移民搬迁后新修建的场镇，各方面没有太多传统内容，也不适合学生们的田野训练；由于交通不便，田畈村也被排除；赵山村是水平方向分布最远的村，距离桥头镇太远，学生们难以在当天往返。综合分析交通、人口、地理位置等因素，我们选择了马鹿村和长沙村两个行政村：长沙村的经济比较多样化，用黄主任的话来讲，就是“养兔、种辣椒、养蚕桑，哪样都在搞”；马鹿村的各村民小组相隔比较远，民族文化比较浓厚，黄连种植是比较重要的经济收入来源。

选定了各田野点后，我们将所有学生分成小组，每两名学生为一组，负责一个村民小组的调查。考虑到路途遥远和安全问题，我们统一在镇上的旅馆住，学生每天早上步行到村子里，傍晚再返回镇上。老师们每天到不同的小组带领学生做社区侧写、半结构访谈、焦点小组讨论，真正在田野中教学，让学生获得真正的田野调查训练。每天晚上回到旅馆稍事休息后，我们都要开会，学生大致汇报当天的收获，并提出有疑问的地方，在其他学生提出自己的看法后，再由老师进行总结。

23天的时间，对于正式的田野调查而言远远不够，但是对于几乎没有到过农村的学生们而言，却是艰苦的磨炼。学生们连续走了几天山路，遭遇日晒雨淋后，纷纷买了解放鞋，差点就“团购”了。村民们原本心存疑虑，认为这些“天之骄子”们待不了几天，肯定会跑掉；看到学生们穿上了解放鞋，有村民对学生说：“这样就好了，你们走得了山路了。”我们的田野调查正值酷暑时节，虽然桥头镇远不及市区火炉般炎热，但不明蚊虫的叮咬让学生们叫苦不迭，全身上下都是挠破的伤疤。或许是吃不惯、或许是太辛苦，也有学生悄悄给家里打电话，听到父母的声音只顾号啕大哭。但是，学生们依旧选择了坚持下来。在这23天里，他们不断地将课堂上所学知识用到实践中，不但锻炼了田野调查技巧，也通过实践更深入地理解了人类学的诸多概念。

在田野调查中，学生们也与村民结下了深厚的情谊。每天都要沿着公路步行往返，不少学生在回来的途中站在路边招手，搭乘村民的摩托车或皮卡车回到镇上。在长沙村展开调查时，都岩组的朱队长带着学生们沿各村民小组走了一遍，每次遇到村民时，他都大声介绍学生们此行的目的，并且再三嘱咐村民们遇到学生入户调查时一定要认真对待，“管吃管住”。纯朴、善良的乡亲们将家里最好的东西拿出来款待学生，把学生当成自家孩子一样对待。临走时，还有村民们来送行，和学生相拥而泣，舍不得学生们离开。

经过艰苦、细致的田野工作和将近一个月的“头脑风暴”，研究团队将本书的田野主题确定为“土家族社区民族文化的传播、传承与族群认同”。因为我们发现，在新中国成立后的60多年里，桥头镇和全国其他乡镇一样，跟随时代的脉搏一起跳动。从公社到大集体，从三年自然灾荒到“文化大革命”，从改革开放到打工潮，桥头镇同样经历了历史的沧桑变迁，桥头镇的居民们因此凝聚了关于那段历史的集体记忆。一如他们的先民对待每次历史事件那样，这些历史会在他们的记忆中被铭记。

第二章　两岸桥头：地理、人口与族群

一条在群山环抱间蜿蜒回转的河流——龙河，与其他溪流把周围的群山分成五条山涧，而五条山涧的山岭又多向龙河集结，这被当地人称为“五马归槽”。桥头镇位于龙河边，所辖村落沿着公路横向铺开，自然村则沿着山岭纵向分布。龙河北岸的田畈、桥头、野鹤一带多断层、砂石，地质较松散。马鹿山半山区上多山岭、山湾，低山区地下多属不断的石层，地质坚硬。

从重庆市出发，沿沪蓉高速公路 G50 段沿途经过长寿区、垫江县、忠县便可到达石柱县，乘坐宇通客车需要 3 个小时。进入石柱县境内无须到达县城南宾镇，在二级公路上前行，经过大歇、龙沙约 40 分钟的路程便可直接到达桥头镇。沿途的公路翻越的崇山峻岭，自古为兵家要塞之地，从先秦到明清，不断上演着烽火争夺的历史篇章，甚至当地的老人都还能讲述出百年前太平天国义军在此地鏖战的传说故事。

第一节　双村位置与生态[1]

石柱土家族自治县位于重庆市东部，长江南岸，三峡库区腹心，是集少数民族自治县、三峡库区淹没县、国家扶贫工作重点县于一体的特殊县份，面积 3012 平方公里，辖 32 个乡镇，总人口 54 万人。

素有“桥头国”之称的桥头镇位于重庆市石柱土家族自治县腹部，距县城 36.7 公里。桥头镇东北接壤三益镇，东南接壤中益镇，南邻三河镇和龙沙

[1] 本节资料由当地政府提供。

镇，北邻悦崃镇，面积68平方公里，辖7个行政村41个组，总计4143户，总人口13 655人。桥头镇居民大部分是土家族，通用汉语汉字，没有土家语的使用。

桥头镇政府驻地桥头坝场地处龙河北岸，乘车往北13.6公里可达大沙坝场，往东北乘车12公里可到三教寺场；向东步行20公里古道可达中坝场；向南跋涉25公里山径可到卷店蚕溪；向西走6公里古道达四方石公路，再西经三河场可达县城。

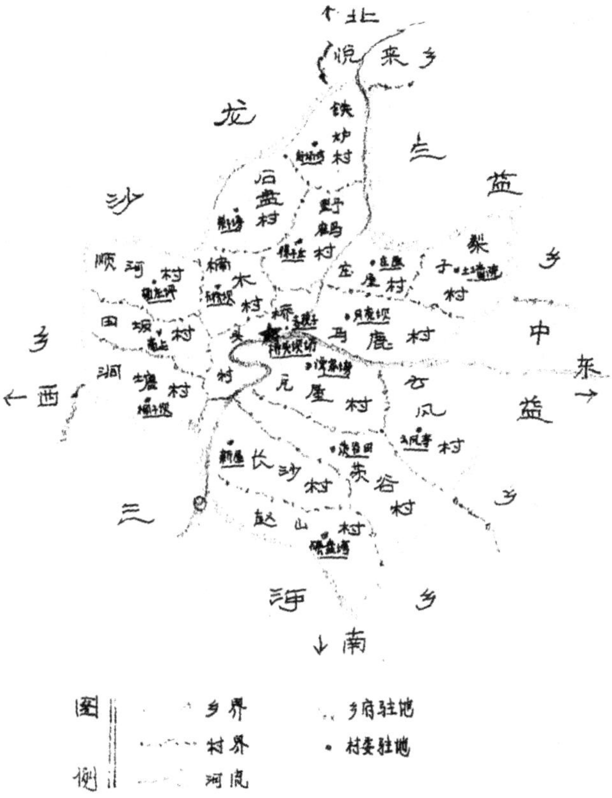

图1　桥头镇地图（2002年以前）

桥头镇虽地处亚热带，但因海拔较高，故气温较低。其气候主要特点是春季升温快而天气多变，夏初多阴雨，夏末秋初多伏旱，冬季少雨干燥。四季分明，年平均气温在17℃以下。全镇最冷的月份为1月，平均气温为1.6℃～5.8℃，最热的月份为7月，平均气温为28℃～32℃，年最高气温在37℃左右。除此之外，气候的变化对农作物的生长也有较大的危害：三四月的寒潮、六七月的阴雨连绵、八九月的伏旱、常有大风暴雨和秋末的霜冻低温等，都对农作物的生产与发展造成了十分不利的影响。

藤子沟水库建成之后，桥头镇便迁移到了马鹿山脚，桥头镇随后呈现出了立体分布的格局。山下的马鹿村、瓦屋村以及长沙村相对海拔较低，而马鹿村的龙井组则较之以上村落绝对海拔高出了200米左右。在2011年8月调查期间，桥头街上的夜间温度在27℃左右，睡觉时候不用盖被子，而在龙井组则需要盖上5斤厚的棉被才可以入睡，可见桥头镇立体气候的差异性。在这种气候环境下，龙井组每年只能产一季稻谷，9月份稻谷收割完毕，就不适宜再继续种其他的粮食作物了，只能种萝卜等适宜低温生长的蔬菜。龙井组的村民对此深为感慨，他们常常用辣椒来说气候："山下的青椒都已经上市了，我们这的尖椒刚刚采摘"。足见山上山下的温差对农业生产有着很大的影响。

桥头镇年降水量丰富，年平均在1600毫米以上，但在地形因素的影响下，当地的农田灌溉用水条件较差，80%的降水量集中在夏秋季节。夏季，当地常见"偏桶雨"，即夏季多发的山地对流雨。这种雨一般发生在夏日晴朗的午后，发生时间急短，雨量大，范围小，属于小局部地区阵雨，并常伴有大风。"偏桶雨"对农作物会造成一定的伤害，同时对道路也有危害，影响到当地人的生产生活。

桥头镇的降雨一般在4月到10月。多数年份降雨正常，少数年份也出现反常。1990年、1992年、2001年出现久旱，均近两个月无雨。2000年7月份绵雨不断，1月份仅四五天下雨。2002年冬，低山区未见一片雪花，半山区也只有一两次小的降雪；然而在平常的年份里，11月份龙井组就已经白雪覆盖了，直到来年的4月，村民们还得躲在屋里烤火。降水的不稳定在龙井组已是常态。

桥头镇无霜期短，日照时间一年达300天以上，利于喜光作物生长。部分地区平均海拔在1500米以上，阴天多，适于黄连等喜阴耐寒作物生长。整个夏季是水稻、玉米等重要粮食作物抽穗结果的关键时刻，要求有充足的光照和一定的灌溉水源，桥头镇大部分年份在这些方面的条件都很不错，但有时也会反常。如1986年8月，梨子、云风、茨谷、赵山四半山区遭冷露，水稻不勾头，玉米不满尖，减产一半；1989年8月又遭冷露，四半山区258户1033人的714亩田和429亩地中的庄稼受到严重影响。

一、河流、湖泊

桥头镇有龙河和悦崃河两条主要河流穿过，龙河东西横贯桥头全境，悦崃河自北向南，在镇中心汇入龙河。山峡之间还有众多暗河小沟，最终都汇入长江。

龙河发源于鄂渝交界处的冷水乡七曜山南麓，全长164公里，其中在石柱境内长104公里，是石柱境内最大的河流。石柱境内的龙河被称为南滨河，而后流向丰都，在丰都县王家渡注入浩浩荡荡的长江。悦崃河发源于“黄连之乡”的黄水镇，穿过悦崃镇，在桥头镇并入龙河。

2003—2004年间，三河乡的龙河上游地段建成了藤子沟水电站。水电站建成截流之后，桥头镇境内的龙河河段水位上涨，淹没了许多村组的田地和房子。村民们或自发或在政府的安排下，妥善转移至附近地势略高的乡镇生活。即便如此，目前仍可以看到很多水库移民的遗留问题，如住房安排、土地分配等矛盾。另外，水电站落成之后，水位上涨，桥头镇中心原先低洼处河水蓄积，形成现在的三美湖。湖水为桥头人提供了更好的水源，同时湖里可以大面积地养殖鱼类。

顺河、楠木沟、野鹤溪、都纳沟、瓦啄溪、藤子沟等几条大溪沟流程共30多公里，龙河、悦崃河多年平均流量是14.3立方米/秒，流速急，在乡内贯穿6个村，多处适于修建小水电站。几条大溪是天然水源，其间建有4座小水电站，容量为70千瓦时。羊角寨泉水供桥头小学和酒厂用水，马鹿山泉水供桥头中学蒸饭烧开水，石家庄泉水供卫生院和部分街民用水。龙井组与三益乡隔石盘河相望，桥头镇上的饮用水就是引自发源于龙井组的石盘河。桥头镇的许多村组都落实了人畜饮水工程，而龙井组的饮用水还是取自山间的泉水。

二、土壤岩石

全镇土壤以黄壤、黄棕壤、红壤、大土泥为主。黄壤适宜生长的农作物有玉米、小麦、红苕、洋芋和多种蔬菜以及茶树，而这些作物我们在桥头几乎都可以见到。黄棕壤适宜种植茶树和桑树，适宜多种林木的生长，桥头的经济林多种杉树、松树等。红壤在桥头有少量分布。可以看到，作为可耕地来说，桥头地区的原生土壤普遍存在肥力不高、过酸、过黏的特点，同时水土流失的威胁比较大。

桥头镇全境多低山、中山和深丘，少平坝，四周高中部低。龙河由东向西横穿乡境中部，几乎把全乡分为南北两岸，北岸铁炉寨、方家岭、何家岩、老屋堡、谢家山一带多北高南低；马鹿山东高西低；南岸云风山、茨谷山、赵家山皆南高北低；西岸羊角寨、菌子坪一带山岭中部高、东西低，东面斜下龙河，西面斜下三河及龙沙乡境；方家岭、何家岩北面斜下龙沙乡境。境内岩石主要分为石灰石和砂石两种。

二、动植物资源

桥头镇内森林覆盖率高达72%，林地以灌木林、乔木林为主，灌木多于乔木。受亚热带湿润季风气候以及山地地形因素的影响，桥头森林多为亚热带常绿阔叶林以及落叶阔叶混交林。

桥头境内山高林茂，气温适宜，草木丛生，多种鸟兽生长于此，也非常适合家畜放牧。常见野生走兽类有野猪、野兔、刺猬、豪猪、松鼠、黄鼬、猞猁、土猪、狐狸、老鼠等；飞禽类有山鸡、野鸡、画眉、喜鹊、麻雀、老鹰、猫头鹰、斑鸠、乌鸦、秧鸡、白鹤、鸽等；候鸟有燕子、布谷鸟、杜鹃；还有蛇、蚯蚓、蛤蟆、青蛙、石蛙、昆虫类等其他动物。另外河湖中有多种野生或者人工养殖的鱼虾类。

在桥头镇境内的野生动物中，藤子沟的中华秋沙鸭在2010年被确认为国家一级保护动物。中华秋沙鸭是第三纪冰川期后残存下来的物种，距今已生存了1000多万年，是和大熊猫一样珍稀的国家一级重点保护动物。其分布区域十分狭窄，数量极其稀少，目前全球仅存千余只。

此外，野生动物中的野猪是龙井组村民的天敌。据《桥头乡志》记载：1980年，3头野猪窜入桥头田园中，半高山区村民的农作物受其侵害甚重，村民不得不持枪日夜守护。在2011年8月我们调查期间，村民家的玉米地又被野猪再次践踏。由于动植物资源丰富，村民们在闲暇时会在秦家山的垭口附近张开用渔线做成的网，捕捉斑鸠，或拿回烹饪自食，或卖到县城的饭馆。除此之外，村民也会上山捕蛇，或在赶场时卖掉，或卖给收山货的商贩。这里的蛇根据其长度和大小来定价，这是村民的额外收入。

第二节　地理走势与聚落

除了搬迁到新住所的场镇居民以外，桥头镇几个自然村，都是沿着山梁分布，当地用“一匹梁，一个村”的俗语形象地描述了这一现象。由于地理环境的关系，当地自然村的村落格局，在20世纪80年代以前都呈现出一种“院子式”的格局。今天称为“院子”的地方都是山间的一小块平地，房屋靠山而建，中留空地，空地前面是高坎，坎下即山坡，村民“开门见山”，一打开房门就可看到几十里外连绵不断的群山。

一、梨子组的聚落格局

以马鹿村梨子组为例，院子的格局通常是正中一栋楼房，一楼一底，称为正屋。正屋前方两侧是相对而立的两排楼房，也是一楼一底，与正屋形成“三合院”的样子。一个院子里通常住着同姓氏的人家。当然，每个小院子似乎也都有一个属于自己的名字。但是，这种居住格局在 20 世纪 80 年代以后发生了变化，随着村落规模的扩大，人们居住得相对分散了，逐渐形成现在（2011 年）的村落格局，如图 2 所示。

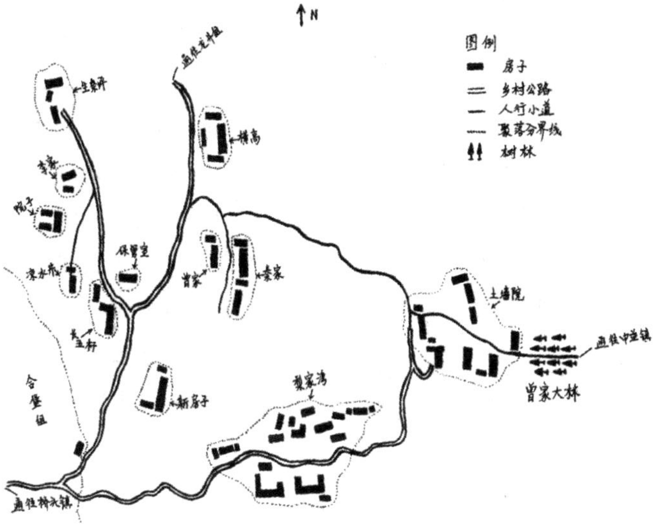

图 2　梨子组村落格局图

图中标明为“土墙院”和“梨家湾”的两处聚落 2002 年以前同属一个村民小组，被统称为梨子或梨家湾。梨子组中除了这两处有较为集中的聚落之外，其他的几个小聚落被统一称为“横高”，它们在 2002 年同属于一个村民小组，更早以前也属于一个生产队。“土墙院”和“梨家湾”在 2002 年以前同属于梨子村，梨家湾（确切地说是土墙院）是梨子村的村治中心。

（一）院落式的传统民居

村落房屋建筑有一个长期变迁的过程。据年长者回忆，梨子村村落格局近几年发生了重大变化。不仅聚落规模扩大，房屋建筑形式和建筑材料也变了。

村民称为“横高”的聚落，是由三个较老的院子变化而来的。这三个较老的院子分别叫作“横高”“院子”和“生祭坪”，这三个地名今天依然指称相同的地方，其中“横高”是外界对这里的统称。“横高”和“院子”的建筑格局较为相似，都是坐东朝西。这两个院子都为三合院，即东面为正屋，南北两面则是横屋，房子三面合围而形成所谓的院子。西面没有房屋，而是一个近一丈高的高坎，该处比较明亮，视野也比较开阔，暗含“步步高升”的风水。西面的高坎与其他三边的房屋围合，隔绝了院子与外界的联系，故院子选择北面或南面开一道俗称“朝门”的大门，作为院子通向外界的主要通道。院子里的人要通过这个大门才能出去，外界的人也需要由此而入。

这种建筑样式是因地势而建的：当地人居住在山坡上时，他们的房屋基本上是背靠山上而面朝山下的，后高前低，于是有了这种建筑样式。在较为开阔而平坦的地方，院子的样式是四合院式的，这种院子的四面都是房子，只是选择其中的一面开一道朝门进出。朝门的门槛边上通常有一个供猫狗出入的小洞，常有小孩子将洞作为爬进爬出的游戏道具。“生祭坪”的老院子正是这种四合院式的，下面介绍的“土墙院”的老院子也是这种建筑样式。

直至20世纪70年代末，横高聚落的这三个院子里一直人满为患。据一些长者回忆，大约在1959年大饥荒尚未来临的时期，横高聚落的总人口为100人左右，他们全部拥挤地居住在这三个院子里。很多家庭5口人只挤在一间不足30平方米的房间中。有些家庭的房子只够其成员摆放床铺，一家两三代人都挤在一个狭小的空间里睡觉。有些家庭实在太挤，只好在屋里搭阁楼，房子里面无法活动，只能睡觉，院子里则搭间简易小棚，用于生火做饭。20世纪70年代以后，开始逐渐有人自己在外修建房子搬出去住，院子才逐渐空旷起来。至今这些老院子虽然已经非常破旧，但依然还有几间老木房子遗留下来，还有些家境窘困的人居住在这里。

与横高聚落的情况类似，现在的梨家湾聚落也由1949年以前的三个院子发展而来，20世纪70年代以前的很长一段时期，这里的人们都挤在三个院子里生活。这三个院子都是三合院式，紧密地排在一起，只有一道“朝门”通向外界，“朝门”关闭，三个院子同时被封闭起来。这三个院子的建筑样式与“横高”聚落和“院子”聚落类似，也是三面合围，另一面则是一段高坎。他们的朝向也与横高和“院子”相同，都是坐东朝西，因为这里的地形也是东高西低。20世纪70年代，梨家湾开始有人在外修建房屋。现在，梨家湾这个聚落被新修的一条乡村公路隔成上下两个部分，上村主要居住着向姓和谭姓的几户人家，他们都是从路下的老院子里搬来的。20 世纪 80 年代中期，谭登林先从老院子里搬了上来，建了两间土墙房子居住。其后不久，向大伦也搬上来紧靠谭家的房子修建土墙房子。谭登林是向大伦的内侄子，幼年时期父母双亡，由向大伦抚育成人。再其后，向大伦的两个侄子——梨子小学的向老师和他哥哥也从老院子里搬上来修建了各自的土墙房子。

另一个家户相对集中的区域是“土墙院”聚落，它的地势比横高和梨家湾都高，是原来的梨子村小学所在地，是由最初的“曾家院子”发展而来的。据有的人说，曾家院子里住过一个曾姓知识分子家庭，但他们并不富裕，只是男主人因学识较高而颇有声名。不过，现在多数年长者对此曾家都没有印象了。在年长者的回忆中，“曾家院子”是一个四合院建筑，中间有天井院坝，前开一道朝门。房屋全是木构，西面为正屋，南北两侧为横屋，东面朝门的两侧也有几间厢房，曾住过唐家、廖家、毛家及谭家等。现在，过去的曾家院子已经完全消失，替代它的是 20 世纪七八十年代修建起来的土墙房子，土墙院聚落里，居住着 7 户人家，是整个行政村里人口最少的聚落。

1949 年以前，这些老院子是由一些经济条件较好的家庭修建的，但他们的房屋并非只住自己的家庭成员，也分别租给了那些新迁来者。新来者一般是在外村或更远的地方生活不下去了的佃户。当时的佃户流动性大，他们流动到什么地方，租种哪家的田地，就租用该家的房子居住，多居住于院子中较差的屋内。租户渐多后，院内便出现不同姓氏的家庭，他们之间多无亲戚关系，只存在租佃关系。在横高聚落的三个院子里，同样居住着一些姓氏不同或姓氏相同但也不一定有亲戚关系的家庭。长期稳定居住在横高聚落的是向姓和谭姓，“院子”聚落的居民主要是谭姓，生祭坪聚落则住着向姓和谭姓。直到今天，谭姓和向姓还是这个村落里人口较多的姓氏。1949 年之后，谭家被划为地主，而向家有的被划为富农，有些被划为中农或贫农。

（二）老院子的扩展及各小聚落的名称由来

新建的房子已经改变了原来的院子格局，但并没有完全改变原有的样式。这些小聚落已经不再像老院子一样的封闭，各个家庭的建筑已经相对独立，但是这些小聚落依然被人们称为“院子”，事实上已名不副实。不过，有些大家庭的房屋建筑却依然有某些老院子的影子，处于正屋的位置上的是人们居住的房子，而处于横屋位置上的是一些干栏式的建筑，主要用于堆放杂物和圈养牲口。

老院子的延伸在梨家湾和土墙院具有相似的情形，新建的房屋散在老院子周围，未单独形成分散的小聚落，如今依然是两个较为集中的聚落。但是在横高则有所不同，横高现在已经形成了较为分散的几处聚落。所有这些聚落都各有自己的地名。

土墙院的名称似乎表明这里最早使用泥土来作为建筑的材料。上文已经介绍过，这里是从一个被称为“曾家院子”的老院子发展而来的。在年长者的印象中，“曾家院子”为四合院的样式，建筑材料与其他院子一样，全为木质结构。当地的另一则传说表明，曾家院子在历史上发生过迁移，在这次迁移中，建筑材料也由土墙变为木质结构。传说曾家最古老居所的墙体是土墙，那时家中已经有子弟考上秀才。一位过路的阴阳先生告诉曾家，如果曾家将现在的居所向右前方推移几十米，则能占据好的风水宝地，家运将会更好。于是曾家听从了这个阴阳先生的劝告，将房子向右前方推移，并使用木料建造新居。不过，曾家并未因此家运更好，反而逐渐衰落下去。所以，这个地方的地名一直是“土墙院”而不是“曾家院子”。现在，土墙院内居住着柯姓、文姓、唐姓、毛姓以及聊姓人家。

对于梨子或梨家湾这一聚落名称的由来有多种解释：第一种是姓氏的解释，据说这个地方在很久以前，有许多姓余的人家居住着，人们称此地为余家湾，后来也许是因为谐音的缘故，叫成了“梨家湾”或称梨子；还有一种解释认为这里本来居住的就是姓黎的人家。

横高现住着谭家、李家和向家。横高除了三个老院子外，现已修建了许多小聚落，它们也都有自己的名称，这些名称或延续早先的地名，或由后人命名。

“保管室”这个地名在许多村落里都有。它是大集体年代生产队的保管室，存放着生产队的粮食和各种农用工具。大集体解散之后，这里的房子由集体（生产队）卖给农户，但名称依然没有改变，续用“保管室”。保管室最大的特点是院坝平坦且宽广，这是大集体时期动用集体的力量专门铺就的，用于加工和晾晒粮食。由于其宽敞，又处于横高聚落的中间地带，其上有横高、新房子等院子，其下有“生祭坪”、“院子”等小院子，它的对面是长五杆，故直到今天，保管室在过年的时候依然是村落里人们聚集、娱乐的地方，平时放置许多麻将桌。下雪时，院子里可以打雪仗、堆雪人。总之，人们在过年的几天总喜欢在这里聚集，而且平日闲暇时人们也习惯在这里聚集，这里几乎是横高聚落的中心所在，是横高人交流的重要空间。

“新房子”是最早从老院子里搬出来修建土墙房子的地方，它也代表着一个很重要的事件，因为20世纪70年代修建的这所新房子预示着村落扩展的开始。此前该村已经数十年没人修建房屋了，因为那时，人们处于普遍的贫困状态中，衣食尚成问题，更谈不上扩建居所这回事了。所以，当这一座有时代意义的土墙房子建好之后，人们称其为“新房子”。

“长五杆”这个地名的由来也跟房屋的建筑有关，“长五杆”在当地话中的意思是“长长的五间房子”。这里的人们计算房子时，以“杆”来称，指一间房子及其上面的几层楼。也就是说，一杆房子不一定只有一间，这一间楼上的房屋也算在一杆之内。由于这里的房屋建筑一般都是二层，所以，这里的一杆房子，就是指一开间二层楼房。“长五杆”之所以得到这样的名称，是因为20世纪80年代由几户人家共同在此地修建了五杆土墙房子。这一建筑样式与当地传统的院子样式已经不同，几杆房子并不是合围而建，而是排成一排。不过，现在的“长五杆”不单纯只有这五杆房了，经过近30年的发展，在其周围，又修建了许多土墙房子。

称为“凉水井”的地方仅有一家罗姓人，他们是从别的乡镇迁过来的。罗户主的岳父是本村人，他来此生活了十几年，种的是女方兄弟们的田地。这里之所以叫作凉水井，是因为这里有一口水井，井水在夏天喝起来十分清凉，故而得名。20世纪90年代，这里先由李家建起两杆土墙房子，据说是为女儿建的，他们没有儿子，要招一个上门女婿，但后来发生变故，女儿嫁到外省，于是李家将其卖给了从外乡镇迁来居住的罗家，所以罗家就成了居住在这里的唯一一户人家。凉水井与长五杆为邻，它们一在坎上，一在坎下。

另一个值得提出来说明的地名是“李家堡”，这个地名至今还没有被外界认可和使用。其在生祭坪与保管室之间，只住着一户李姓人家。20世纪80年代后期，李家在这里修建好自己的土墙房子之后，就说这里称“李家堡”。但是，直到今天这一地名尚未被大家认可。其原因大约有二，一是李家可能表现得有些过头了，修了座新房子就要给一个地方取个名，出风头，大家看不过，不认可；二是因为这个村落里本来李姓人家并不多，只有两户，除了在这里修建房屋的一户外，另一户住在横高。所以当人们要去所谓“李家堡”的时候，便会直接说“去李家”；如果是去横高的李家，便说“去横高”。

二、龙井组的聚落格局

表1　龙井组聚落分布情况表

大村名	所辖村组情况	户数	人口	管辖面积
马鹿村	原马鹿村、庄屋村、梨子村，现设7个组	538（2）	1853	21 657.5亩
	马鹿组：辖原高家丫口、马鹿寺组	134	445	
	兴隆组：辖原月亮坝、兴隆二组	92	320	
	庄屋组：辖原中院子、庄屋二组	57	217	
	拱坝组：原拱坝组	60	216	
	合堡组：辖原多堡、大堡二组	84	276	
	梨子组：辖原梨子湾、横高二组	65	245	
	龙井组：原龙井组	40	134	

龙井组的聚落分布较为分散，从山下第一个居民点向上一共分了4个居民点。从梨子组与龙井组交界出发，首先经过的居民点叫“小寨子”，因为进入龙井组必经此地，又形似山寨，进可攻退可守，故得名。

现在小寨子附近居住着两户人家，都是从梨子组迁过来的，均姓郭。郭家的祖坟就在小寨子附近面向邻村的悦崃。从小寨子向上前行十分钟，便可到达第二个居民点，即对凹坪。在小寨子与对凹坪连接的道路两旁分布着村民的土地，种植着玉米。对凹坪共四户，其中三户向姓、一户王姓。公路绕过小寨子的住户途经白崖脚而上，道路的另一旁是深不可测的山谷，偶尔白崖脚崖壁上的石头会坠落。只有即将到达下新屋的地带才出现较平整的成片田地，面积不大。谭家屋一带，有三户人家的住房前分布着一片土地，虽然不是很平坦，不过已经是龙井组最好的土地之一了，这片地上种植着玉米、马铃薯和辣椒。除去公路，小寨子有一条小路通向山里的居民点——江家，中途需穿越一片密林，龙井组的村民习惯走这样的道路，即使肩扛一根原木也可健步如飞。江家只住着两户人家，一户黄姓一户向姓。由江家绕过一个山坡可以到达谭家屋。

谭家屋、下新屋、上新屋、杨圈子、黄沙磅分布较为集中，共居住着24户人家，由向姓、黄姓、郭姓及谭姓组成。这些人家由小路相连。杨圈子几户黄姓人家院落前是一片平坝，分布着小组大部分的良田。在下新屋与上新屋之间有三座“大坟”，其中两座是向家的祖坟，另一座是陶家的祖坟。

在这一片聚落的两端、龙井的附近分布着白树与庙树，当地有许多关于它们的传说。在杨圈子前的水田尽头，一棵银杏树在山崖的岩石中生长着，相传有千年以上的历史，又因为在岩石中生长，被村民们认为是“神树”，它的种种神化（话）传说与村庄的变迁、村民的诸多文化事项密切相连。在上新屋，一棵已经枯死的沙树显得格外引人注目，这是一棵庙树，在庙树后不远处的山丘之间相传有一座三王庙，在1949年之后被毁掉了。庙树被村民们认为是龙井历史久远的见证，这里曾是他们与周围各村包括三益和桥头等地村民求雨祭神的圣地。

沿上新屋的小路上山，翻过一道崖壁之后，秦家山居民点的几户人家映入眼帘。岩壁之上的平坝上住着两户人家。几条小路连接秦家山与蔡家口，蔡家口只有一户人家，而且住的是一个从外地迁过来的黄连老板，他将蔡家口作为他的临时住所。站在他家的院中可以看见被黄连覆盖的人头山。“人头”一词来源于解放战争时期，因为解放军与土匪在此山激战，死伤无数，故而命名“人头山”。杨家山之上的杨家场是龙井组的边界，由于山林密布，目前已无人居住。

第三节　族群地理分布

龙井的村落附近分布着少量的平坝，周围高山环绕，山林密布。在少量的平坝尽头便是深不见底的悬崖，石盘河从崖下流过。通过龙井组的一些地名可以了解龙井组的地形地貌：白崖脚、秦家山、蔡家口、对凹坪、盆树木沟等。对凹坪是龙井组的前沿，位于两山之间的低洼处，有一小块平坝故名对凹坪，在仅有的四户人家旁边分布着少量的田地。白崖脚就在去龙井的路旁，与上新屋相望，每次前往上新屋必须从崖脚下走过，偶尔还会有散石滑落。秦家山在上新屋旁的山坡上，但要上去，就必须攀爬近90°的崖壁。蔡家口在秦家山的东面，处于两山之间的垭口，曾有姓蔡的人家居住在此，故而得名。从这些小地名不难了解龙井组的地形地貌。可以用一句话形容，龙井组在众山环抱之中，悬崖绝壁相伴。经村民介绍，我们整理出了这些地名，见表2。

表2　龙井组地名表

地名	缘　由
小寨子	因其地形似山口，将龙井与外界隔开，需经过这里方可进入，神似寨子故得名
对凹坪	因地形两头高中间低，位于两山坡之间而得名
白崖脚	这一带山崖高耸，山崖呈白色，山下为通往上新屋的道路

续表

地名	缘　由
谭家屋脊	此地曾有谭姓人家居住，故称谭家屋脊
盆树木沟	此地原有一棵古树，树干粗壮有木盆大小，故而得名
上新屋	这一带为龙井村民的主要聚居地，居上部分，称为上新屋
下新屋	这一带为龙井村民的主要聚居地，居下部分，称为下新屋
杨圈子	此地原为桥头杨家地主所有，有佃农居住
三王坡	1949 年以前此地有一座三王庙，供奉三尊菩萨，故称为三王坡
秦家山	在 1960 年以前，此地居住较多的秦姓人家，包括一户富农，故而得名。但他们彼此无血缘关系
庙梁上	在蔡家口与杨家场之间，因有一座土地庙位于路旁而得名
潮家坪	因以前有一户潮姓人家居住而得名
廖家大湾	秦家山皮明万家一带，因有几户姓廖的在此居住而得名
段家当门	1949 年前这一带有两户段姓人家居住，故而得名
二腾岩	地形上两边隆起两块岩石，故而得名

从这些地名中不难发现，龙井的地形呈现出群山叠嶂、山谷沟壑纵横的状态。既有高耸的山崖又有缓和的平坝，两山之间既有垭口又有沟谷。坡、坪、湾、沟在群山之间分布，成为村民们的定居点。村民们就生活在这样的山谷之间，在面积极小的平坝间种粮食，在群山之中种黄连、采山货。

虽然有些地名以姓氏命名，但江、杨、谭、蔡、段、潮、廖等姓氏在龙井已无后人，姓秦的也只剩下了两户，谭家屋脊现在住着的是姓郭的两兄弟。这同时也印证了我们所提出的原有居民迁徙，后来居民迁入的假设，暂且不讨论迁走和迁来的居民们的族群身份。土司赶苗的历史毕竟过去了数百年，关于那时候的历史，已经在当地人的族群记忆中逐渐淡去。

第四节　人口发展与现状

桥头镇的居民大部分是土家族，即使山上的龙井组，也是土家族占大部分，这一点与西南地区的族群地理分布特点相悖。据当地人介绍，历史上这一带的山上可能也曾居住过苗族，战乱之后苗族迁走，苗语命名的地名由迁入的土家族先民保留下来。从另一个角度来说，民族语地名也反映了桥头镇历史上所发生过的族群冲突和族群迁徙的现象。这些疑似苗语东部方言命名的地名和当地的一些汉语地名，均反映了当地的地势地貌。可见，族群问题受到地理环境状况的影响，如今族群的地理分布亦反映了历史上族群冲突和迁徙的过程。

从桥头镇马鹿组、龙井组、梨子组的人口变迁、流动及现状等情况看，土家族在桥头镇整个人口比例中占绝大多数，各村组土家人都在60% ~90%，土家族是桥头镇的主体民族。龙井组土家族居民比例远低于马鹿组，究其原因，龙井组的居民与外界接触更为频繁，外出务工人数更多，外来媳妇也更多。

调查还显示，桥头镇的人口迁徙、变迁与国家的政治力量息息相关，目前桥头的人口流动与城镇化进程一致。首先，20世纪的“大跃进”和计划生育政策作为两个重大的政治运动对桥头镇的人口规模和变迁有着重大影响，“大跃进”及随后的三年自然灾害致使桥头镇人口数量骤减。后来人口逐渐恢复并增长。至今虽然仍有少数人会为了求子而超生，但计划生育政策让桥头镇的人口规模得到了有效控制。其次，从民国开始到新中国成立后，历届政府的政治经济政策使得桥头的人口几度发生了变迁。再次，由于市场经济浪潮的席卷，桥头镇大量人口外出务工，通婚圈不断扩大，桥头土家人已不再局限于邻近村落之间的婚姻交换。大量外出务工的桥头土家人带回了外地媳妇。外地媳妇的进驻，留守儿童、老人与全国大多数乡镇一样，有明显的时代特征。

从桥头镇人口迁徙史中可以看出，当地的几大姓氏和家族，几乎都是从外地迁入的，当地居民对土家族的历史毫无记忆。龙井组的土家族占到了人口的56.9%，但是龙井的村民对于民族身份归属这件事并不是十分清楚。而这种情况的产生与前述的外迁居民通过婚姻、认干亲或者构拟同宗（我们将在后面的相关章节具体讨论）融入当地社会有直接的关系。即当地居民虽不曾知晓自己的土家族身份，但其已经通过融入地域文化中形成石柱地区的地域认同。而这样的地域认同也在日后民族身份认同的形成中占据了重要作用。

20世纪80年代初期，国家的计划生育政策开始向农村推行。政府开始通过多种途径对人口进行控制。对于那些已经生育了两个孩子的家庭，育龄妇女必须到乡镇的医院去做结扎手术。表3为当地人初育的情况。

表3　长沙村双堰组女性初育年龄统计表

初育年龄	18	19	20	21	22	23	24	25	26	29	> =30	共计
人数	3	1	6	2	9	4	3	2	2	2	3	37

由表3可以看到当地妇女初次生孩子年龄多在20岁到24岁这一年龄段。由于人们往往是婚后一年即生头胎，所以这样的初育年龄也表明当地妇女的初婚年龄多集中于19岁到23岁。若是结婚几年还没有孩子，人们就要采取措施了。有的人会就医吃药或是一些别的办法来解决不孕的问题。若各种方法都不管用，他们便会收养一个孩子来解决香火问题。

表4 长沙村双堰组家庭子女个数统计表

孩子个数	1子1女	1子2女	1子3女	1女	2女	3女	2子	3子	2子1女	共计
个数	24	2	1	1	4	1	9	1	1	44

从表4中可以看到，双堰组的家庭以两个孩子的情况最多，而两个孩子中最多的情况是一子一女。一子一女也是当地人觉得在计划生育政策下最理想的状态。

（一）马鹿组

马鹿村的马鹿组位于桥头镇镇中心，该组村民分布于梧桐街、鹿山路、桂花街等三条街，人口较多。这三条街（尤其是梧桐街和桂花街）上的居民大部分都是修水库移民过来的。该组98%以上的村民是土家族，只有2%左右的村民是汉族和其他少数民族。

根据桥头镇计划生育办公室的人口统计，截至2010年12月底，该组共有136户、528人[1]，拥有城镇户口的居民共有104人，且大部分都是老人。但我们在调查中发现，组中实际居住的人口数远不止这个数字，这主要因为有很多非本组人口长期居住在村里。下面简单地介绍一下该组人口的一些基本状况。

1. 性别状况

图3户口资料显示，该组136户，528人中，男性为274人，占总人数的52%，女性为254人，占总人数的48%。而该组的实际常住人口大约有2467人，其中男性为1335人，女性为1132人，男女性别比例大致为1.18∶1。

[1] 这里所指的是已经拥有该组户口或即将拥有户口（已经出生但尚未注册户口的小孩）的人口数统计。

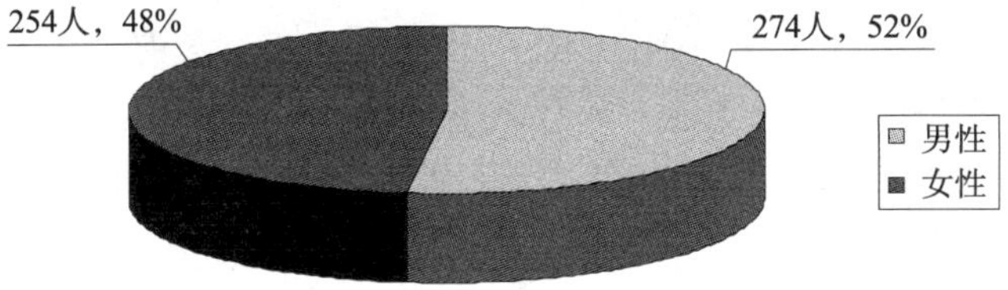

图 3　马鹿组男女比例分析图

2. 年龄状况

该组的户口资料显示，全组 528 人中，0～15 岁 129 人，所占比例为 24%；16～49 岁 272 人，所占比例为 52%；50～65 岁 74 人，所占比例为 14%；66 岁以上 53 人，所占比例为 10%。其年龄分布情况如图 4 所示。

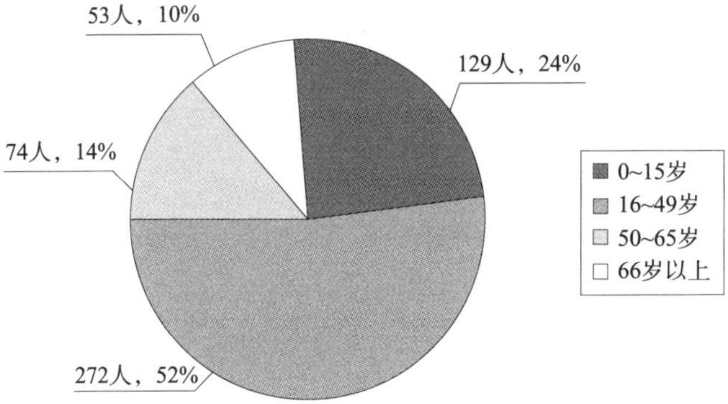

图 4　马鹿组年龄分析图

通过对人口年龄结构的分析，可以看出：该组的青壮年劳动力占了总人口的一半以上，说明该组的劳动力资源充足；50 岁以上的老年人占 24%，说明该组老年人身体健康；14 岁以下的少年儿童占了 24%，说明该组小孩的出生率还是很高的。

3. 人口的健康状况

该组有 3 名残疾人，66 岁以上的老人有 53 人。该组的村民一般寿命为 70 多岁，少数活到 80 多岁。死亡原因中，病逝者为多。

根据桥头镇计划生育办公室的人口统计，该组近十年来，人口死亡率逐年下降，2010 年共有 7 人去世，死亡率为 1.3%。

4. 文化素质

在掌握户口资料的基础上，通过走访调查，我们对该组 16 周岁以上村民进行了教育程度的统计。根据表 5 的情况看，该组 16 岁以上的 399 位村民中，不识字的有 57 人（其中男性有 30 人，女性有 27 人），所占比例为 14.3%；小学文化程度的有 112 人（其中男性有 53 人，女性有 59 人），所占比例为 28.1%；初中文化程度的有 187 人（其中男性有 98 人，女性有 89 人），所占比例为 46.9%；高中或中专及其以上文化程度的有 43 人（其中男性有 21 人，女性有 22 人），所占比例为 10.7%。

调查中我们也了解到，该组有不少人考上了大学，有的还拥有本科以上学历，但这些人在外地读书后一般都留在城市工作，户口外迁后就不再迁回本村了。

表 5　马鹿组村民受教育程度情况

文化程度	文盲		小学		初中		高中或中专及以上		人口	
	人	%	人	%	人	%	人	%	人	%
男	30	7.5	53	13.3	98	24.6	21	5.3	202	50.6
女	27	6.8	59	12.5	89	22.3	22	5.5	197	49.4
性别比例	1.11∶1		1.06∶1		1.1∶1		1∶1.05		1.03∶1	

5. 人口的行业、职业状况

根据图 5 的情况看，马鹿组有 136 户 528 人。其中，乡村劳动力 340 人，占全村人口总数的 64% 左右。这些乡村劳动力主要从事第一产业，如农业、养殖业。由于受当地经济、科技和交通条件的影响，从事第三产业的人口极少。

在 340 位劳动力资源中，230 人从事农业，占劳动力资源总数的 67%；建筑业从业人员 30 人，占劳动力资源总数的 9%；交通运输业从业人员 20 人，占劳动力资源总数的 6%；批发与零售业、餐饮业及其他行业从业人员 60 人，占劳动力资源总数的 18% 左右。

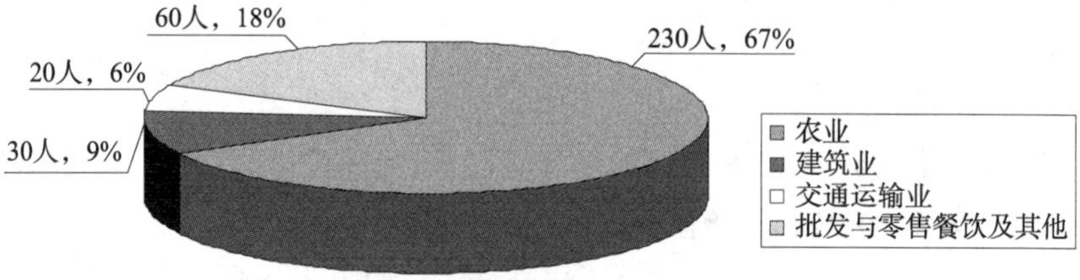

图 5　马鹿组人口职业状况分析图

6. 人口无业状况

在该组的 528 个村民中，188 位没有从事劳动，其中年龄在 0～15 岁的有

114 人，他们中的大多数人为学生；年龄在 16～65 岁的大概有 21 人，他们中因为受自身身体条件的制约（如残疾或疾病）而不能从事劳动的大概有 12 位；年龄在 66 岁以上的有 53 人，由于年老体弱，他们已不能从事体力劳动，主要靠子孙赡养或靠养老保险金生活。

7. 马鹿组的人口控制

根据桥头镇计划生育办公室的统计，从 2006 年到 2010 年，桥头镇人口总量虽然仍在上升，但是其增长速度有所下降，且出生率呈下降趋势。马鹿村马鹿组的人口发展趋势与桥头镇总体趋势相似，2006 年年末，马鹿组共有 437 人，出生率为 1.4%，到 2010 年年底，马鹿组共有 528 人，比 2006 年增长了 91 人，出生率为 1.32%，比 2006 年下降了 0.08 个百分点。据桥头镇人口与计划生育办公室资料显示：2010 年，马鹿村马鹿组计划外生育有 13 个小孩，其中男孩 8 个，女孩 5 个；计划内生育有 18 个小孩，其中男孩 10 个，女孩 8 个。

（二）梨子组

梨子组现有 75 户家庭，总人口 281 人。其中梨家湾与土墙院 42 户家庭，一共 168 人，横高各聚落 33 户家庭，一共 113 人。现在许多家庭与家庭之间的界限并不是十分明晰，尤其是分家与否很难界定，那些外出打工的已育年轻人总是将孩子留在家里，让孩子的祖父母或外祖父母代管，年轻夫妇的父母主要从事农业劳动，被迫纳入儿子们的家庭来进行分工。

1. 人口的年龄结构

图 6 展示了梨子村现有人口的年龄结构。

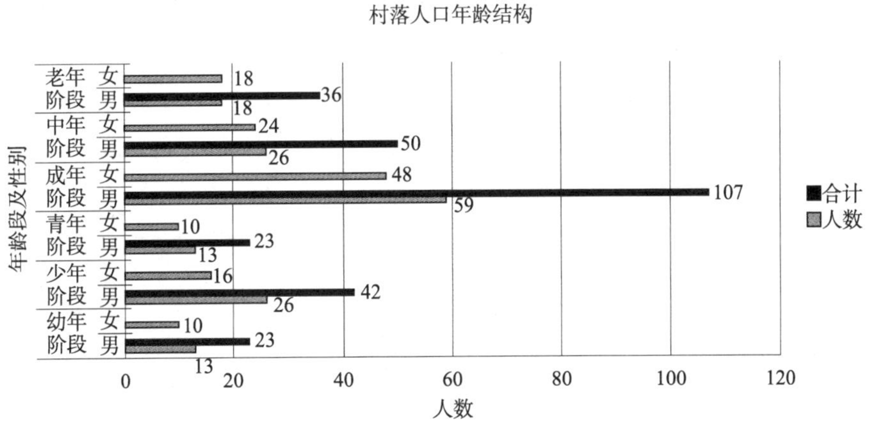

图 6　梨子组人口年龄结构图

2. 人口的职业结构

图 7 展示了梨子村现有人口的职业结构：

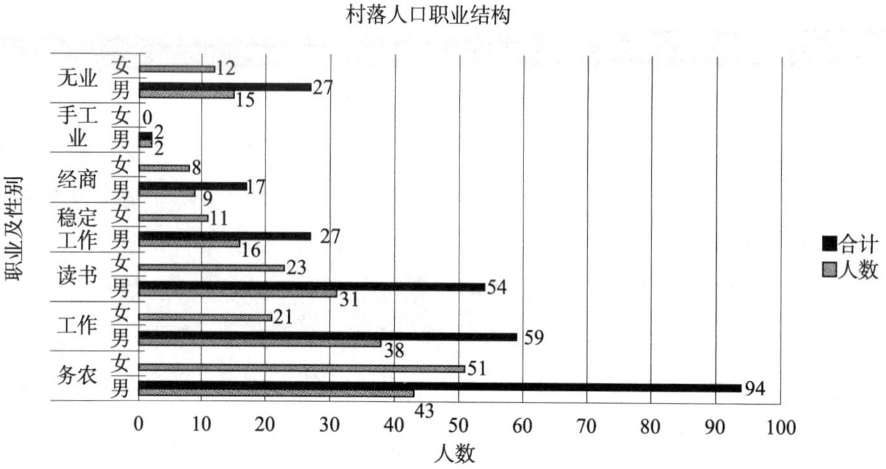

图 7　梨子组人口职业结构图❶

（三）龙井组

据 2007 年的统计，龙井组现有 36 户，共 153 余人。全组有向、郭、黄、王、隆、皮、谭、唐、秦、刘、曾、陈、冉、廖、戴、毛、岳 17 个姓，不过在村民的理解中，村子中只有向、黄、郭、王、秦、唐、谭、皮这几个姓，村民们认为家里当家的人才能算为姓，妻子的姓氏是跟随丈夫的。

表 6　龙井组人口年龄统计表

0～10		11～20		21～30		31～40	
性别		性别		性别		性别	
男	女	男	女	男	女	男	女
计数	计数	计数	计数	计数	计数	计数	计数
11	4	9	11	11	15	9	8

41～50		51～60		61～70		71～80	
性别		性别		性别		性别	
男	女	男	女	男	女	男	女
计数	计数	计数	计数	计数	计数	计数	计数
16	19	10	10	5	5	4	2

❶ 在以上的统计中，有 1 人未统计在内，原因是此人十几年前外出打工后失去了联系。

龙井组的人口呈金字塔分布，向我们展示了龙井组人口的阶梯样态。60岁以上的村民人口较少，因为1959年的饥荒造成了龙井大批人口死亡。其次，在20世纪60年代，村子里面迁徙来了几户人家，这些家庭在此繁衍生息，也带来了现在龙井组40～50岁人口的激增。1985年实施计划生育之后，龙井组的人口生育开始受到限制，从金字塔结构中可以看出，30岁以下人口所占的比例较小。

表7　龙井组人口民族分布表

民　族	汉　族	土家族	壮　族	合　计
频　率	65	87	1	153
百分比	42.5	56.9	0.7	100

表8　龙井组人员文化程度统计表

	学龄前	小　学	初　中	高　中	文　盲
频　率	9	74	39	2	26
百分比	5.9	48.4	25.5	25.5	17

村民的文化程度以小学和初中为主，学龄前的孩子有9人。现在村里的中年人多为小学程度；21～40岁村民的文化程度则相对高一些，多为初中。老人则几乎全部为文盲。

表9　龙井组人口姓氏统计表

马	毛	皮	秦	冉	沈	谭	唐	王	陈	成	戴
计数	计数	计数	计数	计数	计数	计数	计数	计数	计数	计数	计数
1	1	1	10	4	1	4	8	8	4	1	1
郭	黄	廖	刘	隆	陆	韦	向	岳	曾	张	周
计数	计数	计数	计数	计数	计数	计数	计数	计数	计数	计数	计数
27	22	1	5	5	1	1	37	2	5	2	1

龙井组主要的姓氏为向姓、黄姓和郭姓，这三个姓氏占了全部人口的55%左右。这三个姓氏的人口中，黄姓为同一家族相传下来的。郭姓的祖坟在小寨子附近，他们也是龙井组较早的居民。向姓则不同，向姓在20世纪60年

代迁过来一批人，经过 50 年的发展，向姓已经成为村子的第一大姓。秦姓原来在村子里人口较多，但由于 1959 年的饥荒饿死了几户人家，后来又搬迁出去了 1 户人家，现在就只剩下 1 户。唐姓也是村子里存在时间较长的姓氏，在搬迁走两户后，只剩下 1 户。其他的姓氏诸如陈、成、戴、廖、刘、隆、陆、马、毛、沈、韦、岳、张等姓都是嫁过来的。村民通过通婚、认干亲等形式围绕着向、郭、黄几个姓凝结成了龙井的关系网络。

第三章　村镇经济与社会发展：产业、交通与信息传播

桥头镇的经济深受国家政策和地域环境的影响。由于桥头镇的海拔较高以及以黄壤为主的农业大环境使得桥头镇经济只能以农业生产为主、养殖业为辅。通过对桥头镇经济历史的调查，我们发现了农民的资源空间、市场空间的变迁。20 世纪 60 年代以前，森林的意义除了保护生态、村民建筑用材以及能源使用等微弱的几个方面之外，几乎没有什么用途。公路修通，交通发生变化之后，这些木材得以向外运送，投放到更大的市场实现相对公平的价格评估。与此同时，黄连的种植和销售也迅速发展成为规模性产业。桥头经济卷入市场经济的浪潮中不仅体现在传统农业，特别是黄连的生产与销售上，而且还表现在外出务工人数的增加以及对外经济交往的频繁等方面。

在交通闭塞的时代，已经有人种植黄连，但是并未形成规模化，黄连的种植成为产业是近几十年来的事情。现在桥头甚至有了“黄连之乡”的美名。外人说到桥头的黄连就会联想起桥头的土家族。殊不知，这一族群认同的想象也不断内化于桥头人的心中，成为生成的族群认同。作为“共同体”的桥头土家人，认同感的核心内容也不是一成不变的，其随着时代社会经济的变迁而发生着变化。如今黄连这一经济作物成为一种象征符号从某种侧面形塑了桥头土家人的族群认同意识，为桥头土家人的族群认同增添了新的要素。

在桥头土家人的经济结构形塑中，亲属关系作为重要的载体起着非常重要的作用。商品贸易关系实质上需要通过亲属关系来延展，处于大致相同的经济环境中并过着大致相同的经济生活的人们之间更容易成为一个联系紧密的群体。这些人采取大致相同的劳作方式，接受基本相同的生产传统。在其日常生活中，基于生产的交往与互助也是广泛存在的，这些可以被看作是经济对族群建构的贡献所在。此外，在桥头镇，无论农忙时的互助生产还是农闲时的休闲

活动都作为一种经济形式勾连起桥头人民族群认同的一个重要维度——族群内部凝聚力。虽然原先的互助组织遭到市场浪潮的冲击几乎不复存在，但农闲时的各种休闲活动却从方式与内容上将桥头各村落的人们紧紧联系在了一起。

经济生活与族群认同的关系实质上是相互影响、相互作用的关系。日常生活中，桥头人与自然环境、社会环境相契合的经济活动建构了桥头土家人的族群认同。反过来，土家人的族群认同又不断生产和再生产桥头人的经济活动模式。桥头人利用资源的方式作为一种内隐的文化，存在于他们的生活中，成为其日常行动的逻辑，进而成为桥头土家人自我族群认同的起点与标志。

此外，土家人这个族群认同并不是铁板一块的。我们可以发现，“山上”、“山下”不同地域的居民，在认同上存在着些许差异。山上，由于地理环境对居住格局的影响，聚“院子”而居，在换工互助和销售信息的交流上都非常紧密。在此基础上延伸而来的婚丧嫁娶、人生礼仪，也来得更为隆重。山下的居民，尤其是公路两旁的村落，具有人类学领域中所称的“公路优势”，其交换空间更广，经济发展得更快，族群认同相对淡化一些，“传统文化”也相对薄弱一些。我们后面将会分析传统习俗、传统文艺的复兴与经济因素的关联。

在全球化经济和国家历史变迁中，信息传播在桥头土家展现出极强的地方性。信息传播渗透在桥头人日常生活的方方面面。从报纸杂志、赶场到“一句话政策”、从电报到手机、社会关系网络再到日常休闲的活动，国家的大政方针、村中政策、村落闲话、经济信息等都通过不同的管道进入桥头土家人的日常生活中。

交通对桥头土家人社会经济文化的重要性无须赘言。如前章所述，交通的便利为桥头镇经济的发展奠定了基石。黄连的种植与销售得以成为一个规模性产业，甚至包括长毛兔养殖产业的兴起莫不与交通的发展密切相关。交通逐渐改变了当地人对外界的认知，也促使我们思考地理边界与族群边界之间的关系问题。人们的交往空间始终与其所能够采取的手段息息相关。交通与信息同为传播的载体。在马歇尔·麦克卢汉看来，每一种新媒介的产生都开创了社会生活和社会行为的新方式，媒介是社会发展的基本动力，也是区分不同社会形态的标志。换句话说，人类只有在拥有了某种媒介之后才有可能从事与之相适应的传播和其他社会活动。媒介也影响了桥头土家人的生活，尤其是通信的现代化，几乎成为社会交往的一场革命。当然，并不能说交往的社会空间扩大，于是其族群边界也会向外扩展，但是从我们考察的地方来看，这种思考是有道理的，交通与信息传播的变迁和族群的演变就产生了一些重要的联系。

如前所述，桥头在整个石柱的交通体系中并不占据关键性的位置。新中国成立前的桥头无公路通往石柱，仅有一条水路联通外界。随着交通与信息技术的发展，人们与外界的社会交往空间逐步拓展和扩大。透过交通与信息技术的变迁，我们进而可以发现族群边界的变化。如桥头的黄连种植者借助现代化的通信手段获得黄连价格，并且基于地域与交通的关系，他们也多将黄连卖给邻近地域的村民，而原因也在于其是“一家人”。在与外界的互动中，村民或通过婚姻或通过经济活动将地域认同逐渐转化为族群认同。事实上，交通与传播这两个因素导致了民间文化艺术、宗教信仰等多方面的变化，而这些一度是族群的一般外在特征。

第一节　桥头经济变迁——1949 年以来

桥头镇传统生计是以水稻、苞谷、洋芋、黄连、辣椒等种植为主，家庭养殖业为辅。家庭养殖业又以养殖牛、猪、长毛兔为主。

一、土地分配的变迁

1949 年中华人民共和国成立后，国家没收了地主的土地，打倒了掌控土地所有权的地主阶级。1952 年，国家进行土地改革。当时桥头镇是按人口平均分配土地。具体的分配方式是：首先将土地标号，然后每家派出代表进行捏号。每个农民都相应获得了土地，这种做法极大地调动了农民的生产积极性。每家每户都成为一个基本的生产单位，除上缴约百分之二的税收外，自家生产的粮食都由自己支配。刚土改时，也有农民做点小买卖的，例如，卖点针线活、自家编的线、绳之类的东西，这时候做小买卖所赚的钱归自己，不需要上税。从当时全国的情况来看，土改后，贫雇农得地开心，中农有利放心，富农不动定心，地主劳动回心。到 1953 年春，土改基本完成，全国 3 亿多无地少地的农民无偿地分得 4700 万公顷土地和大量的生产资料，告别了过去向地主缴纳高额地租的局面。更重要的是，土地改革彻底摧毁了地主阶级的土地所有制，解放了农村生产力，有利地促进了农业恢复与发展。

1952 年到 1958 年，农业生产的合作化趋势加强。当时，农民每户平均耕田不足十亩，贫雇农平均每户不足半头耕畜、半部犁，资金极其匮乏，维持简单生计都不易，根本无法扩大生产，这显然不能满足国家工业化和人民对粮食与工业原料日益增长的需要。1956年起，桥头地区实行初级农业生产合作社制，社员除参加合作社劳动外，还可以耕种自留地。所谓自留地，是指这一时期中国农业集体经济组织按政策规定分配给成员长期使用的土地。农户经营自留地是一项家庭副业，可以充分利用剩余劳动力和劳动时间，生产各种农副产品，满足家庭生活和市场需要，增加收入，活跃农村经济。当时，桥头村民在自留地里种洋芋、豆子、苞谷、小米等供自家食用的粮食和蔬菜。可以看出，这一时期，村里的农作物以粮食作物为主，人们的生产目的是维持生计。除耕种自留地外，农户还可以经营其他家庭副业。但这一时期，社员生产所用的生产工具以及各家的家畜和其他生活资料大部分已经收归公社，归全体社员所有。到1958年左右，全国各地纷纷建立起农村人民公社。当时一个乡或一个镇属于一个公社，公社下设生产队。生产队是基本的核算单位，每个生产队设队长一名，队员的劳动报酬实行工分制，队员按照劳动工分获得报酬。据介绍，这一时期，从现在的梨家湾到桥头共划分为4个生产大队。人民公社化时期，每个社员的日常劳动和生活都由公社统一管理和分配，没有自主性。那时社员在生产队劳动一天可得10个工分。如果某一天社员出工迟到，就只能得8个工分，不参加劳动就扣除当天的工分。而生产队长除了安排队员的日常劳动、组织开会及其组织分配外，同样参加劳动，队长一天可得2个工分的补助。这一时期，主要的种植物是粮食，虽然在这一时期也种植经济作物黄连，但是种植的面积很少，远比不上粮食的种植面积。当时队里主要是抽调部分男性去种植黄连，因为种植黄连的活计较重。这一时期，劳动分工不是很明显，不过大致上还是按照活计的轻重来分配劳动。一般来说，大集体时期男性多从事诸如副业、砍伐运输木料、犁地等较重的活计，而女性则多从事薅草、在家做饭、照料小孩等轻一些的活计。

1958年以后，农业生产逐渐以生产队为生产单位，许多农业基础设施几乎都是那个集体劳作的年代修建的。但是，这种以生产队为生产单位进行劳动的做法不能很好地激发每个人的劳动积极性。所以，尽管看起来劳动场面经常是如火如荼，但是每年的劳动成果都不能满足人们的基本生活需要。在这样的情况下，过于相信集体的力量而开始扩大土地面积，覆盖在马鹿山上的大片茂密的树林相继被砍伐，将其开垦为耕地进行耕作。据那些经历过集体生产时期的长者回忆，如今再一次被树林覆盖的许多地区在那时都被开垦为耕地。与现在相比，集体生产时期的耕地面积是现在耕地面积的两倍有余。

值得一提的是，1957—1958年国家有两项政策对桥头地区产生了重要影响，分别为1957年的“以粮为纲，全面发展”政策和1958年的“以铁为纲”政策。1957年，国家实行“以粮为纲”的政策，要求各地不惜一切力量提高粮食生产，导致了劳动力状况的变化。当时，桥头的劳动力完全被束缚在土地上，无多余劳力发展副业。1958年，国家实行“以铁为纲”政策，要求各地大炼钢铁，大幅提高钢铁产量。国家政策的更迭引起了家庭劳动力的流动。据当地人介绍，由于国家政策的引导，各地纷纷兴起炼钢铁大潮。为达到钢铁指标，各地几乎倾尽一切生产和生活资料，家里的各种生产和生活铁具都被当作炼钢的原料。各家各户的壮劳力均被调至各地的钢铁厂，家里只剩下老人、小孩。这一时期的桥头，70%的青壮劳动力都被调往湖北炼钢或者去外地修路，也有些人去诸如水泥厂之类的工厂劳动。这一阶段劳动力分配发生了巨大的变迁。在这一全国性的政策影响下，当时桥头地区年轻的劳动力都脱离了土地，造成土地上的劳动力严重不足。因此农业废弛，生产严重下降，人们处于极端贫困的状态。

大集体时期至“文革”期间，各个生产队所生产的粮食归集体所有，并且由公社集中统一分配。首先是国家公益粮，上交国家公益粮的数量视当年具体的生产状况而定，一般是在30%至50%之间。之后分配给每个社员的基本粮，每人360斤，如果交纳公益粮后不能满足社员的基本粮，则将所剩粮食按人口平均分配，分配完基本粮后最后分配工分粮，即按工分来分配，工分多的多分，工分少的就少分。

十一届三中全会后，国家实行家庭联产承包责任制，即农户以家庭为单位向集体组织承包土地等生产资料和生产任务的农业生产责任制形式。在保留集体经济必要的统一经营的同时，集体将土地和其他生产资料承包给农户，承包户根据承包合同规定的权限，独立做出经营决策，并在完成国家和集体任务的前提下，分享经营成果。家庭拥有了土地的经营权，土地也可以出租，但是不允许买卖。这时，家庭成为基本的生产单位，这就极大地解放了农村生产力，农民的生产积极性空前高涨。当时桥头地区的田地分配原则是：根据每户所拥有的劳动力数量为主要标准分配土地，责任到人。除此之外在分配土地之前要事先估计每块土地的生产能力，按土地肥力优劣进行划分，生产能力强的土地要少分，生产能力低的土地要多分，以保证分配给每个劳动力的土地生产能力大致相同。例如，一户三口人，如果分到一般的土地可得到4.5亩，分到生产能力强的土地可得到3.7亩，分到生产能力弱的土地可得到5.2亩。直到1987年，此前出生的人都会分到土地，此后出生的人就不再分得土地。

为了更好地保障农民的利益，1985 年，国家将土地承包期延长 15 年，即到 2000 年。2000 年，又将土地承包期延长 30 年，即到 2030 年。国家取消了农业税，使农民的利益进一步得到保障，人们解决了温饱问题，生活逐步好转。为了保护现有耕地资源，不使其荒废，另一方面鼓励发展农业，国家近几年开始对粮农实行粮种补贴政策。对于田和地，国家的粮种补贴稍有差异。对于水田，国家在春耕期先行补助每亩 105 元，后期补助每亩 15 元；对于旱地，国家先期补助每亩 105 元，后期补助每亩 10 元。这些补助是按照原有的责任田地来进行的，也就是说，在 1982 年土地下放的时候，分到多少田地便能够从国家那里获得多少田地的粮种补贴。那些已经荒废的田地依然能够获得补贴，而那些新增的田地因其不是责任田地而并没有获得粮种补贴。在村落中，有不少人家的田地都因为从事其他工作和行业而“拼”（完全不收取租子，只需要代其将土地管好）给另外一些家庭经营。在这样的情况下，两种补贴由土地所有者获得，而不是补给新的土地租赁者和经营者。

二、土地租借

农民之间的土地租借从来没有间断过，这是因为每个家庭的劳动力和其拥有的土地资源并不相符，所以土地多的家庭便会将其种不完的土地租借给土地少但是劳动力较多的家庭。关于这种家庭所有劳动力与其占有的土地资源不相符的情况，主要是由于女性人口的外嫁造成的。在 1982 年分田地的时候，所有的土地被按照人口来分割，每个人口平均分配土地。那个时候有些家庭里一对夫妻可能育有几个女儿，而只有一个儿子，这些女儿按照传统的婚姻居住模式大都嫁出本村之外，而土地是带不走的，所以只好留给他们的兄弟耕种了。这样，姐妹多的男子便据有了很多土地资源。当然，有些家庭不是因为劳动力不足，而是因为他们选择从事其他行业而将自己的土地租借给别的家庭。

随着时代的变迁，土地在人们的生产生活中所占的地位也会有所不同。大约在 2000 年以前，打工经济还不甚流行，那时候的田地依然被看得十分重要，农户只有在迫不得已的情况下才会将田地租借出去。而且，那时因为农税提留还未免除，农税除了按照人头的部分之外，还有按照土地面积的部分。所以，租借出去的田地都要收取一定的租子，一般都是土地上出产的粮食，水田的出粮是稻谷，旱地的出粮是苞谷。水稻和苞谷的出粮都是每亩 300 斤左右，而农业税的面积部分则由租种土地的一方提供。还有另一种交易的方式，田地所有者将田地租给租种者，田地出产的粮食两家对半分，而农业税由田地所有者自己负担。随着打工经济日益盛行，从事其他行业的人越来越多，在市场经济的冲击下，劳动力在小规模的农业经济上的价值远远低于在其他行业上的价值，所以大批劳动力转移到其他行业。另外，一些年轻人开始通过教育、做生意等途径获得了农业之外的生计方式，也离开了土地。这样，土地在人们的生产生活中的位置开始下降，种植土地的人多为年龄比较大而不适于外出打工的人，大约在 50 岁以上。但是部分家庭的劳动力因为各种原因而不能从事其他行业不得不继续从事种植业，这样，别的家庭留下来的田地便被他们使用，而租子也减免了。这种相互“拼”土地的情况通常发生在亲戚之间或者关系比较密切的家庭之间。

三、水利建设

农业环境的改善程度在于人力能够在多大程度上对自然进行干预，正如农民通常所感慨的“靠天吃饭”，表达的就是人们对于自然的无奈。对于农民的农业生产来说，最具威胁性的是天气的变幻无常，有时连降暴雨，有时又会连续干旱。连续的暴雨引发山洪对农民造成影响并不十分常见，据村民回忆说，20 世纪 80 年代爆发的一次大的水灾影响较大，对农田设施造成了大量的损害。但是干旱是一种季节性的气候，经常发生。

过去很长一段时期，桥头镇对天气的预防措施主要是针对干旱进行的，主要措施就是修建蓄水设施，在雨水充沛的时节将水储蓄起来，在干旱的季节使用这些水。如果规模不大，这项工作是比较容易的。我们在很多耕地旁边观察到，人们会根据这里的低洼地形修建一个简易的蓄水池，很多时候只是在自然地形的基础上堵住一些缝隙和漏洞就行了，从别的地方挖几条沟通向这个蓄水池，以便收集山上的水源。规模较大的蓄水设施叫作堰塘，这种设施通常需要比家庭更大的组织互助来完成，仅凭借家庭的力量是难以完成的。如山上的梨子组，村子中共有 7 个堰塘（其中一个处于这个村落与隔壁村落的交界处，两村共同使用），都是 1982 年以前修建的。修建这些堰塘需要集体投入大量的人力，当生产还是以生产队为基本单位的时候，组织生产队的劳动力集中修建和维护农田设施并不困难。但是随着产权到户之后，堰塘作为一种公用的设施，人们对其逐渐疏于管理和维修。今天，除了一个与外村共同使用的堰塘还能够蓄水之外，其他的堰塘已经不能蓄水了。还能够蓄水的那个堰塘也没有很好地发挥灌溉作用，被承包给了一个外来户从事养殖业。

长沙村双堰组的情况也是如此。1956 年，村干部带领村民自发修建的第一条大堰——新丰大堰，但是由于新丰大堰的灌溉范围不能普及到当时七队的所有居民，于是七队牵头，后来五队参与进来，苦战三年，又修建了第二条大堰——五七大堰。大堰修建好后，两队轮流用水，七队灌3天的田地，五队灌2天的田地，而且村干部经常带领村民清淤，只要不是特大干旱，两条大堰完全可以解决春播的灌溉问题。但是后来分田到户后，村民基本上没有整修大堰，两条大堰慢慢地“瘫痪”了。2007年至2008年，村干部组织修建了排灌站，新丰大堰得到了维修，但是通水后不久，有一段老堰垮掉，就再没有复修。2010年，五七大堰得到了维修，但是维修的质量不过关，也没有发挥其作用。

当人们在回顾集体生产的历史时，在广泛批评的意见中透露着另一种感情。尤其那些长者，他们亲身经历了那个年代，他们认为，在农业基础设施方面，生产队集体生产的年代兴修和管理得较好，如堰塘得到了最大程度的使用。而现在，各家各户靠自己的力量难以解决水利问题。

四、生计模式的变化

解决温饱后，农民的生产目的及思想观念发生了巨大的转变。这一时期，人们不再停留在基本的温饱上，而是考虑如何增加收入。所以，这一期间，桥头地区不再只种植粮食作物，人们开始种植经济作物，如辣椒、黄连等。同时人们还重拾副业，例如，养殖长毛兔、养殖蜜蜂等。但同时，当地开始出现明显的贫富差距，拥有各种生产资料和较多劳动力的家庭优势凸显出来，其家庭收入明显增多，并且优于其他的家庭。随着市场经济的建立和发展，村里很多人随大潮外出务工。实行家庭联产承包责任制后，人们可以不再同祖祖辈辈一样将自己束缚在土地上，土地和劳动力的关系松弛，劳动力可以从土地中解放出来。同时市场经济的大潮也涌入农村地区。很多年轻人选择外出务工，因为农村活计较重，收入也比不上外出打工，也就是说从事传统的农业并不能满足青年的经济需要，他们渴望趁着年轻外出务工多赚些钱，同时也想趁外出务工的机会多接触外面的世界。

这一时期外出务工人数增加，农村原有的劳动力减少，很多家庭只剩下了老人和孩子。由于劳动力的缺乏，在权衡了劳动力和生产的关系之后，很多人家又都放弃了养殖长毛兔及其他副业，这就是现在桥头地区很多人家不再养长毛兔的一个重要原因。据一位农妇反映，以前养殖长毛兔的时候，家里必须腾出一个劳动力来，每天上山割草来喂养长毛兔，而现在若还这样，则会导致庄稼无人料理。同时很多人家（只剩老人孩子在家的家庭或者没有重大经济开支的家庭）已不再种植黄连，因为种植黄连很费工时，同时需要足够的劳动力。目前很多家庭只选择种植一些满足日常生活的粮食蔬菜。

外出务工不仅影响了桥头镇各村劳动力的变迁，而且还影响了桥头地区土地的使用状况，进而影响了桥头各村村落的变迁。很多外出务工的人在外寻到更好的生活条件时，便不再选择回桥头的村里生活。即便那些想回到家乡生活的人，也会选择在交通比较方便、公共设施比较完好的地方建盖新房。现在桥头地区已鲜有人在村里盖新房。村中很多人家在有了一些积蓄后，也选择在桥头镇上盖房子。我们还发现许多人家由于在外打工，家里没有人打理，导致家里的房屋闲置，甚至废弃。村庄聚落的发展并没有随着经济的发展而壮大，不过村落的族群认同的边界却因经济的发展而不断扩展开来。

第二节　山地常态农业

桥头镇是个典型的农业镇，农业生产占总经济的比重很大。全镇耕地面积1.436万亩，林地面积5.1万亩，草场面积1.67万亩，水域面积5平方公里。我们以马鹿村和长沙村为调查重点，以此为例来展示桥头镇的农业经济状况。

大体来说，桥头镇的产业结构比较单一，主要以第一产业即农业为主，还有少量的第三产业。第一产业即种植业和养殖业，种植业包括稻谷、苞谷、洋芋等粮食作物和辣椒、黄连、梨等经济作物；养殖业包括牛、猪、羊、长毛兔等。第三产业主要是商品流通，如农产品销售、农用资料销售和村民们的日常用品经销。

另外，调查中发现各村的农业生产机械化程度不高。以马鹿村合堡组为例，其耕田、插秧、施肥等农作活动，大部分家庭依然采取人力或畜力的方式，只有30%的农户使用机器进行农作。很多农户并不是买不起机器，而且买农用机器时国家财政会补贴13%的费用。造成机械化程度低主要有以下两个原因：第一，每个农户分到的田地比较少，每块土地的面积也比较小，且由于地形原因各块土地并不是连接成片的，而是有高度差异的，所以不适宜进行大范围的机器作业；第二，村中大部分年轻人都已外出打工，在家中务农的基本上是老人，由于老年人文化水平较低，大多数老人都不会使用机器。

桥头镇村民一年中的经济生活有很明显的规律性，主要围绕农业生产来进行。当地粮食作物以水稻、苞谷为主，薯类作物以洋芋为主，水田中大部分种水稻，旱地中大部分种玉米和洋芋。经济作物以辣椒、黄连为主，但黄连的种植对地形、气候的要求比较高，在马鹿村，只在海拔较高的龙井组有大量种植，梨子组和合堡组均为少量种植。豆类作物有红豆、四季豆，蔬菜作物有白菜、红萝卜、茄子、南瓜，一般农户家中都种有数量不等的梨树。

据了解，1949 年之前当地农民大范围种植罂粟，这使得当时水稻和玉米种植面积很小。罂粟是一种一年生草本植物，抗旱抗病虫，其未成熟蒴果经割伤果皮后，渗出的白色乳汁经干燥凝固后可制成鸦片。罂粟在四五月种植，经过 4 至 5 个月的生长管理，在八九月收获。当时农户种植罂粟的目的是向当地的地主换取粮食，1 亩土地能产出 20 ~ 30 克鸦片，1 克鸦片能向地主换取 1 斗谷子即 100 斤谷子。新中国成立后，政府禁止种植鸦片，马鹿村罂粟的种植随即终结。

从桥头镇生产活动中可以看出：共同的生计模式与劳作方式使得桥头镇身处相同自然环境的人们拥有了相似的经济环境。经济环境中催生了共同的生产传统与互助模式，对于增强桥头土家人的民族凝聚力有着巨大的作用。

一、种植业

（一）水稻

水稻是桥头镇村民的主食，由于当地每家农户分到的土地较少（如表 23 所示），加上年轻人都出去打工，老年人劳动能力有限，所以村民们所收获的稻谷基本上只是自给自足，一般不对外出售。水稻的种植主要有三个步骤：播种、插秧管理和收割。

表 10　2009 年年末桥头镇长沙村各组耕地面积（亩）

湖心组		双堰组		联方组		都岩组		茨谷组		合　计	
687		336		379		321		252		1975	
水田	土地	水田	土地	水田	土地	水田	土地	水田	土地	水田	土地
534	153	260	76	305	74	185	136	163	89	1447	528
34.8%		17%		19.2%		16.3%		12.7%		100%	

桥头海拔较高、雨水较多、气温较低、日照偏少，水稻成熟相对较晚。据了解，目前桥头主要种植的水稻品种叫“科优”。当水稻成熟收割时，人们将

收回的水稻轻轻搭下，最成熟饱满的稻谷晒干后藏好，用作第二年的谷种。当然，现在越来越多的桥头农民播种的水稻种子都是购买的。地势的增高造成各地的气温各不相同，而且，地势较高的地方往往坡度也较大，所以水稻的种植在很小的范围内也是因地制宜的。

1978 年以前，这里所种植的水稻为传统的高秆稻，当时的育苗方式是直接将谷子播撒到平整好的水田里进行育苗。在梨子组，横高及以下的地区因为地势较低，气温较高，这部分地区的水稻大概在清明时就可以育苗了。可是从横高以上直到土墙院，这部分地区的水稻只有到了谷雨的时候才能够育苗。也就是说，梨家湾的水稻种植整整晚了横高一个节气，也就是半个月的时间。海拔高的地区在谷雨的时候才下种，水稻的收获时期就推迟到农历九月份。水稻扬花的时候，正值冷露来临之际，会对水稻的收成造成很大的影响。在这样的情况下，许多农民所采取的方法就是将谷种拿到山下育苗，育好苗之后移到山上来插秧。这样就可以将水稻种植的时间提前了，但是效果依然并不显著，每年的水稻亩产量多为 600 ~ 700 斤。

1978 年以后，水稻种植方式开始得到改良。一方面是改良谷种，另一方面则是改良种植方法。谷种从原来的高秆水稻改成矮稻，种植的时候拉着长线，尽量将禾苗插成一条直线，而且通风沟的方向与太阳升起和降落的方向一致，使得禾苗可以更好地进行光合作用。但是，这些改革受到很大的阻碍，农民尤其难以接受新谷种的改良，在种植方式上也没有足够的耐心。当时每个生产队都派遣一名技术员进行教授活动。最后决定用一部分田地来进行改良实验，年终人们发现采用改良耕作方式的水稻产量每亩比传统耕作方式的产量多 100 多斤。大家才开始使用新的耕作方式和新品种。而关于育苗期的问题，借助温室大棚得以解决，也就提早了水稻的种植时间和收获时间。

大约 10 年前，人们开始在旱地上育秧苗。以前育苗需要进行两次，在地膜里育成 2 ~ 3 寸高的秧苗，再移至大棚里育苗，此后才能插秧。现在完全在旱地上育苗，只需要一次即可。现在与 1978 年以前相比，整个水稻种植期明显提前了两个节气，也就是一个月的时间，解决了水稻在扬花时与冷露相遇的问题。

如今人们的水稻种植状况，我们以马鹿村为例进行说明。马鹿组的水稻播种一般在 3 月中旬至 4 月中旬进行。播种前要除去其中不饱满的瘪谷，然后将其播撒在已经平整好的秧床上，一般用塑料薄膜遮盖蒙实，以促使其发芽生长，待秧苗长到一定程度便开始施肥、用药，以保证秧苗长势良好。

插秧一般是在5月中旬至6月中旬进行，当地气候逐渐变暖，种子也已经长成秧苗，可以移栽。人们将秧苗下的泥土清理干净后运到水田里进行栽种。水田在此之前已经用牛或机器犁耕过，并且施过肥料。秧苗插好后至收割前要打三次药治虫：第一次在秧苗移栽成活后；第二次是在栽秧后约50天，即水稻生长的初期；第三次是在水稻抽穗之后，大约在7月底8月初。除此之外，每个农户根据自家水稻生长情况的不同进行除草和施肥。一般打药的时间是在下午太阳下山以后，因为白天阳光照射强烈，药液极易挥发，而下午及晚上气温低，农药易沉淀，持续时间长，药效会好很多。

当地水稻一般在7月初至7月中旬开始抽穗，当地有“大暑小暑，谷子乱出”的谚语，8月底至9月下旬成熟，成熟后人们将稻谷连茎割下，然后用打谷机打成谷子运回家中晒干贮藏，将稻草用作牲口饲草。

（二）玉米

玉米是马鹿村仅次于水稻的重要的粮食作物，当地称之为苞谷，一般种植在旱地里。当地收获的苞谷一般有两种用途：一是作为粮食食用，既可以现用，也可以做成苞谷面使用；二是用作饲料，用于喂养猪、牛、羊等家畜。人们会把上一年用不完的苞谷悬挂在二楼房顶晒干，到了第二年随时可以用来喂养牲口。如果苞谷收成好，会卖出去一部分，但这种情况很少。

现种植苞谷都采用肥球育苗或地膜玉米技术。

肥球育苗就是用调有肥料的本土泥制作圆柱形的肥球，放上1～2粒苞谷种后排放在苗床上，用塑料膜遮盖来育苗。

地膜玉米就是将苞谷种子播撒在地中，用地膜蒙上让其生长，长到一定程度后将苞谷苗放出地膜外让其生长。

肥球育好的苗必须移栽，移栽一般在5月份，即将苞谷苗在地里栽好。

苞谷管理包括施肥、除草、防病治虫等。现肥料都是化肥如碳氨、尿素或烟草复合肥。除草用除草剂，防病治虫均用农药。

苞谷成熟后将苞谷包收回家，有的剥出苞谷晒干后脱粒，有的将苞谷棒扎成苞谷树或者将苞谷晾在房梁上，这成为秋收后的一道风景线。脱粒后的苞谷棒晒干后可做柴火烧。

桥头镇所产的苞谷颗粒较饱满，在刚刚成熟后，农户会去地里取一些新鲜的苞谷回家，将苞谷颗粒取下后用机器碾成面糊状，这时候人们会烧一锅水，然后用勺子将苞谷糊糊放在锅里煮熟，同时在锅里掺加洋芋及新鲜的蔬菜，这样煮熟以后盛在碗里食用，味道香甜，透出新鲜苞谷的味道，当地人管它叫“羹羹”。除了这种吃法，当地人还会把碾碎的苞谷糊糊炸成玉米饼，糯香可口，此时的村里会飘荡着阵阵清香。

（三）土豆

土豆，在当地被称为“洋芋”，也是当地十分重要的粮食作物，几乎每个农户都种洋芋。在当地有许多食物都是以洋芋为原料制作而成的。村民一般会在煮米饭的过程中放入一些洋芋，这种洋芋饭已经成为村民饭桌上必不可少的主食。调查中发现，当地人在米饭中放入洋芋是因为以前粮食产量低，物资匮乏，粮食供应不足，没有足够的大米让人吃饱，所以就在米饭中掺入洋芋来充饥。现在虽然生活条件已经有了很大的改善，但是人们已经习惯吃这样的米饭，所以现在还以这种方式来煮饭。另外，这样做也可以节省一些大米，因为洋芋的亩产量远远大于稻谷的亩产量。

当地栽种洋芋时间是在2月初。先把地犁耕好，再将上一年挑选出来用来当作种子的洋芋栽入土地中。在2月底3月初，种下的洋芋开始出种。

对洋芋的管理比较简单，因为当地降雨量较大而且灌溉条件不方便，所以当地人很少灌溉土地。管理洋芋主要是防治病虫害，多以春季在种洋芋的田里喷洒农药的方式进行。

洋芋的收获时间一般是在6月底7月初，村民要到自家地中将洋芋挖出土收回家中。种洋芋少的农户一般在7月中旬就可以收完，但种洋芋面积较大的农户则可能一直挖到8月初。收回来的洋芋一般是被放在农户家中的堂屋中，在村民们有空的时候进行挑选分类。洋芋通常被分为四类：第一类是最大的洋芋，这种洋芋常被用来切片做“洋芋果果”；第二类是不大不小的洋芋，供人们日常食用，主要是作为食物材料掺入洋芋饭中或是拿来炒菜；第三类是最小的一种，这些会作为饲料拿来喂猪或喂兔子；最后一类居于二、三类之间，这些会作为第二年的种子储存起来。洋芋收获后可以储存到第二年秋天，一般要用稻草覆盖，在避光、阴冷、干燥条件下贮存，冬季要防冻，春季要避免发芽。洋芋分类的农活一般是在晚上和空闲的时候进行，有的农户8月中旬就可以完成，有的农户一直到9月才可以分类完。

桥头地区所产的洋芋同玉米一样，很少用于出售，基本是留着喂猪，如果喂猪有剩余的话，也会选择出售一部分。据了解，很少有人专门来桥头收购洋芋和玉米。有村民反映，如果平时手边缺钱，赶场的时候就可以弄一些去桥头镇上出售，出售的数量和时间都不固定，要视具体情况而定。

（四）黄连

黄连是当地十分重要的经济作物，也是桥头镇很多家庭重要的经济来源。黄连生长需要的自然条件比较特殊。首先，黄连喜阴耐寒怕炎热，适宜于在海拔1000米至1800米的地区种植，气温在8℃至34℃之间均能生长，10℃至20℃的气温最适宜黄连的生长发育；超过35℃植株生长减慢，且会受灼伤，若超过38℃则很快死亡；黄连在零下8℃不会受到冻害，植株仍能保持常绿。黄连生长要求空气湿度大，雨量充沛，年降雨量在1000毫米以上。其次，黄连怕强烈阳光直射，只有在弱光散射条件下才发育正常，所以种植黄连要求遮阳。由于这些自然条件的限制，桥头镇的黄连种植一般都是在该组海拔较高的地方，所以并不是所有农户都种了黄连。黄连的经济效益很高，是该地许多农村家庭经济收入的重要来源。

黄连的种植有以下几个步骤：搭棚栽连、管理和起连加工。

搭棚栽连：种植黄连首先要搭建好黄连棚，因为黄连是一种喜阴作物，不宜被太阳晒到。无论是黄连育苗还是移栽，其环境都需要搭建黄连棚。黄连棚的搭建一般都是就地取材，使用生长在山中的树木和灌木丛作为搭建黄连棚的材料。先将选定的山林里的树木和灌木全部砍倒，使用稍直和结实的树干作为桩子，将这些桩子按标准插在地上，之后，用绳索、藤蔓（最好是铁丝）将每根桩子上端串联起来。如此，再在其上搭上枝繁叶茂的树枝，这样便能够阻挡住太阳光的照射。盖棚的树枝尽可能选择一些不易落叶的植物，例如，杉树的叶子在干枯以后也不容易掉落，人们多选择其作为黄连棚的顶盖，因为黄连棚搭建好之后需要支撑五年之久。

挖土：搭建好黄连棚之后开始在黄连棚下挖土，此时黄连棚的高度还能够使人直立地站在下面，但是要在下面挥动锄头挖土就显得有些困难了。村民解释说，土上还覆盖着厚厚一层砍倒的树木和灌木丛，当然可以先将这些覆盖物移到一边，等挖好土之后再将其移过来搭棚，但是这会耗损更多的劳动力，如果先挖土后搭棚，那么挖好的土等到黄连棚搭建好之后也就被践踏成生土了。挖土的时候将树根挖起来在地表晾干，比较大的木疙瘩可以背回家晒干做日常的生活燃料，比较小的树根则在黄连棚里烧掉，以增加土壤的肥力。挖好的土需要平整，将泥土打碎，将平整后的地面理成“厢”，“厢”与“厢”之间是沟，黄连棚的桩子正是栽在这些沟里。每一“厢”的宽度大概为1.6米，长度则不限，根据地形有所调整，“厢”上是种植黄连的地方。沟很窄，大约10厘米，它一方面是适于土地排水；另一方面则是黄连棚插桩的地方，并且今后人们在黄连棚里劳作时便是站在这些沟里对沟两侧“厢”上的黄连进行照料。

育苗：育苗需要提前一年进行，假如明年种植黄连，则今年就需要进行育苗。当然，除育新苗之外，有些农户也使用多年以前的黄连苗，不过这种在苗床上多年的黄连苗因为缺乏收拾，已经被大量杂草覆盖，而其根部也与各种杂草的根茎纠缠在一起，使得黄连苗不容易从土里拔起。立春过后，种植在黄连棚里的黄连抽薹开花，花谢之后，黄连籽慢慢成长起来。大约在立夏时节，黄连籽已经成熟，正适于采摘。如果需要育苗，这个时候便开始在黄连棚里选择那些长势旺盛、籽粒较为丰满的种子进行采摘。立春以前，将这些种子播撒在已经整理好的黄连棚里的苗床（“厢”）上。立春以后，随着气温开始升高，种子开始发芽生长，同时杂草也开始生长，需要经常除草。每亩可种植6～7万个黄连。种完黄连后还有补棚亮棚的工作，补棚亮棚是指每年春和下雪前要修补连棚，第五年立秋后应及时拆除棚盖亮地。

图8　已经搭好的黄连棚

管理：栽下黄连种子后两个月之内要及时补苗，直到第二年的春夏季再补一次苗，确保黄连地中的苗不残缺。种下黄连后要不时地除草，间隔的时间取决于各家黄连的生长情况，且在种下后前两年除草时要注意松土。

黄连种下至收获的五年每年都需要施肥，当地肥料主要有农家肥和商品肥。前两年各施三次肥，第三、第四年各施两次肥，第五年不起连的仍需按照第四年追肥时间、种类、数量进行施肥。第一年第一次施肥是在黄连秧苗移栽后的7日内，第二次是在黄连秧苗移栽后一个月左右，第三次是在10月至11月份；第二年第一次施肥是在3月份，第二次是在五六月份，第三次是在10至11月份；第三年第一次施肥是在5月末6月初，第二次是在10月至11月份；第四年施肥的时间、种类与用量与第三年的完全相同；第五年若不收挖，追肥时间、种类、数量与第四年完全相同；若当年要收挖，只在5月份之前照第四年第一次方法施肥一次，以后不再施肥。黄连的施肥方法主要有以下几种：农家肥应该进行捣碎，和商品肥混合使用时要搅拌均匀，在晴天黄连叶面无露水时进行均匀撒施；氮肥撒施完毕后，应立即用竹枝或树枝细条轻扫黄连叶面，使残留在黄连叶面上的肥料颗粒落入土里，以免烧苗。

起连加工：起黄连的时间是每年的秋收前一个月左右。这段时间土质疏松，雨水相对较少，所以这个时候起的黄连上的泥巴比较容易脱落。而且，这段时间气温也不高，劳作的人们觉得比较凉快。如果这段时间内不能将黄连起完，那就只能等秋收以后再起了。这个时候天气稍冷一些，雨水逐渐减少，土质较硬，并且这个时候的白昼开始短了，每日能做的农活明显减少。

起黄连的季节，人们很早便要起床，背着篾织的背篼，背篼里装有专用于起黄连的凳子和镰刀，再带上些饮用的水。假使路途遥远，还会带上中午的食物。专用于起黄连的凳子十分简易，上面是一块简单的木板，下面钉上一根整木做脚，板凳脚的下端砍成尖状，适于插入土中。起黄连的时候，人们将这种凳子插在地里，便能够坐在上面起周围的黄连，周围的黄连起完以后，又将凳子挪动一个位置。这种凳子避免了起黄连的人们经常双膝跪在潮湿的地上，导致生病的情况。而且，坐在这个凳子上，人们不用经常在黄连棚里弯腰驼背地起黄连，一定程度上减轻了劳作的辛苦程度。起黄连的镰刀为月牙状，刀叶较窄，接一根适合于手捏的木柄。它一方面可以辅助起黄连的人将黄连从土中拔起；另一方面还可用来割断与黄连纠缠在一起的长长的毛根。农忙时节将中午的饮食带到山上，这在村落里是十分普遍的事情。有些家庭因为家里有孩子或老人能够做饭和送饭，不需要自己带去；到中午的时候，有的家里人做好饭菜就直接送到劳作的地方；有些人家直接从家里带上米和各种佐料，再带上一口锅，到山上煮稀饭吃。直到傍晚日落后，人们才会陆陆续续地从山上的黄连棚里出来，用背篼背着这一天起的黄连下山回家。一个成年劳动力一天可以起 8 匹桩的面积。“桩”是根据黄连的种植方式而发展出来的一种计量单位，其纵向距离为 2 米左右，横向距离为 1.6 米左右。

为保证黄连质量，黄连一从地中起出，就不允许再接触土壤，并且需采取一些必要的措施使之不被污染损害。因黄连堆积容易发热变质，会影响黄连产品质量，必须及时采用传统加工方法进行加工。在房屋周围地里挖一个坑，铺上炕帘，摊好鲜黄连，烧柴火用大小适度的火力烘烤，待炕干水汽、泥土脱落之后下炕。之后，将烘干黄连趁热装入槽笼冲撞，撞去泥土、须根、残留叶等杂质，即得黄连成品。

图 9　村民在加工黄连

加工用的槽笼多数是在商店里购买，少部分是自己制作。经过加工后的黄连可以直接对外销售，一般有收购的商家直接到村中收购。现在黄连的价格是每斤 200 元左右，在合堡组中，一农户最多种植黄连 3 ~ 4 亩，每亩收入约有 2 万元。

黄连的种植在桥头镇有数十年历史了，不过谁也说不清是从什么时候就开始种植黄连的。民国时期，杨家是桥头镇最大的地主，他家在龙井上面的人头山上就种植了一些黄连。1949 年以后，黄连种植也并未荒废，到了大集体时期，黄连种植也被纳入集体生产之中，当时的梨子大队就种有黄连，面积虽不大，但是对于大队来说经济效益很明显。

有一些零散的记忆可以说明当时的黄连经济对人们的影响。山下的人们并没有种植黄连的基础条件，山上的人种植水稻的基础条件虽没有山下那么好，不过他们却具备种植黄连的地理优势。尽管种植黄连比做其他农活要累得多，但是人们还是争着想要被分配到黄连棚里工作，因为在那里工作，每天的工分要比在其他领域工作的工分高出0.2，而如果这些人因故缺工一天，他们需要交给公家的补偿费也要高出其他社员几分钱。在大集体的年代很长一段时期，山下的许多女性都愿意嫁到山上。当然，不仅是黄连的问题，实际上主要还是耕地面积比山下要多，而且有大片的树林可供利用，在那个时代，生活的自然条件相对好些。另外，令那个时代的人们颇为羡慕的是，在社办（或者队办）黄连棚里工作的人经常能够在饮食上得到一些改善，因为黄连棚距离聚落比较远，所以午饭经常在黄连棚里吃。鉴于这些人工作的艰苦性，在他们的伙食上也会另有安排。

黄连的种植区位与土家族的分布特点相一致。这也是为什么越来越多的外地人认为土家族的族群特征之一是与黄连相关联的。

黄连的整体经济效益当然是不可小觑的，但是黄连的价格不稳定。对于农民而言，这种价格的波动往往无法预料。他们只发现一个让人恼怒的价格道理——在自己没有收黄连的那年，黄连的价格竟然出奇地上涨；而当自己当年的黄连大有收获的时候，那年的黄连价格却又直线下跌。所以，他们认为，黄连的价格永远是无法预期的，他们唯一的方式便是保持耐心，将种植黄连这件事情当作一件必不可少的事情来做，总是能够碰到那么一年或一段时期的价格高峰期。如果将种植黄连当作一件立即就有经济效益的事情来做，或者说希望通过种植黄连在短时期内便能够致富，是不大可能的。首先，他们没有那么多的资金，况且也没那么多的适合于种植黄连的山林，当然劳动力也是一件极不容易解决的问题，因为种植黄连是十分辛苦的事情，将花费大量的人力，最重要的是，黄连价格的无可预期性极大地挫伤了许多农民种植黄连的信心。我们发现能够老老实实待在家里种植黄连的人并不是很多，那些有能力和条件的农民都外出务工了。

据回忆，黄连的价格在过去的十几年间发生过多次大幅度涨跌。1970年前国家定价时期，黄连价格每公斤在20元以下，加之当时的生产技术难度大，黄连单产较低（当时的年产量只有200吨左右），导致市场上长期供不应求，甚至当时的黄连叶、黄连须都会被收购。20世纪70年代中国医学科学院药用植物研究所与湖北利川福宝山药材场协作，创造了黄连精细育苗法、简易棚载连、林下载连等先进新技术，并迅速向全国推广，同时黄连的价格通过几次调价升到30元左右，促进了黄连的生产和发展，到1980年时产量达到800吨左右，基本能满足市场供应。

1987年供销社取消之后，黄连的销售完全地进入了市场调控阶段，它并不像烤烟等经济作物价格相对稳定，而是处于变幻不定的起伏状态，今天可能还在50元/斤，明天就有可能降到30元/斤，这样的价格浮动使得村民们一直为其所牵动，处于相对被动的局面。1984年，全国的中药市场放开以后，药材的市场价格逐渐走上市场经济的轨道，黄连价格也慢慢上升到44元左右，药市体系的转换和价格上升都调动了药农种植黄连的积极性，使黄连生产得到了前所未有的发展。1985年，黄连价格也因销量的增加而上升到60元左右，由于当时的市场经济体制已逐步形成，黄连的高价格刺激了生产，产地药农见种植黄连利润大，就大力扩大种植面积。从1988年以来，黄连的价格在19元至50元之间波动，村民们对此也司空见惯了，黄连的种植面积一直较为稳定，5分至1亩是大多数村民种植黄连的面积。

20世纪90年代初，前几年的发展造成黄连供大于求甚至烂市的局面。1985年，黄连价格较高时，种植的黄连正好是1990年左右开始起挖，延续到1994年，由于栽种时黄连价格高，到起挖时价就降了。加之西药方面的改革，使许多新型抗生素涌进国门或联合引进在国内生产，使国药销售开始萎缩，致使黄连的销售量大减。以上两方面的原因促使黄连的年需求量又回落到600～700吨，而当时也正是前几年所种黄连的产出高峰期，黄连的产销比例严重失调，前堵后追，使商品黄连积压十分严重，所以黄连的价格又很快跌到每公斤18～20元。产区连农连成本包不住都还销不出去，在1994年黄连价格最低迷时，产地黄连只能卖到每公斤14元，连农只好弃种，栽培面积也因此减少到历史最低点，黄连甚至跌到了10元一公斤，连农根本无法保本。大面积的弃种引起了国家的重视，中国药材总公司牵头收购了部分好货储存。随着弃种和国家的收购，部分人开始看到了商机，在这种情况下，1999年黄连价格开始回升到42元，并持续涨到70多元。黄连的价格陡然上扬，极大地刺激了村民的种连热情，村民们记忆中黄连种植规模就是在这一时期扩大的。由此村民们的黄连产量增加了2～3倍，因而价格的好坏越来越影响到村民们的收入水平。如黄连在卖到115元/斤的时候，郭先云并没有卖掉，他以为黄连的价格依然会涨，但是没想到后来黄连价格大跌，最后郭先云在70～80元时卖掉了。

2000年年初，由于当时大面积减种的见效和库存的消耗完毕，黄连价格又被拉升到110元左右，在2000年中期时黄连曾被炒到了280元/公斤，创历史最高。在“非典”时期，市场对黄连的需求增加，黄连价格一度飞涨，当时村里的一些外出打工者都有一些人返回家重新栽种黄连。现在的黄连价格基本保持在每斤50元左右。

2011年，近期的黄连价格已经达到50元上下，通常是黄水、三益方向的人开车来此处收购，这两处地方本身是黄连的重要生产基地。外地人直接从他们那里大宗购买。龙井组山林种植的黄连产量基本维持在400~500斤/亩。虽然距离全国最大的黄连交易市场——黄水镇只有一个半小时的路程，但是村民们却很少到黄水镇去卖黄连，他们觉得交通费是他们不可抗拒的压力。

黄连的价格与同为石柱县的黄水镇是连接在一起的。在改革开放之后，黄水的黄连市场成为全国重要的黄连集散地，全国各地的黄连商贩都到黄水来买卖黄连，其交易额也为全国最高，黄水镇被称为黄连价格的晴雨表。现在黄水的黄连市场依然商贾众多，来自安徽亳州、广州、上海、浙江、成都等十多个省市的几十名黄连老板依然长年住在该镇，经营着黄连生意。这些老板在黄水收购黄连后，再卖到全国药材市场或者直接出口，他们在连接黄水与国际市场方面起到了一定的作用。然而，同全国药材市场一样，黄水的黄连市场也存在着庄家的控制，对黄连价格和收购进行“调控”。这些黄水的老板在黄水镇形成一个交易圈，内部可以相对平等地交易，但是对于从其他镇来的商贩，他们会商量好对他们进行压制，手段主要是不去收购，压低价钱。他们在这个圈子内完成共谋，以此来提价，获取高额的利润。龙井组的村民没有参与价格的主动权，连参与黄水镇进行公平的市场交易的机会都没有，这时小商贩就成了联结龙井村民与黄水的纽带。

在黄连价格上升时，小商贩就会开着车到产黄连的地方来收黄连。在龙井组的道路没有修通之前，小商贩的车只能开到梨子组，龙井组的村民只得将黄连背下山卖给小商贩。在道路修好以后，小商贩就开车到每家每户收黄连了。小商贩掌握黄水的价格信息，而村民们相对滞后，所以小商贩说价格多少，村民们就认多少，因此村民们也损失了不少的钱。不过小商贩一般不会压得太狠，他们出的价通常比黄连的市场价格低4~5元/斤左右。村民们对于黄连价格信息的了解也有自己的方法，每次黄连价格低的时候，村里往往没有小商贩过来，但是价格上升的时候小商贩就会过来，小商贩越多说明黄连价格上升的范围越大，但是这也是大概估计的价格。农民们一般都接受小商贩提供的价格，低 3 ~5 元村民们都可以接受。

从龙井要找车将黄连运到桥头镇，再通过桥头镇坐车经过大歇镇、龙沙镇、悦崃镇才能到达黄水镇，300 斤黄连往返一趟就需要 300 元左右的车费，村民们认为比较昂贵。另外，黄水镇是不容纳外地来的农民的，即使村民们拿去卖，当地的商贩会联合起来不买他们的黄连，“运回去的话浪费了 300 元钱，不运回去的话他们那些本地商贩就压价，把黄连价压得很低，没得法，只好卖了。”一个曾经去过黄水的村民说道，当时他因为女儿要出嫁需要给她置办嫁妆，但是家里没有太多的钱，不得不把家里的黄连拿去卖，他想弄到黄水去卖应该可以卖得高一些，就租了一个车把黄连运到了黄水，到了那里没有任何人来过问黄连，一整天过去了眼看着没有人来买，面对他的只有两个选择，一个是把黄连运回去，另一个就是低价转手。把黄连运回去相当于赔了 300 元，在这里又面临着买家的压价。他说，他们看到你把黄连都运到黄水来卖了，肯定是家里有急用，所以就肆无忌惮地压价，当时他急着用钱就很便宜地把黄连卖掉了。面对这样的困境，村民们只好等待小商贩来收黄连，虽然价格比市场价低一些，但是相对而言已经是最好的办法了。

对于黄连价格的这种不定期的消长，农民们的方法除了上文所说的那种耐心等待之外，还有储存、承包等方式。黄连易于储存的特性实在为农民缓解市场波动所带来的压力方面发挥了重要的作用。梨家湾有两户人家长期储存了大量的干黄连，他们已经将近十年时间没有卖过黄连了，但是每年还是保持着种植黄连的劳作传统，每年将黄连收回来之后烤干储存，年复一年地累积，他们现在已经积累了六千斤左右的黄连。另一些人似乎已经被黄连价格的涨跌彻底挫败了，将山林承包给别人来种植黄连，从中得到一定的租金。这种承包的方式需要一个条件，那就是至少有一个有资金能力的人承包大片的山林来大规模种植黄连。事实上已经有这样的人出现了，这些人往往并非山上的人，而是从山下甚至别的乡镇而来。两三个来自隔壁乡镇的老板承包了龙井一大部分和梨子的小部分山林用于种植黄连。对于农民而言，这就不用担什么风险了，另外，假使时间有节余，他们也经常被老板雇用来劳动。

储存和承包确实是农民对抗市场波动的方式。在梨子组梨家湾，有两户人家储存了五六千斤的黄连，这种方式为什么只能够在这两户人家实现呢？我们开始对这两户人家进行较详细的考察。第一户人家由 50 多岁的夫妻组成，他们的孩子都在外面工作，均已成家，而他们自己也就没什么大开销了。第二户人家是一个较为年轻的家庭，他们勤劳的母亲几乎将家务活全做了，年轻的夫妇每天都早出晚归，将大部分时间耗在照料黄连上，两个孩子都还在上小学，处于义务教育的阶段，另外，他们除了种植黄连以外，家里还养殖了50只长毛兔。长毛兔的收益情况我们在下面的部分将会提及，可见，黄连的储存在很大程度上需要有别的经济收入来缓解家庭的现金压力，只要这种压力减小了，黄连的储存才能够真正得以实现。而事实上没有几个家庭能达到上述两个家庭的条件，他们要么有孩子在上学，要么没有其他的现金来源，对于这些家庭而言，没有储存黄连的条件，在需要现金的时候，不论黄连的价格怎样，都不得不将其卖掉。

黄连的生长期大约为五年，每一次种植黄连必须将树林全部砍伐，五年之后再由其自由生长，大约十年之后，其土质才开始适合于重新种植黄连，到了那个时候，这一片土地上所生长的树木或者灌木才能够用来搭建黄连棚。大规模的经营将不利于这种休耕和轮作的实行。所以，大部分的农民采取小敲小打、自负盈亏的方式经营。每个家庭的林地基本上都能满足这种休耕和轮作的种植方式。

不过，最近也出现了大规模经营的情况，如现在有一个中益乡的老板在龙井山上承包了当地村民的大概170亩山林种植黄连。他是退休教师，曾经在一所中学教书，退休后便投入这一行业。他向龙井的村民承包山林，然后在山林里种植黄连。由于大规模种植，整个过程都需要雇用劳动力，并且不同的生产环节、劳动方式也有所不同。搭建黄连棚是一件十分辛苦的事情，山上的村民们并不十分愿意干这种工作，所以搭建黄连棚这件工作主要是承包给外村、外镇人来做的。这些承包搭建黄连棚的人也如同打工者一样，他们有一个包工头经常和老板联系，再由这个包工头去组织一个劳动力小组进行劳动。黄连棚的搭建按面积承包，每亩2000元左右。除了搭建黄连棚，其他的工作也要承包出去，不过这些工作大部分被当地村民所承包，他们的工资是计时制的，按照每日50元计算。

（五）辣椒

桥头镇是石柱县非常重要的辣椒生产基地，桥头镇规划了田畈村、马鹿村、长沙村、野鹤村等村作为辣椒生产基地。龙井组也被规划在这个辣椒生产基地范围内，但是辣椒种植的规模并不是很大，只是零散地种植了十几亩。马鹿组位于桥头镇上，龙井组与马鹿组的海拔相差近200米，气候条件的差异使得龙井组的农作物生长季节与山下存在差异，辣椒生长会比马鹿组晚一些。村民们说，每次看到山下收购辣椒的时候，我们的辣椒还没熟。等我们辣椒熟了的时候，山下又已经开始收购青椒了，我们的卖不到好价钱，因而我们的辣椒赚不到什么钱。山上的自然条件也不太适合辣椒的生长，产量很低，村民们估算过，龙井组的辣椒亩产量大概只达到山下田畈村的一半。

在龙井组，经济作物辣椒的种植历史远远没有黄连的历史悠久，是近些年来政府为进一步增加龙井人民的收入而推广种植的。龙井组栽种的辣椒品种有圆椒和朝天椒，政府每年会组织村民种植辣椒，包括生产、收购和销售等各个流程。辣椒红透后就开始被出售，市场价格并不是很稳定，近几年的市场价格也是在每斤6角钱至2元钱之间浮动。

（六）蔬菜

村民们还会在旱地上种植蔬菜，自给自足。由于海拔较高的原因，龙井组所种植蔬菜与山下有明显的差异，山上主要种植茄子、辣椒、四季豆、马铃薯、白菜、萝卜等。平日里村民们不用多照顾菜地，在不同的季节，村民们食用不同的蔬菜。夏季，茄子、马铃薯和四季豆是主要的蔬菜，冬天到来，村民们多食用萝卜、白菜和洋芋。但是毕竟家里种的菜依然有限，所以每次赶场村民们也会买一些自己没有种植的蔬菜。一位从外面打工回来的村民说，在我回来之前，村里没有人做过番茄炒蛋，回来后，做番茄炒蛋给家人吃，家里才经常做了。村里很少种植番茄一类的蔬菜，都是赶场的时候在山下买，蚕豆也是如此。

（七）农业技术的使用与生产协作的变迁

农机在当地生产过程中所占比重并不大。尤其是对于山上的村民而言，不方便的交通，特殊的地理环境，更不适合大规模使用农机。以龙井组为例，全组一共有36户村民，拥有微耕机的只有6户人家，其中一户已经搬到石柱县城生活，实际上村里一共只有5台微耕机。在桥头街上有几家农用机械店，龙井村民的微耕机也都是从这些店铺中买回来的。一台微耕机的卖价为1800元，国家给农机补贴500元左右，实际上村民1300元就可以买一台微耕机了。据村民估算，一台微耕机能使用三年，一年的成本在400～500元之间。龙井组特殊的地理位置及道路基础设施建设给村民们带来了很大的麻烦。唐光祥家的微耕机是去年买的，由于他的家住在秦家山，秦家山与上新屋的道路为山间小路，而且还要爬一个坡度近乎80°的山崖，因而微耕机从桥头镇买回来只能用车送到上新屋组长家门口，剩下的30小时的路程只能徒步前行，微耕机在山崖前无法运上去，唐光祥没有其他办法只有把微耕机先拆解掉，然后用背篓一部分一部分地抬上去，到了家里面（再）重新组装起来。

微耕机在村民家中主要用来犁地，扮演的是耕牛的角色。以往村民使用耕牛犁一亩地需要一天的时间，使用微耕机只需 3 个小时左右，省去了 3 ~4 倍的工时，减少了农业生产所需要的劳动力。村民承认微耕机可以减少工作量，但他们对微耕机犁地的质量也提出了质疑。微耕机犁地速度快，但犁地的深度相对于牛犁地浅了一尺左右，因而影响了农作物的产量。村民们认为使用耕牛可以做得更好。也有村民说，用微耕机还是很划算的，人干起活来轻快些，快些犁完地还能做一些其他的事。养牛的话一年到头都要忙，早上要把它们放出去吃草，晚上又要把它们牵回来圈起来。微耕机使村民们可以相对轻松地在节气之间完成犁地的任务，有充足的时间播种和施肥。不过微耕机的使用还是在一定程度上使得生产协作的地位降低了。

除草耗费劳动量在前文已经叙述过了，土地上种植的玉米和水稻都需要在夏季除草，而且需要劳动力的付出，换工做的主要工作就是除草，但是现在村民们广泛使用除草剂，在玉米地和水稻田里喷洒除草剂和农药之后，草少了，农民省去了大量除草的时间。

对于山上种植黄连的农户来说，黄连的烘烤曾经很耗费劳动力，在烤黄连的时候需要至少三个人进行协作，在抖黄连灰的时候至少需要四个劳动力才能够完成，这在大量青壮年外出打工之后是很难在一个家庭之中完成的工作，必须寻求家庭之间的生产协作。近几年，桥头镇上开始推行黄连烤箱，在桥头街上的几家农机店都有销售，龙井组的村民也逐渐淘汰了黄连槽笼，使用烤箱。烤箱在烘烤的时候只需要两个劳动力，而且它将烘烤和筛灰一起搞定，节省了劳动力，使用黄连烤箱后，烤黄连也可在家庭内完成，不必再找人来生产协作了。

二、林业

桥头镇位于山地丘陵地区，拥有丰富的森林资源。林地是当地重要的自然资源，许多生活资料都来自林地，其中最重要的是树木。在当地林地里，比较普遍的树木是杉树和松树。树木品种分布不平衡，有的家杉树多，有的家松树多，经济效益不同。

1949 年以前，木料是主要的建筑材料，山下的村民将所有的地面都作为耕地开垦了，树木比较少，修房子时只有从山上购买树木。加之当时许多生产生活用品都是木质的，需要大量木材来加工。不过，从1949年以后，林地就一直被控制得比较严格。以生产队作为生产单位的年代，林地由生产队牢牢地控制，到了土地承包到户以后，林木依然受到林业部门的严格管理。

1949年以前，桥头的林地没有明确的所有权归属。由于当时的地主势力较大，林地都归地主管辖，其中势力最大的杨家掌握着大部分的林地。人们直到今天还不能够说清楚梨子组后面那一片约700亩森林的归属情况。这片森林被称为“曾家大林”，曾经一直为曾家占有。当时，普通农民不能砍伐林木，只有经过地主同意后佃户才能砍伐属于那个地主管辖林地里的树木。砍伐来的树木主要用于建房和燃料，很少有人拿去卖，有时地主会没收佃农砍伐的木柴。

1949年以后，森林资源被按照人口多寡平均地分配给了每个家庭。集体时期，林地属于集体财产，由人民公社统一管理和维护，禁止村民在林地里砍伐树木和种植任何作物。只允许砍伐一些枯树残枝当柴烧。村民虽然从地主富农们那里分到了土地，但是因为很穷，无法利用木材建房子。从1949年之前到20世纪70年代末，山上的村落几乎没有修建过一栋像样的木房子，木材仅用于维修破旧房屋。

1956年以后，农业生产合作化逐渐走向极端。集体生产不能调动农民积极性的缺陷逐渐暴露出来，每年的收获越来越难以维持农民的生计。在这样的情况下，各个生产队想出了一种提高产量的方法，那就是扩大耕地面积，向森林“要地”。砍下来的树木除了较少部分被用于建设和其他方面的使用之外，大部分直接在山上烧掉作为肥料，这有利于提高耕地的产量。据一些中老年人的回忆，在那个时代，一个山上的生产队队长一般都会有至少“一张”干儿子（一张表示八个人，依据每张桌子可以坐八个人而使用这个只用于人的计量单位）。这些人大多是在山下居住的，甚至还有其他公社的，他们主要是想要以此关系获得一些木料。

1958年之后，许多农村地区的森林资源遭到了严重破坏，大量砍伐森林作为大炼钢铁的燃料。部分偏远的农村，因交通不便，矿石以及其他的原料无法运进去，而使该地的树木幸免于难。但与桥头场镇相距不远的一些村落则不然，那些地区本身具有地产铁矿石，交通也相对方便，故森林遭到了大肆砍伐。桥头的木料开始进入市场，大量木材运往西沱长江码头上装船贩走。一段时间，倒卖木材成为当地一种重要的商业活动。那时候还没有自由市场，靠“黑市”交易。交易木材的风险比较大，村民们往往白天在山上把木材砍好，藏起来，然后与山下的买主商量好时间和地点，晚上偷偷地运下山。桥头的林业监督人员偶尔到山上巡查，他们整天提心吊胆。

1981 年，政府开始有规划地划分林地。由于当地的林地分布较分散，给划分工作带来了较大的麻烦，划分后村民维护管理也不便。划分以组为单位，统计每组的人口数，然后把每一片林地都按人口数平分，划分时未考虑地域因素和家庭因素，结果是每家的林地都较分散，有的甚至相距很远，给管理带来了不便。分好后政府统一颁发林地契约，规定家庭和政府双方在管理和维护林地上的权利和义务。2007 年统一颁发了林地证，重新丈量，明确划分各家的林地界限，在林地证上画上了每家的林地方位和范围以及周围林地所属的人家。对于林地的分配及农户对林地的管理状况，将通过以下个案来进一步说明。

下面是马鹿村龙井组户主 XXG（向学刚）家的林地分配情况。

小地名：秦家沟。序号：1. 林班号：龙井。林地所有权：龙井组。林地使用权：XXG（向学刚）。森林（林木）所有权：向学刚。森林使用权：向学刚。主要树种：马尾松。地类：针叶林种、防护林。起源：天然。面积：7.2 亩。林权证号：0008767。林权证登记类型：变更。分类经营类型：国家公益林。范围：东至横路桥，南至华尖，西至小沟，北至大沟。备注：自留山。

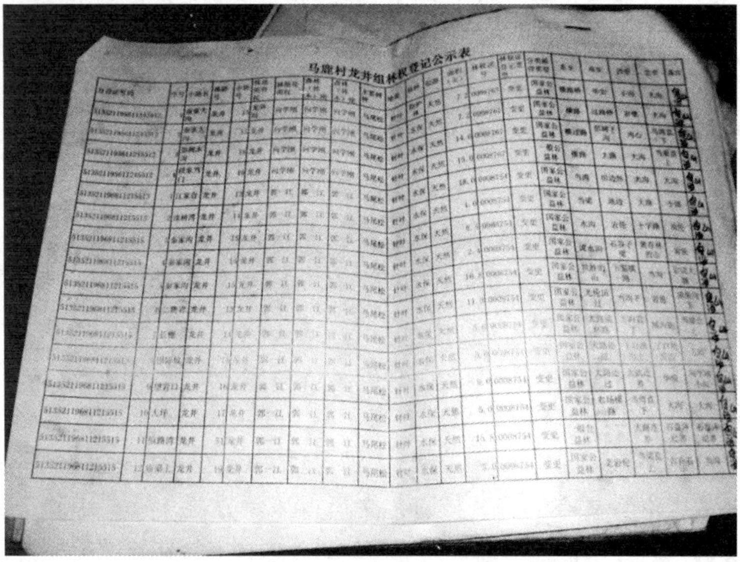
马鹿村龙井组林权登记公示表

图 10　马鹿村龙井组林权登记公示表

划分完土地后，政府放宽了林地的使用权限，但有相应政策限制来防止当地村民对林地的过度砍伐，以保护生态环境。当地政策规定要限额采伐，凭证采伐，需要大规模砍伐的，如建房子，必须办理砍伐手续，每一立方要交50元的费用，必须凭证运输，即砍伐木材去卖，必须到林业部门办理运输许可证，办证时要收取一定的费用，经营、加工木材的个人也必须经行政主管部门的批准。

林地所有权属于国家，家庭只拥有使用权，期限是70年。在此期间，村民可以自由地使用林地，可以从林地里砍伐木材用作生活能源和建房材料，但要办理相关的手续。调查期间，龙井组的村民曾进行过一次木材交易。

案例3-1：HCSH今年74岁，两个儿子在外打工10~20年，很少回来也很少寄钱回来。家里就剩下H大爷和他的老婆。为了生活，H大爷开始在山上找钱。7~8月份他在自家的山林中先后砍了100根沙树，并打电话给在石柱开广告公司的幺弟，委托幺弟联系了木材商。8（月）中旬的一天，他找来了村子里的亲戚——XXL（姻亲）、GYJ（姻亲）等人上山把木材背到村子里。当天傍晚，卖给了经销商，挣了不少钱，据说这笔钱可供他生活半年。

案例3-2：XSJ在调查期间一直在忙着盖建自家的新房。他的小儿子在广州打工，孙子今（年）4岁了，马上要读幼儿园，由于桥头镇的幼儿园建在桥头街上，要让孙子上幼儿园必须在桥头镇上住才方便。他考虑到：山上的条件也不好，孩子需要上学并且也需要人照顾，所以他决定为自己的小儿子在桥头镇上修建一栋房子。在桂花街与梧桐街的交叉口处用4万元买了地基，到悦崃花费2万元请来了工匠为他家修房子。工匠主要负责筑墙，而房子的梁柱都由自己处理。一天他请来了马鹿组的同一家族的朋友（他们称为“一家人”），到自家的山林抬木头。之前，他已经在山上把树砍了下来，放在了秦家山的山崖旁。当天三个人往返6次，一共抬了20根木头。中午吃完饭后，他给在石柱开广告公司的HCSH打了电话，叫来了一辆小货车，下午5点多将木材从龙井组运到了桥头街上，晚上九点左右才回到家。在去秦家山的小路旁，他家还摆放了200余根加工好的木料，为即将建造的房子用料做准备，每天傍晚他上坡种黄连回来就顺带着加工木料。他估计，自己从自家林地砍伐木料，可节省5000元左右。

对森林破坏较大的原因也许是木材加工技术的改进。以前，木材的加工方式主要是将木材锯成木板再使用。而最近十多年间，有一种新型的木材加工厂陆续在石柱县内发展起来。这种木材加工厂当地人叫作“撑板厂”，他们将圆形树木利用机械由外到内剥成木板。木材放入机器，随着机器的滚动，木材被一层一层地剥出来。无论大小，树木被放入机器，从机器里出来的一样是木板。桥头镇没有这种撑板厂，当地的木材提供给其他乡镇的撑板厂，这种加工方式不论木材大小都适用，对森林资源造成了巨大的破坏。

2000 年以后，国家实行退耕还林工程，给予一定的现金补贴。在这项政策的引导下，森林逐渐恢复起来，但是树木大都很小，树木主干直径大多不过 20 厘米。

村民也可以在林地里种植经济作物如黄连等，但必须履行相应的义务，林地的日常管理和维护都由村民来完成，村民就要按政府的要求来种植树木。但最主要的工作还是防止森林火灾，这是林地管理的最重要的工作。

农户自家的林地主要用于砍柴当生活能源、建房子、做家具和种植经济作物，其中，烧柴是最普遍的现象。桥头镇几乎所有的家庭都用柴来当生活能源，尽管当地政府已经鼓励村民使用沼气来做能源，但人们的生活还是离不开柴。当地村民夏天会砍伐较多的柴火，一是夏天树木长势茂盛；二是要进行能源储备，解决冬天的生活能源问题。因为冬天天冷较难砍伐树木，所以必须在当年夏天多砍伐储存起来才能顺利过冬。

从某种程度上讲，村民对森林保护的意义还是有一定认识的。现在，人们会感慨气候对他们生产生活的影响。据长者回忆，在 20 世纪六七十年代，森林破坏尚不严重，从山里流出来的水从未间断过。随着森林砍伐越来越多，山上流水出来的情况也越来越少，干旱的季节，堰塘都是干裂的。1983 年，当地发生了一次严重的泥石流，山下所有房子都被淹没，灾害原因主要就是过度砍伐树木，造成水土流失，这次灾害给当地人惨痛的教训。20 世纪 90 年代，随着森林的大面积砍伐，位于地势较高的人家常受到狂风威胁。狂风从村子后面的山口刮来，经常刮倒一些简易的建筑（如一些牛棚和猪圈等建筑），盖在房子上的瓦片也会被狂风刮走。2000 年以后，随着森林的恢复，风减弱了。

三、家庭养殖业

除了种植业、林业之外，村民们家中也进行小规模的家庭养殖，在当地养猪和长毛兔较为普遍，个别村民养殖蜜蜂。

（一）养猪

猪是当地家庭必养的家畜，一般农户家中都会养两头或以上的猪。以合堡组为例，村民一般一天喂三次猪食，分别为早饭之后、午饭之后和晚饭之后。猪食主要是自家种植的洋芋和玉米面。猪食在大铁锅中煮好，夏季也会出去打猪草来喂。经济状况不好的农户会专门买猪仔喂到半大后卖给别人家，因为他们没有足够的能力将猪喂大，只好将猪卖掉。猪喂养的时间一般为一年，主要有两种处理方法：第一种是将猪卖掉赚钱；第二种是在过年的时候宰杀食肉，剩余的腌制。大多数家庭为第二种，基本上是在过年的时候自家吃或招待客人，吃不掉的猪肉就会拿来做腊肉，贮存起来慢慢吃。村中有专人宰猪，合堡组一般去谭本良家请他宰，宰一头猪 20 元，并且会送他一些猪肉。谭本良的父亲当年是生产队里的屠户，所以谭本良也学会了宰猪这门技术。在合堡组里，宰了猪的农户都会请周围的邻居好友一起来吃猪肉，并且一定会请谭本良来吃。

尽管大家都抱怨家庭养猪不划算，但家家户户还是每年都养猪。村中每个家庭都有旱地，旱地耕种的农作物主要是苞谷和洋芋。这两种作物适合喂猪。所以，家庭养猪有时候看起来只是为了最充分地利用旱地生产的农作物。杀“年猪”还包含了“过年”文化及社会互动的价值。

我们也曾发现有的家庭成员因为常年在外打工，过年回来也要买一头肥猪宰杀。他们很少从事农业生产，家里并没有苞谷等作物可以养猪。有些家庭种着很多地，他们则饲养许多猪。例如，梨子组一对姓向的姊妹，她们出嫁到外乡，后来又重回到这里居住，除了耕种自己的土地之外，还耕种着几个兄长的土地。她们各养了将近十头猪，靠卖猪收入作为家庭开支。

梨子组有一个养猪专业户，他是三益乡的人，年龄 40 岁左右，养殖场设在梨子与合堡的交界地上。在上一位养殖者无力经营的情况下，他花费了 3 万元钱直接从前者那里接收了养殖场，他的家庭也从三益乡搬到了这里居住。2005 年后，他一直在这里养鱼、猪、鸡、鸭等。鱼苗从石柱县水产公司直接采购，养三年左右就可以捕捞上来贩卖。养殖场还养了十多头种猪，专门用来培育小猪，然后将其销售，粮食价格较低时他自己也养肥猪销售。鸡和鸭子的数量不多，保持在各 50 只左右。养殖场的所有产品主要在桥头及周围乡镇贩卖，有时候运到石柱县城卖。村里许多家庭会从养殖场购买小猪来养。他经常在村子里走动，从村民那里收购喂猪的粮食，同时也兜售自己的产品。

养猪需要防范各种流行病。2011 年，桥头镇的猪得了瘟疫，死了的埋掉，病重的低价卖给了专门杀猪卖肉的屠夫。这一年的瘟疫给农民造成了巨大的经济损失，据估计，平均每户家庭因猪瘟损失千元以上。这是该镇养殖业显得比较脆弱的方面。当然，这种传染性疾病是偶然的，数十年一次。但猪的小病却是常有的，人们需要经常提防牲口的疾病，因为生了病的牲口一旦不能很快治好，经济损失极大，所有买猪的屠夫尽管都将这些病猪杀了当健康猪肉卖，但他们在购买时会强行压价，原价 2000 多元的肥猪，一旦生病，只值 500 元以下。瘟疫流行未死的病猪有十多头就是这样跌价而售出的。

（二）养耕牛

耕牛是村民们农业生产生活中非常重要的财富和工具。龙井组每家都至少有一头耕牛，在田间地头经常可以看到耕牛。家庭在自家的房屋旁都修牛棚，每天晚上放牛回来就牵进去。耕牛所要花费的劳力在村民看来并没有多少，8 月间，我们在参与他们的生产生活时发现，村民们每天早上上坡时把牛牵出来，在上新屋、小寨子或者白崖脚等草量较丰富的地点把牛绳系在树上，然后就上山种黄连或者去地里挖洋芋，晚上从坡上回来，顺便把牛牵回来。村民们并不认为放牛会消耗太多的劳力。只是在天气突然变化的时候需要马上将牛牵回家。耕牛只是每年 4 月、5 月间犁地时才用得上，不过村民们依然认为很值得。在黄姓村民 74 岁生日的光碟中，我们依然可以看到，他的弟弟黄成林在大喜之日还是抽出时间把牛放出去吃草，然后回来继续参加生日庆典。

牛棚是农家肥重要的储存场所，牛粪在牛棚中积攒到一定程度，村民们便把牛粪掏出来，放在阳光下暴晒，干燥后成了肥力强的农家肥，据说肥力比化肥要高出很多。一位村民曾计算过，一亩地施用农家肥要比使用化肥少用 20 斤左右，而且肥力持续时间比化肥要长，一般可以持续 1 ~2 个月。但是由于每家每户农家肥数量有限，因而不得不依靠化肥来种植庄稼和黄连。一头牛可以使用 3 ~4 年，到了牛老之后，村民们将牛卖给屠宰商，按现在牛肉的价格卖 15 ~16 元/斤。一位村民买一头壮牛，要花 6000 元，而村民们一开始买一只牛崽只需要 1400 ~1500 元，因而村民们认为养牛“很值”。

（三）养长毛兔

长毛兔是当地农户的重要经济来源之一，也是桥头镇的支柱产业之一。当地一半以上的农户都饲养了长毛兔，少的 20 只，多的上百只。长毛兔的繁殖能力很强，一个月可以生产一次。但是鉴于长毛兔的价值是在其毛而不是幼崽（自己培养的幼崽因为缺乏一定的养殖技术而质量不高），所以往往通过人力控制，不让其无限制地繁殖。

长毛兔的喂养一般是粮草结合，每天喂长毛兔一顿苞谷面，其余的时间则喂青草。一只成年的长毛兔每天约需要0.2市斤苞谷面，青草则不定量。

长毛兔幼崽的生长期大约为三个月，三个月之后长毛兔长成，便可以开始剪毛了。给长毛兔剪毛的时间间隔为70天左右，一次可剪0.2市斤左右兔毛，一年收6次左右。长毛兔产毛的年龄通常为两年左右。

长沙村有位村民家喂养长毛兔已经有30年了，目前有105只长毛兔。兔舍建在光照条件好和通风条件好的地方。他家的兔笼经过自己的改进，将长毛兔的饲料盒固定在铁栏中间，这样投放饲料的时候就不必开门。兔笼要勤打扫，平时一天至少打扫一次，农活忙时，三四天打扫一次，打扫收集的粪便可以用作肥料。长毛兔要一天喂两次，白天喂饲料，饲料主要有苞谷、洋芋等，晚上喂草。草一般是村民们白天去干活时顺便割回来的，有时也会让小孩去割草。这位村民家的105只长毛兔每次可以收大约30斤兔毛，一年约180斤。2011年夏季，兔毛价格为每斤110元，春冬季节价格会高一点，仅兔毛一项，该家一年收入就有19 800元左右。

（四）养蜂

养殖蜜蜂是比较划算的副业，养殖蜜蜂不需要太多人力管理，只是在蜂桶里长虫的时候进行料理，而这些活可以在收工回来时进行。当地政府也鼓励农户养殖蜜蜂，政府规定，养足16桶蜂就发放1000元的补助。

一般来说，蜂都是放置在木桶里养殖的。木桶用几块长方形的木块拼凑，然后用水泥固定而成。为了让装蜂的桶更加牢固，人们便用铁丝在蜂桶的四周箍几圈或者用竹条在桶的周围箍两圈。然后在桶的侧面底部钻几个洞让蜜蜂出入就行。弄好以后，将蜜蜂放置在桶里，将桶倒扣在一些平台或者专门的地方就可以了。有的人家在自己家的房前屋后进行养殖，也有的人家将蜂放置在山上养殖。

在去龙井组的路上，山间小路和山崖边都有村民摆放的蜂箱，很多人家的门口也摆放着蜂箱。据村民介绍，这里的蜜蜂基本为中华蜂，意大利蜂也养过，但是意大利蜂会杀害中华蜂，所以村民们通常会将意大利蜂打走。龙井组养殖的蜜蜂一年可以取两次蜜，每年四五月份和七八月份过后方可取蜜。四五月份是菜籽花盛开的季节，七八月份是稻谷开花的季节，这些花为蜜蜂采蜜提供了条件。

龙井组养蜂户不多，他们认为难养，因为庄稼打过农药后，蜜蜂再来采花蜜就会被毒死，同时，蜂桶里容易长虫，这也会造成很大的损失。

当地没有大规模养殖蜜蜂的农户。以龙井组为例，在秦家山生活的某位村民是当地养蜜蜂最多的，家中拥有 17 桶蜂箱。一个蜂箱一年可以收 10 公斤左右的蜂蜜。前两年，蜂蜜的价格涨到了 100 元/公斤，他家的蜂蜜卖掉后直接赚了 10 000 元。有专人来桥头收购蜂蜜，2011 年的价格为 60 元/公斤。很多村民都懂割蜂浆的方法，一把刀就可以完成工作，将取下的蜂糖放在锅里熬制后就能沥出上好的天然蜂蜜。周围场镇的居民甚至石柱县城的村民偶尔会来村里购买蜂蜜，村民们卖蜂蜜是按坛算的，买蜂蜜的人要备好坛子才可以。赶场的时候，养蜂的农户偶尔也将蜂蜜拿到场镇上销售。

图 11　养殖蜜蜂的桶

（五）养蚕

过去，桥头镇曾经有不少村子养蚕，今天也还能够在桥头镇找到些养蚕的工具和场地，但是规模已经很小了。我们进行田野调查的两个行政村里，马鹿村几乎没有人家养蚕。本世纪初，梨子组还有零星的几户人家在养蚕，但后来因为几次严重的病变，村中养蚕户便彻底消失了。农民认为养蚕太麻烦，而且山上也不适合于养蚕，蚕子对天气的要求较高，山上的气温整体上低一些，不适合蚕生长。

四、采集业

我们所调查的村庄位于山地丘陵地区，采集渔猎现象在当地经济形态中也具有一定的地位。

林地里长期都长有许多野生菌和野菜，它们是当地人生活食物的来源，其中最普遍的是折耳根，又叫鱼腥草，有较大的腥味，长成的折耳根根部大约有15 厘米，叶子部分大约有 30 厘米。折耳根更适宜在荫凉的地方生长，在树林里生长的折耳根，其根部较长，而在田地里长的要短些。折耳根一般在一月份出苗，四五月就可以长成，整个的生长过程完全自然长成。当地人们一般是在七八月去采集，采折耳根不需要技巧，也不需要太多的劳动力，老人、年轻人和小孩都可以采集。人们还可以去别人家的林地去采集折耳根，这在当地是允许的，不会引起任何的纠纷。人们把折耳根采摘回来后，将根部洗干净，然后用水煮一下，可以做成凉拌菜，也可以炒。

折耳根不仅可以食用，还能做药材。有的人家专门采集折耳根拿去卖，它为当地人带来一定的经济收入。当地镇上有专门收购折耳根的，采集后要晒干才能出售，一般采集五斤可以晒成一斤，价格是 2 元/斤。劳动力多的家庭每年可以采集几百斤，而缺乏劳动力的仅能采集几十斤。折耳根的采集受到收购者的影响，如果收购多，人们相对采集得就多些，收购少，人们则采集得少，折耳根的收购价格并没有太大的变动。

另外一种较普遍的野菜是蕨苔，它主要生长在树林里和荒地上，在春天采摘，二三月份开始生长。蕨苔生长的时候是一根根从地里窜出来，一段时间后在它的上面就会长出一个个的小卷，这时候就可以采集食用。它的生长期相对较短，一般持续两三个月，之后就长硬了不能再食用。蕨苔可以储存，当地人会在农活过后集中时间进行采集。蕨苔的食用功能要比折耳根广泛，人们采集来用水煮后可以直接炒着吃，也可以采来将其晒干，做成咸菜。镇上也有专门卖蕨苔的，价格一般是 10 元/斤左右。晒干的蕨苔不仅可以做菜，还可以做成蕨苔粉，制作的过程就是将蕨苔的根用粉碎机加水打成糨糊状，然后再把糨糊进行过滤，过滤后慢慢沉淀，一段时间后，将水倒掉，就成了粉状，比小麦打成的面粉要滑些，当地人叫这种粉为“都巴粉”。都巴粉可以做粥，也可以先将其用水煮成糨糊，切成块状，叫作“都巴块”，煮熟后再蒸，蒸好后就可以食用了。由于当地人们采集厥苔数量有限，不常做这种都巴块，主要是自家食用。每年的春节前后，都有人在镇上卖都巴块，价格一般是每斤七八元。

当地的竹笋一般在三四月份开始出土，生长期跟品种和自然环境有关，一般在45～60天。竹笋一年四季皆有，但村民们认为，不同季节的竹笋味道不同，春笋和冬笋的味道最佳，无论是凉拌、煎炒还是熬汤，均鲜嫩清香，是当地人非常喜爱的佳肴。采集野竹笋大部分由年轻人来完成，小孩一般不参与实际的采集工作。采集的数量跟自家的林地和劳动力有关，家里林地面积大，劳动力充足，采集的数量就多。人们采集来的竹笋，大部分卖给镇上的各个饭店，竹笋的价格一般是20元/斤左右。

当地还有许多的野生菌子，有香菌、蘑菇、九月香、丝马草、青当菇、石灰菌、九重菌、牛肝菌[1]。这些菌子一般都长在荒地或林地里，大部分都长在海拔较高的地区，海拔较低的生长得较少。当地菌子的生长时间大部分集中在春夏季节，其中香菌和蘑菇在二三月份生长，九月香、青当菇和石灰菌在三四月份生长，牛肝菌五六月份生长，而九重菌和丝马草则生长在八九月份。菌子的生长期较短，一般30～45天就可以长成。菌子的成熟期也较短，长成后未及时采集就会烂掉。山上还有许多毒菌，村民对菌类毒性不能有效区分。其中叫作牛屎菌的毒性较大，几十年前，当地有人就曾因误食这种菌子而被毒昏，及时洗胃抢救才保住生命。牛屎菌的样子与其他的菌子不一样，所以当地人区分有毒菌子的方法就是记住它们的形状。菌子的采集时节与当地的农活有一定的冲突，当地劳动力本就不足，所以没有多少人去采菌子。

除了各种菌和野菜外，当地还有许多的野生瓜果，比较普遍的有八月瓜，它是一种完全野生的水果，春天三四月份开始生长，八九月份果子开始发黄，这个时候就可以摘来吃。还有一种叫九月瓜的野生水果，它和八月瓜完全一样，只是生长、成熟的时间要晚些。但由于八月瓜的采集时节正好是当地苞谷和辣椒的成熟期，人们无暇顾及，采集的数量较少，采来的瓜果都是自家食用。

另一种水果是猕猴桃，当地人俗称“洋桃子”。当地的猕猴桃有野生的，也有人工栽种的。野生的生长在海拔较高的山林里，人工栽种的一般种在家里院子的周围，或附近的林地里，栽下后要经过三四年的时间才能长成树。一般在春天的三四月份开花，八九月份就可以采集。这时候采集来的猕猴桃要放家里包裹一段时间后才可以吃。猕猴桃的成熟期较长，到12月份还可以采集，12月份的猕猴桃已经熟透了，采摘来可以直接吃。采集猕猴桃都是自家食用，还有人用猕猴桃做酒。

---

[1] 菌类以及瓜果类的名字从当地人的称呼，音译。

当地还有许多的板栗树和竹栗树，板栗可以人工栽种，但由于劳动力有限，这里的板栗大多是野生的。板栗树一般三四年才能长成，在春天的三四月份开花，9 月下旬，板栗果四周的毛壳开始脱落。到了 10 月、11 月的成熟季节，板栗果变得非常光滑，非常坚硬，这个时候就可以采集了。由于10 月份已经过了农忙季节，所以人们有更多的精力和时间去采集板栗，采集的数量也较多，人们采集来的板栗大部分还是自己食用，采集数量较多的人家也会拿去镇上卖。当地还普遍种植梨树，几乎每家都种。

野生菌、野菜和野生瓜果被当地人当作可有可无的附属品，不会把太多的精力放在它们的采集上。人们考虑采集的出发点主要有两个：一是劳动力；另外一个就是经济效益。当采集能带来较好的经济效益，并且有足够的劳动力时，人们就会把更多的劳动力分配到采集的工作上，增加采集的数量，相反，当人们觉得采集不会有太好的经济效益，并且与家庭的农活和其他活动相冲突，没有多余的劳动力时，人们就会在权衡取舍中减少采集的数量，甚至放弃采集。

一些具有一定的中医药常识的农民也会在山上采集一些中药材来贩卖。其中最主要的是野天麻和“黄连参”。采到药材后还需按照商贩的标准进行加工才能出售。

采集经济对一些家庭产生过重要的影响。20 世纪 70 年代，一位在县城民警队工作的人曾回到家里来采集“金刚豆”，这种植物主要用于酿酒，是一种重要的酿酒原料。龙井组有一户人家是在大集体时期从外地迁入的，这家人到山里搭棚子生活，他们靠采集野生动植物为生，直到“土改”分到一些田地后才减少了采集。兴隆组一个村民为供三个孩子上学，每天早上天不亮就带上干粮上山，整天在树林里采集各种野生植物贩卖。他就是靠贩卖野生药材供三个孩子上大学的，这成为人们谈及采集经济的一段佳话。

采集通常只是家庭的副业，在于农民是否具有充裕的闲暇时间。这种主业和副业的分类在大集体时代体现得最为明显。20 世纪 60 年代，公社在每个生产队中都有两个住队干部，他们往往和农民们生活在一起，一方面严格要求自己；另一方面也用同样的标准严格要求农民。当他们发现有些人家在门前晒着野竹笋或者蕨菜时，便毫不犹豫地将这些野菜倒掉。因为在他们看来，农业生产是公家的，采集则是“投机倒把”，搞副业是小农意识的体现，是自私的，会影响到集体性的农业生产。

五、年生产周期——以马鹿村龙井组为例

表 11　2011 年龙井组村民一年四季的时间安排表（公历）

时间安排	1月(约为上一年农历十二月)	2月（约为农历一月）	3月（约为农历二月）	4月（约为农历三月）	5月（约为农历四月）	6月（约为农历五月）	7月（约为农历六月）	8月（约为农历七月）	9月（约为农历八月）	10月（约为农历九月）	11月（约为农历十月）	12月（约为农历十一月）
起床	7：30	6：00	6：00	5：30	5：00	6：00	5：30	5：00	5：00	6：00	6：00	7：30
早饭	9：00	7：00	7：00	6：30	6：30	7：00	7：00	10：00	10：00	7：00	7：00	9：00
午饭	13：00	13：00	13：00	14：00	14：00	14：00	14：00	15：00	15：00	13：00	13：00	13：00
晚饭	19：30	19：30	19：30	20：00	20：00	20：00	21：00	21：00	21：00	20：00	20：00	20：00
休息	22：00	22：00	22：00	22：00	22：00	22：00	24：00	23：00	24：00	22：00	22：00	22：00

每年的 1 月、2 月份村民们就开始忙碌。黄连种植每年 1 月份开始搭棚，过年时村民也只是休息几天，因为搭棚最费时间。不过搭棚的时间并不一定都在 1 月份进行，任何时间都可以种黄连，村民们多选择 8 月份以后开始。

3～4 月份是村民们栽秧和并秧的时候。3～4 月份，龙井组的温度还很低，一般在 10℃左右。为了使秧苗存活，村民们到桥头镇上买一些薄膜来给秧苗保温，在秧苗长成之后就要并秧了。秧苗主要有玉米秧、马铃薯秧苗、黄连秧苗。黄连秧苗对于龙井的村民很重要，种有黄连的村民家中都有秧棚，是为家中种黄连准备的，偶尔他们也将这些秧苗出售。村民的秧棚与黄连地并没有太大的区别，都分布在秦家山一带，不过秧苗种植的要求没有黄连的高；黄连地中的秧苗相隔为 2 寸，但是秧棚里的秧苗可以种植得很密。自育的秧苗种到黄连地后，剩下的秧苗出售。在龙井组和梨子组有许多需要秧苗的村民，甚至黄水镇的连农也会到龙井组买秧苗，秧苗的价格不是很高，龙井组的价格是 1000 株 2.5 元左右，秧苗的收入对于村民来说微不足道。

每年 4 月份，龙井组的气温回暖，霜期才真正过去，秧棚里的秧苗开始长成。这时正是村民栽玉米的时节。村民要开始犁地、播种，由于这一阶段需要播种、施肥、栽秧、犁地，工作很多，一般需要 20 天的时间，20 个“活路”（每天所耗费的劳动力）才可以完成。黄连一年四季都种，因而村民们在这一段时间的重心在田地，全力完成农活。除了拥有微耕机的几户人家，其他人家一般都用牛来犁地。龙井组的农活相对较复杂，村民们在水田中种水稻，在地

里种洋芋和苞谷，少数人家种植辣椒，不过大多数人家会留出一小块地来种蔬菜，用于自家食用。

6～7月份，村民开始除草。人工除草本是一件非常麻烦的事情，这些年使用除草剂让工作量减轻了很多。但是由于除草剂对黄连杀伤力大，在黄连地中还多使用人工来除草。一个村民一天可以除十几个"桩"的草，一亩地一共200"桩"，这就意味着一个村民要除1亩地的草需要半个月的时间，而且除草需要在黄连棚中一直弯着腰，因此，在黄连地里除草是非常辛苦和困难的。

8月份，村民们要给稻谷上第三次肥，洒农药防治病虫害。这一段时间料理黄连的工作也不会停歇，村民也给黄连除草、施肥。8月份是非常忙碌的月份，白天，村子里很少看到村民在家休息，只有到了傍晚才看到他们陆陆续续回家吃饭。这时有些黄连已经成熟了，村民需要在这个月里收黄连、烤黄连。调查期间，偶而可以看到秦家山一带村民在黄连地旁架起了烤箱，烘烤黄连。

9月份是收获的季节。稻谷、玉米、辣椒等陆续开始收获。从8月份开始，村民就在赶场时开始准备储存稻谷的工具，到了9月份，村民就收割稻谷和苞谷，拿回家晾晒。

11月初桥头一带已大幅降温，但村民们依然在黄连地里忙着，这时的主要工作是搭棚和铲棚，这两项工作往往也需要几个月时间。当然，在一些生产的空隙之中，村民们也会开展一些娱乐活动。

六、生产传统

从观察和访谈的情况看，桥头镇不同地域甚至不同的家庭里，都有一种从上一辈传承下来的生产传统。地域上的生产传统，在很大程度上与其自然条件相关，这点是毋庸置疑的。在梨子村，我们大体上将这个村落分为两个地域部分：一部分是处于地势较低的横高及周围小聚落；另一部分是处于地势较高的梨家湾及周围小聚落。这两部分的自然环境不同，地势较低的横高与地域较高的梨家湾相比，森林覆盖的情况并不一样，1982年，林地与土地一起分配下户，导致梨家湾距离自己的林地较近，而横高距离自己的林地较远。所以，在森林的利用方面，梨家湾占据了比横高更好的优势，如横高的人不倾向于种植黄连，而梨家湾的人几乎都种植黄连，因为黄连需要森林作为基本的种植条件。横高则在水稻种植方面占了优势。横高地势稍低，每年的春种秋收都会比梨家湾提前。而且，横高的地形较平坦，尤其是横高院子前面那一块开阔的平地，全部种植了水稻。相比之下，梨家湾的地形更陡，更适合于进行旱地耕作。这些差异，正好为两个地域之间的生产互助提供了时间差。

当然，对于这种生产传统观点各异。横高的人说之所以不种植黄连，是因为林地太远，分到户的林地不够。而梨家湾的人在谈及横高的人不种植黄连的原因时，一般采用的不是自然条件的解释，而是对人的分析。他们认为，山下横高人善于投机取巧，不勤快，种植黄连是一件劳累的工作，他们不选择这一项产业，不是因为林地等自然因素，而是体现了他们的生产态度。人们通常认为，梨家湾的人比较勤劳，很能吃苦，这与横高的人不同，横高的人很会动脑筋，不太愿意出苦力。一直以来，横高的人从事手工业者较多，而在农业生产方面，也更加关注农业生产技术的进步，农业生产工具的改良首先会在横高尝试和完成，然后才会逐渐地推广到上面的梨家湾。如在微耕机的普及方面横高比梨家湾要早。当然，这还是要结合各自的自然条件、地形条件、经济条件综合考虑。显著的是，横高的打工经济要比梨家湾发生得更早，横高村民很早就意识到种植黄连和养殖长毛兔没有打工能赚钱。直到今天，横高与梨家湾的经济状况仍有较大差别，横高更依赖于打工经济，而梨家湾的村民认为打工经济没有种植黄连稳定，尤其家庭内部考虑这个问题的时候更是如此。

横高的手工艺匠人多表明他们更加懂得开动脑筋思考生存出路。如杨文周曾是一名擅长于制作风车的木匠，他曾经因为精湛的手艺而被公社木器社所雇用，这使他能够享受一定量的退休工资。他头脑灵活，在山上砍树时，觉得使用斧子实在费力，又看到破板的锯子太大，不方便用来在灌木丛中锯树。于是，他便自制了一把“弯把锯”来使用。20 世纪 80 年代，杨文周还拉黄连到广东去卖，但因不了解行情和具体情况，并没有获得成功。不过，后来他从万州运一些长毛兔种回乡倒卖，赚了一些钱。

另一个既喜欢动脑又喜欢动手的横高人是谭文福。他喜欢各种技术活，现在是农村医生，医术是从当医生的妹妹那里学来的。1998 年，向朝界买来了第一台播种机，专用于育秧苗。谭文福看到后，仿照着做了个木制的，虽然用起来稍显笨拙，但也是横高人的一大创举。家里买了微耕机之后，谭文福为了最大限度地利用它而在其后面装上一个木篼，平时可以用来运运东西，要耕地时，将这个木篼拆下来即可。

除了以上两位较为典型的人物外，横高还有一些比较有影响的手工业者。生祭坪的谭本现已 70 多岁了，他的前半生，一直是以做木具为生。向朝江也是一个制作木具的好手，擅长制作木桶，远近闻名。李光荣虽是聋子，但他做的甑子深受当地人欢迎。

梨家湾也有一些人会制作木具，但梨家湾从事手工业的人没有横高的多。横高一些从事手工业生产的人是专职的，而梨家湾人做手工业只是一种副业。

当地人将木匠、铁匠等通称为“手艺人”，以表明他们是靠“手艺”谋生的。当地现代的建筑以土木结构为主，以前木结构的房子较普遍。在木结构建筑较为普遍的年代，木匠在建筑工程中是师傅。他们要负责整个建筑的修建过程，如基本框架的搭建、板壁的装嵌、镶楼板、钉房梁等。

现在的土木结构建筑依然不能缺少木匠参与，其中门窗、楼板、围栏、房梁等都是木匠的工作。不过，木匠在建筑工作中的地位不像此前那样重要了。除了建筑方面的工作外，木匠在生活生产工具加工中的作用很大。当地的家具和其他用品大都还是木制的，这些精美的木质器具和家具都出于木匠之手。家具的制作往往是成套的，包括大柜、衣柜、电视柜、桌子、椅子等，制作成套家具的家庭一般是有一个待嫁的女儿，这一套家具是娘家给她的嫁妆。至于棺材，尽管可以看到有些人家在丧葬中是用石棺，但石棺的内部还必须有一层木质内椁，当地大部分丧事用棺材装敛而后土葬。

马鹿山一带的木匠已经不多了，现在仅有两位。两人都是30多岁。他们经常合作揽活，主要给马鹿村民做木活。他们的收入并不稳定，据他们自己介绍，他们常采用计件制而不是计时制，这样，他们的工作比较自由，不用看主人家的脸色行事。只要有木活可做，他们每天大概有100元钱的收入。当然，因为整个马鹿山上的木活基本都是他们承接，所以活计还比较多。但是他们在春秋农忙时节，仍需把主要精力投入到农业生产中去。所以，他们半年是农民，半年是木匠。做木活的时候多是到主人家去做，如果离家近，则每晚回家休息，如果离家远，则往往等到木活做完之后才回家。他们偶尔也在家里做木活，它们多是购买者预订好的。订做的家具，木匠需要自己准备木料，故其售价会偏高一些。

案例3－3：木匠师傅的一生

马鹿村的一位老木匠，现在住在生祭坪，已是80多岁高龄。据他回忆，小的时候居住在马鹿山的另一面，那里现在属于中益乡的管辖范围。他的家人在那里租房子住，自己没有田地，靠挖枞树做木具维持生活。他们制作的木具除家具外还包括木瓢、木桶、木盆、木勺、撮瓢及升子、木斗等。

1949年新中国成立时，当地开始分田地和房子。当时他家有五口人，房子分到木制的，全家每年的口粮仅有4斗左右的苞谷。当时生祭坪只有一个院子，里面竟然住着11户人家，都是从房子中间隔开，各家占据一小块空间，非常拥挤。1958 年至 1959 年期间，这些房子的隔板很多都被拆下来烧火了，因为当时许多人都出去炼铁了，长时间不回来，家中没柴烧。此外，为了大炼钢铁，每个家庭里面力求不留一寸铁，全部交公炼铁了。当时因劳动力全部去炼铁了，庄稼也不种了，此前种下去的，也没有及时收获。就在这样的情况下，他的父母和一个妹妹饿死了。

大炼钢铁的时期许多铁质用具全部贡献出去了，生活中的许多用具不得不依赖于木制的。大集体的时候，生产队里的社员全部统一起来进行劳动分工，有手艺的人被生产队统一派出去从事副业生产，赚取一定的现金收入。他也被派出去制作木具，每个月给生产队上交 15 元钱，生产队按照标准给其工分。他每天能够制作十几个瓢，而一个瓢可以卖到 1 角多钱。这样的话，他每天可以得到 1 元钱左右的收入，一个月便是 30 多元，扣除上交给生产队的 15 元之后，自己也赚了 15 元左右。这种做副业的工作很好，因为它不仅可以保住工分，还可以在此之外获得一定的现金收入。更重要的是，这种工作相对于从事农业生产而言轻松得多，都是在室内工作，不用面朝黄土背朝天被太阳暴晒，也不用被雨淋，做完工作就可以休息，就像现在打工者一样。做好的木具由桥头公社的供销社统销。这种工作十分抢手，所以不是每个人都有机会长时间做的，他也只做了一年。

20 世纪 70 年代末期，他进入“国营石柱桥头铁厂”工作，专为工厂做“扁背”，厂里的工人用这种背负工具搬运钢铁，从桥头背到外地。除了制作扁背，还制作一些很大的木桶或木盆，工厂用其淘洗煤炭。1982 年，钢铁厂倒闭了，他失去了工作。恰好这一年，家庭联产承包责任制实施，集体土地下放到户。他和唯一的儿子分别分到 1 亩 8 分田和 2 亩地，之后，他一直以种植业为主，兼顾着搞点养殖，现在家里还养着 70 只成年长毛兔、7 只鸡和 2 只鸭子。

一种职业在一个家庭内部世代传承的情况在桥头并不鲜见，如在梨家湾有一个教师世家，家里的第一个教师是民办教师，其弟弟也当上了小学教师，他的儿子和儿媳后来也成为了外乡的小学教师。又如手工业的技艺也是在家庭中传承的。

总之，生产传统的传递多透过家庭完成。族群文化特质的传递与变迁也在父辈与子辈职业的选择与更迭中进行。共同的生产传统无疑会增强桥头土家人的族群认同。

第三节　互助与产业发展

犁田、插秧、打农药、收谷子、种黄连、烘烤等农活，无论哪一样都需要相当多的劳动力投入。村民们自发形成了以换工互助的方式来解决劳动力不足的问题。因为产业结构变化的原因，换工和互助在一些村落里曾一度消失，后在产业结构的变化中又再度出现。

一、换工

换工的现象在龙井组已经消失四五年了。分产到户后，龙井组的村民不再由生产队安排生产，每户都获得了自己的一份田土，不过村民们并非完全独立做自家的农活，而是在一定范围内进行换工，将全村串接在一起。

村民意识中的换工不同于互助，换工是不间断的在户与户之间交换劳动力，一个劳动者会在一段时间内在多户之间流动，完成每家每户的同一个任务。互助则不同，互助是龙井的村民在某一户人家需要帮忙的时候，诸如需要建房、有红白喜事等事情的时候去帮忙，它并没有连续性的时间限制，而且在劳动力上也没有对等的限制，帮忙的事情也不尽相同。

换工的范围不固定。在分产到户之后，村民换工的范围基本覆盖了全社的20余户。换工一般在农忙时，如栽秧、收割、薅草，相互联系好的几户人家协调好顺序，一般每家都出一个劳动力参与换工，这些换工的人体力上相差不多，其他的家庭成员则在家忙活自家的家务。每一天去不同的人家做活路，哪一天去谁家，那天谁家就是主人家，来做活路的人就要听主人的安排。主人将这些人安排去挑粪、薅草等，来帮忙的人都要自备农具。主人要为来帮忙的人准备三顿饭，这三顿饭一定要准备好菜和肉，在工作一天之后，他们在主人家里尽情地聊天喝酒。村民们回忆起当时的场景都说非常热闹。20世纪80年代初期，各户都相对贫困，食物也相对缺乏，玉米是主食。这种贫困是村里的普遍现象，到了谁家换工，所准备的食物无外乎日常的食物，但是相对会好一些，一般都要准备一些酒肉，在辛苦一天之后，村民们多会在主人家喝酒聊天到深夜才散去。随着时代的发展，主人准备的物品内容也发生了变化。最近准备的物品包括足够喝的酒和每人一包烟。

据村民们回忆，1949年以前就已经有换工了。那时村子里面有一家姓秦的富农，家里有20多亩地，其他的村民家里则只有少量的土地耕种。每年农忙的季节，地少的人家很快就把农活做完，而姓秦的富农就相对慢一些，村民们就过来帮忙，姓秦的人家为去帮忙的人准备一日三餐。

大概在1954年，初级社刚成立，村民们开始在公社的统一规划下进行生产，村民没有了自己的土地，都按照工分来领取粮食。村内的换工便不复存在了，不过换工却出现了另外一种形式即与生产大队之间会进行“换工”，村民所谓的“搞突击”。桥头镇当时叫桥头公社，桥头公社下设几个生产大队，每年某一生产大队安排的任务需要赶季节，但是人手又不够时，生产大队之间就会相互联系，请别的生产大队来帮忙。梨子大队进行过多次突击，每次突击的时候，梨子大队通知每个生产队派人来一起出工，劳动分数依然计算在内，两个生产大队之间的人们不断地发生联系。据村民们回忆，当时去换工的时候人数经常很多，有时整个生产队的男劳力都要出动。村民们自备生产工具去其他的生产大队完成规定的任务。这在计划经济的时代，正如两个“大家庭”之间的一种换工关系，这次龙井组去梨子生产队帮忙，下次梨子就去龙井组帮忙。不过这种换工关系还是与分产到户后的村民之间的换工关系存在差异，因为分产到户后的换工是以村民的家庭为单位进行的。

此外，生产队的生产模式也体现着换工的一些形式，生产队为了使村民在工作时不再聊天，安排了薅草锣鼓制造极大的噪声来影响他们。换工犹如计划时期生产工作的再现，村民们将各户的土地整合起来，实现家庭劳动力资源的共享，在需要劳动力协作的时候进行更大的范围的生产工作安排。换工时热闹的场景总是让村民们回忆和谈起，他们认为那时候的生活不像现在这样冷清。村民们在生产中虽然没有自家和他家之分，但是做工作时的状态与换工并无二致。

分产到户之后，村民们不约而同地选择了换工，这其中存在着几方面的原因。

首先，生产技术比较落后。分产到户之后，虽然村民们都获得了一份自己的土地使用权，可以自行安排自己的生产生活，但是获得田地之后的生产却面临着许多问题。与现在龙井组的生产状况不同，20世纪80年代的农业生产缺少农业机械和各种农药化肥，而且当时村民的家庭收入也很难支撑他们在农业生产中增加投入，为了提高产量不得不依靠劳动力的更多投入。为了赶在节气结束前完成农业活动，村民们只有在劳动力上寻找解决的办法。换工可以在有限的时间整合几户家庭的劳动共同完成生产任务，恰好满足村民们的需求，生产上的协作完全胜过了一个家庭内部的劳动分工的效率。

案例 3－4：作为家中的长子，郭先云在 1982 年结婚，父亲郭海林在他的婚后不久就开始分家，弟弟郭先红还小，和父母住在一起。他依然记得分家的时候他获得的东西：一床棉絮、碗筷、一口锅、农业工具、一袋谷种、一些粮食。就这样，他和老婆就在父亲家旁边建了一座房子，当时只花了 17 元就建起来了，都是用木材搭建，因而很便宜。

由于一开始生活困难，郭海林便把郭先云的女儿带在身边，与他们一起吃住，郭先云夫妇俩人生活在一起。那时每年都要缴纳农业税，提留一年就需要 100 元左右，他们生产下的粮食主要是用来家用。他就靠到山上砍柴，在家里加工木料赚够了提留的钱。

可见，在当时的生活条件下买农药和化肥是很困难的。龙井的村民除了使用少量的农家肥之外多是靠自己的劳力来保证粮食的产量。每到农忙时节，村民们都忙不过来，这可以从村子中的人口状况中看出来。现在村子里的 50～60 岁的人恰好是那时候刚结婚的一代，这些人多是在那个时期分的家。即使已经有了孩子，孩子也不是家里的劳动力，相反却是家中的负担，因为需要照顾。所以分家后每家每户劳动力较少，很难在农忙时轻松地完成任务。这时，将与自己关系好的几户人家联系起来，在农忙的一个时间段内将这几家的农活一次完成成为了一个选择。

其次，经济条件所限。换工的人家需要为来换工的人提供一日三餐，这是龙井组的一个规定。80 年代初，村民们并没有多少食物，能够糊口他们就满足了，每家每户的生活水平基本保持在同一水平，每家每户换工时吃的饭的标准也无太大差异，村民在别人家吃饭都感觉很自然。这样，在较为平衡的经济状况下，换工得以维持。

再次，换工的效果不错。换工实际上将原本分散的小家庭重新整合起来，并进行了新的社会分工，将本村分散的家庭土地重新整合起来。这样的用工方式可以提高工作效率。每次换工的主人家可以对来参加换工的人进行分配，一位村民曾举例说，比如我家几天换工，那一大早这些人就来我家，在我家吃完早饭后，我就分配他们几个人去挑粪、几个人去薅草、几个人去栽秧，这些人便开始干活。这样的话就把本来由家里一个人或两个人做的事情拆解开了，分工的情况下村民们也感觉轻松一些。在村民的意识当中，对于换工也有着自己的解释，“在村子里生活，还是要讲求一个合作意识”，如果你不懂得合作，和村里的人交往少，怎么能在村子里待下去。由此也可以看出，换工与村落社会关系网络之间的关系。

这样换工就在龙井组开展开来，最多的时候村子里面 20 多户一起换工。在 20 世纪 80 年代初，换工是非常普遍的现象。不过，到了 90 年代，换工的情况逐渐地减少，到了 2000 年后近乎绝迹。这与村庄的经济发展有很紧密的关系。

首先，生产技术的提高。1987 年左右，村里的经济条件有所好转，生活基本能够自足，这时生产技术的进步为村民们提供了极大的方便，节省了很多的劳力。农药化肥的使用是在生活条件逐步改善之后，村民们在农业投入上的重要选择。在除草剂投入使用之后，玉米和水稻田中基本上不进行人工除草，农药与化肥的使用一方面原因在于农家肥不够用；另一方面，村民们那时开始逐步扩大种植黄连的规模，黄连需要更多的肥料，化肥就逐渐变成了常规农肥。在这些东西使用之后，村民们一年中节省了很多劳力，尤其是村民认为最费力的工作——除草。农业机械的使用是另一个节省人工的方式。微耕机虽然在村子中只有 7 台，但是它省工省力的效果确实不错，用它犁地既节省了时间又节省了人力。还有一个最重要的改进便是在黄连的烘烤设备上。原来黄连的烘烤需要至少四个劳动力，这是一个家庭很难能够满足的要求，因而村子里面经常会出现两三家商量好，在烘烤黄连的时候几家出力，集中几天把一家的黄连都烘烤完。不过现在黄连铁兜兜的制造和使用改变了以前的工作状态，只要家中有两个较好的劳动力便可以完成，不需要家庭之间进行换工了。

其次，龙井组内部经济差距的逐步扩大影响了换工的平衡。随着分产到户之后经济的积累，龙井组村民的生活条件得到了改善，他们不再为了糊口而生产，逐渐开始寻求致富之道。进入 90 年代，村子里面黄连的种植面积逐步扩大，村子里面打工的人也越来越多，有些人家的经济状况明显好转，有些人家的经济状况则发展较慢。

案例 3－5：向世界在 1982 年分家之后，家里也过了几年的困难日子，不过向世界头脑比较灵活，通过多种方式逐步把家里的经济状况搞好了。他开始时偷偷到山上砍树回家做木料来赚钱，同时在家里种植着小面积的黄连来维持生活。他经常在黑夜偷偷地把加工好的木料运到桥头镇去卖，也曾经为了多赚些钱冒着风险偷运黄连到广州。90 年代，他还到广州打了几年工。上了年纪之后，他一方面种植了 3 亩左右的黄连，又充分利用家里的山林，搞起了棺材生意，2011 年仅卖棺材一项就赚了 1 万多元。这些年的苦心经营，他家的经济条件在村子里也算不错的，现在已经花费 24 万在桥头街上盖了两栋房子。

不过，有些家庭的经济条件则差得多。

案例 3－6：向世岭 1987 年分家之后，生育了一儿一女，他家的经济条件则显得不是很宽裕。在调查期间，我们看到他正在卖猪，本以为猪已出栏可以卖了，后来才知道，他患了一种怪病，喉部肿得厉害，一直想找机会去看病，由于手头拮据，不得不卖掉了家里的两头猪，用卖来的 3000 多元钱作为去石柱县城看病的费用。

从这两兄弟的比较可以发现村子里村民在经济上的差距。这样的经济差距是如何影响村里换工的呢？换工的“报酬”是一个焦点。每次换工所提供的三顿饭成为了冲击点，之前换工还可以比较好地维持下去，但是当村里出现经济差距的时候原有的平衡被打破了。换工圈子里的每户人家生活条件差距日益明显，条件好的人家每次所提供的饭菜非常丰盛，经济条件差的人家准备的饭菜就逊色很多。主人家在换工的不同人家吃饭心里也有一个比较，有的人家感觉很荣耀，相反有的人家就感觉有些不好意思。之后再换工的时候也不好意思再去找那些经济条件好的人家了，通过吃饭的丰俭之别，村民们越发感觉家庭之间的经济差异。

村子里劳动力的流出也对换工产生了直接的影响。在 80 年代末，村中就已经有人开始外出打工，进入 90 年代，外出打工兴盛起来，到 2000 年达到了高峰。村子里有户口的人数为 144 人，但实际在村子里居住的一共只有 80 余人，可见村子中劳动力的流出情况之甚，而且外出者 90% 以上都是 30 岁以下的人。

换工有一个要求便是要有劳动力来提供。龙井组的换工，需要强劳动力的支撑，年纪大的没有足够的体力，也就很难继续换工了。家有壮劳力的依然可以去换工，家中无壮劳力，不好意思去和其他人家换工。

案例 3－7：向大武今年 60 岁，因为前妻早逝，11 年前与现在的妻子成婚，他与前妻生下的女儿已经嫁到了悦崃镇，后妻所生的儿子仅 9 岁，在桥头镇上读书，妻子前去照顾儿子。如此以来，家中只有他一个人能够做农活，他如何完成一家的农活呢？换工虽然是最好的方式，但是他却说：“不好意思去换，我都这么大岁数了，干活也不那么厉害，怎么好去和其他人家换呢？”因此，劳动力匮乏直接导致换工家庭之间的不对等。换工中出现的劳力和待遇差距导致了换工无法持续下去。

换工给村民们提供了一个很重要的生活空间。换工的一个重要原则，就是换工形成的圈子中几户人家的关系，在换工过程中不断强化，工作为他们提供了一个共同的场域，几家人一起劳动，在劳动中互相交流，工作之余，主人家准备丰盛的晚饭，几户人家在一起吃饭、喝酒、聊天，彼此的关系变得亲密。这也是村民们为什么说以前比较热闹的原因。

二、经济互助

换工消失之后，在村子中依然存在着村民之间的合作，这种合作在村民眼中便不是换工了，而是互助。互助的形式是多样的，借田种地是在龙井人口大量外出之后才出现的，因为大多数年轻人已经去外面打工了，家里面的土地就荒弃在那里，没有人耕种。村里劳动力较多的家庭可以向这些人家借来种，不过在村子里最多的情况还是借给自己的亲属。

例如，一位74岁的村民，有两个儿子和两个女儿。大儿子娶了村里向家的姑娘，1982年两个儿子分家后，大儿子就去浙江打工，一去20余年，四五年回一次家。1986年，小儿子与三益乡的一位姑娘完婚，之后这一家人也去浙江打工。两个女儿分别嫁到了山下的野鹤村和丰都县高家镇。这样，家中就只剩下他和老伴两个人，而家中有六个人的田地，两位老人已经没有体力来种，所以只好把产量低的地放弃，还有一部分产量高的田地借给其他村民来种。

案例3－8：住在杨圈子的黄承寿今年已经74岁了，老伴今年已60多岁，虽然他们有三儿两女，但是现在只是他们两个人生活在龙井。他的三个儿子黄玉奉、黄玉福、黄玉富都在外打工，其中黄玉奉已经出去20多年。三个孩子都很少回家，一直在广东和浙江打工，也很少给他们寄钱。两个女儿早已出嫁，在三益乡生活。这些孩子的田地也都由这两位老人照管，现在两个人已经没有精力来做了。在村子里，他们有许多亲戚，郭家与向家跟他们都有姻亲关系，郭益江和向世界就是这样的情况。郭益江、向世界与黄承寿二哥的儿子黄玉成是亲家，这两人平时在空闲的时候会帮他们种些稻谷、玉米和洋芋。两位老人也能做一些农活，如挖洋芋等简单的工作，但是其他的重体力活就比较困难了，需要帮忙时，就会叫上他们，有些时候他们看到两位老人的庄稼需要管理了，也会主动来帮忙。就这样，两个人帮老人处理了很多的事情，而两位老人也给予了他们一定的回报，回报就是将家里剩下的土地给他们种。向世界家现在就使用着黄玉奉的水田，而这块田前两年是送给郭益江来种的。

案例3－9：向大义的老婆是秦家山的秦家富的姨妹，因而向大义与秦家具有姻亲关系，向大义的姐姐向大翠又嫁给了秦家富，所以两家亲上加亲。向大义在秦家山也有自己的一些田地，山林也在秦家山，由于秦家山距离向大义居住的对凹坪较远，向大义没有时间和精力照顾，所以将这部分田地送给了住在那里的秦家富耕作。

借田或者送田的对象并不是随意的，大多为亲属，在一个亲属圈之内，土地不断地转换和整合。年轻人外出务工之后，村里面出现了很多留守老人，这些老人在体力上已经不能完成一年的农业生产了，村里面的亲戚朋友会过来帮忙。龙井的每家每户都能沾得上一定的亲戚关系，只是关系远近的问题，而且这些人都是土生土长的，人与人之间的关系比较亲密。所以当谁家出现问题，人们会或多或少地提供帮助。老人们不愿意看着自己的土地就这样荒弃，其他人家过来帮忙耕作时，老人们也会以自己的方式来回报。村里面的土地就这样在家与家之间转换，虽然土地的使用权没有真正转换。

有些时候，村民们也会按照换工的形式叫同村的人来“帮忙”，只是这不叫换工。村民们家里的工作忙不过来的时候就会找自己的亲戚和朋友来帮忙搞几天，他们会在前一天联系自己的亲戚朋友，第二天一早，这些人就会到他家集合，这家人为帮忙的村民提供一天三顿饭。但是做完这一天的工作后，第二天并不一定就会去别人家，只是在这家有需要的时候再去帮忙，时间的长短没有限制。在烤黄连最开始的几天，任务量比较大，黄成林感觉有些吃不消，便找向世界的儿子向学梁来帮忙做一天。向学梁答应了，这是有原因的：在3~4月份间，向世界家要铲棚，这是非常累的工作，这时向学梁在广州打工，他和妻子忙不过来，所以就找到了向大义、黄成林和向大武来帮忙，这次黄成林找他们来帮忙，他们也自然就答应了。第二天早上，向学梁就来到黄成林家，和他们夫妇俩一起上山烤了一天黄连，直到6点多才下山。黄成林晚上请向学梁喝了酒，8点多向学梁才带着醉意回到家。除了这样的互助形式，村民们还会进行其他的人员上的调整，使得农活做得更有效率。

案例3－10：按照辈分来排，向大武是向世界的叔叔，虽然向大武只比向世界大4岁，平日里，向世界都叫向大武为武叔。向大武借用了向世界家的林地种了一亩多黄连，两家的黄连地毗邻。8月份的一天晚上，向大武过来找向世界说，明天一起去上坡。第二天早上，两家人一起去上坡，到了黄连地，向世界没有去自家的地里除草，而是到了向大武家的地里和向大武一起铲棚。向大武的老婆则过来和向世界的老婆一起除草，中午的时候两家人一起在山上吃了午饭。

这种分工相当合理，因为向大武家正在铲棚，需要非常重的体力消耗，如果是向大武和他老婆一起搞的话效率较差，向世界来帮忙后两个强劳动力一起做，分工协作就快了很多。而除草这件事在他们看是相对简单的事情，妇女可以搞得好的，因而两个妇女除草并不会太影响效果。两家人如此分工提高了生产效率。

社会经济生活中的互助加深了桥头村落村民的联系，加强了桥头土家人之间的互动，增强了族群内部的凝聚力，促使族群认同的生成。

第四节　收入与消费

一、桥头镇村民的收入

桥头镇村民家庭按收入来源可以划分为四种类型：（1）全家在外打工；（2）全家务农；（3）年轻人在外打工，老年人在家务农；（4）其他。

山上海拔最高的龙井组，村民们的收入主要来自外出务工与种植黄连。土地上所产的玉米、水稻和洋芋，因为产量较少，基本上用于自家食用，很少销售。外出务工的人们很少回家，所以外出务工的收入一般用于在外村民的日常开支。根据调查时遇到的几名外出打工村民提供的收入情况，可以看出村民们打工收入的差别：做建筑包工或者工厂管理人员的村民收入较高，达到6000元/月，在村民之中只有两例；在工厂做技术工人的村民收入为3000元/月，在村中也较少；在工厂务工人员一般收入在2000元/月左右，占了外出务工人员的主体，在外务工人员的收入一般维持在一年3万元左右。在家生活的村民收入的主要来源是黄连，黄连亩产可以达到400斤左右，但是价格起伏不定，好的年月60元/斤，村民可以赚2万余元；若不好的年月则20元左右一斤，村民的收入便大大缩水。这两部分构成了村民的主要收入，其他的收入则是来自养猪、养蜂和卖棺材等方面，相对微薄。

在外打工的人每天的工资在150元以内，除去他们的日常开支，每天剩下100元左右。在家乡周围打零工的劳动力的工资分为两种情况，男人的工资在100元左右，女人如果有打零工的机会，她们的工资在50元左右。男人们在家乡的劳动机会（指那些能够获取现金的劳动）包括砍树、协同收木材的老板搬运木材、从事手工业等。女人们的劳动机会相对少一些，她们主要是帮助那些种植黄连比较多的人家种植黄连，最近有外地老板承包山林大面积地种植黄连，也为她们提供了一些劳动机会。

当地的每个家庭都根据自己的具体情况来安排经济活动。对于山上的龙井组而言，其中最重要的两项便是打工和黄连种植，它们在很大程度上是互补的。许多家庭在这二者之间来回奔忙，遗憾的是，一直也没追到一个绝佳的机会。当他们花大力种植黄连的时候，黄连的价格毫无征兆地跌了下来；而当他们放弃种植黄连而外出务工之后，黄连的价格却又回升。多次反复之后，人们的分工便明确起来，他们逐渐稳定地守候在自己的岗位上：习惯了打工生涯的人对于黄连种植已经没有多大的兴趣，甚至颇有些蔑视；而种植黄连的人也耐心地坚守在低矮的黄连棚下，他们已经意识到，这是在没有打工条件的情况下不得不选择的一种艰辛的产业。

以马鹿村的合堡组为例，全家在外打工的家庭，收入较高。村民在改革开放初期一般是到广州地区打工，21世纪后村民打工群体逐渐流向浙江、江苏一带。合堡组村民在外打工从事的职业有建筑工人、石油打井工等，而且村民们一般是几个人一起外出打工。连村长三兄弟都常年在外地打工，他们的子女或在县城上学，或在外地工作，所以他们都不种田了。他们三兄弟的田地由长五杆的谭文富家长期耕种，谭文富家事实上也只有两个劳动力——他和他的妻子，他的大儿子在县城工作，次子则在外乡当教师。但是这个家庭还经营着他弟弟家的田地，因为他的弟弟在县城工作，全家都搬到县城去居住了。

在调查期间，我们遇到了打工回来的谭本海一家，因为其妻子的婶娘去世，所以一家人赶回来参加葬礼。谭本海一家三口人都在浙江的工地上打工，每个人每月工资2000元左右，花费主要有租房费、生活必需品消费、餐费、交通费以及人际交往费用（其中很大一部分是花费在家乡中亲戚朋友的婚礼、丧葬费上）。其在合堡组的土地让给谭本海大哥种，不收租金，收获的粮食全部归谭本海大哥所有。除去一年中的花费外，谭本海一家一年能存下1万元，这在合堡组当地的家庭收入中算是很高的。

全家务农的家庭在合堡组数量也比较少，但比全家打工的家庭数量要多。全家务农的家庭除了种地以外，一般家中还饲养家畜。在合堡组，大多数的这类家庭除了种水稻、玉米等粮食作物外，还种有黄连或是家中饲养长毛兔。如果仅仅种粮食作物，根本维持不了家人的温饱，也不会有收入来源。

案例 3－11：合堡组的一户村民，全家六口人，家中除了种植水稻、苞谷、洋芋、辣椒外，还饲养了大约 105 只长毛兔。家中主要收入来源于卖兔毛和卖粮食，一年饲养长毛兔大概有 2 万元的收入。每年种植的洋芋、辣椒等卖了后能有 3000 元的收入；除此之外还种有数棵苹果树，苹果卖后也可以赚 2000 元左右。家中每年的消费主要有以下几项：学费 3000 元；人际交往 4000 元；肥料种子等 2200 元；生活必需品 500 元；医药费 300～2000 元（视病情严重而定）。这样冉启元家中每年要花费 10 000～11 700 元，所以家中每年还可以存下 12 000 元左右。

年轻人在外打工，老年人在家务农。这种类型的家庭在合堡组乃至整个桥头镇中最多。年轻人在外打工赚钱，老年人在家务农并且照看孩子。因为老年人身体的限制加上照顾孩子，所以他们不能种太多的地。一年下来在家种地并不能赚到钱，只能维持在自给自足的水平，甚至有时还需要年轻人从外寄钱回家。这类家庭最大的收入来源是年轻人在外务工。

案例 3－12：以合堡组闫修坤家为例，他有两个儿子，大儿子已经去世，小儿子在外打工。因为他患有心脏病，儿媳在家照顾。小儿子养有一男一女，男孩在外跟随父亲打工，女孩仍在上高中。小儿子在外是包工头，每年可挣 3～5万元，除此之外家中并无别的收入。家中花费主要有以下几项：学费 3500 元；人际交往 7000 元；食宿费 5000 元；医药费 2000 元；生活必需品 1000 元。所以闫修坤家每年要支出 2 万元左右，一年可存下 1～3 万元。

梨子组中，村民外出打工这件事情还没有多长的历史。2000 年以前，打工的人只有那么零星的几个。在人们的印象里，梨家湾最先出去打工的是一个姓向的年轻人。而在横高，最先出去打工的是一个姓秦的年轻人。后者现在已经在浙江桐乡开了一个小型的工厂，并与一个外省的女子结婚，生下一子后不久便离婚了。时至今日，他很少回到老家来，只是将自己的儿子送回来由他的父母照管。

梨家湾有一位 50 多岁的老人，20 年前也就是 20 世纪 90 年代初期他第一次出去打工。据他回忆，那个时候出去打工是因为自己的家庭需要现金收入，当时他的孩子在上学，需要交学费，在家里待着实在没有什么现金收入，正好他的外村的亲戚也在外面打工，便带着他一起出去。当时去的是广东，在那里依然是做农业这一行，主要是种菜。他的工资是计时制的，每天的工钱为15元。每个月的月终结一次账。除了工资之外，每个月还有30元的热带补助，另有30元的出勤奖，但是每个月还要扣除45元的伙食费。他在广东做了不到两年，还是回到家里种植黄连，原因是在老板的手下做事情不自由，而且工资也不高。

2000年以后，梨子组的人外出打工的情况越来越多，这源于黄连效益（以及整个农业效益）与打工效益的比较。我们在说到黄连的市场风险的时候，已经讲到，20世纪以后，出现过两三次黄连价格波动的情况。这几次黄连价格的波动加上先期外出务工者在某种程度上的成功，促使打工突然成为热潮。而黄连种植成为那些没有条件外出务工的家庭的产业，或者二者均没有荒废。一个家庭（核心家庭）中一般具有两个成年劳动力：一个外出务工；另一个则经营家庭和农业，其中不乏一部分黄连种植。不过这种情况下的黄连种植必定不会有多大的规模，因为黄连种植这种精细的产业不允许在缺乏劳动力的情况下草草应付。在梨子组，很多人家已经配备了基本的电器，其中包括电视机、冰箱、电磁炉、电饭煲、洗衣机、热水器等，应有尽有。

地理位置与村民外出打工与否有一定联系。龙井组所处的位置要比梨子组更偏远，但龙井组村民的打工历史却明显要比梨子组长得多。在龙井，不乏一些出门打工超过20年不回家的人。一个梨子组的村民说，龙井人大量外出务工的时代，从桥头到龙井的车路还没有修通。

表12 梨子组村落里具有“正式工作”的人口统计表

姓 名	性 别	年龄（岁）	职 业	工作单位	老家所在地
谭文顺	男	66	银行	石柱县农村商业银行	横高
谭艳明	女	43	银行	石柱县农村商业银行	横高
谭黎明	女	40	银行	下路镇农村商业银行	横高
谭红明	女	38	银行	石柱县农村商业银行	横高
谭海龙	男	36	投资	石柱县国投公司	横高
谭海能	男	32	教师	石柱县沙子镇梨新小学	横高
谭本游	男	66	公务员	石柱县工商局	横高
谭晓峰	男	43	投资	石柱县国投公司	横高
谭文平	女	40	公务员	重庆市政府劳务输出办公室	横高

续表

姓　名	性　别	年龄（岁）	职　业	工作单位	老家所在地
谭文姝	女	38	公务员	重庆市工商局	横高
谭文秀	女	36	公务员	重庆市高级人民法院	横高
谭晓文	男	33	公务员	石柱县人民政府	横高
曾剑茸	女	31	教师	石柱县南滨镇小学	横高
曾志茸	女	28	教师	石柱县南滨镇小学	横高
谭文强	男	48	公务员	石柱县林业局	横高
向朝平	男	47	公务员	石柱县教育委员会	横高
郭中兴	男	38	教师	石柱县南滨镇中学	横高
谭芳维	女	46	医生	石柱县人民医院	梨子
柯晓英	女	29	教师	石柱县浴池镇小学	梨子
柯海霞	女	25	邮政	石柱县六塘乡邮政局	梨子
廖春红	男	36	公务员	重庆市民委	梨子
向秋洁	女	31	信息	石柱县移动公司	梨子
向世奎	男	46	信息	石柱县移动公司	梨子
向世强	男	56	教师	石柱县桥头镇野鹤小学	梨子
向林军	男	31	教师	石柱县三益乡小学	梨子
向林杰	男	27	公务员	石柱县法院	梨子
向学荣	男	53	教师	石柱县桥头镇小学	梨子
向晓琼	女	29	教师	石柱县沙子镇小学	梨子
向晓霞	女	26	教师	重庆市永川县	梨子
向丽	女	28	教师	石柱县桥头镇小学	梨子
柯静	女	33	邮政	石柱县石家镇邮政局	梨子
柯大鹏	男	42	银行	石柱县农村商业银行	梨子
向世才	男	48	教师	石柱县大歇乡小学	梨子
向淑华	女	27	未知	哈尔滨某公司	梨子
向小军	男	34	银行	石柱县西沱镇农村商业银行	梨子

注：以上信息由当地村民提供，其中年龄一项有些并不确定，但大致范围如此；表中的职业和工作单位较为明确，基本可信。整个村落分为横高和梨子两个部分：其中横高包括横高、生祭坪、院子、凉水井、长五杆、保管室、新房子等，没有详细划分；梨子包括梨家湾和土墙院两个部分。

表 13　梨子组基本的收入结构

人名	农业收入（元）	林业收入（元）	牧业收入（元）	外出务工收入（元）	其他收入（元）	经济总收入（元）	农业收入比例（%）	林业收入比例（%）	牧业收入比例（%）	务工收入比例（%）	其他收入比例（%）
陈兹元	5029	30	3440	9000	2000	19 499	26. 6	0. 2	17. 6	46. 2	8. 1
朱元林	6331	30	4510	10 000	4000	24 871	25. 4	0. 7	19. 5	43. 7	10. 7
马六兹	4672	30	3480	9500	5000	22 682	21. 8	0. 9	16，7	44. 8	15. 8
力永洋	5887	30	4410	10 500	2000	22 827	25. 8	0. 1	19. 3	46. 0	8. 8
马发兹	5887	30	4810	11 000	2000	23 727	24. 9	0. 6	20. 9	46. 4	7. 2
合计	27 806	150	20 650	50 000	15 000	113 606	24. 5	0. 1	18. 2	44	13. 2

统计时，我们将养殖业和饲养家畜的收入都归入牧业收入中。在当地的收入结构中，农业收入和外出打工收入所占的比重较大，而只有个别转变观念开始发展养殖业的家庭才以牧业为主。不同的家庭拥有不同的资源，他们的收入结构也有所不同。访谈得知，这几项收入构成了当地人的主要经济来源。

（四）其他

有一些收入并不能归到以上三类之中，例如，妇女的手工艺品以及性别身份带来的额外收入。我们看到有妇女自己做布鞋、钩织毛线拖鞋拿到市集上出售。另外妇女的头发也可以出售。赶场的时候，流动的商贩劝说头发比较长的妇女卖掉长头发。如果对方同意，她就将对方的头发拢成马尾状，再拿出剪刀在马尾的根部剪掉。我目测了一下，出售头发的妇女原本是披肩长发，长度大约在肩胛骨以下，商贩出价 50 元。商贩并不是桥头镇的人，而是在周围的场镇流动，赶场的时候出现在场镇上。虽然售价不低，但这个收入并不稳定，也不是每年都有。

二、桥头镇村民的支出

桥头镇村民的支出多集中于农业投资、日常消费、各种礼金、教育支出、儿女消费等方面。以马鹿村马鹿组为例，当地的消费结构如表 14 所示。

表14　马鹿组村民基本的消费结构表

人　名	农业投资	日常消费	各种礼金	教育支出
陈兹元	3050	5000	2000	4000
朱元林	3800	8000	3000	4000
马六兹	4250	6000	3000	2000

表15　长沙村双堰组村民三家经济条件不相同的家庭的消费表

人　名	农业投资	人情消费	教育消费	建筑消费	日常消费	儿女消费	婚丧嫁娶
向秀兰	3000	2000	4000	—	2000	5000	—
马禄兹	3000	2000	1000	150 000	3500	2000	—
杨启恒	2000	2000	500	—	2000	2000	—

调查发现，受经济发展水平的限制，当地人的消费观念还是比较传统的。当地人的消费较多集中于生存资料消费，而发展资料消费和享受资料消费所占的比重较小。只有家里面有孩子上大学的，发展消费才占较大的比重，而人们几乎不会在享受消费上花钱。这也与当地人的消费习惯有关，即使是经济条件较好的家庭，他们的生活习惯和其他的家庭都差不多，也不太注重享受消费，但年轻人的消费习惯有所不同。

建房支出：当地村民在桥头街上修房子的话，砖木结构在费用上比木质结构的房子高出许多。建一栋6层的砖木楼房仅红砖就需要2万余元，审批地基也需要3万元，各种沙石料需要2万余元，请工匠建房需要1万元的工钱，木材则从龙井运下去，不需要过多的花费，总计需要10万元左右。村民们在外打工攒下的钱多用于建房消费。

农业投资：农业投资所占的比重较大，主要是种子、肥料和其他的农业生产资料。例如，种玉米，每亩玉米的投资大约是500元（其中种子要100元，肥料需要施3次肥，每次需要1包，每包大约100元，也就是300元左右；农药也大约是100元，主要是除草剂），稻谷每亩也需要投资200元左右（其中种子50元左右，需要施一次肥，大约1包，100元左右），海椒每亩的投资也在200元左右，主要是种子。玉米、稻谷和海椒的种植还需要地膜，地膜的价格是8元/斤，每亩地需要一二斤，这些花费可以忽略不计。

农业投资里面还包括畜牧业的一些投资，如养猪、牛、鸡、鸭以及长毛兔等。这些投资大多不是现金形式的，所以很多并不被计算进去。现在我们来为村民计算如下。

猪：猪崽价格是每斤 20 元左右，每个猪崽是二三十斤，于是猪崽的成本是 400 ~ 600 元；但是有的人家是家里养母猪生猪崽，留下自己需要的，剩下的卖掉。一个猪的生长期是几个月到一年，若是自己食用，则生长一年，若是卖掉，则是四五个月。一个猪每月要吃 100 斤玉米和洋芋，玉米的价格是每斤 0.9 元，洋芋的价格，我们按市场价的每斤 1 元左右计算，则一头猪的消费一个月是 100 元左右。猪还要吃饲料，饲料是每袋 100 元，一头猪大约要吃 2 袋饲料。而猪吃的糠则是二三百斤，糠的价格是每 100 斤花费 85 元钱。人们还要打猪草，每天大约需要 2 个小时，劳动力的价格我们按每小时 8 元（外出务工人员的劳动力价格）算，则每月是 480 元，但是这个价格可以忽略，因为人们是在饭前饭后去打猪草的。一头成熟的猪在 200 斤左右，可以卖 2000 ~ 3000 元，猪的价格不是按斤数来计算的，而是由买猪的人根据猪的肥瘦和大小确定价格。家中小孩子帮忙打猪草，而且猪食一般是在做饭洗衣的空余时间做的，并不耽误村民多少时间，另外就是除了饲料外，猪吃的全部都是自己家种的一些作物和副产，村民并不觉得这些能花多少钱。

牛：牛崽一般是在断奶一个月后开始卖。在断奶后，要给小牛崽一些饲料以保证其正常生长，但是成本很低，在 100 块左右，一头小牛的价格在 1500 元左右。很少有买来牛崽养成大牛后再出卖的。

鸡：鸡一般是自己家的母鸡孵化出来的，而且鸡蛋是自己家的，若是买小鸡的话，大约是 10 元 1 只，但是小鸡的成活率不确定。鸡是半放养式的，白天鸡在附近找吃的，晚上回来。村民们还是要给它们一些苞谷。20 只鸡大约一年要吃 800 斤苞谷，大约 700 元钱。成熟的鸡的价格是母鸡 14 元/斤左右，公鸡 18 元/斤左右。20 只鸡可以卖 800 多元。村民主要是挣鸡蛋钱。10 个鸡蛋的价格是 10 元。每年的二三月份是鸡蛋最不好卖的时候，因为这个时候是鸡下蛋的高峰期。

日常消费：包括买衣服、电费、水费、柴米油盐酱醋茶等基本生活资料的花销。如每家看电视就要每月花去 40 元左右，水费是每年六七十元，电费是 30 元/月左右，夏天的时候可能会高一点，手机费用是每部花费二三十元/月。服装一般是去桥头镇买的，价格就在几十块钱，大约是每年每个季节的衣服买一两件，也有很多人家的衣服是由自己家外出打工人员在外面买了寄回来的。

教育支出：由于孩子需要上小学，需要租房子，一年的房租就需要 600 元，村民粗略估算孩子的生活费一个月也需要 300 元左右。

各种礼金：人情消费在当地也是较大的开支，这是由农村特殊的社会关系决定的。其中包括婚丧嫁娶的礼金，此外，哪家的孩子考上大学有“状元酒”，生孩子有“满月酒”，村里的人都要给钱的。礼金的多少要看彼此间的关系和家庭经济条件，如果没有亲戚关系，一般的都会给几十块钱，如果是亲戚关系则给的要多些，几十、几百到几千不等。人情消费是村民们不可避免的支出，根据亲密关系的不同会有变化。在调查期间遇到一个村民，最近一个月因为娘家远房舅舅、阿姨以及干爸相继去世，他仅礼金就共送出了300元，而且还各自送了一个花圈和一箱鞭炮。长沙村一位村民家的经济条件比较差，有一个女儿现在在读大学，她哥哥家的经济条件要好很多，就在她女儿读初中时，她哥哥每学期都要给她女儿200元钱的生活费。在她女儿今年考上大学的时候，她哥哥又先给了1000元钱。

大额礼金的情况比较少，仅限于内亲和血亲之间。一位村民家盖新房，他儿媳妇的哥哥就拿来1万元钱作为人情。其实结婚的礼金和丧礼、生孩子是差不多的，都是由彼此的关系和家庭经济条件来决定。例如，一位村民的儿子结婚，一共收到了4万余元的礼金，这在当地还是比较多的。因为他的老婆总共有8个姐妹，亲戚比较多，而且他的朋友也比较多。这些礼金从20元到1万元不等，同村的村民就会送上20元钱；有很多来往的村民，就会比较多一点，50元或者是100元；还有朋友送了200元、500元或者是几千元；有一位亲戚送了1万元。一般是别人送给自己多少，在别人家有婚丧嫁娶的时候，也会送给别人家多少，但是也不是一成不变的，一般会根据经济发展适当地增减一些。

表16　长沙村婚丧嫁娶的消费明细表　　单位：元

A. 婚嫁消费明细

项目（2010年）	花费（2010年）	花费（1990年）
聘金（订婚）	20 000	5000
五金首饰	6000	—
衣服	8身	6身
烟酒肉	2000	500
菜类	2000	500
聘金（结婚）	20 000	5000
猪	2头	2头
宴席	6000～8000	3000～5000
其他	2000	500

单位：元

B. 丧葬消费明细

项　　目	花　　费
棺木	2000～4000
招待吊客	1000
孝布	200～2000
纸扎	100～2000
鞭炮	500～1000
修坟	2000～40 000
烟酒	1000～3000
肉类	2000
菜类	1500
其他	2000

上面表格中的花费只是一个大体的数字，在婚嫁时候，并不是一成不变的。例如，一位村民在1970年结婚时，并没有给对方聘金，只给女方买了几身衣服，花费也只是在几十元钱，女方也只为男方买了一个笔记本而已，嫁妆就是一个抽屉、一个柜子、四个板凳、两个枕头、一床席子、一个蚊帐和一床毯子。2003年，他的儿子结婚时，由于娶的是县城某家的一个独生女，房子是女方家准备的，婚宴是女方家办的，他只是给了儿子3000元。

医疗开支：以龙井组为例，老人患得较多的病症有风湿病、呼吸道疾病等，慢性持久性的疾病也很多。村民们赶场时一个很重要的事情就是到镇卫生所买药。一位村民因患风湿病，每天都要服用药物，一盒20元的药只能服用10天，虽然加入了农村合作医疗，但是只有住院才可报销，而村民的病很少需要住院，所以村民们的医药费很少能报销，开支相对较大。

案例3－13：一位村民的家庭收入

a. 洋芋　3000～4000斤，每斤5～6角钱。

b. 苞谷　4000～5000斤，每斤9角钱。

c. 黄连　1亩多　产量500～600斤，每斤50元。

d. 水稻　2亩　年产量1500～1600斤，每斤1.5元。

e. 蜂　5桶　每桶每年可产6～8斤，每斤100元。

家庭开支：

电费　每年300～400元，耗电主要用于冰箱、打米机、电视机、电灯、洗衣机。

手机费　一部手机　话费每月10～20元不等。

医疗看病　正常年份　1000～2000元不等。

在该户的家庭收入中，所产的粮食主要用于家庭内部消费，收支相抵，例如，谷子都是自己家食用，洋芋玉米除了人食用外，其余基本用于喂养牲畜，所以说，在龙井的一个家庭里面，主要的经济收入来源就是黄连，黄连的经济地位短时间内是不会动摇的。

案例3－14：一位村民家的生活开支

向学州年近40岁，与妻子育有两个孩子，大女儿在桥头镇读五年级，小儿子也在那里上四年级。每个学期每个孩子的学费和书本费需要230元，生活费（中午在学校里就餐）需要280元，每个孩子每天大概需要1元钱的零花钱。他们在会头方面也有很大的开支：在他们的会头开支中，姑舅关系的子女结婚送1000元的礼金，“状元酒”300至500元；本村村民没有其他关系者，礼金在50元至100元之间。向学州的姐姐或妹妹要是“短水”（新房子建成后的会头仪式），他需要从本村请人一起去，收来的礼金除去开销之后要作为礼金送到姐姐或妹妹家去，还要送些肉、糖等礼物。另外，如果姐姐或妹妹的公婆去世，向学州的父母作为亲家需要请人从这边过去，除了送礼金，还要送礼物。不过向学州的父亲已经去世，这项责任也就落到了向学州的身上。

三、贸易

关于村落的贸易活动，就我们所了解到的情况，贸易通常发生在这几种情况下：赶场、流动商贩和零售店。其中，赶场是这里最常见的一种贸易方式，流动商贩经常具有一定的季节性，而零售店则相对更少。

梨子组现在没有零售店，20世纪80年代末，一位村民曾在自己家里开了个小零售店，主要经营一些副食品以及香烟等人们日常生活中需要的商品。零售店的市场主要是梨子村和合堡以及比这里地势更高的龙井，如果店里有所需的商品，这些人就就近购买了。但是这个零售店的规模一直很小，进货的地方就在桥头场镇上，进货成本比较高，很多人愿意多走点路到镇上去买。而且，正如上文说到的，这里的商业习俗中有隔两天赶一次场的习惯。所以，这个零售店开设了没几年就关闭了。现在依然还有一个类似的小零售店能够辐射到这个村落，这个零售店在合堡组，位于龙井和梨子村民去镇上和回家所经过的路边。我们也在同一个村落的路边看到一栋房子上挂着“农资放心店”的商业招牌，不过这里并不是经常有农资物品出售，每年化肥商贩卖剩下的化肥放到这里来零散销售。总体而言，人们也很少在村落的零售店里购买商品，他们每一次上街赶场之前将自己需要购买的东西想清楚记下来，到街上尽量一样不少地买回来。

长沙村也如此，村民的日常消费品都是在村子里的小卖部购买，或者到桥头场镇购买。长沙村物品比较齐全的小卖部只有 1 家，还有几家主要是卖一些饮料或者食品，双堰组的村民会去学校附近的那家物品比较齐全的小卖部买东西，小卖部的商品价格如表 17 所示。

表 17　长沙村某小卖部的价格表

项　目	金额（元）	备　注
家家宜洗衣粉	14	袋
大牛板筋	3	袋
王老吉	4	瓶
茉莉花茶	3	瓶
茉莉蜜茶	3	瓶
冰红茶	3	瓶
百事可乐	2.5	瓶
红牛	6	罐
旺仔牛奶	2	2 元/盒，7 元/排
高钙奶	2	瓶
二锅头	10	瓶
喜庆香烟	8	包
桂圆花生	2.5	袋
香辣花生	2.5	袋
石好佳薯片❶	2	袋
重庆怪味胡豆	2	袋
兰花生	2	袋
立白洗衣粉	14	1.605 千克
立白洗衣粉	12	1.028 千克

❶ 石好佳薯片虽然在很大程度上是模仿上好佳的，但是它本身不是单纯的山寨货，它是石柱县本地的薯片厂生产的。

续表

项　　目	金额（元）	备　注
立白洗洁精	4	瓶
立白肥皂	4	块
力士香皂	5	块
老婆饼	1	块
威化饼	1	块
面包	1	个
老坛泡椒方便面	2.5	盒
糖	6.5	斤
糖	30	袋
核桃粉	12	袋
蚊香	3	盒
盐	1.5	袋
诗仙小太白酒	2	瓶
诗仙大太白酒	5	瓶
味精	3.5	200 克
味精	2	100 克
莎麦鸡精	3.5	袋
秋霞火锅底料	4	袋
香醋	3	瓶
酱油	3	瓶
旺旺雪饼	4.5	袋
早餐肠	3.5	袋
亮点卫生巾	7.5	包
纸巾	2	2 元/卷，5 元/桶
海带	6	斤
松脆饼	7	斤
香葱油饼干	7	斤
果汁威化饼	8	斤
豆油皮	4	斤
啤酒	35	箱
牙刷	1	把

续表

项　　目	金额（元）	备　　注
毛巾	2	条
龙凤呈祥香烟	5	软包
红塔山香烟	7	包
龙凤呈祥香烟	6	硬包
盛世珍酒	25	桶

总的来说，这个小卖部的商品品种还是比较齐全的，村民需要的东西一般是能满足的，上面列举的占很大一部分，但并不全，例如，小孩子经常买的零食，都是5毛钱一包，品牌不一，价格固定。香烟在这个小卖部摆出来的主要是龙凤呈祥，因为这个价位的香烟卖得是最好的，像玉溪这样的香烟，因为价位比较高，几乎没有人买。这个小卖部一天可以卖200多元，利润在四五十元左右，可以维持一个人的生活。小卖部的物品是从石柱县城进货来的，一般是去县城订货，每次订2000元左右的物品，然后由对方送货上门，当然有时候自己去县城买东西也就顺便带回来。有时候村民也会去桥头镇买东西，桥头镇的商品种类要比小卖部多很多。

第五节　交通：桥与路

石柱“层峦叠嶂，道路崎岖，地阔人稀，临游斯土，大有‘蛮荒’之概”！境内除著名的起源于西界沱至湖北利川“川盐销楚”的盐大道外，通往县、区之间的多为坎坷石板路，区、乡之间多羊肠小道的土路。货物运输全靠人力背挑。1949年，全县无一条公路，无一艘机动船。川省俗谚：“生儿养女不用教，川东石柱走一遭。”实示交通困难之可畏。[1] 但这并不意味着石柱的交通建设、发展是空白，明清时期，石柱水陆交通相对于邻近县镇而言还是较为发达的。只不过后来水路开始没落了。

唐武德二年（619）分浦州（今万县）武宁县西界地置南宾县，为石柱建县之始。南宋建炎三年（1129），于南宾县水车坝设石柱安抚司，节制九溪十

[1] 中国人民政治协商会议四川省石柱土家族自治县委员会文史资料工作委员会编：《石柱文史资料》第十三辑，1991年，第26－27页。

八峒。明洪武八年（1375）置石柱宣抚司，始设土司，十四年（1381）撤南宾县，部分县地并入丰都县，其余县地归土司管辖，成为一个政区，隶重庆卫。天启元年（1621）升为石柱宣慰司，隶夔州府（今奉节）。清乾隆二十二年（1757）改土归流，置石柱厅。乾隆二十六年（1761）升为石柱直隶厅，直隶四川省。民国二年（1913）改为石柱县，二十四年（1935）隶四川省第八区行政督察专员公署，三十七年（1948）改隶第九区行政督察专员公署。

石柱土家的交通在古代相对而言还是便利的。秦良玉是石柱著名的土司，出生于忠州，“善骑射，兼通词翰”。明万历二十三年（1595），她嫁给石柱土司马千乘后，“利用农闲时简练士兵”，称为“白杆兵”。万历四十二年（1614），秦良玉袭任石柱宣抚使。这时，正值明王朝多事之秋。秦良玉出于爱国热情，任土司官的35年，是在行军作战中度过的。她辗转奔驰于东北、四川、贵州等地区，作战次数之多，在中国历史上的女将中屈指可数。她在行军作战中，“驭下严峻，每行军发令，戎伍肃然”[1]。如果当年交通不便利，战事也不至于如此频繁，交往范围也不会如此之广。

此外，超半百的外籍文人曾多次前来石柱，如“长州张清夜，汉阳彭鹤年皆当世之名士，累游石柱，经年累月与公唱酬”[2]。

长江沿石柱县西北过境通航，其余河流仅有渡口渡船。清代和民国时期，石柱在长江“仅有洋渡溪、沿溪、西界沱三岸口”。民国三十一年（1942）4月1日，洋渡溪划归丰都县（现属忠县）。新中国建立后，1952年9月23日，忠县中兴乡、黎王乡划归石柱。至此，长江由忠县复兴乡入石柱县境，经沿溪、黎场，至西沱镇出境，计27公里，属丙级河道。1985年，石柱县境长江段及境内龙河、官渡河共有渡口21处，分布在6个区的十个乡。[3] 其中龙河渡口窄口子渡位于桥头长沙村，系季节性渡口。1952年土改时划渡田3.4亩养渡。[4] 此外，桥头镇的桥头渡在1958年后停渡。[5]

石柱县从明、清至民国时期，有以县城为中心的城东、城南、城西四条古道和一条由西界沱到湖北利川、来凤、恩施等地的盐运大道[6]。1949年前，石

---

[1] 四川省石柱土家族自治县地名领导小组编：《四川省石柱土家族自治县地名录》，1986年，第24页。

[2] 王承尧、罗午、彭荣德记录选注：《土家族土司史录》，长沙：岳麓书社，1991年版。

[3] 石柱县志编纂委员会：《石柱县志》，成都：四川辞书出版社，1994年版，第259页。

[4] 石柱县志编纂委员会：《石柱县志》，成都：四川辞书出版社，1994年版，第260页。

[5] 石柱县志编纂委员会：《石柱县志》，成都：四川辞书出版社，1994年版，第261页。

[6] 石柱县志编纂委员会：《石柱县志》，成都：四川辞书出版社，1994年版，第248页。

柱存在较好的水陆路交通，也无法惠及桥头。当时桥头几乎并无交通可言。水路也不发达。政府官员、地主、富商出门骑马坐轿❶。运输货物多靠人力用背篼、扁背、背夹、双叉夹等工具❷。

西沱镇是石柱县在长江的唯一港口。早在清乾隆时期，这里就是“水陆贸易，烟火豁盛，俨然一郡邑”。在历史上，它是一条千里盐路的起点。云阳盐就是由西沱运往黔江、来凤、咸丰等地，这些地区的土特产品又运到这里出口。今日的西沱镇水陆交通方便，公路经黄水可通往湖北省利川县；经县城，可去丰都、涪陵及重庆等地❸。

由此可见，与同属武陵山区的黔江、酉阳相比，历史上的石柱交通相对便利，并且亦是历次战乱中文人灾民投奔的避难之地。事实上，这也恰恰构成了石柱居民的来源，即巴人后裔与历次移民融合的结果。

1963 年后，石柱县级公路石（柱）桥（头）公路开始修建，于 1965 年 2 月建成通车。此条公路从石西公路 17 公里大沙坝起，经石盘、石坝、洞子沟至桥头，全长 13.7 公里。❹ 1972 年 12 月，石柱县成立县汽车队，开设县城至桥头、干河沟 2 个班次；1985 年增加至 3 个班次。❺ 再后来村级公路亦进入建设规划。交通的便利对桥头土家人的生计与族群认同产生了重要影响。

从上述桥头交通简史我们可以发现，新中国成立前后桥头的交通发生了翻天覆地的变化，尤其是陆路交通。桥头的水路则呈现萎缩状态，因此我们将着重考察桥头的陆路交通对桥头人的生计和族群认同的影响。

一、县乡公路

1963 年，整个桥头镇才开始修建公路。而在这之前，桥头并无公路，马路上连一辆马车都难以通行，更不要说现代交通工具。桥头各村组山村公路的修通则是更晚的事情。据梨子组老人们回忆，没有修通公路之前，农民给国家缴纳的农业税，要自己将粮食背到桥头粮站去交。桥头公社负责将作为农业税的粮食运到本县西沱镇。在那里，粮食被装上船只运走。从桥头向西沱运粮食完全靠人力背运，来回需要四天的时间。这些“力子”（人们当时对搬运工的

❶ 石柱县志编纂委员会：《石柱县志》，成都：四川辞书出版社，1994 年版，第 255 页。
❷ 石柱县志编纂委员会：《石柱县志》，成都：四川辞书出版社，1994 年版，第 256 页。
❸ 石柱县志编纂委员会：《石柱县志》，成都：四川辞书出版社，1994 年版，第 256 页。
❹ 石柱县志编纂委员会：《石柱县志》，成都：四川辞书出版社，1994 年版，第 251 页。
❺ 石柱县志编纂委员会：《石柱县志》，成都：四川辞书出版社，1994 年版，第 255 页。

一种称呼）自己准备好背运工具——“扁背”，带上口粮，草鞋上装好“脚码子”（这是用于防滑的一种绊在鞋上的铁质器具），然后背运粮食去西沱。

20世纪70年代，桥头的公路逐步修通，从镇上可以直接通往县城，并可以直接通达西沱镇。公路修通之后，桥头与外界的联系明显加强。外地的物资可以通过水路运到西沱，再从西沱经过陆路运输到桥头。桥头的物资也可以按照这些路线运输出去。当然，桥头与外界更多的联系，如物资的流通是通过桥头与石柱县城间的石桥公路完成的。

石桥公路的开辟大大勾连了桥头与外界的联络，为石柱桥头20世纪90年代之后族群认同的迅速发展奠定了重要的基础。

二、村级公路

直到我们做田野调查期间，桥头镇通往各个自然村的公路还没有竣工，水泥公路仍然处于修建过程中。从场镇步行至梨子组要花两小时左右，从街上出发，在40°以上的斜坡上行走至合堡组；向左有一段弯道，步行约十分钟遇到两个岔道，一条往上，另一条平行：往上者直通梨子组的主要两个院子，先进入的是梨家湾，紧接着便是土墙院，这两个院子相隔不到500米；平行的一条路只在几十米内平行，之后便是一个长下坡，通往梨子组的横高。通过横高，这条路便要通往马鹿村距离场镇最遥远的小组——龙井组。不过从梨子组出发步行到龙井组，大约还需要一个半小时的时间。

我们在这里调研的一个月中，天气较好的时候，总能在路上碰到那些修路的工人。修路所使用的柴油机、抽水管道、碎石以及水泥等放置在路旁，这是在对路面进行硬化。从桥头镇往上走，到马鹿组，已经完成了路面硬化。而从梨子往下走，大约到庄屋的这段路面也差不多完成了硬化。路面约五米宽，宽窄不一。大约每500米有一个错车道，这一段则明显宽出许多，是为了便于相向行车的让车。

这条从桥头镇上通往龙井的乡村公路，途径马鹿、兴隆、庄屋、合堡、梨子及龙井，贯穿整个马鹿村，蜿蜒于马鹿山上。石子路路况较差，龙井组的村民很少有会骑摩托的，即使骑摩托也很少会让其他人搭车，因为怕出交通事故。除了这条盘山石子路，田间也有多条小路与石子路交叉而过。

对于这条路的由来、兴修，根据当地人的记忆，我们做了一些整理。年长者还能回忆起大集体时期的修路经历。当时的理想是要从山上将路一直挖通到当时的桥头公社，白天人们不能耽误生产，挖路只能选择在晚上进行。晚上，人们打着火把，经常挖到半夜。很累的时候，大家偶尔就会在路边打个盹。公社里的领导看到了便鼓励大家说："等这条路修好了，我们自己虽然没有车，但是我们完全可以用木料做个大盒子，下面装着'滚子'，人力拉、推也要省很多力嘛。"但这项事业最后没有成功。

当前正在硬化的乡村公路的毛坯路是在2000年前后兴修的，最初是从1998年开始的。对于村民而言，那也是一段难忘的时光，因为人们不仅需要投入资金（当时每个人交50元钱），还要投入劳力，并且总有通车的期望，所以，尽管大家既出钱又出力，还是能够组织起来的。从桥头镇到龙井的这段路被划分成若干小截，每一小截由一个家庭承担。他们全凭自己挖山，挖出了一条足够一般车辆通行的、6米左右宽的毛坯路来。

而另一个问题是，山下几个村落的村民很不愿意修这条路。从桥头镇往上，这条路首先经过的是马鹿组，也就是说，他们距离桥头场镇的距离最近。这个村落就在场镇边上不远的地方。换句话说，准备兴修的这条机耕道对他们的价值远远低于对上面几个村落的价值。而如果兴修这条路，那就要占据他们一些土地。尤其是那些要被占土地的村民经常跟村委的领导理论，决不让人去他们的地里挖路。

2000年以后，这些问题逐渐得以解决。那时，藤子沟水电站已经开始准备建设了，至少已经开始做前期准备，将桥头的老街搬到马鹿组，也就是现在的桥头街。借桥头新场镇建设之机，村里找来挖土机挖路。据回忆，那一次似乎是挖掘机第一次进入这个小山村，并且在桥头也是很不容易见到的。许多老人专门从家里跑到施工现场观看挖掘机挖路。就这样，从桥头上马鹿山的这条路就逐渐修建起来了。2010年以后，路面进入硬化阶段（事实上因为没有资金，自从毛坯路修好之后又隔了几年），也就是我们前面说过的那种修路情况。

正如上文中说到的，修路对于农民来说，意味着首先要贡献出作为路面的那部分耕地，而且通常情况下，只有耕地去迁就修路的需要的，却很少出现道路因为耕地而绕道的情况，这样就会使有些人家的土地被占得多些，而有些人家的土地则一点也没被占用。但是，路是一个村落的集体福利，需要全村共同来承担耕地损失。于是，当时解决这一问题的办法就是在农税提留上下功夫，对被占地的农民减免一定的农税提留。农税提留其实也已经是一种历史了，事实上在这条路还没有贯通之前，农税提留就已经取消了，那个时候（在这个村庄农税提留的取消大约是在2004年）这条路还没有修到马鹿山上最远的村子——龙井组。

但是，当龙井开始修路的时候，事实上这里也没有多少关于土地调整的问题。大约在2000年以后，打工在外的年轻人越发地多了起来，人们对于土地的需求在某种程度上有所削弱。政府在决定将路修到龙井时说，如果村民因为不肯出让被占的耕地而发生矛盾，那就不修这条路了。在此之后，修龙井组的道路，几乎没有遇到因为占地而产生的阻碍。人们将这种变化——不愿提供土地修路到自愿提供土地修路的过程——归因于“因为打工的多了，人们见识的多了，所以思想也开放了”。

这条路的兴修很大程度上要归功于当地走出去的精英人物。马鹿山上的这些小山村尽管看起来并不起眼，但是我们却意外发现，这里走出了许多精英人物。很多人在县一级的单位工作，在修路这件事情上，他们发挥了重要的作用：他们争取了马鹿村作为贫困村的名额，国家给贫困村投入了修建道路的资金，所以这个村庄的村民没有投入一分钱（除了2000年前后每人投入的那50元钱之外），道路现在已经进入硬化阶段。

交通的逐步发达对人们的生产、生活产生了重要的影响。在这条路还没有修通之前，摩托车都无法开到山上的村子。赶场的人要花上三四个小时步行。桥头场镇还没有搬迁之前，路更远，且山路更加陡峭，人们往往需要背着化肥走上几个小时的山路。村民回忆说，卖猪也经常需要换工，因为一家人（一家人中一般情况下只有两三个成年劳动力）几乎不能胜任这项工作，肥猪需要从山上抬到山脚下的街上去卖，抬一口肥猪需要五六个人（成年劳动力）。有一年，龙井组有家人养了一头肥猪，准备抬下山到场上去卖的，因为肥猪往往在十冬腊月的时段价位会高些，所以就选择在这个月份去卖。可是高山上的冬天冰天雪地，从龙井到梨子的一段山路很陡峭，即便是空手走路偶尔也要手脚并用。当他们走这段路的时候，抬的猪不小心给摔死了，只能直接卖给卖猪肉的，损失了几百元。

在没有通车路的情况下，山上的人在市场里总是处于很不利的地位。他们的农产品拿到市场上去卖时，总是被山下的人压价，因为那些人知道山上的人要把卖不完的东西拿回去是很不方便的。所以山上的人卖猪和卖粮食，总是先到买家（通常情况下是固定的几家）说好价格，下一次来赶场的时候再把要卖的粮食或者肥猪拿下来卖。可是那些买家也很狡猾，他们往往托词说因为价格不稳，难以确定，或者等到山上的人把产品拿下去之后又挑三拣四的，在价格上打主意。由此我们发现，交通不便直接关系到不同地理位置的人的经济收入差距。

2000年以后，道路逐步修建，即便在没有硬化之前，一般的农用车辆也可通行。人们买卖货物都是车运，买东西的时候由卖家车运，卖东西的时候则由买家车运。每年都有车上来购买黄连、谷子、玉米和洋芋等，卖猪之前联系好买家，他们开车来拉。每年山下都有人拉化肥、乳猪等到山上卖。而且，经常有卖水果的用车把水果拉上来卖，既可以用现金买，也可以用粮食换。

不过，正如事物是对立统一的矛盾体一样，路的畅通似乎也给山上的村民带来了一些困扰。比如，2011年猪瘟猖獗，梨子组死了几十头猪，有些家庭死了将近十头。大多数人所持的观点是：因为路通了，卖猪的人拖着猪上来卖，而他们的猪有问题，本身就有病，所以在村里传染开了。他们有些人甚至生动描述有关传染的细节：假如一辆车曾经拉过有瘟疫的猪，没有清洗又从村里经过，就必定会传染瘟疫，卖猪的人会经常接触一些病猪，当他走到村民的猪圈旁时也会把病菌传染给健康的猪。所以，那些卖乳猪和买肥猪的人只有在村民需要的情况下才会受欢迎，平时他们哪怕是走近猪圈旁边看看，村民也不欢迎。在瘟疫流行时，卖猪人拉乳猪上来卖，村民都说“不要”。村民甚至愤怒地说：“当猪都死绝了，他趁机来做生意，说不定瘟疫就是他故意传播的。”

除此之外，尽管这里偷盗的事情很少发生，但是因为从别的村子里听说经常有偷盗的事情，是比较好的道路设施为这些小偷创造了有利条件。于是，人们又开始嘀咕起来，路修好了，这会不会也为小偷创造了条件呢？龙井组的村长和队长还分析过，偷盗的事情应该不会在这个村子里发生，毕竟这里距离街市和主要通往域外（乡镇之外）的公路比较远，而且从这里下山只有一条车路可以通过，小偷应该不敢冒这么大的险。

长沙村的交通比较方便，紧挨着一条乡间公路，但是由于很多人在山上居住，并且只有一条石子路，所以车子的普及率很低，全组只有一家人有一辆货车，另外村里有五六辆摩托，多数人家并不是买不起，而是因为家里只有老人、妇女和孩子，他们不会骑摩托，大多数妇女连自行车都不会骑。现在很多小孩在桥头镇读书，父母会为小孩子准备一辆自行车。人们赶场主要是靠走路，大约要走一个小时，然后在桥头镇的小饭馆里吃一碗面或者一餐便饭，下午再走回家。但有时候也会几个人一起搭车去，如果是几个人搭车去桥头镇的话，每人往返各5元，如果去石柱县，往返各20元。为了方便，坐车的人越来越多。长沙村现在还没有班车通往桥头镇，但是有车通往石柱县，每天早上6点从长沙村村委会出发，中午12点从石柱县返回每人10元，生意不错，原来也有人想过开摩托车去石柱县，但是摩托车最多可以坐两个人，而且不安全，价格也是每人10元，除去了油钱，再加上人工的费用，不合算，所以现在只有一辆班车通往石柱县。

第六节　口口相传到信息时代

民国二十五年（1936）石柱邮局开辟了县城经大歇、桥头、沙子再返回县城的邮路，县城经大歇到悦崃邮路，西界沱邮局与石柱邮局在悦崃互换。至民国三十八年（1949）一月，县内邮路有4条，其中县城经大歇、悦崃、桥头、中益、官田、湖镇、沙子、捲店、蚕溪、大河返回县城，为4日一班。[1]

桥头在道路兴修之前，除了达官贵人之外，普通老百姓与外界的联络甚少。即使有走亲戚与赶场的也是在邻近村镇，流言闲话也只在村庄周围流传。改革开放后，桥头与外界的交通开始便捷起来，人们可以通过报纸、杂志、电视、广播、手机、网络等媒介获得外界信息，也可以将桥头的信息传至千里之外。

一、报纸杂志

新中国成立初期，桥头当地村民的生活水平仍然十分贫苦。家庭劳动力留下来的也不多，老人、小孩都要上坡（干农活），每日务农为生计奔波，根本无暇阅读。加之鲜有人识字，几乎无人有读报的习惯。村里的人甚至还没有产生要阅读报纸的想法。并且，交通较为闭塞，山区的报纸杂志的送达也很不方便，所以主动提出要求订阅报纸杂志的农户就更少了。

如今，县政府给各乡委订阅了《人民日报》《重庆日报（农村版）》《石柱安全报》《党员文摘》等报刊。各村组的生产队队长、各组小组长定期（每次赶场）都会去村委会学习，然后把获得的方针政策和消息传达给各小组（生产队）的村民。但现在，人们对报纸杂志的阅读热情仍然不高。

二、赶场

人们选定一块离各村都较近的位置作为集体贸易的场所，人们将这样的地方叫作“场”，人们进行贸易活动被称作“赶场”。每个地方有自己不同的赶

---

[1] 石柱县志编纂委员会：《石柱县志》，成都：四川辞书出版社，1994年版，第264页。

场习俗，人们在这里进行贸易总会遵循这些习俗。最重要的是赶场的时间是确定的。这里的赶场时间在阳历的 2 号、5 号、8 号进行。通常每月赶场 9 次，其中 6 次是每隔两日赶一次场，另外 3 次是隔 3 天或 4 天赶场一次。

赶场的地点是固定的，一般情况下，每一个乡镇只有一个赶场的场所，但是在这个县的其他乡镇，我们也看到过一个乡镇有两个场的情况。有的是因为这个乡镇的地域面积较大，而且地域内的交通条件较差导致的。有的可能是现在的一个乡镇由原来几个乡镇合并而成时，原来乡镇中的场留了下来。这种较老的场虽然还有人去进行贸易，但与政府所在地的场相比，呈现出一种逐渐衰落的趋势。

赶场的场所一般设在乡镇政府所在地及其周围，很大的原因是地方政府在贸易场镇的选址方面具有一定的标准，如交通方便等，所以不免会有不谋而合的情况。另一个重要的原因是人们每隔两天赶一次场的行为很可能不完全是经济贸易的因素促成的，赶场行为可能会与其他互动相联系，其中人们与政府之间的互动就是一个重要的因素。这种互动是多层面的，不完全局限于政府与人民之间的，还有其他与人们的生产生活及其相关的机构之间的互动，例如，与学校、与医院之间的互动，所以不难解释的是，贸易场镇的周围矗立着地方政府大楼、乡镇医院大楼、重庆市农村商业银行、乡镇邮政部门，等等。为了防止场镇上的噪声干扰，乡镇中小学距离场镇有一定的距离，但也不太远。

桥头镇的场镇格局与此类似，其不同之处在于这里的场镇在近十年前发生过搬迁。2000 年以后，藤子沟水电站需要建设一个水库，这个水库会将原来的桥头场镇完全淹没。大约在 2002 年，场镇逐渐整体向上迁移。原来的桥头场镇在一个较为平坦的凹地里，现在的场镇则在马鹿山腰的一条公路的两侧。公路的两侧是高高矮矮的楼房，底层一般作为商业门面，上面是场镇人的居所。除了上述诸如政府、医院、银行、邮局、学校等机构外，街道两侧分布着各种店面，经营着各项业务，包括服装店、超市、副食店（其中包括卖各种干菜、油盐酱醋的店面）、水果店、药店、农机店、农资店（农药、粮种及化肥店）、理发店、花圈店、宾馆、小饭馆、茶馆（打麻将的娱乐场所）、家电店、通信店、照相馆（包括广告设计）、音像店、棉絮加工店、菜油压榨店、铁匠铺、渔具店、艺术团（在各种“会头”中受雇展演的团体）等。这些店面天天营业，在非赶场天也照常开门。赶场天，还会出现许多的流动摊点，包括卖肉摊点、青菜摊点、水果摊点、牙医摊点、豆腐摊点、卤菜摊点、卖鱼摊点、秧苗摊点（包括各种菜苗）、佐料摊点、光盘摊点、篾制品摊点、木制品摊点、特色食品摊点（糯米泡粑、斑鸠叶豆腐等）、野生食物摊点（如野山菌、野竹笋等）、中药材摊点、缝补摊点、占卜摊点等，另外还有收购产品的摊点，如收购鱼腥草的摊点、收购兔毛的摊点等。

流动摊点对固定店面有一定的依附关系，因为许多流动摊点都摆放在一个固定店面前。这些流动摊点与固定店面之间的关系大体上可以分为两种类型：一是流动摊点的主人与固定店面的主人有某种社会关系，所以固定店面的主人无偿提供店面前的一部分场地给流动摊点的主人摆放摊点；二是这种关系完全是由经济联系起来的，流动摊点如果是经常性的，而且与其身后的固定店面之间没有其他的社会关系，那么这个流动摊点将会被固定店面索取一定的租金。不过，许多流动摊点并不是经常性的，这些小商贩并不是专业从商的，而只是将家里的某种剩余产品拿到街上来卖，在这种情况下，他们通常会央求身后的店面免去他们的租金。有些背水果来卖的农民到了要摆设摊点的位置，首先从背篼里拿出一些水果送给身后店面的主人，以此讨好店家，免去自己的租金。一般来说，这些非经常性的流动摊位会与店主协调好关系，他们会采用各种方法免去租金这项开支。而店主对此也不十分反感，只要不在门前打伞和摆设其他设施遮挡店面，留出一条能够进出店铺的通道即可。有些店家为了表示慷慨，即便摊主拿了一些自己出售的产品来送给他们，他们也会大度地一甩手说“家里有”或“家里用不着”。桥头宾馆的老板说：“这些摆摊的本身又不是商人，他们许多都是山上的农民，一年到头收不了多少东西，再拿些来场上卖，也不容易，自己张不开口向他们要租金，也不好收别人的东西，他们经常要背着这些东西走几个小时的路才能拿到这里来卖。而且，山不转水转，什么时候万一走到他们门前，别人还是会记得咱的好，让进屋喝口水歇个气总是没什么问题的。”

赶场使四面八方的消息在不断地传播。国家政策、家长里短等都是大家聚集在一起交流的内容。一个村的信息通过在赶场的活动中传播到另外一个村的某户人家，这就是传统的小范围人际传播。在大部分的情况下，这种传播比网络、电视在当地的社区环境中的影响更加有效、快速。例如，我们本次田野调查工作的一行人刚刚到达目的地之后 6 小时，场镇街道旁及周边地区的村民就已经知道了。第二天一早开始，因为赶场，社区内的人就已经完全知道了。

典型的情况是，村里的人下山赶场所卖的东西并不多。村里有些具有某种手艺的人，平时抽空做些可以拿到场上贩卖的产品，等到赶场的时候将其拿来卖。不过，不是所有手工艺者都能够将其成果拿到场上去卖，例如，那些捡瓦

（对屋顶进行重新修葺）的人的手艺主要是一种服务，而非物质性的物品。而且，很多手工艺者已经丧失了原有的价值，不是因为他们不能再进行生产了，而是因为他们的产品的市场已经消失。如木桶、木盆、木缸、耕犁及其他许多生产用具，现在都被塑料的以及金属的桶、盆等生活用具以及微耕机、小型收割机及打谷机等小型机械所替代。所以，很多做木具的人早已不从事这些传统手工业生产了。

除了这些专业生产的物品能够拿到场上去贩卖之外，人们可以拿出来贩卖的东西并不多，人们拿出来的大多是兔毛。除此之外，就是野竹笋、野山菌、野生中药材（包括从黄连地里顺便采集来的鱼腥草）等。有时候有人捉了条蛇，赶场时，他们会将这条蛇拿去卖。

相反，需要从场上购买的东西却远比拿去卖的东西要多得多。山上的村民们日常生产生活中所必需的用品大多都是从场上购买的。一个人去赶场，回来时背篼背满了东西。它们一般都是生活必需品，如菜油、酱油、香烟、儿童零食、学生文具（包括笔、本子、文具盒等）、干菜、佐料（包括盐、味精、花椒粉、胡椒粉等）、洗衣粉、洗漱用品（包括香皂、肥皂、牙膏、牙刷等）、水果（指的是那些本地没有种植的水果，包括香蕉、西瓜、芒果等）、猪肉，等等。有的物品具有一定的季节性，包括秧苗、篾制品、锄头、镰刀、种子、农药、化肥，等等。衣物的购买也具有一定的季节性，一般在秋末冬初和春季两个季节中买衣物，同时，在过年的时候也会添置新衣，学生开学之前也会为孩子添置新衣。此外，如微耕机、小型收割机、打谷机、粉碎机（俗称小钢磨）等生产工具以及一些耐用的生活用具，如电视、冰箱、洗衣机、电灯、电话、电磁炉、电饭煲、电热水器等，也都购置于场上。

赶场对于人们而言可能并不仅仅是贸易交换，在贸易场镇上，除了那些专职贸易的经营场所，还有诸如政府、学校、医院、邮政、银行等公共机构。而且，还有一些店面是从事服务性工作的，如理发店、占卜摊等等。这些单位或服务业并不是直接的产品交换，而是从事一些与人们的生活极其相关的工作。人们如果需要剪发，在赶场的时候就顺便剪了。有时遇事不顺，或者家庭计划举行一项什么活动的时候，则会到占卜摊点上请上一卦，以占吉凶。那些有孩子在学校上学的家庭则会借助赶场的机会来学校看望孩子，从老师那里了解孩子的学习近况，同时给孩子送来他们急需的物品或费用（山上的孩子上初中后就普遍寄宿在学校）。身体不好的人，也会借着赶场的机会去医院检查一下。有亲人在外的人则会在赶场的时候关注一下邮政信息，因为他们的亲人偶尔会从外地往回邮寄些东西或者通过邮政汇款寄钱。同时，国家对农民的经济补贴通常由银行发放，到了发放的时间，人们也会借助赶场的机会去银行领取。

按照桥头镇各村组的惯例，每月都会开一次党组织生活会，偶尔也会开紧急会议。这些会议都会选择在赶场日进行。桥头的许多红白喜事酒也会在赶场时进行，村民们也会在赶场时去吃酒。龙井组的村民在这两年逐渐开始使用摩托车，这需要到桥头场镇考驾照，因此也要去赶场。

赶场是信息交流的重要场合。人们通过赶场可以了解到各种产品的市场情况，赶场卖肥猪或买乳猪的时候，村民便会比较关注场上这些产品的市场情况、价格情况等。除此之外，乡镇里的各种情况也会在赶场中传播，例如，哪个地方有人结婚，哪个地方有人去世，自己要不要去送礼，等等。我们曾观察到，一个将要举办会头的家庭请了几个人在赶场天站在主要路口发放请柬。

赶场也是桥头村民获取外界信息的很好的平台。桥头的街上有三个公示栏，公示栏是张贴各种政务信息的地方，包括医疗保险、社会最低生活保障、基本信息统计公示等信息。同时，农作物收购的日期和价格也在此公示。例如，2011 年 8 月，马鹿村委的公示栏上张贴了一张红纸，上面记录着辣椒收购的价格和日期以及基本规定。当天赶场的村民都获取了这样的信息。第二天村民彼此聊天就使全村人都了解到了这个消息。村民们联系时使用最多的词便是“赶场见面”。对此，我们虽没有进行详细的关注，但是可以确定的是，“赶场”作为桥头镇甚至是三益镇等地的村民交流的空间，亲朋好友可在赶场时见面。

赶场回家是村民们最开心的事情，赶场当天买了需要的东西，与老朋友在街上闲聊，使他们很满足。例如，下午四五点钟的时候，龙井组的村民们就聚集在一家电器店里，等待回龙井的货车。桥头镇有两个货车是兼职拉客的，一家是韩家电冰箱的老板，一家是梨子组的货车司机。龙井组的村民是韩家电冰箱的常客，龙井组许多家庭的家电都是在韩家买的，而且老板还负责修理各种家用电器，所以每次上到龙井组都会帮村民维修电器。此外，作为一个司机，他负责为买家送货，买家不付运费，如果没有买他家的电器则要每人 10 元车费才能回到龙井组。从桥头到龙井需要经过很多人家，如果碰到熟人他也会免费将其送到目的地。韩家老板经营的是一辆中型货车，规定载客数为五人，但是通常村民不会按照这个要求坐，一般情况下，一辆车会挤上七八人。而后面的货箱偶尔也会坐上两个人，满满的一车人向龙井前进。人多的时候，一车是没办法一次性将人们都送回去的，偶尔需要来回两次。

赶场的另一功能在于为人们提供了人际交往的空间。年轻人外出打工回到家里，他们会借着赶场的机会在场上与自己以前的朋友相聚。赶场也是出嫁的女儿与自己的父母见面的重要时机。那些嫁出的女儿有了自己的新家庭（通常是指那些出嫁在本乡镇的女子），她们很少有空余时间回娘家看望父母和那些她们从小一起长大的朋友。但是赶场之前可以通过电话与自己想要相见的人联系好，定个时间、地点，到赶场的时候相聚。这种“赶空手场”的人并不少，赶场之于他们，不过是一次交际的活动。赶场还是一次扩大社交范围的机会，我们曾经翻阅过一个家庭的会头礼金簿，他们解释说一些客人是场上的店主，但这些人原本与自己没有丝毫关系，只是因为自己每次去赶场的时候在他们的店面里休息一下，买点东西，一来二去便熟悉了，于是那些人得知自己举办会头，便来送礼。当然，如果接受礼金的家庭在知道那些店主举办会头的情况下，也会去送礼金。当然，赶场也为青年男女的约会提供了便利。

如果将赶场作为一项贸易活动来进行考察，我们会发现许多交换并没有发生在场上。尽管有许多贸易活动对农民而言是十分重要的，但是这些贸易活动并不在赶场中进行。究其原因，乃是地理因素。对于桥头来说，很多村落地处较为偏远的山上，从场上购买的物品不容易运到山上，而且自己所要卖出的许多物品，也不容易运到场上去。我们可以举一些简单的例子来说明这个情况，如购买化肥，人们一般不用在场上购买然后再背运上山。他们也不愿意从场上买个乳猪背上来，因为山路的通行对于人来说都是艰难的，更不用说运输购买的乳猪了。如果村民想要卖出粮食，他们可以直接联系收购粮食的商贩上门收购；如果人们想要卖出自己的肥猪，他们也可以直接联系这些商贩开车上山收购。而化肥，每年的春种期间便会有固定的卖家拉上一车化肥在村里叫卖，人们便借这个时机将一年所需的化肥一次性买够。商贩运上来的化肥若一次卖不完，便与村落的一户农家协议，将化肥存放在这户农户家里零散出卖。同样的，那些售卖乳猪的商贩也会在过年后的一段时间内经常运乳猪上山来卖。在直接到村里收购产品的模式中，黄连的收购也许是最具代表性的。由于黄连只能够在高山森林地区生长，这些地区距离场镇通常比较远，所以，那些专门从事黄连收购的商贩便会集中一段时间开车到山村里对农户的黄连进行收购。近几年黄连种植的兴起与交通的发展同步。若是交通仍旧闭塞不便，黄连只能小范围种植，而不可能产业化发展，不可能成为桥头土家人族群认同的外在特征。

近几年发展起来的辣椒产业也需要这种流动商贩的收购。几年前，石柱县的许多地区开始引入辣椒种植。桥头的梨子村是种植辣椒的重要地区。人们认为，旱地里种植苞谷和洋芋，终究没有种植辣椒那么大的经济效益，所以梨子村几乎家家户户都种植了一两亩地的辣椒。从事辣椒产业的外地老板通过地方政府与农民取得联系：他们提供辣椒种子，并适时为椒农们提供一定的技术援助，农民们主要从事辣椒种植和维护，辣椒大概在阴历的七八月份集中收获时，收购员到村里来收购。以上所说的这些收购和贩卖活动，我们可以将其统称为流动商贩。看得出来，那种与农民的生产生活相关的大宗贸易主要是通过与流动商贩之间的互动而形成的。

农作物种植、生猪养殖，这也离不开流动商贩的商业活动，粮食如果需要换成现金，也离不开流动商贩的收购。这种流动商贩的出现，是在交通改善后才成为可能的。在交通还不能支撑这种大规模的商贩流动的年代，山上的村子也会来一些小流动商贩，这些商贩所从事的是一些以物易物的活动。例如，曾经有人背着豆腐上山来交换，农民可以用折成市价的粮食与其进行交换。还有一些流动商贩挑着塑料或金属用具到山上的村子里进行交换，农民可以用头发与其进行交换，也可以直接用钱购买。但是这种流动贸易只是偶然的事，而且其规模也不大。桥头通向山上的公路修通以后，农民们的很多贸易活动通常都采取“买送卖取”的方式，为他们带来了很大的方便。在交通闭塞的年代，以上那些通过流动商贩实现的贸易通常需要人们直接到场上去进行。人们从场上花费几个小时背上一两百斤化肥，用几个小时将自己的粮食背到场上去卖。人们要买卖牲口也都必须靠人力运输，这对于人和牲口而言都是辛苦的事情。而且，这种贸易通常使得山上的农民处于市场的劣势地位。

三、上传下达：“一句话政策”

以前，政策的传达方式是靠村干部传播。桥头公社派人通知各个队长前往瓦屋村向家坝开会，当天通知当天去。会议时间的长短，决定回家时间的早晚。回来后，各生产队队长挨家挨户地通知到他那里开会，有时候也会路遇老乡叫着帮忙带个话，一传十，十传百，在没有电话的年代这算得上是最好最快的方式了，“开会的内容大部分都是‘一句话政策’”。

一次偶然的机会，拱坝组的生产队队长买了一个“山音机”。当时全公社就只有拱坝组的这台“山音机”，桥头街上都没有。村民们当时就开玩笑说，听到队长喊的广播，他们都听得到讲的啥子事咯！队长自己也说：“先去向家坝开会，回来一喊全乡大部分人都晓得咯，全公社的人都听得到。”

在集体劳作的时期就用小喇叭，队长用话筒喊，各家各户听到广播就自觉地上坡，分工合作。也用广播来通知开会以及进行红白喜事的通知。在山坡上劳动的时候，要是有亲朋好友来找人也是用小喇叭通知。另外，也有通过打锣敲鼓的方式来通知上坡的人群吃饭时间到了，可以放下手里的活了。在小喇叭之前用的是高音大喇叭，大队长开会的时候就用大喇叭喊，宣传政策，等等。开会一般集中在某院子里（如“一队”在中院子开会，“二队”在土墙院开会），传达文件即便在屋里也能听得到。

在通信落后的年代，村民外出靠写信回家通报信息，老桥头坝的街上有个邮政代办所，信件的往来都需要去邮局寄和收。不识字的村民就叫人帮着念信，知道了信件内容后，把信的大概内容转告家人，信一般作为火引子给烧了，要不就拿去当卫生纸用。

四、从电报到手机

没有电话以前，只有少数几户的人家发过电报。因为事情的紧急才会去发电报，当时发电报一个字要2角钱左右。20世纪90年代，程控电话刚刚普及到当地农村时，马鹿村整个“一队”就只有四台座机。没有座机的人就在这四户人家的屋里打电话和接电话，大家打或接次电话，给主人2角至1元钱不等。因为出门打工的人越来越多，用手机的人群也就多了起来，座机逐渐退出了历史舞台。座机在费用上也要比手机话费多，座机的月租在10元以上，不管用户使用与否，手机的月租才几元钱。用座机的时候一般是打给远方的亲戚或者朋友，很少打给外人，接电话也要比打电话的次数多。

现在，大部分村民有了手机和座机，信息的传递也方便多了，随时通知到位。以庄屋组为例，62户人家，常住人口仅仅只有80人，18岁以下（含18岁）的人数为28人。

年龄统计如下：

0～10岁为16人，拥有手机的人数为零；11～18岁为12人，拥有手机的人数为4人；19～40岁为3人，拥有手机的人数为3人；41～60岁为26人，拥有手机的人数为20人；60岁以上为23人，拥有手机的人数为11人。80人中，一共有38人拥有手机。

手机费用情况如下（元/月）：

10元以内为5人；10～20元为10人；21～30元为4人；31～40元为5

人；41 ~50 元为 3 人；50 元以上的人数为 11 人。

座机使用情况如下：

如今仍在用座机的户数为 5 户，其中包括 2 户使用无线座机的用户（农信通、村村通各 1 户）；从来没有用过座机的户数为 11 户；用过座机，如今已经退出使用的户数为 9 户。

电视使用情况如下：

家里有电视的户数为 31 户，其中有 4 户是有电视机但是没有装有线或者“铁锅盖”（卫星电视接收器）。没有买电视机的户数为 2 户，因为一直在外打工，时不时回来一下，也就到隔壁院子或者亲戚屋里看一下。

装大锅盖的有 27 户；装小锅盖的有 2 户；装有线电视的有 3 户，装数字电视的有 1 户。

图 12　用于接收电视节目的中国直播卫星“锅盖”以及电视机

五、社会关系网络

村民们在生产劳作中常常依靠社会关系网络来获得信息。龙井组的村民家里都记有小商贩的电话，每个家庭都有相对熟悉的商贩来收购农副产品，有些村民会与这些商贩搞好关系，“和他关系好，他就会告诉你价格，收我的黄连的时候他也不会压价压得太狠，关系好的商贩要压价我也会到不太熟悉的人家去做”，村民们这么说。在多年黄连销售过程中，与黄连商贩建立起了信任关系，通过商贩获取信息是他们保证收入的一个重要方式。

除了通过商贩获取信息，村民们还通过自己的关系圈来获取价格信息。龙井组村民的关系不仅仅限于村内，通过外嫁等与其他乡镇的人们也存在着一定的关系，他们经常彼此沟通，现在龙井的村民每户都有手机，对于价格经常是共享消息，如小商贩今天在三益收黄连，村民们就会在打电话的时候通报价格。村民出去打工，也认识了许多工友，有些工友是邻镇的，在返乡之后，也成为村民们重要的价格信息源。通过他们，村民们可以较早地了解到价格信息的变化，以便及时做出生产调整。

黄连价格信息的获取只是被动的，村民们也开始利用自己的关系打破黄水较为封闭的交易圈，在村子里就有村民在最近几年去黄水卖过黄连。村里的白木匠因为是黄水人，为村民们卖黄连提供了便利，不过也只有此一例。

案例 3－14：白木匠，黄水镇人。2009 年，向世界家从山上弄下来一些木料，想要改成棺材来卖，就通过亲戚找到了白木匠。白木匠被请到龙井，平时都住在向世界家里，在向世界家的屋子里做棺材。村子里其他的人家也经常找白木匠来帮忙，所以白木匠与村里人关系很好，向大义与他关系很不错，白木匠经常到他家里做客。一次家里杀猪，向大义请白木匠来家里吃刨猪汤，白木匠和他女儿开玩笑，说让她叫他爹，向大义的女儿答应了，由此建立起了干亲关系。2008 年，向大义的女儿要出嫁，但是家里没有钱来置办嫁妆，向大义决定把家里存的黄连拿去卖，为了多赚钱，向大义找到白木匠，想拿到黄水去卖个高价钱，白木匠欣然答应，向大义把家里的 200 多斤黄连花费 140 元租车运到了黄水白木匠的家里存放，白木匠在家里找到黄连老板把向大义的黄连全卖掉了，一共赚了 3000 多元。这比平时多了 500 多元钱。

村民在黄连销售的过程中开始利用自身的社会关系网络。在与小商贩互动的过程中，他们建立起了一定的基于黄连交易的业缘关系，并通过这种关系为自己的经济收入提供了保证。外出务工一定程度上扩大了村民的社会关系网络，他们与更多的人产生了互动，在此基础上依靠自己扩展的社会关系，为保证黄连的销售收入打下了基础。另外，认干亲这种拟制血亲关系，连接起了村民与黄水的沟通渠道，由此也为村民的黄连销售提供了便利。

我们在这里考察了当地人的信息交流情况。事实上，桥头居民的先民们也是通过类似的方式来互相联系，交换信息，而艺术、习俗、风俗习惯也是通过这些方式和场所来实现对社区居民的影响。换句话说，社区之间的文化交流，亦是建立在便利的交通条件和一定的聚集地的基础上的。虽然史料中较少记录当地居民如何完成信息交换以及文化传播的内容，但考察当下交流方式，可以试想历史上的诸多情况，以及对生活在其间的人们所产生的作用。

第四章　变迁之源：流动的社区

在前一章关于经济的历史中可以看出，桥头镇的经济已从传统的以农业为主、养殖业为辅的格局，开始向以外出务工经济、农业为主、养殖业为辅的多元格局转变。事实上，市场经济的卷入让桥头人原本闭塞的族群认同打开，无论是基于婚姻的人口迁移还是基于职业的人口迁移都会对族群认同造成一定的影响。一方面，桥头人口流动规模扩大、范围延展，人们与外界接触得就越多，而只有在这种条件下才会有“自觉为我”的意识。当然，另一方面影响的相反方向是趋于与外界的趋同。无论怎样，这还是族群研究可以加以关注的。共同的集体记忆并不是必然会将桥头人裹入相同的族群认同中。桥头人的土家认同是现代性的产物，是与外界互动的结果。

根据《石柱县志》所载，石柱县的居民是历史时期几次外来移民与本地的巴人后裔融合形成。桥头镇的居民，更多的是本县境内由其他乡镇的搬迁而来，但是本地在土家族文化的覆盖下，迁徙过来居民亦同样受到土家文化的涵化，尤其是在石柱土家族自治县成立后，族群文化的影响进一步呈现出来。

曾有调查对象向我们回忆，1984 年，石柱土家族自治县成立的时候，龙井组并没有什么庆祝活动，只是看到对面山梁的三益乡的街上放起了烟花，后来才知道土家族自治县成立了，并说：“我们这里只有梨子有一些土人，是一直生活在这里的，他们长得和我们不一样，脚板是平的。”而且，很多村民所共享的历史记忆是最近百年所发生的历史事件，如民国种植鸦片、解放战争、土地改革斗地主、人民公社、三年灾荒、“文化大革命”，等等，这些历史事件一方面构成了当地居民迁徙的理由，另一方面也构成了他们共同的集体记忆。这个现象恰恰指向了一个核心问题——对民族文化、民族历史的记忆稀薄，对政治运动记忆深刻。土家族的族群认同是什么时候出现的？这种认同感是怎样传递给族群成员的？我们很难从时间上去追溯。

与人口迁移史形成对比的是，之前曾经在桥头居住的居民们留下了大量的文化遗产，包括“赶白虎”、“梯玛做法”等记忆，虽然这些记忆已经随着他们的迁走而无踪迹了，但是当地清末的墓碑上还有这些土家族文化的石刻，从另一个侧面反映了随着历史事件的发生，族群在当地的迁移所形成的文化变迁。不过在漫长的迁徙中，他们何以为土家族？这一身份又是怎样在日常生活中实践并传承下去的？我们将在后面的描述中一层层地展示当地族群身份和认同感的构建。

经济环境的变迁是族群发生变迁的重要影响因素，例如，“市场的进入”所导致的“生计的变迁”，事实上对人们的社会属性做了另一种宏观的定位，也就是这些人作为劳动力已经属于更广泛的社会范畴了。换句话说，个体在近年来为了生存再也不能限制在一个狭小的空间，他们大量的流动工作已经说明了其生存的社会空间的扩大。这一个过程无疑也对族群的建构造成了一定的影响，一方面外部的文化因素被引入；另一方面人们扩大了社会交往之后，才提供了一种反观自身的视角。

第一节　打工经济的张力

20 世纪 80 年代以后，传统的生存空间已经无法再满足人们的需求，许多人需要走出这一空间，寻求更加良好的求生方式。一位常年在外打工的龙井组村民谈及龙井组恶劣的生存条件时说：“龙井这个地方是发展不起来的，就拿路来说吧，村子里 90% 的人家都没有摩托，基本都不会骑摩托，出行都是靠走的。山这么高，连个闭路电视都很难搞得到，都是用的这个‘锅盖’。整个村子连个小卖部都没有，也没人买东西；还是外面好，超市什么的都有。”

从 20 世纪 70 年代以后，桥头镇的人口流动主要由三个因素造成：职业、婚姻和水库移民。职业造成的人口流动带有历史的烙印，从最初分散零星的搬迁，到后来为了挣钱而举家外出“打工”。像长沙村双堰组，村民大量外出务工，外出务工率达到 85% 左右，现在双堰组总共有 114 户人家，而在家的只有 35 户左右，都是小孩和老人。男娶女嫁的婚姻带来的人口流动相对比较稳定，而 2005 年因为当地修建水库，桥头镇整体搬迁，也相应地产生了人口流动。如我们在前文中提及，新的桥头镇建好后，山上的一些村民到场镇来买地修房子，使得马鹿组的常住人口数远远超过了户籍人数。

大集体时期，国家严格限制人口的流动，因而在集体时期，对于单独分散的移民而言是很困难的，如果需要从其他的地方迁移进来必须得到两地生产大队的同意。在集体时期，人们迁移的原因很简单——经济条件恶劣。正如前文所说，即使是想转到其他地势好的地方也存在着很多的困难，在龙井组这样的迁移只有 4 例。

集体时期的工作调度是人口迁移的原因之一，在龙井组，生产队设置了生产队长、保管、会计、出纳四个职位。最开始这些都是由生产队统一安排调度的，因而在此生产队任职的人要服从组织的调度安置家庭，这在龙井组只有 1 例。

案例 4 -1：王万瑞今年 74 岁，1949 年前一直跟随父亲给地主家做佃农，他的老家在山下的庄屋组，当时父亲租种的是杨家地主的田地，杨家地主在那时突然决定不再雇用他们，所以他们不得不进行搬迁，找其他地方做佃农。随后他搬迁到桥头、田畈的很多地方，最后在解放的时候搬到了现在的梨子组，便在梨子组的横高定居下来。在土地改革的时候他们在横高分到了一块很肥沃的田，他与父亲就在家中种田。不过，当时梨子生产大队将他派到了龙井做保管员，这样他才来到了龙井，此时他已经与梨子的一个女子结婚。他看到了对凹坪这里可以建房的地方——以前的地主宅院，但已经破败。房子残破不堪，他花了 15 元钱将房子买下，在此修建了自己的房子。他本打算还住在梨子，因为那里的田土更加肥沃，但他的老婆在龙井组有亲戚，执意定居龙井，他也只好搬到这里居住。另外保管员的身份也使他很难再回到梨子生活。

打工这一新的求生方式，从人口数量上来看属于桥头镇里的第二大职业。我们所调查的马鹿组 136 户人家中，有 8 户人家是全部常年外出打工，家里的房子常年无人居住。如马鹿组鹿山路一户谭姓人家，据其邻居说，他们全家都到浙江温州打工，已经外出 4 年了。94 户人家中均有成员外出打工，但外出打工的时间不长，一般一年要回来一两次，且家里都有人居住。如马鹿组 58 岁的邹发伦老人，他的儿子、儿媳、女儿和女婿都在广州打工，邹发伦夫妇都在家种地并照顾孙子、孙女。另外还有 42 户人家无人外出打工，其中有 31 户是居住在梧桐街上，靠近集镇，以做生意（如开百货店、开饭馆）为生。据相关资料显示，该组的 528 人中，流动人口大约有 227 人。长沙村双堰组 114 户人家，在家的有三四十户，只有四五户年轻人在家，但是这些人在农闲时候还是会去附近打短期工，以补贴家用。比如，向秀兰家，原来夫妻两个在广东打工，但是后来由于老公公生病不得不回家，老公公去世后，向秀兰还要在家照顾孩子，便不能外出打工了，但是她老公在农闲的时候还是会到附近去打短期工，一般是七八月份去，在附近的建筑工地做小工，每天七八十元钱，向秀兰就在家照顾孩子、管理农田和饲养家畜。

山下的村民小组都是如此状况了，更不用说山上的情况了，尤其是位置最高的龙井组，生存条件不容乐观。龙井组的土地数量较少，在 20 世纪 80 年代分产到户的时候，每家的田地都很少。随着 5 年左右的经营，龙井组的生活条件有所改善，但这时村子里面的年轻人开始分家。分家意味着土地在家庭中的再分配，每一个年轻人都从家长那里获得了自己的一份土地，然而也只是他一个人的份，即使多也多不了多少。待孩子上学后，家里的经济就有些吃不消了，村民开始想方设法赚钱，外出打工就在这时在龙井组兴起了。

表 18　2001—2008 年龙井组外出人员流出时间统计表

年份	频率	有效百分比	累积百分比	年份	频率	有效百分比	累积百分比
2001	2	3.3	3.3	2006	16	26.7	93.4
2002	9	15.0	18.3	2007	2	3.3	96.7
2003	13	21.7	40.0	2008	2	3.3	100.0
2004	6	10.0	50.0	合计	60	100.0	100.0
2005	10	16.7	66.7				

随着外出务工的兴起，龙井组的人口开始流动。到 2001 年左右，龙井组外出务工达到了高潮，年轻人大多在外务工，一些人读书学成后在外找到了工作，现在村子里有一位教师已经搬到了石柱县城生活，在石柱民族中学教授音乐。另外也有一些人由于工作的关系，搬出了龙井，2004 年有一位村民学会了广告设计与摄影，全家搬到了石柱县城开了个广告公司。村民中，有 6 户人家都在桥头镇上建起了房子，不过他们依然保留着自己在龙井的老房子，在桥头生活的时间也明显多于龙井。另外，还有 7 名村民流向了石柱县城，有一对夫妇因为丈夫在工地发生了事故，瘫痪在床，被儿女接到了石柱疗养。

2001—2003 年，龙井组的外出人员呈上升趋势，这一阶段龙井组的黄连价格走低，20 元/斤的价格使村民不得不外出务工寻找新的出路。不过这种趋势在 2003 年发生了转变，2003 年“非典”的到来引起了社会对中药材的关注，黄连也受到热捧，因而价格上涨到了 200 元/公斤。龙井组的村民看到了黄连的利润，很多人开始回家种黄连，2004 年外出务工的人员因此减少。不过外出务工人员少的另外一个原因在于“非典”带来的恐慌。

案例4－2：唐光强的儿子在“非典”爆发的时候正在广东，因为“非典”的缘故他决定回家暂时避一下，所以在2003年秋天就回到了家乡。回家的时候全村也非常恐慌，认为他是从疫区回来的，肯定会把病带来，他没办法就一直躲在家里，害怕被邻居嫌弃。一直到2005年才又出来打工。

2005年，在经历了黄连价格的疯涨之后，“非典”的恐慌也慢慢消去，黄连的价格暴跌，2005年黄连的价格回落到18元/斤左右。这使村民们被迫又出去打工，2006年达到了顶峰。2007年和2008年却又变得非常少了，这主要的原因在于村子里面能够在外面找到工作的人基本上都已经出去了，以31～40岁为例，2008年，全组就只剩下1男和2女，其他的31～40岁的村民都已经在外面了。在家的村民一方面是要照顾孩子；另外一个方面就是家里劳动力极度短缺，需要在家里维持基本的劳动力需求，放不下家里的黄连。

表19　龙井组村民外出务工地点表

	地　名	频　率	百分比	有效百分比	累积百分比
有效	浙江	25	41.7	41.7	41.7
	广东	28	46.7	46.7	88.3
	重庆石柱县	7	11.7	11.7	100.0
	合计	60	100.0	100.0	

村民的收入因为职业的不同而存在差异。例如，2010年某村民在广州塘下的公司做保安，一个月的工资为1200元；另外一个村民在浙江桐乡的建筑公司做包工，一个月的工资却达到了6000元左右。一般说来，在城市中打工的收入绝大多数没有超过2500元，而且他们认为在城市的开销大，也因此一年很难积攒下钱，对于家里面的经济没有想象中有那么大的贡献，只是刚好够他们生活而已，有时也很难满足需要。谈到未来的去向，一位村民说：

“以后还是要回到龙井的，家里的亲戚都在这里，你看我回来这些天，在谁家都能吃饭，以后肯定是要回来的。儿子本来是在浙江读书的，现在只会说普通话了，桐乡教学条件不好，回到家，可以把孩子托付给岳丈照顾，这样对孩子学习生活好一些。”

第二节　人口的“流”与“留”

人口的流动，早在清末民国初年的时候就已经出现，现在桥头镇的居民大多是不同时期从外地搬来的。桥头镇的居民中，多数人具有迁徙的历史记忆，即知道自己家族大约何时从何地因为何种原因搬移到此地，只不过有些人记得清楚，而有些则较模糊。那些迁入时间较晚的人对于自己的老家以及迁移的过程都具有十分明确的历史记忆，而那些原本就已经成为大姓的人们只从他们的长辈那里得知自己的祖先是从外面迁入这里的，然而究竟在何时、什么原因以及怎样迁入的，他们却不得而知。

对于一些姓氏较少的人的迁移历史记忆，我们收集到几则，现录于其下：

梨子组柯家的来源：

从柯队长的祖父开始，柯家从南滨镇迁到这个地方。民国时期，柯队长的祖父还在南滨镇生活，家里种了不少田地。农忙时，经常请些短工为自己做活。有一年，柯家又请人做农活，天气很热，中午回家吃饭的时候，有个短工觉得太热了，于是吃完饭后就去河里洗澡。不幸的是，这个短工竟然在河里淹死了。柯家听到这一消息之后，怕死者的家属找到他家来要人，于是举家逃了出来。最开始的时候，柯家逃到兴隆，后来才迁到坡上的梨子。

梨子组文家的来源和唐氏两兄弟的入赘：

20世纪60年代，梨子大队的大队长正是现在梨子组组长柯大海的父亲。他当过20多年的大队干部，至今在村里说话依然具有影响力。他是一个颇为专制但又为村民的利益着想的人。20世纪60年代早期的一天，他去中益公社办事回来，在路上碰上了一个姓文的木匠。这个木匠背着木匠工具走在路上。柯队长跟这位木匠师傅简单地打过招呼之后开始聊天，才知道这位木匠师傅原来姓文，他原本是忠县人，因为家乡的生计条件不好，他只能留下家中的妻子及一女和一儿，出来找木活做。据他说，他的家庭生活很清贫，家里所居住地方的土地也少。柯队长一方面考虑到这个木匠是手艺人，另一方面出于怜悯之心，于是介绍他来到自己的大队生活。不久，文木匠便带着自己的妻子和一儿一女搬到村落里生活，并在这边又生了个儿子。他们夫妻参与生产队的劳动，也分配生产队的粮食。此后的很长时间，文木匠经常帮着周围邻里做些木匠活路。平时看起来大家都生活在平和的环境中，不过当他们与别的家庭发生争吵时，总是被别人攻击为外地人，说他们是“野的”。这种情况直到他们的孩子长大成家后才有所改变，当然，土地下户之后，家庭单独经营，人们之间的你争我夺也减少了许多。

文木匠的妻子本来是现石柱县沙子镇的人，她老家的条件也比较艰苦，那里现在依然是沙子镇较为偏僻的村落。但是，因为那里有她的亲戚，所以，她将自己的女儿嫁到了沙子镇。同时，她得知村子里有两个家庭想招纳上门女婿。所以，她极力促成了两个沙子镇老家的男青年过来上门，她为男女双方做介绍人，介绍的两对竟然都成功了。这两件婚事对于招纳上门女婿的两个家庭来说无疑是一件喜事，可是对于文家而言，也是一件重要的事情。首先，这两个来村里上门的年轻人都是文木匠妻子娘家那边的人，都带着点亲戚关系，而且，这两对夫妻之所以能够结婚，文木匠的妻子作为介绍人也起到了很大的作用。这样，文家无疑为自己拉来了两个联系较为紧密的家庭，改变了文家在这里的孤立状态。

梨子组向大莲一家的迁徙：

向大莲如今已有80多岁了，年轻的时候出嫁到山后的中益乡。她的夫家条件很差，孩子出生后生活更加困难。20世纪60年代前后，正是人们生产生活极困难的时期，向大莲一家为生活所迫，到处迁徙，最终在湖北沙市定居下来。这个地方的土地资源比较丰富，那里的人们接受了他们。1982年，许多地方都已经开始实行家庭联产承包责任制，湖北沙市一带也已经开始实行。这些承包田地的人需要给政府上交农业税，而且因为土地丰富，所以农业税也较高。当时石柱县还没有完全实施这一政策，向大莲一家便又回到这里，但是他们没有回到中益，而是来到她的老家。他们回来之后不久，这里也开始实行家庭联产承包责任制，他们在这里获得了土地，因为她曾经是这里的人，所以这里的人们比较容易接受他们。

梨子组谭登林家的来源：

谭登林老家在中益乡，他幼年时期就父母双亡。他的一个女儿嫁给梨家湾的向大伦，于是他也投靠了女儿的家庭。姑爷向大伦对他很好。如今的谭登林已经将近60岁，他的儿子在重庆市经营房产生意，已经有一个3岁大的孙子。

石柱县位于七曜山一带，山区的地理环境较为恶劣，因而存在着很多地方经济条件恶劣，没有办法维持生活的情况。在这一带的人们需要迁移到好的地方来获得更好的生活条件，集体时期的龙井组也有两例。

案例 4－3：黄连厚本来是沙子镇官田人，官田在 60 年代是非常贫穷的地方，土地贫瘠，黄连厚家的生计都成问题。黄连厚的老婆是村子里黄成林的妻子的姑姑，当时陈世碧的父亲在沙子粮站当站长，就让黄连厚他们搬到桥头来找亲戚，但是他一直主张不能住在和亲戚很近的地方，否则会出问题。亲戚住得太近，生活上很多事情会发生矛盾，这样黄连厚就没有搬到野鹤村。黄成林提议让他们到龙井来落户，这时黄成林的二哥黄成元正在担任龙井的生产队长，在黄成元的帮助之下黄连厚成功落户龙井，在江家修建了自己的房子。

案例 4－4：向朝中原本是三益人，在 60 年代，他所在的村子经济也相当困难，生活无法为继。他的老婆曾化兰，是龙井组曾华云的妹妹。在 60 年代，曾华云曾当过生产队的队长，依靠曾华云的关系他们也成功搬迁到了龙井组。那时候正处于集体大生产时期，村民的流动需要通行证和迁出地以及迁入地的许可证，曾华云的职务使得许可证很容易就办下来了。村民们也都说，当时要是有哪个人想要搬到这里，必须开全体村民大会进行讨论。村民们提议搬过来的人大多都是他们的亲属，如果村民谁不同意，两家的关系也不好处理。所以一般村里有谁提议要搬过来一个人，村民们大多持支持意见。在这样的程序之下，黄连厚与向朝中都很自然地搬了过来。

这两户人家都是从官田迁过来的，之所以迁到龙井组，一方面是因为这里有荒地耕种，另一方面也是更重要的方面，便是亲戚关系起了很大的作用。他们与村子里居民的亲属关系建立起了他们与龙井组的联结，依靠亲戚关系他们来到了龙井组，也整合进了龙井组的关系网络。

谭石匠原本是石柱县万朝人，他从小就学会了石匠手艺。在大生产时期，生产大队对手艺人的管理较特殊。手艺人包括：木匠、石匠、瓦匠等。这些人由大队开具通行证明，表明自己的身份后在周围甚至更远的地点流动性地做手艺。生产队对他们的工作收益与工分有明确的规定：他们每年出去做手艺，赚到的钱每年要上交生产大队 750 元，其余的钱则由自己支配，工分也根据这些工匠的表现来计算。如果没有达到要求，还要被扣除一些工分，经常还要倒贴一些钱。谭石匠就是在 60 年代大集体时期流动到龙井的，他给村民修石磨，也做一些石质工具。据村民们回忆，当时谭石匠为给郭海林家做石磨，认识了郭海林。当时谭石匠还是单身，恰好这时村子里面也有一个单身的妇女与他年龄相仿，这个妇女原本是三益人，是黄成元的前妻。黄成元与其感情不和，两人离婚，他也因此回到了老家三益。郭海林找到了她，给两人做了媒，谭石匠也因此定居龙井。

70年代末期，龙井组又搬来了另一个“外来户”，这户便是现在秦家山居住的皮明万。皮明万原是忠县人，同谭石匠一样，他也是一个会手艺的人，在石柱等地做木活。在石柱沙子镇官田做手艺时与村里的一位妇女相识，随后两人决定私奔，逃到了龙井组。在龙井组，他们从黄成元那里获得了临时居住证，在分产到户之后才获得了居住证。这是龙井最后一户迁入的住户，现在的村庄格局就在这些原有住户的基础上发展而来的。

1982年之前，龙井组一共有向大山、向朝顶、王万瑞、黄连厚、向朝中、黄承寿、黄承元、黄承林、黄承术、郭海林、郭海、谭石匠、皮明万、唐光祥的父亲、秦家富的父亲等17户村民，现在的36户人家便是由其逐渐发展而来的。

从2000年之后，人口的大规模流动是从本地流向广东和浙江。浙江的桐乡是龙井村民较为熟悉的地方，最早的一批外出村民就是去的桐乡，现在在桐乡打工的人达到了10人左右，这些人有的在桐乡工厂做工，也有的在桐乡建筑工地做工。

在外出的一批人中，有一些是未满18岁的孩子。他们是跟随父母出去生活的，在浙江和广东读小学和中学。不过总体上，龙井组的人口流动主要还是外出务工。在2008年之后，龙井组几乎已经没有可以继续外出的劳动力了。2011年龙井组许多人家的农活都忙不过来了，还有村民将自己在外打工的儿子叫回了家，一起种黄连。

表20　龙井组各姓氏在外生活的人口分析表

	频　率	百分比	有效百分比	累积百分比
陈	1	1.7	1.7	1.7
郭	8	13.3	13.3	15.0
黄	9	15.0	15.0	30.0
李	1	1.7	1.7	31.7
刘	3	5.0	5.0	36.7
隆	3	5.0	5.0	41.7
陆	1	1.7	1.7	43.3
秦	1	1.7	1.7	45.0

续表

	频　率	百分比	有效百分比	累积百分比
唐	2	3.3	3.3	48.3
王	2	3.3	3.3	51.7
未	2	3.3	3.3	55.0
向	22	36.7	36.7	91.7
岳	1	1.7	1.7	93.3
曾	4	6.7	6.7	
合计	60	100.0	100.0	

从这一张表中可以看到，向家虽然是龙井人口最多的，共有37人，但是其中有22人在外生活，黄家22个人中有9个人在外生活，郭家27人中也有8个人在外生活，由此可见村落外出打工的基本状态。虽然其中既有在外读书的又有在外务工的，但是他们都远离了乡土，位于城市和乡村之间，自身的生活也在发生着变迁。

表21　2007年龙井组常住人口分析表

1～10		11～20		21～30		31～40		41～50		51～60	
性别		性别		性别		性别		性别		性别	
男	女	男	女	男	女	男	女	男	女	男	女
计数	计数	计数	计数	计数	计数	计数	计数	计数	计数	计数	计数
4	0	3	4	6	9	8	6	9	5	2	4

对比2007年全龙井的人口，我们可以发现人口的流动带来了劳动力方面的影响。21～30岁的人在2010年外出打工后，只剩下5男和6女，其中女的在2007年之后又嫁到了外地；31～40岁的村民只剩下1男和2女。不难发现，全村的青壮劳动力多选择了外出务工，41～60岁的人成为了全村的主要劳动力。在缺少劳动力的情况下，全组的农业生产和生产方式都受到了影响。虽然有8名孩子在外与父母一起过着打工的生活，但是仍有孩子在家生活，因为父母在外打工，他们的生活多交由50岁以上的亲人来负责，这也在一定程度上影响了村落的劳动力分配。在调查期间可以发现，龙井组的户口人数为144人，但目前在村子里一共只有80余人，而且外出的90%以上都是30岁以下的人。每天在村子里奔走的都是41～60岁的村民，他们既要负责粮食的生产，也要负责黄连的种植。

表 22 龙井组村民流出原因分析表

		频率	百分比	有效百分比	累积百分比
有效	外出务工	46	76.7	76.7	76.7
	婚姻	3	5.0	5.0	81.7
	外出读书	11	18.3	18.3	100.0
	合计	60	100.0	100.0	

外出的村民主要分为三类，在外务工的村民占到了外出总人数的 76.7%。他们在外生活的同时也有一部分村民带着孩子一起生活，他们边务工边照顾孩子的生活和学习。因为户口还在龙井，因而在读初中和高中时这些孩子就要从外面回家，还有一个原因就是在外学习的较高费用也是村民难以承受的，因而回家读书成必然，亲戚代他们照顾孩子的起居。

表 23 龙井组流出人口年龄分析表

		频率	百分比	有效百分比	累积百分比
有效	1~10	4	6.7	6.7	6.7
	11~20	7	11.7	11.7	18.3
	21~30	15	25.0	25.0	43.3
	31~40	14	23.3	23.3	66.7
	41~50	14	23.3	23.3	90.0
	51~60	6	10.0	10.0	100.0
	合计	60	100.0	100.0	

大量青壮年外出务工使得龙井组里面常住人口只保持在 20 户、80 人左右。平日在村子里能看到的多是 40 岁以上的大人和小孩，40 岁以下的成年人在调查期间只看到三位：一位是最近刚刚从外打工回来的男青年，农忙时回家帮助父母做农活，他依然打算出去打工；一位是已经 38 岁的中年男子，因为妻子已经出去打工，孩子需要读书，而自己已经很难在城市找到工作，所以选择留在家；另一位是 26 岁的男青年，他之所以留在家里是因为孩子刚刚 4 岁，他和妻子需要在家照顾她，但也有想法未来还要出去打工。在外出务工兴盛的情况之下，村落的劳动力配置出现了与传统乡土社会完全不同的状况，这在一定程度上影响着龙井组的生计实态。

下图展示了梨子组村落人口流动的情况：

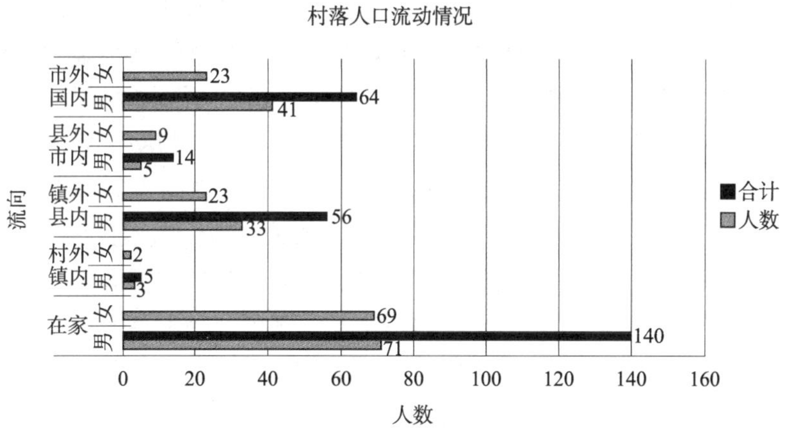

图 13　梨子组人口流动情况图

在图 13 中，有两个男人并未被统计在内，第一位是上述的那位曾经外出打工而一去不返的男人，第二个则是一个因盗窃而被判监禁的男人。

山上几个村子的村民都存在为了更好的生存环境而选择向山下或场镇迁移的想法，很多家庭甚至全家迁出。以海拔最高的龙井组为例，现在搬出去的一共有以下几家：

HCSH 自学了影像制作，加上三个女儿都嫁到石柱县城，他便与老婆一起也搬到了石柱县城开起了广告公司。家里 5 个人的田地全部放弃了，盘给了村里面的亲戚来使用。

TGH 在广州做起了包工生意，在房地产商那里承包工作，平均每年有 10 万元左右的收益，孩子虽然留在老家上学，但他已经在桥头建起了房子，全家人都不在龙井组生活。

GYF 已经在外打工十余年，恰好女儿考上了大学，也在浙江上学，所以索性全家在浙江租了房子，在那里生活，供女儿读书。

XXG 是 XSJ 的侄子，家里的房子就在 XSJ 家下面，不过早已人去楼空。XXG 一家在石柱县城打工，全家都搬到了石柱县城生活，家里的土地就没有继续种了，家里有什么事情都是他的叔叔来处理。

关于人口流动我们还应关注到婚姻造成的人口迁移问题。上述因职业分工而造成的人口流动是一种较为灵活的方式，但是从地域所属而言，他们最终是属于村落的人。婚姻所造成的人口迁移则相对不同，人们因为婚姻的缔结从一个地方流入另一个地方，并在流入地长久居住下来。

以梨子组为例，我们对“婚姻状况”的考察主要集中于出嫁女子与娶入媳妇的生活空间的变化，也就是地域上的通婚圈情况，所以我们对外嫁的女子做出“嫁到本组”、“嫁到组外村内”、“嫁到村外镇内”、“嫁到镇外县内”、“嫁到县外市内”、“嫁到市外国内”的分类；而对娶入的女子做出“本组嫁入”、“组外村内嫁入”、“村外镇内嫁入”、“镇外县内嫁入”、“县外市内嫁入”、“市外国内嫁入”的分类。另外，我们还关注男子的入赘情况，也做出上述标准的分类。不过，入赘的情况不多。除此之外的情况我们只做出“已婚”、“未婚”、“离婚”的分类。如上文所说，这里的人口统计除了常住人口之外，我们也将那些已经出嫁的女子统计在内，所以这里统计的总人口数为345 人。除去那个外出不归者之外，实际统计数为 344 人。这些人口的大致分类如下图所示：

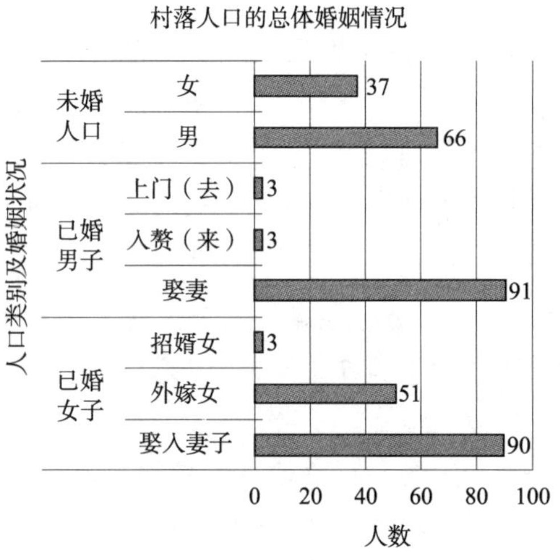

图 14　梨子组总体婚姻情况图

图 14 大致能够体现梨子组的婚姻情况，但是有些内容依然值得说明。在“已婚女子”中，图 14 中娶入的妻子一共 90 人，而外嫁的女子则一共 51 人。不过，在娶入的妻子中，有 14 人是村落里的姑娘，也就是说，在外嫁的 51 名女子中，有 14 人嫁在原来的村落。在 97 名“已婚男子”中，娶妻之后离婚的一共 2 人，离婚的妻子并未纳入这里的统计范围。在 103 名“未婚人口”中，存在一些已经成年（我们这里对“成年”的界定在 23 岁以上）的人口，其中包括 11 名成年男子和 2 名成年女子。

表 24　梨子组人口婚姻状况分析表

	娶入妻子	90	减去本组嫁入 14 人	114
	外嫁女	51	加上嫁到本组 14 人	
	招婿女	3		
已婚男子	娶妻	91	其中离婚 2 人	97
	入赘（来）	3		
	上门（去）	3		
未婚人口	男	66	其中成年男子 11 人	
	女	37	其中成年女子 2 人	
总计		344		344

在此基础上，下文将对地域上的通婚圈做出介绍和分析。

首先是对村落里的男子娶入妻子的分析，下图能够展示这一情况：

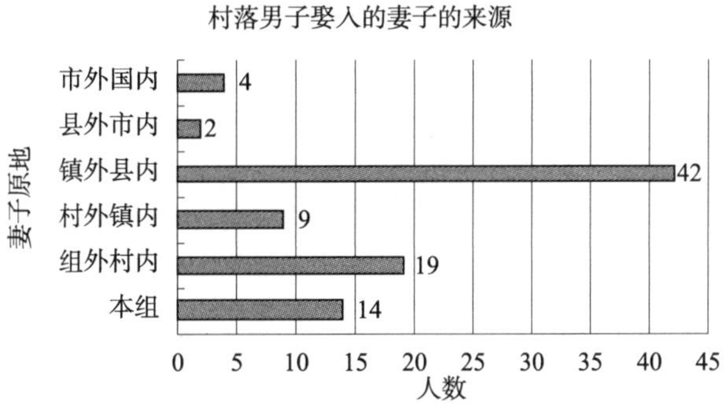

图 15　梨子组男子娶入的妻子的来源图

从图 15 中可以看出，在所有这些嫁入村落的妻子中，来自镇外县内地域的人口占据了很大比例，在所有 90 名妻子当中，来自镇外县内范围的几乎占据了一半（一共 42 人）。镇外县内范围的妻子主要来源于两个乡镇，一是中益乡，二是三益乡。从村落的地图中可以发现，梨子村的北部与三益乡接壤，而且，中益乡距离梨子村更近，梨子村的人们经常翻过后山去中益乡赶场，与中益乡的人们联系紧密。最小的通婚范围看起来是县外市内，上图中显示的来自县外市内的两个女子分别是一个经商者和一个具有稳定工作的男子的妻子，都是在求学期间缔结的情谊。外省嫁入的两个女子都是通过打工与本村的男子相识，最终嫁入该村。村外镇内嫁入的女子也相对较少，原因是这里海拔相对较高，没有多少人愿意嫁到这里。而且，我们所关注的村落事实上是所属乡镇的边界，这里的人们与本镇其他村之间的联系没有与毗邻乡镇的联系那么密切。从组外村内嫁入的女子在所有的范围中排在第二位，因为这个村同位于一座山上，同一座山上的人们之间的交流比较方便。一个简单的例子就是，每隔两天，山上的人们下山赶场都能与一些同在一座山上的熟人们相遇，并经过同一条唯一的下山道路去赶场。

梨子组本组内部的通婚只有 14 例，这与姓氏较少相关。同一个村落里除了向家和谭家为大姓之外，只有其他诸如柯姓、彭姓、秦姓、毛姓、郭姓、李姓、聊姓等人丁比较单薄的姓氏，而传统的通婚习俗限制着同姓之间的婚姻。本组内部的通婚大多是在较小姓氏与两个大姓之间发生的。

在婚姻对人口迁移的影响方面，我们不得不关注本村女子外嫁的情况。下图展示了本村女子外嫁的基本情况：

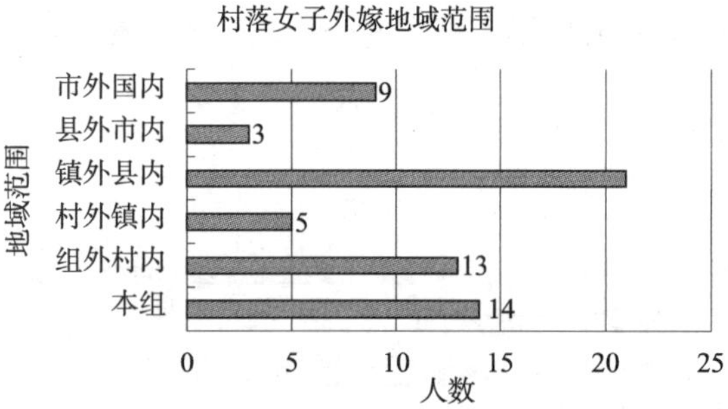

图 16　梨子组女子外嫁地域范围图

从图 16 中可以看出，村落里的外嫁女子在通婚的地域范围上与嫁入的媳妇所来自的地域范围具有极其类似的分布。但是有一点明显的差异，在外嫁女子中，嫁到省外的女子竟然有 9 例，其中 2 名女子是通过受教育走出这里并在省外结婚的，有一个女子是通过打工而与外省男子相恋结婚的。另外 6 名女子的外嫁则颇多争议，尽管她们的亲人对此含糊其辞，但是外人们通常认为她们是被拐卖出去的，但是现在依然与村落里的亲人保持着联系。

需要指出的是，在婚姻中并不经常是女子的居住地在流动，在入赘婚当中，生活空间发生转移的是男子。所以，在考察婚姻导致的人口迁移的时候，我们也对此加以关注。在我们所考察的村落，入赘婚（又被称作“上门”）并不普遍，我们发现 3 例入赘的情况，同时也有 3 例赘出的情况。在 3 位入赘的男子中，其地域全部为镇外县内，其中 2 人是从石柱县沙子镇一起入赘的两兄弟。在 3 位赘出的男子中，有 2 人入赘到镇外县内，另外一人则因为打工入赘到了外省。

（三）水库移民

2005年，桥头镇修建桥头水库，老桥头街及其周边的农田都被淹没。国家给被淹没人家一定的赔偿、补贴，并修建了鹿山路、梧桐街、桂花街，让这些被淹没人家在这里购买宅基地建房，搬到这儿来居住。很多老桥头街上的居民，家里颇为宽裕，便在石柱县城买了房子，将其在桥头拥有的地基卖给外来人。因此，鹿山路、梧桐街、桂花街上有很多从外村或外镇移民过来的居民，他们中的大多数常年居住在这里，但户口并没有迁到这儿来。如桂花街一位居民告诉我们，她和她姐姐家都是从瓦屋村搬迁过来的，她们在桂花街买了60平方米的宅基地，修建了房子。她的孩子仍住在瓦屋村，只有老人搬到了这里，但户口都还留在瓦屋村。她说，以前他们是住在山上，离集市比较远，且交通不方便。住在这儿交通便利，离集市近，环境好，基础设施也好，生活更加舒适。她还告诉我们，他们现在老了，干不动农活了，所以把瓦屋村的土地留给孩子们种，孩子们每年都会给他们一定的粮食。另外，我们也发现有一些人虽然搬迁到其他地方去居住了，但是户口还没迁走，仍保留在马鹿组。

第三节　认同边界的转换

现在龙井经济与市场紧密相连。来自东南沿海劳动力市场的需求吸引了村民们到外面去谋生，来应付日益巨大的家庭开支。

龙井的田地面积较少，80余亩的水田，120余亩的土地，平均分配到现在140余人手中，每个人的持有量都很少。1982年分产到户之后，当时的村民都获得了一份田地，但1982年之后当地出现了分家的高潮，分家也使得原来家庭的土地分散到小家庭。例如，一户村民家当时共有8口人，一共分了5亩水田，8亩土地。在没有分家的时候家里的粮食是足够吃的，然而1982年分家之后，他自己家一共只有1.8亩的水田和3亩土地，1986年，小儿子出生了，小儿子没有分到土地，因而这些土地要养活四口人，从而家里的生活压力明显大了。

案例4-5：黄玉奉在20世纪80年代结婚，婚后便从黄承寿家中分家出来。他与老婆两人一共只有1.2亩水田和两亩地，按平时家里的生活需要是可以的，但是孩子在80年代末长大需要读书，上学的费用靠工资很难支付得起，那时恰好打工的人来招工，他就成为了村子里第一批外出打工的人，来供孩子读书，到现在，他已经出去打工20余年了。

分家后，龙井村民的土地变得很分散。原本大家庭的生产生活能够将家里的劳动力整合起来，共同抵御风险，分散后，小家庭面对突然而来的支出很难应付，这也是村民们外出打工的重要原因。随着第一批人外出，他们一个带一个将龙井的年轻人带到了外面。从20世纪80年代末，村民开始外出打工，90年代，外出打工逐步地兴起，到了2008年达到了高峰。村子里在户口上的人数为144人，但实际在村子里的一共只有80余人，可见村中劳动力的流出情况之甚，而且外出的90%以上都是30岁以下的人。

案例4－6：1997年，向学梁读完初中，因为学习成绩差，就决定不再继续读高中，准备到广东去打工。他的父亲向世界早在1987年就贩卖黄连去过广州，在90年代也加入了打工的行列，已经在广州打工几年了。1997年过完年，他便带着15岁的向学梁到了广州，在广州给他安顿好，带着他找工厂，陪他适应了一年的生活后，向学梁也熟悉了打工的生活和基本套路，因而向世界回到了龙井的家，让向学梁独自在外闯荡。向学梁在这之后的几年里，分别在广东、浙江、福建等地找过工作，2010年在广州塘厦的工厂做了保安。

案例4－7：村民向学奎现在在浙江桐乡的建筑工地当小包工头，他在1997年出去打工，之后往来于龙井与大城市，2007年去桐乡之后找到了工地上的工作，由于他打工多年后认识的人多，当包工头能够招揽一些朋友，靠承包的工程收入也多了起来。平日时，他与工友们一起干活，但是业务上的联系都是他来做的，因而他的工资相对高一些，他估算一个月平均会有6000元左右的收入。成立包工队之后，他把村里的亲戚朋友叫来一起工作，2010年把他的五哥叫到工地上干活。据他说，现在已经带出了三四个人一起去干过活了。不过其中也有一些小状况，他五哥由他带到工地上工作，但由于五哥不好相处，经常与朋友起口角，所以一起工作没多长时间便与向学奎分道扬镳了，向学奎回到家还一直和他的干哥哥讲起这件事。不过无论怎样，这几个人都是向学奎帮忙带出去的。

外出务工人数在2011年已达到了村中总人口的40%以上，而留在村里的人则多是老幼妇孺，缺少了劳动力的龙井农业生产该如何解决呢？从现在他们的生计状况我们可以发现其中的一些情况。

村里的人在谈及土地与外出务工时常说这样一句话：一开始打工就因为没

地种，但是等人都走了之后，发现地没人种了。的确，现在龙井组因为劳动力的缺失导致土地一定程度上的荒弃。现在在家里的村民多是50岁左右及上一辈老人。田地里的农活需要做，黄连还需要种，在家的人忙不过来，因而村民们也考量了其中的利益关系，把主要的精力全放在黄连上，但是许多只剩老人在家的家庭黄连种植则不太现实，他们依旧守着家里的一亩三分地来过活。

案例4－8：黄成术今年67岁，他的老伴也65岁，大儿子退伍后到广州打工去了，二儿子上门去了悦崃，大女儿学成之后到了石柱县当音乐老师，现在家里就他们两人。他们是同龄人中身体很好的，现在依然可以每年种1.5亩左右的黄连，不过在农忙的时候依然显得力不从心，铲棚、除草一类重体力活不得不请人来做。因为种黄连的缘故，家里的田土荒弃了一部分，只留下一部分种蔬菜粮食。

像黄成术这个岁数健康状况还不错，他大哥黄承寿的情况就不太好。黄承寿的两个儿子都在外打工20多年了，而且很少回来，女儿也嫁出去了。今年74岁的他与老婆都有伤病在身，黄承寿脚浮肿，无法做重体力活。平日里只能依靠村里的亲戚来帮忙种地，他将几个儿子的土地借给亲戚们种，种黄连这样的苦活他不可能继续做。

村中外出打工的人的土地多数都转给了需要的人家，让龙井组的土地重新整合，然而目前依然有20余亩地无人问津，可见劳动力的吃紧。外出务工一定程度上改变了人地关系，它从过去人多地少变成了现在人少地多村中留下的劳动力已不再是强劳动力，中老年人只得凭着自己的努力尽量维持着土地上的生计。

经济环境的变迁也是族群发生变迁的重要影响因素，例如，“市场的进入”所导致的“生计的变迁”，事实上对人们的社会属性做了另一种宏观的定位，也就是这些人作为劳动力已经属于更广泛的社会范畴。生存空间的扩展也意味着族群认同边界的扩展。

在外打工的村民中，除了向学奎，其他人的收入都相对较低。有些年轻人在外的生活则更显得入不敷出，向学梁在广东做保安的时候，每天都有半天的休息时间，经常和工友一起去上网，偶尔去一下酒吧，常常还请工友吃饭，他一月只有1300元的工资，维持自己的生活都很成问题。另外一些村民则相对节俭，他们在外生活虽然有一些同乡帮忙，但是很节省。

案例4－9：黄建喻与向建华一起在广州塘厦打工。工厂给向建华的工资为2000元/月左右，而黄建喻则相对较少，一个月只给1300元左右，有时晚上还要加班，加班费也只有9元/小时，两个人租了一个单人房。房租一个月300元，自己做饭，日常生活开销也需要700元左右。两个人一年下来也只有3万元左右的收入。

这样的收入使他们在很多时候要考虑消费的问题。每年除了工友的人情往来，过年过节回家的路费是不小的开销。据黄建喻推算，从龙井到广州一路上的交通费用就需要1000元左右，两个人往返就是2000元左右。过年过节很多龙井的村民都选择留在城里过年，加班还能有3倍的收入，所以龙井的村民很多是隔四五年才回一次家，他们和家里的联系也很少。交通费用是一方面，更需要点明的是，在外出打工之后，他们与村里人的互动越来越少，尤其在人情方面。

回家的一方面原因在于工资有限，交通费过高；另一方面的原因则在于他们很难承担的起巨大的人情支出。黄建喻在一次聊天时说，每年过年的时候都不敢回家过年，龙井有那么多亲戚，龙井以外还有很多亲戚，回到家都要给这些人带礼品，一年也就只赚这些钱，再买这些礼品，负担不起。

表25　黄建喻在龙井的亲戚表

姓名	关系	姓名	关系	姓名	关系
黄玉成	父亲	向世界	父亲	向大武	同宗爷
向世界	岳丈	向世岭	大爷		
向学奎	干叔叔	向学奎	五哥		
黄承寿	大爷爷	黄玉成	岳丈		
黄承术	三爷爷	向学刚	哥		
黄承林	幺爷爷	向大义	同宗爷		

这是他们在村子里最近的亲属，他们的母亲一方还没有计算在内，可见他们的亲属之多，过年的时候拜访的礼品消费不是小数目。龙井的村民们为了减少家庭的开支，所以许多都隔一两年再回家。参与村中的人情往来消费的极少了，因而与村中人的关系自然不比在家时紧密。为了维持自己在外的生活，赚得更多的钱，在外打工的以减少春节回家来节省开支，他们放弃了更多的参与村落生活的机会，在人情往来方面也处于“失场”的位置，在缺少与村民互动的情况，他们之间的社会关系渐渐发生变化。

第五章　两性关系与社会基础：婚姻、家庭与亲属制度

婚姻与家庭是传统农村社会中最基本的社会关系。在土家人心目中，唯有结婚，才算“成人”。只有结了婚，才有资格在人生的论坛上发言。婚姻是土家人成长过程中的关键一环，有无可替代的社会认可度。婚后，男女在族人眼中所谓的社会地位便显现出来了。本章将通过对婚姻、家庭、亲属制度以及建立在其上的社会组织各方面的考察，探究桥头土家人的婚姻、家庭与族群认同之间的关联，展现桥头土家人作为隐喻式表达的社会关系和权力关系。

婚姻并不仅仅是夫妻双方的事，还关系到本家和姻亲群体之间的重要的社会关系。在桥头，势力小的姓氏往往通过通婚、建立拟制亲属关系等形式与势力大的姓氏建立起以血缘为纽带的联系，也将自身整合进了村落的社会关系网络。

早前桥头土家人的婚姻通婚圈多集中在邻近乡镇，最远也不越过石柱县境。先前男女通婚多属于同一族群基于地缘的内部婚姻，其族群认同亦多与地域和家族相连。因此，此时桥头土家人也许并未完全意识到自己是土家人，多认为自己是黄家、向家抑或王家人等。随着与外界的不断接触与交往，桥头土家人族群身份认同也随之形成。

对于什么是土家人，改革开放之前的桥头居民并无显著认知。但我们不可否认的是随着人口的不断变迁，婚姻的扩展，在当地居民与环境的互动过程中，属于桥头土家人的族群认同要素也在不断积淀。桥头地区早期的内部通婚建构就是基于地域的族群认同。通婚圈的扩大与延伸也在一定程度上拓展了桥头土家人族群认同的边界。

此外，现代婚姻的观念也打破了原先存在于桥头土家人心中的婚姻图式。关于择偶标准、择偶方式、婚姻的认定、离婚、再婚等方面都体现了“现代

性”侵入与土家人传统观念交织的特征。早前基于地域婚姻的族群认同越发少见，族群身份亦不再成为婚姻成否的重要因素。土家族这个族群身份日益演变成一种社会资本，藏匿在婚姻缔结、生育以及教育的抉择上。桥头人的族群认同随着通婚圈的扩大时而变得稀薄，时而又得到强化。这之间的摇摆涉及有关血统以及传统文化等因素与外界碰撞时存留的状况。我们的调查发现，基于血缘的族群认同的重要性实际上在逐渐降低，越来越多的桥头土家人将自我与社会认同以及族群认同相结合。

从长沙村的个案中，我们会发现，亲属关系在村落政治的场域中已成为一种资本。村委选举俨然成为家族之间的连横。同姓之间的相互提携，同家人之间的相互合作，靠同姓乡亲的支持当选已成为桥头土家村落最重要的特点。当然，与古时村落政治的不同之处在于，个体经济利益的重要程度开始高于所谓集体/家族的利益。

社会政治生态中，经济对桥头土家人的社会组织的影响重大。辣椒生产组织的出现与个体/家户面对市场经济的风险有关。辣椒生产组织的兴衰与个体/家户所能获得的经济利益息息相关。而村落青年人多外出打工则使得原本存在维护村落治安的联防组织开始衰落。与此同时桥头土家村落中互助组织的变化也值得我们关注。传统社会依靠“关系”联结的互助组织正受到以“金钱”为核心的交换关系的冲击。

会头与杀猪的仪式性展演也将桥头土家村落中的人整合了起来。每一个会头，都会牵涉两个以上重要的家族。而且，这种联结除了是家族性质的，某种程度上也是地域性质的。通常来说，一个会头会牵涉两个或两个以上的地域之间的关系，如红会即结婚礼直接勾连起两个家族或地域村落之间的联系。杀猪仪式中被邀请的参加者已随着经济和政治利益的需要开始逾越亲属关系的范围。

桥头镇各村落除了存在诸如村委会等国家正式权力机构外，还存在类似乡村精英类的非正式权力。如会头中的管事，其在整个会头仪式的操办中连接起村落中的种种资源。村落中正式权力与非正式权力的交织共同构建起村落政治的生态。在埃文斯·普里查德笔下的努尔人，作为权力体现的组织的分裂与联合深刻体现了努尔人与丁卡人甚至外族人的区别。而在桥头镇事实上也在某种程度上体现了这样的族群特征。长沙村的现任村长父辈刚刚迁移至此，其夹在以亲属关系为主导的族群内部权力斗争网中，而且内外之别加深了村落基于血缘和地缘的族群认同。不过这种族群观念的构成也随着经济因素的侵入而发生了变化。有关于地权和林权的抗争，虽多为个体与家庭利益着眼，但从另一个侧面也体现了族群内部凝聚力的增强。而社会组织与会头的案例则告诉我们非正式权力以及村落的非正式权力精英在族群认同中扮演了重要的角色。

第一节　婚姻与家庭

本节我们将从通婚状况、择偶条件、择偶方式、婚前交往、结婚年龄与婚姻的认定、再婚等方面对桥头土家人的婚姻生活进行论述。总的来说，随着时代的变迁，桥头土家人婚姻的内涵也在发生变迁，其族群认同的相关特征也刻上了时代的烙印。

一、婚姻

从 1949 年前的包办婚姻到如今越来越多的自主婚姻，桥头土家人在婚姻的选择上更为自由开放。通婚圈随着交通的便利和经济的发展逐渐从邻近村落扩展至邻近乡镇甚至外省外地。在桥头，婚姻禁忌多集中在同姓不婚和黄王不婚上。择偶标准则多考虑经济、人品、地势，其中人品即勤快与否、善良与否，是男女双方都着重考虑的方面。男女择偶多靠媒人介绍或者自由恋爱。成年后在家的男女多选择媒人介绍这一方式，而在外打工或读书的男女则多选择自由恋爱。桥头土家族青年男女结婚年龄则多集中于 20～26 岁，其中多数男女选择 20～22 岁结婚。而当地结婚是为了生孩子，大多数已婚女性在婚后一两年便有了生育，孩子的数量一般为两个。此外，当地离婚和再婚的现象都较少。

（一）通婚状况

1. 婚姻类型

（1）表亲婚。表亲婚在 1949 年前是存在的，但并不普遍。当地表亲婚有两种称谓：姑娘亲和舅爷亲。姑娘亲是指与母亲姐妹的孩子结成的婚姻。舅爷亲则是指和自己舅舅的孩子结成的婚姻。姑娘亲、舅爷亲是当地人的说法，在人类学关于婚姻规则的分类里，分别是平表婚和交表婚。当地几位六七十岁的老人回忆，此类的婚姻比较少，几乎回忆不起来该地有这样的婚姻。有一位常主持婚礼的老人，也说“记不得有这样子的事情了”、“这边好像是没有的”。不过，有人提到在我们所调查的附近的一组，有一例这样的婚姻，两人为姨表亲，而且两人是1949年之后结的婚。现在知道的人们说起来都会摇头，觉得这样的婚姻不好。

在1949年前，结成表亲婚的是一些家庭条件中等偏上的人家。他们一方面为了亲上加亲；另一方面为了门当户对而选择结成表亲。在当时，人们认为和普通的婚姻类型没有差别。

1949年后，表亲婚几近消失。因为国家相关政策的规定，直系血亲和三代以内旁系血亲禁止结婚。加上科技和相关信息的传播，人们如今普遍接受了这样一种观念：近亲结婚会使得孩子的夭折率和疾病的遗传率增大，影响孩子的健康和智力。当地人意识到，表亲婚会对下一代的孩子造成不好的影响，因而不会选择表亲婚。说起他们所知道的那例表亲婚的时候，虽然他家孩子身体和智力是没有什么问题的，还是觉得表亲婚不好。有时候还会把他家发生的一些不幸的事也归结到这个原因。

（2）童养媳。当地把童养媳称为“寒门媳”。从字面意思可以了解到，寒门是指穷困的家庭。因此一般被送到男方家的女孩子，都是出自条件很差的家庭。人们提到这种婚配方式，也只会说，“那也是没有办法的事情，养不起！”

由此可见，寒门媳妇一般是家庭条件较差的家庭，由于经济条件差，养不起女儿，不得不将自家的女孩子从小送到男方家去。由男方家将孩子养大，长大以后就成为男方家的媳妇。自然而然，被送过去的孩子与自家的父母感情上不深，反而与婆婆相处时间更长，感情更深。

（3）包办婚姻。1949年前，婚姻类型主要是包办婚姻。大多数妇女是在自己不知道的情况下，或是反对不了的情况下，由父母做主而缔结了婚姻。直至20世纪80年代，还有一些家庭依旧保持着这种思想，认为婚姻必须是父母之命，媒妁之言。被包办的主要是女方，不过也有男方是由父母做主而结婚的情况。他们说，当时都是没有办法的事情，或是因为家里大人太封建，或是自己太小，拿不住事（管不了事情）。

案例5－1：杨SF，女，今年46岁，原为赵山村人。丈夫与自己同岁，两人是经媒人介绍相识。18岁双方同意结婚后，男方说要建了房子才结婚，结果一直等到24岁还没有条件建房子，两人年龄也大了，便在24岁结婚了。杨SF说，介绍的时候自己还小，但是也已经知事了。当时自己是不喜欢男孩的，但是父母觉得好，便替她决定了。当时她反抗过，自己跑出去待了几天，可是父母怎样都同意，她的反对也没有作用。

案例5-2：刘WS，女，今年52岁，原为山店人。18岁时同意，19岁结婚。16岁时经人介绍认识男方。介绍人是自己的干妈，当时刘WS不喜欢男方。刘的父母也不愿意，觉得嫁得太远，自己无法照顾到她。当时干妈想要一个亲近的人在当地陪着，不然没有亲戚可以走。另外，干妈也觉得这边田地比较多，有田地种，有大米吃。刘WS当时也觉得男方那里有大米吃，只有这点好，可还是不太愿意。由于当时结婚按照习俗是必须要有人介绍，不能自己去找，否则被人笑话。既然有人介绍了，而且还是干妈，最后还是同意了。

（4）自主婚姻。自主婚则是如今年轻一代常见的婚姻类型。对于年轻一代的婚姻，大多数父母说，只要自己的儿子（女儿）看得上就行，自己不给孩子拖后腿，尽量支持他（她），因为毕竟是他们两个人过日子，只要他们两个人过得好就行。在外地打工的孩子们一般会在结婚之前将对象带回来给父母看看，听听父母的意见，而在家的孩子们则一般是经由媒人介绍认识，但是否愿意结婚还要看两人认识之后相处如何。

同时随着交通日益发达和各种信息传播工具的普及，人们与外界的接触变得频繁。年轻一代外出打工后，思想观念有了极大转变，想要为自己的婚姻做主，而老一辈思想也开始逐渐转变，觉得不能再让孩子们有包办婚姻的痛苦。现在，包办婚姻开始被人们认为是封建的、不合理的。

案例5-3：王WC，男，28岁，已婚。常年在外地打工。几年前认识一个女朋友，是女孩追男孩，两人恋爱了很长时间。儿子将女孩带回来看父母的时候，赵YX不太喜欢这个女孩，一方面她性格太过于极端，另一方面不懂事，没礼貌，不懂得孝顺老人。赵觉得女孩不好相处，老是故意找碴儿，对家里的东西挑三拣四的，如吃饭，有时候做好一桌菜，她突然说不想吃，想吃别的东西，等到另外给她做好后，却又会说不想吃了。赵觉得她有点欠教养。而且女孩性格极端，几句话不和就闹矛盾，一点小事就要死要活的，曾经有过吞药自杀和煤气自杀的经历。

两人已经生了一个女儿，如今4岁多了。没有领结婚证，一方面女孩子年龄比较小，当时才刚满20岁；另一方面，女方家长不给户口本，要求男方拿出几万块钱过去，但是男方家里没有那么多钱，就一直没有领结婚证，一直到两人分手。

赵一直不太喜欢那女孩子，觉得两人应该分手。但是那是孩子们自己的事情，虽然自己很担心，也跟儿子说过，并告诉儿子自己的意见。后来，两人在外地打工，不知为何便和平分手了。当时赵为了孩子着想还专门过去劝说不要分手了，不过两个人还是坚持分手了。赵就将孩子带了回来，说为了不影响两个人的生活。在孩子的归属上，两人分歧不是很大，当时孩子的母亲说："你养着嘛，我们回去之后也会带带的。"

孩子的母亲先结婚之后，王 WC 才再恋爱结婚。现在的媳妇是湖南人，谭H，两人还没有孩子。领证、酒席都是在广东办的。在家则没有办酒席，觉得既然办过了，就没必要在家还办一次。

结婚前，儿子将谭领回来，赵很喜欢她。觉得女孩很好，很懂事，也很孝顺。王家家庭条件不好，谭也没说什么，而且什么事都会帮忙，也没有嫌弃家里，之后两人便结婚了。儿媳与前妻的孩子的关系也很好。我们调查时孩子说想念妈妈，指的是这位后妈。孩子很喜欢跳舞，也是谭教的。

案例 5-4：毛 XJ，男，24 岁，已婚。2011 年正月结婚。两人打工过程中相识，当时儿子在浙江打工，媳妇在江苏打工，都是桥头人。两人是通过网络认识的，属于网恋。自己觉得媳妇还是蛮好的，脾气好，对老人孝顺，不会嫌贫爱富，又很勤快。媳妇跟着儿子回来的时候，专门要给媳妇换新的床单、被子之类的，媳妇说，我就跟妈妈一起睡，对很多事情都不太在意。媳妇回来什么事情都会帮忙做，做饭、洗衣服之类的事情都会做。

（5）招赘婚姻。当地人认为，外地人赘至本地的人大多是原来住在高山上的，条件艰苦，该地女人不愿意嫁在本地，而外地人不愿意嫁到高山上。女方家里无子，缺乏劳动力，家里老人为了找到一个做活的，同时为照顾家里，便会招赘女婿上门。若是男方家里有几个兄弟，或是家里老人已经去世，或家境贫寒，或家里有人照顾老人，或没有负担，便可以选择入赘。

以前，人们觉得上门的男人要脾气好，岳父母是不好得罪的，因为他们在婚姻关系中是"输家"，处于不利的地位。但如今这种思想在人们的心中已经很淡了，人们都觉得不管是不是入赘，只要能当家就行。人们提及当地几户入赘的家庭都点头称赞。那几个上门的男方把家里打理得很好，如今的家庭条件都还不错，夫妻关系也比较和谐，与岳父母的关系也很好。

需要提到的是，当地入赘婚姻的亲属称谓是不变的。即孩子们喊女方的父母依旧是 ga gong ga po（三声）（外公外婆），而男方的父母依旧是 di di（一声）nai nai（爷爷奶奶），孩子也随男方姓。人们对于女方招赘女婿是报以无奈的想法的：“那也是没得办法的事情嘛，家里没有男的。”因而当地招女婿上门与延续香火关系不大，最主要是为了赡养老人。

案例5－5：谭JR，男，41岁，原为沙子人，还有一个妹妹。有一次下山到本地来玩的时候，偶然间看到了陈YF，便喜欢上了。具体是喜欢什么也说不上来，应该说是一见钟情吧！后来就请媒人到她家去提亲。可是她当时不愿意嫁上去，她要求就在她家，因为家里只有她一个孩子，若嫁出去了，家里老人就没人照顾了。“当时我们也想，家里地势太高了，而土地又少，家里4个人，总共才8分田，有时候饭都吃不饱。她家地势低，家里地也多一些。当时就想着能吃饱饭，所以没有顾及有没有面子的问题，就下来了。后来我们在下面也另外买过一套房子，但是吃水不方便，还住在这边，那边就卖掉了。”

陈YF，今年38岁，原姓黄，父母在大灾荒年间都饿死了，便被收养了过来。当时媒人上门的时候，她才14岁。基本不懂事，但是也是由自己决定的。结婚的时候，21岁，没有办酒席。男方家亲戚都在沙子，下面没有亲戚，就没有办。

虽说是稀里糊涂的就答应了，但是现在她却不后悔。俗话说“一个骨头哄一个狗”，虽然谭有点矮，但是她觉得谭脾气好，平时吵架什么的都是让着自己，而且很勤快，能干活，钱也全部拿回来。谭一般都是待在山下，因为山下有很多活要做，平时也没有什么空闲时间，只有在有事的时候才会上去。谭的妹妹结婚了之后，他们家里老人也接下来了，跟他们一起住。

案例5－6：马ZH，男，56岁，原为沙子人。邓ZX，女，53岁。男方家里有两个儿子，马还有一个哥哥。当时马家家庭十分贫穷，住的房子都是用树枝和茅草做的。为了养老，女方的父母决定招赘。女方自己是没有决定权的，尽管自己不是很喜欢。男方由于家庭条件实在不好，且哥哥还在，便决定入赘至当地了。

桥头土家人的婚姻类型变化与交通、信息的便捷有着较大关联，也为通婚圈以及族群边界的扩展构筑了桥梁纽带关系。

2. 通婚禁忌

1949年前，桥头反对同姓氏结婚。对于同姓结婚，当地称为“锅铲客”，用来取笑同姓结婚的人，认为锅铲客是“女的是锅，男的是铲，两人各用自家的姓，各自一家”的意思。因为当地人认为同姓氏的人是同宗的，即他们本应该是同一家的人，一家人结婚不适合，完全是乱了伦理。1949年后，他们说，由于政策规定，出了五服的同一姓氏是可以结婚的，即同一姓氏的三代之外可以结婚。同时由于社会的发展，以及常对关于血缘等方面的研究成果的宣传，使人们同姓同宗的观念逐渐淡化，而对同姓本是一家的看法更是持着否定的态度。

“王黄”不通婚，是“同姓不婚”原则的扩大。村子里黄家有9户左右，这几户人家在四个兄弟的把持下成为一个姓氏集团。老辈常提起的“王黄不通婚”的渊源，要从黄家的起源说起。

黄家在唐朝的时候出了一名宰相，在皇宫里就职，地位显赫，那位宰相家中有21个儿子，可谓人丁兴旺。突然有一天黄宰相不想再为皇帝做事情了，就不上早朝，一天皇帝发火了，亲自去宰相家中询问情况，黄宰相直接用烧火棍将大门关得严严的，不让皇帝进去。皇帝大为光火，黄宰相也自知皇帝会把他满门抄斩，就在当晚让自己的儿子去逃命。他命令21个人逃往不同的方向，这样保留根骨，他自己留在家等皇帝发落。这21个儿子到了不同的地方隐姓埋名，逃避官府追捕，“王”与“黄”谐音，因而有的儿子就改成了王姓，在被皇帝赦免之后，王姓的那一房就再也没有更改姓氏，以后姓王的儿子与姓黄的儿子都传宗接代延续下来了。

所以，从传说中得来了“王”与“黄”不分家的规定，一家人不允许通婚。

3. 通婚范围

不发达的交通条件影响了人们的择偶范围，当地中年人在年轻时普遍倾向于找一个附近的对象，同时又由于当地的婚姻习俗中媒人占了重要一环，大多数婚姻都是通过亲友介绍促成的。因此在本镇，通婚范围大多是本村或者同一乡镇的邻村。以马鹿组为例，在嫁入的55（56）例婚姻中，除去本组内部结婚的，在本镇的有29例，约占总数的53%（52%），若是算上组内通婚的状况，则约占总体的62%。而外嫁的46例婚姻中，则有23户是本镇内的，占了50%，算上组内通婚的状况则是占了61%。通婚圈的拓展实质上也是族群边界延伸的映照。

表26　马鹿组通婚范围统计表

迁入					迁出					内部流动
本村	本镇	附近村镇	外省	共计	本村	本镇	附近村镇	外省	共计	组内通婚
11	18	14	13	55（56）	7	16	15	8	46	13

2006年的马鹿组已婚女性通婚半径统计表。

表27　马鹿组已婚女性通婚半径统计表（2006年）

娘家 嫁娶	本村	临镇	本县临镇	本省临县	外省	总数
嫁出	8	5	2	0	2	17
娶入	13	4	5	3	1	26

表28　嫁入马鹿组的妇女及入赘的地点

本镇状况							附近村镇状况								
赵山	石盘	瓦屋	野鹤	田畈	桥头	共计	大歇	三河	石柱	蚕溪	山店	重庆	中益	沙子	共计
7	1	6	1	1	3	19	2	1	2	2	1	1	3	2	14

外省状况							
江苏	湖南	青海	广西	江西	省份不明	湖北	共计
1	2	1	1	2	3	3	13

表29　嫁出马鹿组妇女夫家地点表

本镇状况						附近村镇状况										外省状况	
野鹤	赵山	桥头	石盘	瓦屋	共计	龙沙	忠县	三河	临溪	石柱	石坝	中岭山	三益	山店	共计	浙江	共计
1	5	2	1	7	16	1	1	5	1	2	1	1	1	2	15	8	8

调查显示，第一，本镇内的通婚地点相似，主要集中在瓦屋和赵山两个村落，这两个村约占镇内通婚的68%和75%。第二，在附近村镇的通婚地点则不大相同，且较分散。在嫁入的14例中，只有中益的较多，有3例，而嫁出的15例中有5例是在三河。其中有3例为同一家的，这之中有两位是入赘婚姻。这嫁入与嫁出地点的选择与上面所述的入赘婚的原因一样。第三，在省外通婚的婚姻中，嫁出外省的基本集中在浙江，而从省外嫁入的13例中则不集中。

这其中比较特殊的是来自湖北的三位，其中有两位是兄弟，都是上门至本地，另一位是他们两位在家乡相识的人。因为他们的家乡在湖北恩施，距离当地很近，因此两地交往比较频繁，最先过来的是兄弟中的哥哥，经他舅舅介绍后入赘。弟弟则是在节庆时来哥哥家，与女方认识的。之后通过哥哥，双方互相熟悉，了解了对方的情况。弟弟家岳父说“就看哥哥的人品就可以了解弟弟是什么样子的”。而最后一位入赘的，介绍人是两兄弟中的弟弟。

龙井组的通婚范围坚持“同姓不婚”的婚配原则，通婚范围主要集中在村组内部和周围村落。总体上讲，龙井组的村民主要外嫁的范围是本村和三益临近的四大队即石板坪，马鹿村的合堡、兴隆、梨子。野鹤村是相对近一层的通婚圈，再远一层，龙井有几个人嫁到了石柱县城和忠县、丰都等地，与外省通婚的只有两例，一例娶了广西龙胜的媳妇，另一户上门去了江苏的苏州。

龙井组的通婚圈虽然仍多集中在村组内部和周围村落，但却随着时代的发展悄然发生着变化。通婚圈集中于镇内有利于族群凝聚力的构建，而越来越多的外地人也进入桥头土家人的婚姻，他们举行土家人的婚礼仪式，生子后的“泡酸枣酒”仪式以及日常生活中的招魂、占卜、拜观音、逢年过节上坟、走亲戚等风俗礼仪，都按照土家人的文化内容来践行，已经逐渐被“土家化”。因此，桥头土家人的族群认同的边界也在不断扩展。

(1) 村落内婚。前文我们论述了当地外嫁和嫁入的情况，值得关注的还有龙井村内部不同姓氏之间的通婚。通过村落内部的通婚将村子每一户人家连接起来，形成了一个紧密的关系圈。除了王家与黄家不通婚，村里面便没有其他的通婚限制，向家、郭家、黄家、秦家、王家等都可以互相通婚，正如村民们描述的，一秧头打过来，另一秧头打过去。村落内部紧密的通婚圈实际上是构建族群认同中最重要的一环——族群的凝聚力。

首先，向家与郭家的通婚在村子里有一例，向学奎是向世泽的三儿子，今年46岁。郭海林的女儿郭先翠嫁给了他。为其做媒的是黄玉成，黄玉成是向世泽的干儿子，同时黄玉成的幺叔黄成术娶了郭家郭海云的女儿，这样一层关系使得黄玉成成为两家关系的结合点，他做媒成全了向学奎和郭先翠的婚姻，向家与郭家建立起了一层姻亲关系。而向家与黄家的关系则不是这么简单，他们之间存在错综复杂的通婚关系。

早在50年前，向家与黄家就有婚姻上的往来。当时黄家老二黄承元与同为向家的同宗亲属向大香结婚，黄玉成正是向大香的儿子。黄玉奉是黄家老大黄承寿的儿子，他与向学奎的姐姐向学菊结为夫妻，向世界的二儿子向建华与黄玉成的女儿黄建喻结为夫妻，种种婚姻上的往来使得向家与黄家存在非常紧密的联系。

向家与秦家在婚姻上也有往来，秦家富的母亲是向世界的女儿，同时秦家富的姨妹又嫁给了向大义为妻。

黄家与郭家通婚则更为频繁，黄成林说，像我们黄家和郭家历来都是亲戚的，一个秧头打过去，一个秧头打过来。怎么都是黄家和郭家的根骨，哪个朝代都有的，那是亲戚。的确黄家与郭家之间的通婚较为广泛，郭先流的女儿是黄承寿、黄承元、黄承术、黄承林四兄弟的母亲，黄成术的妻子正是郭先流的亲妹妹，因而黄家与郭家之间的关系较为密切，在平日的生活里也可以观察到，黄家与郭家互通有无，常常不分彼此。

王家虽然只有一户，但是王万瑞也将自己的一个女儿嫁给了郭先流的儿子郭益海，这样向家、黄家、郭家、王家、秦家彼此之间都多少存在婚姻上的往来，这样村子里的家与家之间就有许多的联系了，基于地缘和姻缘的族群认同组带也得以形成和加强。

（2）村落外婚。计划经济前后的龙井组位于高山之上，且没有便捷的道路与山下沟通，因而婚姻范围主要局限在村子内部以及临近的三益乡的石板坪和梨子组。龙井组这一时期的婚姻只有一个例外，便是黄成林，他娶了野鹤村的姑娘陈世碧。在调查期间，我们也看到了一些这样的案例。

案例 5－7：黄承寿 20 世纪 50 年代成婚，他妻子隆安秀就是三益石板坪人。王万瑞 1956 年成婚，他妻子是梨子组横高人。那时他妻子家庭出身不好，是地主的女儿，1949 年后家庭困难。王万瑞则是佃户出身的年轻人，他的邻居是这个姑娘的姑妈，看到王万瑞长得俊俏，就介绍两个人认识，两人不久后成婚。这时王万瑞调到了龙井组担任保管员，两个人就搬到了龙井组落户。向朝中是三益人，他的妻子是本组的曾华兰。两人在 60 年代结婚，婚后在三益生活，但是当时向朝中家的生活条件较差，因而在曾华兰的建议下，两人搬到了龙井组生活。向世界在 1980 年结婚，他的妻子刘世碧同样也是三益石板坪的人。

由此可见，20 世纪 50～80 年代的龙井组，通婚主要在三益乡及与之接壤的村子和梨子组展开。不过随着外出务工人员的增多和交通条件的改善，龙井组外嫁的范围逐步扩大。近几年，龙井组因为种植黄连，经济条件有了很大的改善，山下的村民都很羡慕龙井组的经济收入，因此也愿意嫁到山上。2007 年道路修好之后，虽然路况不是很好，但与山下沟通方便不少，山上的村民更愿意将女儿嫁到山下生活条件好一些的地方去。

案例 5－8：向大义只有一个女儿，2008 年完婚。她在外打工时结识了山下合堡组的包某，两个人从外地回来便订婚。婚后女儿便一直在合堡组男方家里居住。不过因为道路通畅，女儿经常和丈夫一起坐摩托车回家来看望，向大义自己也很开心。

案例5－9：向世岭的女儿向学素今年30多岁，2004年嫁到了山下的拱坝组刘光发家，拱坝位于马鹿山的中部，那里很适宜种植辣椒和水稻，生活条件比山上好了很多，所以向世岭对这桩婚事很开心。向学素经常和自己兴隆组的弟妹一起带着孩子回龙井组看望向世岭和他的妻子，每次向世岭也把家里的一些像梨子一类的食品，背到山下给他们吃。

随着村子里大量的人外出打工，龙井组的人越来越多地与外省的人交流，通婚圈也发生了改变，现在村子里面也与外省取得了联系，村里便有一户娶到了广西的媳妇。

案例5－10：唐光辉的儿子唐中宇今年26岁，9年前，读初中时总是听说出去打工很好，而且看到从外面打工回来的人都穿得很漂亮，毕业后就跟随叔叔出去打工了，在浙江桐乡找到了自己的第一份工作。在工厂他结识了现在的妻子，她来自广西柳州，两个人在工厂一起工作、聊天，彼此感情很好。2004年，他转场到了广州，她的妻子也跟他转到了广州的工厂，两人就此确定了关系。2007年，唐中宇带着女朋友回到家，虽然唐家位于秦家山上很偏远的地方，但是女友还是很满意，认为比广西好。当年唐中宇去了广西媳妇的老家订婚，两人于当年结为了夫妻。

这样山下和山上就一步步建立起了联系，这种联系不仅是外嫁，这些年龙井组的男青年们也经常娶到山下的姑娘。婚姻的双向连通，跨越了原本貌似天堑的人际鸿沟，使得族群内部的互动得以加强。婚姻互动紧密，经济纽带加强，使得桥头土家人的族群关系形成网状结构，这有利于族群认同的逐步形成。

案例5－11：郭益江的妻子是山下马鹿组的人，1986年郭益江20岁的时候，村里的老人曾华兰感觉这个孩子不错，就介绍了她的侄女给郭益江认识。那时两人在曾华兰家见了面，彼此感觉都很好，相处了四年。四年中郭益江有时间就去马鹿的女友家帮着种田，而她也经常上山来帮郭益江家种黄连。那个姑娘满20岁时，郭益江就把她娶到了龙井。

有来有往，龙井组也有一位到悦崃镇做了上门女婿的小伙。

案例5－12：黄明是黄成林的儿子，2004年，黄明在外打工认识了现在的妻子。黄明在上学的时候读到了高中，在桥头和悦崃一带是有知识的人了，而且在生意上很有头脑，女方的家长也很喜欢黄明。女方住在悦崃镇上，经济条件和生活条件都不错，黄明就到了悦崃上门，在那里做起了装潢的生意，现在经营得很不错。

经济条件是婚姻很重要的一个因素，村民们倾向于将女儿嫁到经济条件好的地方，而经济条件差的地方则更多地出现到其他地方上门的现象。相较于龙井，经济条件差的地方还有许多，这不仅为龙井带来了一些嫁过来的媳妇，也有些上门的女婿。

案例 5－13：黄连厚落户江家，在村子里与黄成林是叔侄女婿关系。黄连厚家中有三个女儿，但没有儿子。黄连厚将自己的大女儿和二女儿嫁到了三益，将小女儿留在了身边，给她找了一个上门女婿。黄连厚招上门女婿不是为了给自家传宗接代，只是因为当时家里没有劳动力，找来上门女婿可以保证家里的经济运作。龙井组招上门女婿的只有黄连厚一家，招来的上门女婿是沙子镇官田人，村民们说，官田就坐落在一个山沟里，周围全是山，种不出多少粮食，官田经济条件没有龙井好。现在黄连厚的女婿冉启柏家里有两个儿子，他的哥哥也到其他乡镇上门去了。村民们认为，只有生活条件较差的地方才会到龙井组来上门。不过，黄连厚最初的女婿并不是冉启柏，而是官田另一个姓付的人。当时小女儿与他已经订婚，姓付的经常在黄连厚家做活，黄连厚对这个女婿也很满意。不过，在订婚后不久，姓付的做完农活感觉很热，就到村边的河里洗澡，一不小心淹死了。黄连厚只好另招上门女婿。当时黄连厚认识田畈村一位姓卢的村民，这家村民在官田给他介绍了现在的女婿冉启柏。就这样，冉启柏婚礼后来到黄连厚家上门，黄连厚对这个女婿也很欢喜，将家里的户主和土地都转到了冉启柏账上，冉启柏也就成了一家之主，黄连厚夫妻俩依靠小女儿和女婿养老了。

龙井的通婚范围在逐步地扩大，已经扩展至省外。这样通过姻亲关系建立起来的联系将龙井组连接到了桥头镇甚至更大的区域。桥头每一户人家都与山下的村庄的人们建立了一定的关系，这样的关系在人们日常往来中也得到了体现。而通婚圈的扩展则在另外一方面将外地人融进当地的婚姻中，并在日常生活的实践中逐步土家化。

（二）择偶条件

当地人自己总结的几点择偶条件是：地势、家庭条件、个人人品以及身体健康状况。

1. 地势

地势在新中国成立后的一段时间内是有变化的。20 世纪 80 年代以前，人们对地势的主要要求是有柴烧、有田种，当时人们比较愿意嫁往当地。因为当地地势较高，山林好，且较之于地势较为平缓的地区，人口少，人均田地也较多。在当时以种田为主要经济来源和生活来源的年代，桥头是比较理想的生存地点。90 年代后，人们的视野逐渐扩大，当地亦出现打工热，种田已经无法完全满足人们的生活需要，该地的地势便变成了一个不利的因素。在这一时期，人们就比较倾向于去地势低一些的地区。

2. 家庭条件

该地对于家庭条件一直保留着门当户对的要求，并有“板门对板门，篾门对篾门”的说法。因此大家认为，结婚对象条件不能比自家好太多，但是太差了也不行，跟自己差不多就行了。在打工潮出现以前，桥头的土家人以种田为主，经济条件也都差不多。他们在谈及家庭条件的时候，大多数人都说，都很穷，自己家也穷，就不好挑人家的家庭条件了。我们调查时还没人说要求家庭条件好一些的，就算是对下一代的婚姻也是如此。他们只是觉得不要太差就好了。还会有一些人认为对方家庭条件太好，也不好，两个人地位容易变得不平等，不过有这种想法的人不多。

3. 个人人品

人品问题是他们考虑最多的问题。女方对于男方人品的主要要求是脾气好、勤快、能干活。此外还有一些其他的要求，如有的要求能说会道，有的要求有文化，还有的要求长相佳。还有一部分则说也没什么要求，有人介绍就行了。

虽说没有太多人提到身体健康问题，人们要求的“能干活”这一项里其实也与之相关。农村社会中，人们做的都是体力活，若身体不健康，特别是男方，不仅成不了重要的劳动力，甚至会成为全家的负担。而男方对于女方的要求则是孝顺、勤快、脾气好，有一部分人对于长相也是有要求的。

另外，大多数在家的人还是希望找一个距离比较近的对象。“在附近的，什么事都知道，办事也方便。平时交往也近，走娘家或是走亲戚都方便一些。”由于交通仍旧不发达，亲戚之间平时交往不多，特别是在通信工具不太普及的情况下，找人帮忙都是靠邻居。当然若是有亲戚住得比较近的话，会更为方便一些。

可以看出当地人无论男女，择偶条件中要求最多的是脾气好和勤快。现在，由于大多数年轻人出门在外，对于对象的要求一般不会在地域范围上限定。

需要提及的一点是，我们问几个在大灾荒年代结婚的人，当时的择偶条件是什么，他们说："结婚了能自己做主，想做多少就做多少。在当时只要结婚能吃饱饭，对于其他的基本没有什么要求。"

案例5－14：谭CX，男，68岁。初中时候，父亲打铁，经济条件还不错，便抱了个孤儿回来养，当时养在家的小女孩，别人都会跟我们开玩笑说那个是你媳妇哦，在学校的时候大家会指着我们开玩笑，那个时候弄得我们都很不好意思。但是后来大灾荒年间，我们家经济条件也不是特别好了，家里人太多，全靠父亲打铁。那个女孩也长大了，为了可以吃饱饭，就嫁给了一户经济条件比较好的人家。

高中时，碰到"文革"，高中停办了，便开始有人给介绍对象。第一个是一个瓦屋的女孩子。当时是夏天，夏天的时候我们都是很黑的，那个女孩子恰恰不喜欢太黑的，就嫌弃了，因此第一个便没成功。之后是一个中益的女孩子，年龄比我稍微大一点，能说会道，感觉还好，勤不勤快就不知道了，当时也看不出来。但是她会做鞋子，还给我做过一双。后来过年去她家拜年，她送我们回来的时候，发现她的脖子上有一块疤痕，脚上也被烧坏了。当时看到心里很不舒服，回去之后就反悔了，不要了。那个女孩之后就跑到我们家来，死活想要问为什么不要了，当时就是说不喜欢。其实还是因为长相问题。

最后一个就是现在这一个，是我邻居姨娘王HX的母亲主动给介绍一个对象。王姨娘娘家与对象家是邻居，姨娘嫁过来之后与我们家的交往比较多，看到我那个时候还没有对象，便给我介绍。当时我觉得她长得俊，个子也很高挑，便很喜欢。后来发现她很勤快，很能干。"

彭YB，女，64岁。当时我父母过来看过他，觉得我们两个很相配。主要是觉得他很能干，有文化，而且会做很多事，还会吹唢呐，那个在当时还算是很赚钱。他会赚钱，又很勤快。

（三）择偶方式

如今当地择偶方式一般分为两种，在外地读书或是打工的多是自由恋爱，而在家的多是媒人介绍。本地女孩子"一不读书在家，便会有人去她家介绍对象"。因此，媒人在当地婚姻中占据了重要的地位。当地有"安"一个媒人的做法，即两人在结婚之前即便是自己认识的，结婚时还是要找一个媒人来，算是两人通过媒人认识的。因此，当地以前有一句俗语叫“天上无雨不成云，地下无媒不成双”，也充分体现了这一习俗。

媒人的选择：媒人大都为认识的，住得比较近或是平时交往比较多或是有亲戚关系的人，也有一些是平时比较热衷于相关的交往活动的人。媒人一般在当地认识人比较多，且能说会道。人们愿意去找他们帮忙。不同时期的人选择媒人的条件是不同的。在大集体时期以一个生产队的或是住在一个院子的为主。而大集体之后则是以认识对方的亲戚为主。

媒人介绍分为三种情况：双方不认识、双方认识或是一方认识另一方。但是说媒的过程没有太大的区别，且是以双方都认识，或是男方认识女方的为主的。

媒人的意义由1949年到现在有了很大的变化。在那个无媒不成双的时代，即20世纪八九十年代以前，媒人在当地人眼中是婚姻必不可少的一个要素。他们说，结婚要是没有媒人介绍的话，别人会笑话的，说你是自己找的。也有人说，不找媒人不合规矩。

案例5-15：李ZX，曾为很多人做过媒，据他自己回忆“有八九对的样子”。因为他年轻时去过很多地方，认识的人多，见识比较广，因此能说会道。介绍的双方一般是附近乡镇、乡村的，例如，赵山村、蚕溪以及本村的比较多一些。都是男方找他来说媒，大都是两个人认识或只是男方认识女方，也有双方不认识的。一般不认识的，男方要的条件就是能够做活，要身体好的。女方一般都是要男方买衣服，8套的最多。例如，他给附近的马ZC做介绍的时候，两个人相互不认识，他当时觉得两个人配得起，男方找到他之后，他就给双方描述了对方的基本情况，看双方的意见。当时男女双方基本同意，只有女方的姐姐不太喜欢。

“取同意”的时候，女方本来不准备去，带话说不喜欢。那一天午饭时见女方还没过去，李ZX便直接找到女方，对女方说，那边扣碗都蒸上了，去了先把午饭吃了再说。女方想了想说，那要得嘛，把午饭吃了再说。便去了，结果两人最终还是结婚了，现在孩子都好大了，两个人从没有打过架。

媒人在“取同意”和结婚过程中都是需要在场的，当地结婚之后还需要谢媒，由男方带上最好的肉，多为“腿子肉”，新人要一起去谢媒。

（四）婚前交往

1949年后，大集体时期至改革开放之前，人们的婚前交往都是比较少的。那时人们的婚姻大部分是介绍婚，在介绍之后都会有一段时间的相处，时间长短不一，有几个月的，也有两三年的。总体上在婚前的接触机会不多。当时思想没有现在这么开放，对于男女婚前相处，双方特别是女方会觉得不好意思。农村农活虽然会有农闲时期，但是农村人给自己安排的空余时间不多。

打工潮之后，当地年轻一代出现了未婚先孕的情况。我们调查时碰到三个例子，当地人说起这样子的事情时，总会有嘲讽的语气和看不起的表情。

案例5－16：谭CX和彭YB，结婚之前交流很少。彭性格比较内向，第一次碰面时，谭到彭家去看彭，两人没说话，彭只是一直闷头做活。从认识到结婚的两年间，两人见面也不多，只有每年过节如端午、中秋和过年的时候会提一些肉、酒、糖过去，见一面，也不多说话。后来有一次，彭去参加一个婚礼，恰巧谭到那家去吹唢呐，两个人碰面后，谭递给彭一块小帕子，彭接到就脸红了。

案例5－17：谭C及其未婚妻。未婚妻为瓦屋人，今年21岁，谭C今年23岁。两人是介绍认识的，当时潭C在打工，未婚妻在重庆打工，两人在重庆见面，谈恋爱也是在重庆，平时会一起出去看电影，逛公园。约会也比较频繁。如今其未婚妻已怀孕，两人在8月订婚，定在今年10月26号结婚。

尽管随着交通的便捷、信息的传播，人们的思想也逐步开放，但婚前性行为导致的未婚先孕还是不为大多数桥头的土家人所接受。这其实也在另一个侧面体现了传统与现代思潮在土家人身上的交战。

（五）结婚年龄与婚姻的认定

1. 结婚年龄

以龙井组为例，男女初婚年龄小于18岁的有3人，现在年龄在64岁至69岁之间。据他们说，在当时结婚年龄都是偏小的，有12岁结婚的，一般的在16岁左右。他们说，当时还没有规定必须要在20岁之后才能结婚。1978年以后，当地的结婚年龄才开始慢慢符合法定婚龄的规定。

村民的结婚年龄中，20岁到22岁之间的最多。据我们的了解有些人专门等到20岁才结婚，有一例16岁时便经人介绍相识，一直等到20岁才结婚。

当被问及为什么要等这么久的时候，她说，法律规定20岁才可以拿结婚证嘛！

我们调查到的年龄比较大才结婚的唯有1例，33岁结婚。如今她40岁，为广西人，考过成人自考。与男方在广东打工认识的，当时觉得年龄大了，就结婚了。

表30　龙井组男女初婚年龄统计表

初婚年龄（女）	<18	18<=X<20	20<=X<22	22<=X<26	X>=26
人数	3	4	11	5	2

当地原来有“男大一枝花，女大是冤家”的说法。他们认为夫妻之间，若是男人年纪比女人大，两个人便会幸福，若是女人比男人年纪大，两人就会像冤家一样不和。因此，可以从表中看出女人比男人年龄大的情况是比较少的，但是夫妻同龄的也是有的，且不在少数。夫妻年龄差距不是太大，4岁以内的比较多，一般情况相差1到2岁。

表31　龙井组婚姻中男女年龄差统计表

年龄差	-4	-3	-1	0	1	2	3	4	5	6	7	10	11
个数	1	1	3	5	7	6	5	5	2	2	1	2	2

2. 对婚姻的认定

当地传统思想是婚宴比较重要，领结婚证其实并非那么重要。他们认为结婚不办酒席是不行的，就不是明媒正娶，会被人耻笑的，自己不想办酒席也没办法改变。也有的说，结婚办酒席就是老人为家里的孩子承办，热闹一下，同时告诉周围的亲友，孩子长大成人，结婚了，有这一个仪式是必须的。但我们却发现还是有一部分的人只领结婚证而没有办酒席的，但他们还是觉得不好，原因是家里穷，没钱办酒席。

（六）离婚

桥头土家人的离婚率不高。有人说，“婚姻是需要忍耐的”、“离婚了不好，对孩子不好”。在当地人眼中，离婚是件十分不好的事情，我们在当地也确实很少听到有离婚的，一共只遇到了两个离婚的案例。离婚之后的财产分配上，年老的一例涉及的财产不多，办得比较干脆；年轻的这一例则因为他们自身婚姻的特殊状况，是入赘婚，两人一直在外地打工，故财产分配上男方处于被动的地位，特别是在孩子的问题上产生了一些分歧。

案例 5－18：李 ZX，男，58 岁，已离婚。第一段婚姻在“文化大革命”时期，由父母做主。两人之前便认识，其实两人当时性格就不合。当时，女方请来说媒的人是当地的一个干部，李家父母害怕被报复，另一方面女方家庭条件比自己好很多，觉得结婚后可以帮衬一家人，嫁妆也会比较多，便答应了。

可是两人性格实在不合。其前妻脾气本来就不好，喜欢骂人，经常因小事引起两个人的矛盾。当时李已经是干部，有很多朋友，也有一些应酬。平时会有一些朋友到家里来聚聚，李喜欢朋友来家里玩，但是女方嫌麻烦，只要朋友来的时间多一些，她就会骂人，两个人常常会因此吵架。

到孩子五六岁的时候，两人实在忍受不了对方，就选择离婚。李说若是能够忍受，他们也是不会选择离婚的，只是实在忍受不了了。

离婚时没有考虑到太多的事情，只是觉得太累了，也没有考虑到孩子是否会受到影响。家里长辈倒是希望两个人不要离婚，毕竟离婚了对孩子心理上会产生不好的影响，若是再找一个，也不一定可以带好孩子。何况村里的人对离婚的看法也不好。

离婚之后，女方带来的所有东西诸如嫁妆之类的，全部由女方带走，粮食一人一半，孩子一人带了一个，房子先给女方住，但是若女方外嫁，便不能继续住下去，即在女方结婚之前，女方对房子有使用权，但是没有占有权。

离婚之后，一个人特别是男人带着孩子生活是一件很辛苦的事情，但是就算是这样也还是觉得比两个人天天在一起吵架好。离婚之后，再找对象是有一点不好的，人家都会因为他离过婚而拒绝，在再婚之前说过好几个，但是人家都是因为他离过婚而告吹。

案例 5－19：李 XW，现年 30 岁，男，离婚。李的前妻是本村另一组的人。当时李 XW 到女方家上门，因为家里条件比较差，女方条件好一些，家里大人希望孩子能够过得好一些，就没有要求儿子一定要留在家里娶媳妇养老。但是两个人生活之后不久就开始闹矛盾，之后两个人一起到外地打工，在大儿子 7 岁的时候，两人便离婚了。离婚前，李因赌博欠了很多钱，离婚后，因为心情不好，加上乡亲们对于这件事情有很多看法，李赌得更厉害。

离婚的时候，李 XW 的母亲专门到他们打工的地方劝说，但还是离了。离婚时，李前妻说，可能还会复婚，故未分财产。而如今前妻再结婚，所以离婚时李基本没有分到什么东西。两人还有一个女儿，两个孩子都是由男方抚养的，但目前小女儿还在女方家养着。之后，两家可能还会因为小女儿的事情去协调，可能会有经济纠纷。

如今李的大儿子李WJ受到父母离婚的一些影响，一旦问起他的母亲，他便会说他爸爸妈妈离婚了，妈妈不在家，出去了。孩子性格原本就很内向，话也不多，现在变得更加不喜欢提到他的妈妈了。而李XW则在家务农，如今已经找到一位女朋友，两人准备订婚。

（七）再婚

桥头当地再婚情况多为丧偶再婚的，大家对这种情况也是比较理解的，人们甚至还会主动帮丧偶者介绍对象。这是因为当地人都觉得丧偶的人一个人生活会很辛苦，特别是带着孩子的人，一个人要赚钱又要照顾孩子，根本顾不过来。

案例5-20：马ZC，女，41岁。赵山村人。21岁时在家由人介绍与其夫认识，之后两人结伴外出打工，22岁时回来领证结婚，同年生了小孩。31岁时，丈夫因为在建筑工地上面盖房子时从楼上掉下来摔成重伤，因外地医药费太贵，便回来医治。但是10个月之后，丈夫还是去世了。

丈夫去世后，马氏依然出去打工，儿子在家读书。马氏说："那一段时间儿子还是很懂事的，很乖的。可能是知道我们当时很辛苦，也有人跟儿子说要听话的事情，儿子真的很懂事。但是一个人在外面实在很辛苦，又很热，受不了了，就回来。其实刚开始的时候是没有准备要再婚的，想要一个人把孩子养大就好了，等儿子长大了，自己就一个人很轻松，也没什么约束了，虽然会辛苦一点。"

但是后来该地的彭YB和其女儿两个人上门说媒，说有个人很好，又没有结婚，没孩子，长得也不错，马氏就答应看看。两个人见面之后，觉得彼此还不错，是能够过日子的人，便决定结婚。

婆家对于再婚的事情也没有太多的约束，他们觉得没再结婚便还是他们家的人，一旦再婚，便不是他们家的人了，也无关他家的事情。由于婆家那边没有照顾小孩子的条件，孩子也由他们带过来了。两个老人没有精力和经济能力照顾孩子，除了老人外，也没有其他可以照顾小孩子的人了。

2009年5月结婚，当时男方经济条件实在太差，只领了证，然后办了一顿简单的酒席，只请了部分亲戚朋友来吃了一顿午饭便各回各家了。马氏如今觉得生活过得很舒服，男方的脾气很好，也会找钱，只是以前没人管住，花钱大手大脚，存不住钱。他对马氏的儿子也不错。今年夫妻俩又生了一个女儿，算是中年得子，两个人很是喜欢这个孩子。不过，过年、生日的时候，马氏还是会到原来的婆家去走走。

案例5－21：李ZX，由于当时他还很年轻，在前一段婚姻结束之后，始终还是想要找一个对象来过一辈子，接连谈了几个对象，但是都没有成功，最后找到了现在的老婆向DF。当时两人是认识的，女方觉得他还有点本事，是能够过终生的，也没有介意他是离过婚的。之后他主动找媒人去她家提亲，也向对方夸大了自家的情况。之后媒人去女方家问女方的意见和条件，女方便答应了。两人大概在1981年、1982年结的婚。

这一次婚姻父母没有多参与，李ZX只是在结婚之前跟父母描述了一下对方的家庭情况和个人情况。再婚的时候也没多受前一次婚姻的影响，毕竟这一次是自己的决定，自己的选择。现在他觉得还不错，爱人脾气很好，与孩子相处得也不错，两个人一起过了这么久，也没有太多的矛盾。

现代婚姻的观念打破了原先存在于桥头土家人心中的婚姻模式。关于择偶标准、择偶方式、婚姻的认定、离婚、再婚等方面的变化都体现了现代性侵入与土家人传统观念交织的特征。择偶标准从注重地势蕴含的经济到看重人品与身体健康，择偶方式从包办到自由恋爱，婚姻的认定仍然侧重于酒席，对于离婚与再婚的看法依然较为保守，但随着外出务工人员的增多，与外界沟通途径不断拓展，离婚也不再是铁板一块。但是我们从另外一个侧面进行思考，正是这种现代与传统的交锋凸显了桥头人的土家认同。

家庭作为社会的细胞，是个人社会参与的出发点和落脚点。在不同家庭的相处中，因为相同的族群价值认同，彼此间的感情会更加紧密，凝聚力也会得到提升。同时家庭是子女民族文化、宗教情感、伦理道德、价值观念社会化的最初场所，是生活方式、生产技巧的培训基地。围绕家庭而展开的家庭继替、父母赡养、财产继承以及生育等问题值得我们深入探究。

以下是我们画的关于家庭结构的示意图，图中“▲”表示已死的男性，“═”表示婚姻关系，“○”表示女性，“△”表示男性，“●”表示已死的女性。

图17表示的是父母和已婚的儿子以及孙子们共同组成的主干家庭。这种主干家庭在我们所调查的村民小组中所占比例较大。我们发现，年长的父母往往会选择与自己的一个已婚儿子组成一个主干家庭。图18、19、21、22、23、24、27都是图17的变体形式。

图18是招赘形成的主干家庭。

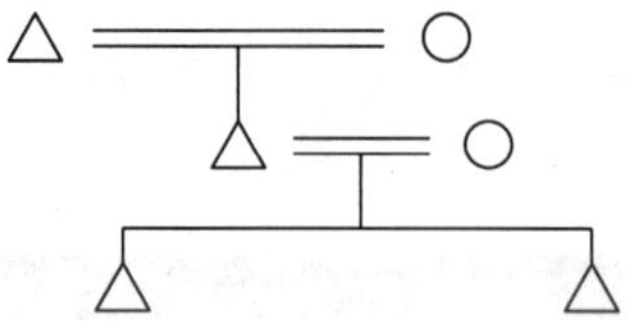

图 17

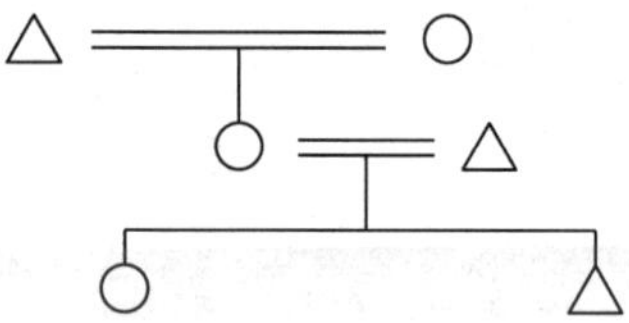

图 18

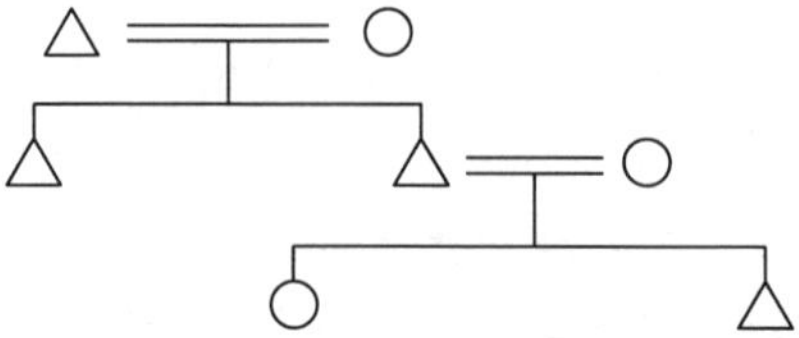

图 19

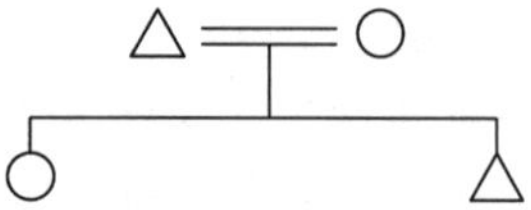

图 20

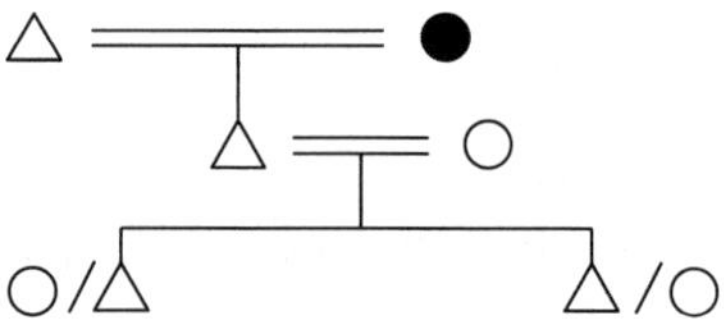

图 21

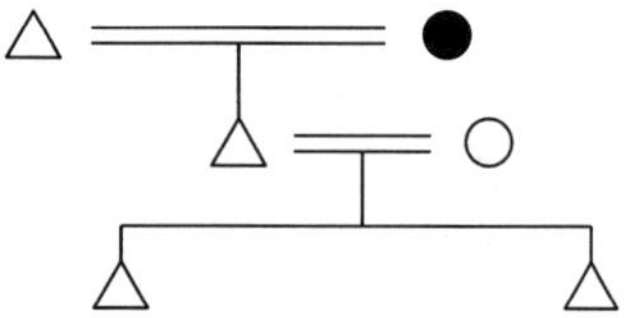

图 22

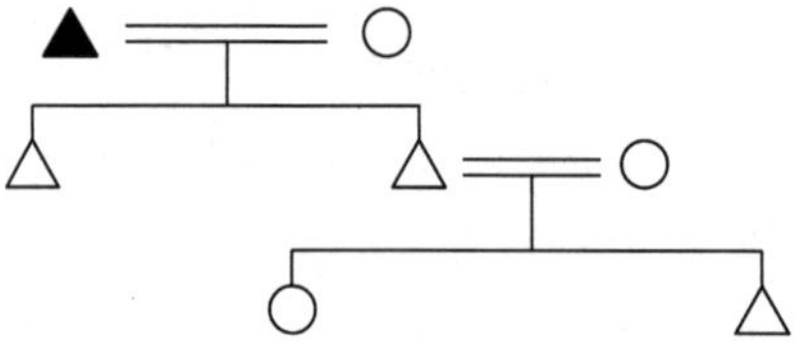

图 23

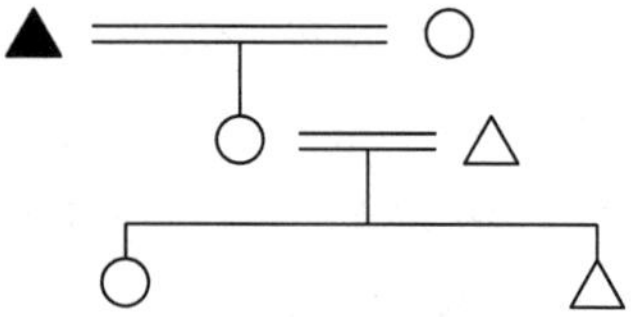

图 24

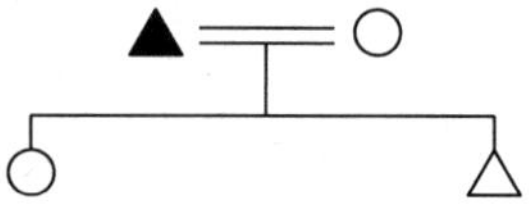

图 25

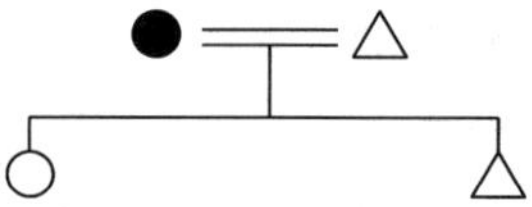

图 26

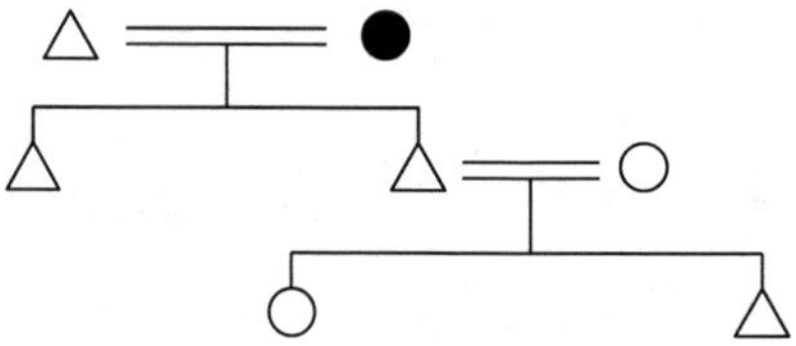

图 27

家庭类型图

图 20 是一对夫妻及其未婚的子女组成的核心家庭。这种家庭规模小，人数较少，成员之间的关系简单。核心家庭的特点是对亲属网络的依赖性较小，独立性、灵活性、机动性较大，具有性爱、生育、教育、经济、娱乐、情感交往等功能。

图 21 和图 22 表示的是单亲家庭。它是核心家庭的不完整型，因夫妇中丧偶而形成。这种家庭结构在当地是暂时性的，因为这里的丧偶者多会在不久的将来找一个人和自己组成一个新的小家庭。

就家庭结构而言，当地人追求子孙满堂。如果哪家人能够四世同堂或五世同堂，一定会被视为本地的旺族。家族的兴旺与否是以子孙是否兴盛来衡量。有时候因为经济原因而分家，但是分家出去的儿子依然属于这个由长辈统属的家族。

1949 年以前，长沙村还有很多联合家庭。儿子们结婚后并不分出去，而是和父母生活在一起，父亲是一家之长，父母在家庭中起着决定性的作用。比如，曾茂林一家在 1963 年以前就是联合家庭。大哥曾云已结婚，但并没有分出去。直到 1963 年以后，由于家庭生活困难才决定分家。

最让我们关注的是现在村中的“隔代家庭”。真正意义上的隔代家庭是指爷爷奶奶（或其中之一）与孙子共同组成的家庭。在这种家庭中，爷爷奶奶是孩子们的监护人，孩子的父母要么去世，要么因其他原因不能监护孩子。而村子中非正式意义上的隔代家庭是指年轻夫妻外出打工，把自己的孩子留在家里（即留守儿童），由上辈人（或其中之一）照顾而形成的“隔代家庭”。

梨子组小组长的家庭不仅常年帮助照顾妻子的侄子养育其女儿，还帮助照顾妻子的堂弟及其女儿，这两个孩子的父母都常年在外打工。梨家湾的向学州的家庭里一共 7 口人，向学州的母亲、妻子、两个孩子和他两个姐姐的各一个孩子。他的两个姐姐常年在外打工，将孩子送到向学州家里代养。这些寄养在本村里的孩子的生活开支、上学的书学费及其他一切费用都由他们的父母承担，他们会按期给孩子汇来各项费用。另外，孩子的父母还会给代养家庭一些经济补助。据了解，向学州的两个姐姐每年各给予向学州 1000 元的代养补助。

家庭结构的变迁从表面上看是传统习俗衰落的表现，而实质上，外出打工潮的涌现以及留守家庭的出现，一方面使得外出的务工男女在内外互动中形成桥头土家的族群观念；另一方面也使得留守儿童通过向祖辈学习继承村落的传统文化，村落的地域认同和族群认同以这种独特的家庭结构进行传递。

二、家庭

家庭的发展在扩大、分散、再扩大、再分散中循环演化。龙井组的家庭中除了入赘婚外，婚后一律从夫居，实行父系家庭世袭制中的幼子继承制。两个儿子分家是应该的、合理的、正当的。

有儿女的家庭，子女都是跟随父亲的姓氏。女儿长大以后全部嫁出去，儿子则是家庭继替的主要参与者。在实施计划生育之前，龙井的村民人口数量控制不太严格，因而一个家庭往往有两个以上的孩子。黄家就有四兄弟，向家也有两兄弟。在实施计划生育后，每户村民都将子女数量严格控制在两个以内，且两个孩子年龄相隔为四年以上。在马鹿村龙井组，长子在结婚生子之后，会与父母共同生活一段时间，然后自立门户，从家庭中分离出来形成核心家庭，而小儿子则往往跟随父母一起生活。只有一个儿子的家庭则不存在分家的问题，老人在女儿都嫁出后便与儿子一起生活；只有女儿的家庭，则由大女儿找入赘女婿，其他的女儿嫁出去，老人跟随大女儿一起生活，不再分家。不过村子中有几户例外。陈殿福生育有两个女儿，没有儿子，不过他没有留下一个女儿招上门女婿，他为了女儿生活得更好一些，让她们全嫁到山下了。在村子里也有的老人在儿子都成家立业后把儿子全部分出去，老夫妇俩一起生活，他们认为这样的生活更自由些。

在分家的过程中，老人拥有决定性的权力。分家之前老人会把自己家的房子清算一下，然后确定将哪一间房子分给要分家的儿子。龙井组的向世界分家的时候，老人将家里四间房子中的一间厢房分给他作为分家后居住的地方。向世界在厢房内建起自己的灶台，四年后攒了一些钱在门前修了现在的房子。分家时，老人们会将家里的田地也清算一遍。女儿嫁出去，而田地是不带走的。对这一部分田的处理又稍有不同，有的人家就归老人自己管理，有的人家则把女儿的田地一起清算在内，给儿子们平均分配。在分家的时候，老人往往会考虑幼子的事情，因为幼子要给他们养老送终的缘故，在分家产的时候会多分配一些。分家的时候，村民们会将家里的一些生活用具全都平均分配，媳妇出嫁时的嫁妆都归分家的儿子所有。

案例 5－22：作为家中的长子，郭先云在 1982 年结婚，其父郭海林在他们婚后不久就让他分了出来，他的弟弟郭先红还小，则和父母住在一起。他依然记得分家的时候他获得的东西：一床棉絮、碗筷、一口锅、农业工具、一袋谷种、一些粮食。就这样，他和老婆就在父亲家旁边建了一座房子，仅用 17 元就建起来了，都是用家里木材搭建的，所以很便宜。由于一开始生活困难，郭海林把他的女儿带在身边，与他们一起吃住。郭先云夫妇俩独立生活。

不过分土地还是在包产到户之后才开始的，在计划经济时期，土地全归集体所有，村民自家没有土地可分。郭先云分家是在 20 世纪 70 年代末，因而没有涉及土地的分配。

分家一般都是从长子开始，长子在结婚生子后，与父母共同居住一段时间就要另立门户。不过也存在一些例外，有些时候幼子年纪小，家中必须留下一个儿子来照顾家庭的生活，待幼子长大后才可以分家；有些时候因为家里有一些紧急的事情，必须长子才可以解决，这时幼子会选择先分家。

案例 5－23：黄家有兄弟四人，老大、老三、老四今年分别已经 74、69、59 岁，老二黄承元在 20 世纪 70 年代生病去世了。他们的父亲在 50 年代就去世了，因而他们全部由母亲养大。老大黄承寿在 1957 年成家生子后就从家中分了出去，在家附近盖起了自己的房子。老二黄承元在 60 年代初也分家出去了。老四黄承术 1957 年出生。这时两个哥哥都已经分家出去了，老三黄承林如果分家出去的话，就意味着家庭负担必须由母亲一个人来承担，当时老四还在读初中，母亲一个人很难承担，因而黄承林虽然 60 年代已经结婚，但是一直没有分家出去，而是与母亲一起将黄承术抚养成人。直到黄承术成亲之后，黄承林才完成分家。

案例 5－24：向世界与向世岭都在 20 世纪 80 年代成家，不过向世界作为幼子却最先分家了。向世界说："当时家里面有一些事情需要老大照顾，我搞不来，所以我就在 1982 年先分出家了。等到了 1987 年，老大才分的家。"

从家里分出去的孩子在父母赡养方面没有多大的责任，多是凭自己的良心尽孝心。小儿子不分家留在老房子与老人生活在一起，因而就一定要为老人养老送终。分家出去的儿子每年给老人几百元钱就可以了，而小儿子则要负责父母的日常起居。不过，村子里也有老人不喜欢与儿子一起居住，他们将所有的儿子都分出去，自己生活。向世界与向世岭在 20 世纪 80 年代都分家出去了，两位老人一起生活在老房子里。向世界兄弟两人都在自己新建成的房子里生活，每年他们都给老人 200 斤谷子，其他的生活所需都是老人自己来解决的。

儿子分家出去并不意味着与父母的关系发生绝对变化。平日的生活里是各自顾各自的，但是到了岁时节庆则不一样了。春节是家庭关系明确的一个重要的节日。在除夕夜，每家每户都在自己的家里过节，大年初一就要到老人的屋里去拜年。所有分家出去的儿子在这一天都在老人的家里团聚，共同享受春节的欢乐气氛。大年初一至正月十五村民们会按照家族的辈分与血缘远近到不同的亲属家里拜年。以黄家为例，在母亲去世后，黄承寿就是黄家辈分最大的人了。他还记得每逢春节，老二家、老三家、老四家的人除了在外打工的，很多都要在大年初一这天到黄承寿家去拜年，在他家聚会，吃饭时往往都需要两张圆桌才可以。

家庭的祭祀也在分家之后有所不同。在没分家之前，儿子都跟随自己的父亲一起去拜祭家里的祖辈。父亲带领着儿子和孙辈一起去祖先的坟前除草、上香、点烛、放鞭炮。在分家之后，分出去的儿子不再跟随父亲一起去祭祖，而是自己去给祖先上坟。这也意味着自己拥有一个独立的家庭了。不过修祖坟却是大家一起做的事情。分家出去的孩子一般都会集体凑钱一起修祖辈的坟，不过现在根据各人家里的经济条件而具体分配。黄家在2007年修了母亲的坟茔，由于三个兄弟都在龙井务农，老四在石柱开广告公司，经济条件比老三和老四好一些。老三的女儿在石柱教书，同时还承包了很多的山林种黄连，家境比较富裕，所以修坟的主要出资人是老三的女儿，四个兄弟只出了一小部分资金。由此可以看出，龙井的家庭继替对儿女性别的区分在逐渐淡化。另外，修坟这样一个集体参与的事情也表明他们这些家庭之间的血缘联系。

下面来具体展现龙井组各个家庭之间的分家过程与村落家庭分家后的关系。

向朝中——向大山（独子，未分家）

向大山——向世界——向建华（幼子，先成婚，已分家）

　　　　　——向学梁（长子，未婚）

　　——向世岭——向学金（独子，未分家）

向大×——向世泽（20世纪90年代去世）——向学奎

　　　　　　　　　　　　　　　——向学刚

　　　　　　　　　　　　　　　——向学红

　　　　　　　　　　　　　　　——向学成

向朝顶——向大义

——向大武

陈殿福

王万瑞

黄承寿——黄玉奉

——黄玉福

——黄玉富

黄承元——黄玉成——黄明×（独子，未婚）

——黄玉周

——黄玉权

黄承林——黄彪（悦崃上门）、黄明×（未分家）

黄承术——无子

郭海林——郭先云

——郭先红（幼子，未分家）

黄连厚——大女儿找上门女婿，未分家。其他女儿外嫁

皮明万——未分家

谭迁发——无子女，五保户

唐光祥——唐×（独子，未分家）

唐光军——两子（均未婚）

秦家富——独子，未婚

郭海云——郭先流——郭益福

——郭益海

——郭建平

——郭先秦——郭益沛

——郭益江

由此看出，1982 年的 17 户人家分出了现在的 36 户人家，这些家庭之间的血缘关系使得彼此存在紧密的联系。向家由向大山两兄弟分成了现在 6 户人家，黄家由原来的四兄弟分成了现在的 8 户人家，其他的王姓、唐姓也在这 30 年间进行了分家，形成了现在村落家庭之间基本的血缘关系。

不过分家必然伴随着财产的分割，因而不可避免地出现一些家庭内部兄弟之间的纠纷。唐家就因为老人分房子的时候发生了矛盾。老三唐光强在分家之前自己已经建成了一栋房子，在分家的时候老人将老屋的部分房子分给了他，这引起了其他兄弟的不满，分家后几个兄弟之间的感情依然存在隔阂。

案例 5－25：分家时闹矛盾

1. 杨文学、杨文忠、杨文质三兄弟分家时，为了争夺父母留下的 8 块普通的楼板而产生矛盾，甚至因此而打架。后来在邻居、亲戚的劝说下才息事宁人。

2. 向朝安死后——还未安葬，他的四个儿子向大明、向大平、向大树、向大六就急着分家，结果在分家过程中闹出了矛盾，四兄弟为此而大大争吵，后来向大平和向大明还打了一架。向大平竟然把向朝安从棺材中打翻出来。这件事已经过去很久了，可是村里的人都还记得，很多人都说向家那几兄弟不讲理，不孝道。

在这个村里，分家被视为“家务事”。一般情况下，分家都是由父母来主持安排的，不需要其他外人的参与。只有在出了矛盾之后才会有亲戚、邻居、村干部出来干预。

家支通过裂变而将家族的种子播撒至桥头村落乃至邻近乡镇。血缘附着在地缘上而得以扎根，族群认同的绵延正是靠着家庭的繁衍而得以继续。子女在桥头这片土地上获得的文化图式以及在家庭中获得的伦理价值观都随着分家而得以播撒。

三、父母的赡养

根据长沙村双堰组村民的描述，在赡养父母问题上有以下几种情况：

（1）父母单独居住。年老后由所有的儿子供养，死后由所有的儿子共同安葬。（对于不止一个儿子的家庭）

（2）父母跟着最小的儿子居住。分家时结婚一个就分出去一个，所以小儿子一般是最后一个结婚的，父母操办了其他儿子的婚事，肯定也会大力支持小儿子成家立业。于是分家后父母跟着小儿子住成了最普遍的现象。父母的生活起居同小儿子在一起，但是当父母遇到较大的疾病或去世时，所需的费用同样是由全部的儿子承担。

（3）父母按顺序在每个儿子家住一段时间（可能按月算，可能按年算）。在哪个儿子家里住，生活起居的费用则由这个儿子负担，父母也帮着这个儿子家里干活，父母创造的收入归他们所住的儿子家。在这种情况下，若父母去世，安葬费的开支有两种承担情况：一是父母死在哪个儿子家里，则由哪个儿子负责安葬。即由父母去世时承担赡养义务的儿子出钱安葬，所收的“亲人钱”归这个儿子。二是父母去世后由全部的儿子负责善后事宜，收到的“上香钱”自然也由儿子们均分。

四、财产继承

村民大都认为，谁料理老人后事，谁埋的财产便归谁，但是由于分家制度，老人在世时，很多老人的田地是与其中的一个儿子或是几个儿子分在一起的，因此不动产是几乎没有的。所以事实上老人的财产不多。但是也有通过写遗嘱的方式由父母自己规定遗产分配情况的。我们仅遇到一例是如此，该例中的老人拥有房子，他将房子给了女儿，但也为自己的老年时的养老做准备，希望以房子换取自己年老时有人照顾。

案例 5－26：谭 WJ 和谭 WC 兄弟两人，是在哥哥的大儿子 1 岁多的时候分的家，已经有 18 年了。当时弟弟还未结婚，按照当地的规矩，哥哥分了出去。家里的土地分为了 4 份，哥哥分了 1/4 的土地，剩余的 3/4 归弟弟和父母三个人。当然由于没有什么测量的工具，分家也只是靠家里大人去指认划分，并不一定准确。当时哥哥的妻子在娘家是有一块自己的土地的，也保留在她的名下。房子分成两半边，哥哥住在右边。

案例 5－27：向 XL，女，69 岁，有三个儿子。如今丈夫已经去世，儿子们都被分家分出去了，而且都常年在外工作，因此她也是一个人独居，只有在放假的时候，孙子、孙女会回来住。分家是她提出来的，当时几个孩子都已经结婚了，小儿子的儿子都已经长到 2 岁左右了。她觉得人太多了，口味难调，且人多嘴杂，就会有很多的口角纷争。其实当时小儿子是不想分家的，他觉得跟着父母住方便，父母能够帮忙照顾家里，能够帮忙做活，也觉得自己小，自己住会不习惯。但是也觉得那么多人住在一起，实在是不方便的很，他说：“你看我们现在一个人住得多舒服，想吃干的就煮干的，想吃稀的就煮稀饭，自在得很。”因此最后三个兄弟全部分出去了。

当时大儿子自己在石柱有了房子，已经另成立了一个新家，因此只分了 1/4 的房子和 1/5 的田地，没有分粮食，也没有另立新灶。如今大儿子的房子已经卖掉了，田也没有种。二儿子分得 1/4 的房子和 2/5 的田地，分了一部分的粮食，足够他们吃一段时间。另外分了一些桌椅板凳以及吃饭的碗，其他的生产工具都是要由他们自己购置的。小儿子和二儿子所分得的内容是差不多的。因此在他们还保留着的房子中，我们可以看到有三个灶，分别是两个小儿子和家里两个老人的。另外两个小儿子的2/5的田地原是属于父母两个人的。

规定每个儿子每个月要给100块钱给自己，另外过年的时候儿子们回来会给自己钱，500元或是800元等不定，由儿子的经济状况决定。生病时也是几个儿子轮流照顾着。

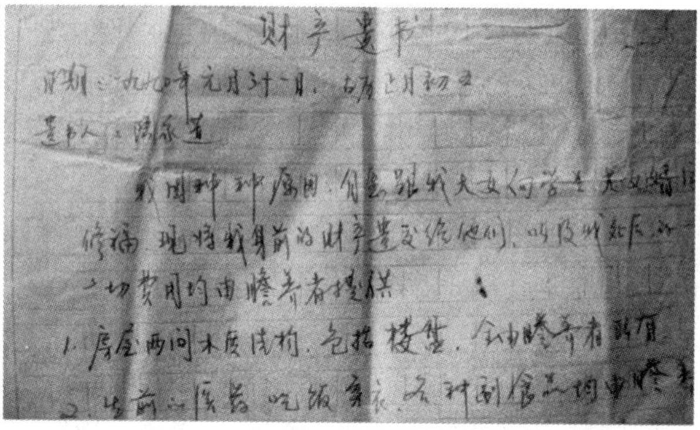
财产遗书

图28　LYL财产遗书

日期：1990年1月31日　　古历正月初五

遗书人：LYL

我因种种原因自愿跟我大女（儿）向学兰、大女婿阎修福（共同生活），现将我身（生）前的财产移交给他们，以及我死后的一切费用均由赡养者提供。

1. 房屋两间，木质结构，包括楼盘，全由赡养者所有。

2. 生前的医药、吃饭、穿衣、各种副食品均由赡养者提供。

3. 我们之前的家庭各种用具均由向学兰、阎修福所有。

4. 赡养者不得以任何理由向其他人获取医药费用，老人死后，一切安葬均由赡养者提供，任何人不得提出分取家里的各种用具（含猪圈）。

特此遗书

旁证：

王某

立约人：

马某、马某、刘某

遗交承接人：

向某阎

父母的赡养与财产继承其实涉及传统道德以及孝道在桥头这个古老地域的

变迁，其作为族群核心价值观的一部分，缘于村落共同体内部的凝聚力而得以存续。整体上而言，无论是形成一个新的家庭，还是分家或者父母的赡养问题，都涉及当地的礼仪和风俗习惯，如土家婚礼、哭嫁习俗、建新房、上梁仪式、喝断水酒、祝寿仪式以及葬礼上大儿子的职责。在这些礼仪的变迁中，家庭成员经历了分分合合，在走完人生历程的同时也经历了文化习俗的习得和践行，即按照土家文化的内容与规则来规范自己的言行举止，使得自己的一言一行符合社区对成员的期望，又体现了社区文化在社区成员身上形成的文化痕迹，最终促使社区成员对其所秉承的民族文化产生认同。

第二节　亲属制度

透过亲属制度的分析，我们可以发现，在亲属关系的拟制与表达上，迁移至此的人以及当地的土家人是如何融合，如何形成鲜明的土家族群特征的。我们调查发现：桥头土家人有关亲属制度的戏谑反映了一定的社会关系。对称或不对称的戏谑实际上隐含了村落权力的分布以及社会关系等级秩序。在同一性别当中，开玩笑时通常以充当别人的姐夫、妹夫或是女婿为主，总之是要占到别人的便宜。但同一姓氏是不能开这种玩笑的，因为同姓之间不能通婚。

一、从戏谑看亲属制度

在桥头土家人的日常生活中，我们关注到他们的一些语言习俗。我们关注到的人们日常生活中的一些特殊的语言状态，正是人们在日常生活中的玩笑话和一些口头禅。

人们在日常生活中经常会相互开玩笑以调节一下气氛，有时候甚至觉得这是一种重要的交流方式。因为，正如一些人所说，偶尔地遇到一些人，除了开玩笑的话，似乎再没什么话好说的了。不过，开玩笑存在一套传统习俗的约束，不是对谁都能够开玩笑，而且对不同的人，开玩笑的方式也将大不相同。首先，在同一性别当中，开玩笑时通常以充当别人的姐夫、妹夫或是女婿为主，总之是要占到别人的便宜。这种便宜一般是通过嘴上娶到别人家里的一个女性（辈分适合）来实现的。所以，经常有人称呼别人为“舅子”，事实上那并不是真正的舅子，不过是相互之间的玩笑。有些人称呼别人为“老丈人”

（岳父），事实上也不是真事。

当然，同一姓氏是不能开这种玩笑的，因为正如我们在上文中已经说过的，同姓之间不能通婚。不过，即便是同姓之间，却可以占到小辈的便宜，例如，可以称呼这个孩子为自己的孩子，事实上是占了这个孩子的母亲的便宜。不过这也存在明显的限制，与孩子的父亲同辈但比孩子的父亲年龄大的是孩子的伯父，他们是不能这样与孩子开玩笑的。这是因为“大伯子”与“弟媳妇”之间是限制这种玩笑的，他们之间甚至从来不会坐在同一根长凳上面。这种极端的限制有时候会有所缓和，例如，在城里生活惯了的“弟媳妇”通常不会回避在农村生活的“大伯子”，而“大伯子”虽有不适的感觉也不会责难这种行为，因为人们通常也能够将这些礼数放在变迁中来看待。与此相反的是，“小叔子”却与“嫂子”存在玩笑的关系，他们一方面可以直接与嫂子开玩笑，同时又可以通过侄儿与嫂子开玩笑。

不同性别之间的玩笑也是十分常见的，通常也是通过占到女方便宜而引人发笑。同一姓氏之间不允许这样的玩笑发生，不同姓氏之间的不同辈分的男女之间也不允许这种玩笑发生。兄长与弟媳之间不允许开这种玩笑，但是与表兄弟媳妇之间则可以开这样的玩笑。公公与儿媳之间存在严肃的关系，他们之间的谈话只涉及一些严肃的事情，而不会说闲话。甚至，公公与儿媳之间的争吵都是被人笑话的事情，两方面的冲突通常由婆婆来与儿媳进行沟通，争吵的事情则更限制在婆媳之间了。

除了开玩笑的话之外，人们在平时的说话中经常会带些口头禅，这些口语也经常隐含着一些社会关系。例如，两个同辈的人在说到某些事情（尤其是那种不好的事情）的时候，便经常会在所说的句子前面加一个“日妈……”在两个人说到第三方时，如果第三方辈分低一辈（如果是同姓且仅低一辈）时，通常也会加上前述的那个前缀。而如果第三方是一个辈分比说者更高的人，则说话中便不会出现这个前缀。第三方如果是一个与说话者辈分相同的人，这种口语只针对那些显然没有任何亲戚关系的外姓人，这个时候的所谓辈分只是构拟的，而不是实在的。如果第三方是一个老年人，年龄远比说话者大得多，那么无论他的辈分多低，这种口头语也不适宜说出来。

二、同宗亲属

1949 年后，当地有零星人口流动。这一次搬到龙井组的向姓与村子里面原有的向姓属于同一个祖宗。两支姓向的字辈都是一样的：国政天朝大，世学可光中。这样的字辈排行使这两支人很快地结合到了一起。向朝顶一生娶了两个老婆，第一个老婆为他生了两个孩子：向大武和陈殿福；第二个老婆给他生了小儿子向大义。在1968年向朝顶去世时，向大武和继母及向大义生活在一起。1969年，陈殿福从龙沙坨子坝搬回龙井后，向大武和陈殿福都自成一家。向大义则一直与母亲生活在一起，20世纪70年代末与秦家山和秦家富的妹妹成婚，并育有一个女儿，2008年，女儿嫁到了梨子组的谭家湾。

刚刚搬到龙井组的时候，村里世居的向家并不对他们表示欢迎。向学成说，一开始我们都以为他们是来抢饭吃的，所以并不承认与他们是同一个祖宗传承下来的，不过既然来了，慢慢地也就当作一家人来相处了。向朝顶家刚搬来的时候房子也是村子里的向家一起帮忙建的，几十年后他们也按亲属相称。

在平日的生活里，他们按照他们的字辈分得很清，称谓也由此而定，按“国政天朝大，世学可光中”的字辈排行严格执行。向世界今年56岁，是“世”字辈的，而向大武的儿子向豪杰也是“世”字辈的，虽然只有5岁，但是也与向世界同辈，平日里向豪杰都叫向世界为五哥，向大武虽然只比向世界年长4岁，但是向世界也要叫他五叔。由此可见，两个房的人家是当作一家人来相处的。

龙井组世居向姓，现在村子里只有一户人家，村里向姓的两座大坟有一座是他家的祖先，不过这一支在几户向家间的口碑并不好，在平日里也就是按名字直呼的，原因是这一家人不是很孝顺，对家里的长辈不是很好，所以向家的人不认同他们。

虽然同为向家人，而且平日里以亲属相称，但是在房与房之间还是有明显的区分，这一点在礼金簿上看得很清楚。向世界的二儿子在2006年举办了婚礼，从当时的礼金簿上就可以看得很清楚，向世界的哥哥、娘舅、侄子等一般金额都在100元以上，而向大义、向大武几家只是20元，这也说明，同宗亲属之间虽然较其他普通村民较为亲近，但始终与另一房的亲戚之间存在血缘亲属上的差异。

三、认干亲

认干亲在村子里面较多，它在村子里面的家庭之间建立起一种新的拟制血缘关系。干亲不只是在村子内部，在村外也有干亲的存在。向世界的干儿子、干女儿就达到了7个，用他的话说，干女婿、干女儿、干儿子和干媳妇都聚起来坐两个桌子都坐不下。可见，在村子里认干亲的现象还是很普遍的。

认干亲一个原因叫作“找保爷”。小孩子出生之后，如果身体经常出现问题，父母就会去找算命先生来算八字，给孩子找个保爷，目的是能保佑孩子平安。孩子找到“保爷”认干爹，对方答应后关系即可确立，但是姓氏不改，而且依然住在自己家里，只是确定这样的亲属关系。

案例5－28：向学梁现在29岁，据他自己回忆，他曾经“搞过人”，意思是走阴曹地府，也就是会通阴间。两个月后，村里老人说可以用狗血来驱邪，使其不再“走阴”。向学梁的身体每况愈下，向世界找到梨子组的算命先生，算孩子的八字，算命先生告诉向世界应该给孩子找一个干爹，这样才能使孩子的身体好起来，然而对于干爹找谁并没有说太多。向世界回到家找到了和自己关系很好的唐光强，说要让向学梁认唐光强作干爹，唐光强与向世界平时生活中关系很不错，也就答应了，由此向学梁与唐光强成了干亲。

因为孩子自身的多病而认干亲的现象并不多，多见的反而是在关系比较亲密的朋友之间确立下来的干亲。有了亲密关系之后，村民之间的认干亲显得很随意，往往在生活的不经意间就建立起了干亲的关系。

案例5－29：郭先云的女儿郭益群认了向世界做干爹，郭先云与向世界同为56岁，从小便一起玩耍，长大一起在生产队干活。两个人在平日的生活中关系很不错，一次偶然的机会，两家开玩笑，就此认了干亲。

案例5－30：向世界与王万瑞两家相距有10分钟左右的路程，平日里两家关系很好，经常在一起聊天。一次王万瑞带着女儿王顺国来向世界家做客，向世界对王顺国说，你要是喊我一声爹，这20元钱就给你了。没想到，王顺国跪在地下磕了头，喊了一声“爹”。向世界就这样认了王万瑞的女儿做干女儿。

建立起拟制亲属关系之后，家庭与家庭之间的交往就与之前存在差别了。在家庭需要帮忙的时候，干亲家庭就需要像对待家里亲兄弟一样去帮忙。干爹干妈要在过年的时候给干儿子或干女儿准备礼物，干儿子或干女儿成家立业之后，逢年过节的时候也要给干爹干妈准备礼品。

干亲在平时的生活中的确可以发挥很重要的作用，不过干亲关系毕竟比血缘关系差一些。在村民的观点中，干亲关系与血缘关系存在非常大的不同。黄成林说：

关系好的就认作干女儿，关系不好那就是外人了。老一辈子是血表兄弟，几辈子下来都还是亲戚，而干亲这个就不行，它没有历史记载，隔了一辈子就不存在关系了。血表兄弟怎么都要传下去。像我们黄家和郭家历来都是亲戚。怎么都是黄家和郭家的根骨，每个朝代都有。

的确，干亲关系不是很稳定，往往因为生活中的一些事情导致关系的破裂。当地有个村民曾经认了三益的一个干女儿，前些年干女儿的父亲去世了，他因为家里有事情没有参加上他的葬礼，干女儿家对此很是不满，从此两家之间就很少交往了。

四、扩大亲属关系圈

在平日里，村民们彼此的称谓是家庭化的，他们将非亲属关系纳入亲属称谓的范围之内。以龙井组为例，向家由三个不同的房组成，在平日里都是用亲属的称谓来称呼的。首先他们根据字辈，“国政天朝大，世学可光中”的排行对不同的亲属来进行称呼，向学梁是“学”字辈的，他称呼向大武就要喊“迪迪”即爷爷，不过这在年轻人的生活中已经很少使用了，相较之下，中老年人却是严格执行的。虽然向世界与向大武仅相差 4 岁，但是他仍旧需要称呼向大武为“武叔”。在平辈之间，向家、郭家与黄家都按照年龄称呼对方，这一辈中他排在第几位，叫前面的哥哥就为几哥。比如，向学奎在向家同辈中排行第五，向学梁排在八名之外，平日里向学梁就称呼向学奎为五哥。亲属称谓不仅仅在同宗亲属之间，在非血缘亲属之间也依旧使用。黄家与向家是没有血缘关系的，但是平日里向世界依然要称呼黄成林为三哥，三哥是按照黄家家中排行来定的。在亲属称谓方面，由于家族之间的通婚较为复杂，往往出现辈分上的混乱，但是这并不影响称呼，村民们都是从自身的关系来称呼对方的，不会因为家里其他成员的关系而改变。例如，黄玉成与向学奎是干兄弟，向学奎与向学梁、向建华是一个辈分的堂兄弟，黄玉成的女儿嫁给了向建华，照理说向学梁就要喊黄玉成为叔叔了，但是这比较混乱。向学梁按照自己与黄玉成的关系来叫，并不受亲弟弟婚姻关系的影响。平日里村民们多以这样的方式称呼，在外人看来就好像全村都是一家人一样，不过通过对婚姻与家庭关系的观察，我们可以发现，龙井在婚姻与家庭的作用下人与人之间交织了一张紧密相连的网，每个人都与其他村民有某种亲属关系，每一个人都固定在了自己的社区身份之中。

龙井组的三个姓氏构成了村落社会关系的主体部分，向姓内部的几个房在搬迁到龙井组之后很快地结合到了一起，郭家、黄家在分与合过程中发展成了现在的家庭分布格局，家与家之间依靠血缘关系形成了一个姓氏群体。在此基础上，向家、郭家与黄家之间复杂的通婚关系，每一个姓向的都与郭家、黄家或多或少地存在亲属关系，将三个姓的每一个人都整合进了三姓家庭组成的统一的整体之中。村子后来迁来的几户人家王家、谭家和黄家在搬来的时候与村落的亲属关系也存在一定的关联，而在搬过来后又逐步地扩展开新的亲属关系。

虽然在龙井组王姓只有王万瑞一户人家，但是在村子里面基本与每家每户都有一定的亲属关系。王万瑞的女婿是同村的郭益海，村子里的郭姓人家都被认为是他们家的亲戚，只是关系远近存在差异。王大爷平日不喜欢出门，没事时习惯坐在门前的木椅上晒太阳。不过偶尔还是会到郭家去聊天。同时，王万瑞的小女儿还是向世界组长的干女儿，郭益海也就自然地成为了向组长的干女婿。王万瑞家实际上成了连接郭家、向家的纽带，村里的郭家和向家多少都与王万瑞家有些关系。

由此我们可以发现，这些小的姓氏通过通婚、建立拟制亲属关系等形式与三姓群体建立起自己的关系，从而也整合了村落的社会关系网络。血缘与姻亲的结合正是村落社会关系的一种写照，在这种血缘关系的基础之上，从杨家场到小寨子这个小的区域之内，村民们都是彼此生产或生活中的一个角色，相互发生关系，由此构成了血缘与地缘的一种结合，构成了一张龙井的关系网络。在这张关系之网中，每个村民都是结点，由此扩散开了更多的网络，然而这张网往往存在密度上的差异，在不同的时期，这张网有些结点之间的关系会很松散，而有些结点之间的关系又很紧密，它处于不断变化之中。这种变化是与龙井的社会环境相关的，生计模式正是其中一个很重要的影响因素。

第三节　政治组织与社会组织

如果从现行的政策上看，桥头镇长沙村的村治模式与中国其他地方村子的村治模式并无显著差异。从官方的统一要求看，长沙村也执行着党和国家规定的组织模式：这里不仅有村党委支部，有村民委员会，也有一整套有关人事选任和两委工作的制度。

当然，各个村的村治情况总有自己的特色。调查中我们发现，长沙村有其独特性，长沙村村委组织有其独特的运作方式。村委权力的运作与乡村精英、家庭关系、宗族关系、个人利益、群体利益等因素有着莫大的关联。而这种权力的运作更从某种程度上参与到了村民族群认同的建构中。

我们先来看看长沙村历届支书、文书、村长。

历届支书：马世根——花仁海——马友德——邓泽友——花仁浩——花仁洪

历届文书：曾庆富——邓兴武——谭文质——马兴德——邓云才——马兹贵——邓泽友——刘绍忠——朱元林——马云德——朱元林——谭佳凤

历届村长：马礼德——马培刚——马友德——邓泽友——彭广红——曾茂林——刘绍忠——马云德——朱云林

我们再来检视这些人的内部关系：①邓云才与邓泽友是亲兄弟；马友德是花家兄弟的堂姐夫；朱元林随父辈搬迁到本地，在村委中比较中立，跟其他人的关系比较远，因此深得民心。②村中干部的姓氏比例：马姓有 7 人；曾姓有 3 人；花姓有 3 人；邓姓有 3 人；谭姓有 2 人；刘姓有 1 人；彭姓有 1 人；朱姓有 1 人。其中担任村干部三年的人有：马世根、朱元林、马礼德、花仁洪、马友德、彭广仁、邓兴武、马兹贵、谭文质、曾茂林。

同姓之间的相互提携，同家人之间的相互合作，靠同姓乡亲的支持当选，同姓人往往更乐意选自己的本家或者家门，这些情况都可以从中看出来。

我们将着重分析现任村中领导班子情况。

现任村干部：

村长：朱元林

村支书：花仁洪

村文书：谭佳凤

计生专干：曾凡香（实际上由其夫向学习在幕后工作）

妇女大队长：马青梅

互相之间的关系：花仁洪的堂姐花仁兰是谭佳凤的母亲；向学习是原来村上的计生干部，和花仁洪的关系一向很好；谭佳凤是谭启贵的儿子，谭启贵是地主的后代，是长沙村第一个修砖瓦房的人；曾凡香与向学习是夫妻，之前并无工作经验；花仁洪的两个哥哥都曾任村支书；他的大姐夫马兴德是马友德的哥哥，马友德也曾是村上的支书，现在是长沙村最有权势的人物；向学习本是村里的计生专干。2009 年，国家要求村中的计生专干必须是妇女，所以向学习不得不辞去职务。但是由于他的能力强，经验丰富，又跟花仁洪、谭佳凤关系较好，村长朱元林也比较认可他的能力，所以村上就选举向学习的妻子当了村里的计生专干，但是计生工作实际上还是向学习在搞，曾凡香平时只负责到镇上开会。朱元林与其他几位没有直接的亲戚关系，但是他在村民中的声望很高。

支书：花仁洪是上届村支书花仁浩的亲弟弟，年轻时据说“品质不好”，常跟一些朋友们吃喝玩乐。后来曾在交通局工作，回乡后出任联方组的组长。在村委换届选举时，当时的支书花仁浩正忙着到山东为儿子筹办婚礼，花仁洪便四处活动，据说贿赂了当时的乡人大主席，成功取代大哥“当选”为村支书。为了此事，花仁浩的儿子还曾扬言要杀了花仁洪，兄弟两家的关系也一度紧张。近几年，花仁洪当上支书后处处为大哥着想，两家的关系又恢复了。支书是一个能说会道的人，村民们也承认他的能力很强。客观来说，在其任职支书的七八年间，长沙村确实有了很大的进步，这跟支书的努力是分不开的。

现在，支书在县城买了房子，他自己经常在外面承包工地（注意：村干部们都是兼职的，村上的公务不多，加上工资不多，实际上村干部的工作重心都不在村务上），在村里的时间不是太多，村中的日常事务大多数是村长在做。

村长：朱元林今年 60 岁，是长沙村最典型的老干部。16 岁上完中学之后，他便参加工作了。他先后担任过生产小组的会计、小组长，生产大队的文书，长沙村的文书、村长。在与村民的交谈中，我们发现朱元林是现任干部中口碑最好的。这一点从他连续三次高票当选村长可以得到印证，村民对他的印象不错，绝大多数人都说他“老实本分，做事公道，不坑老百姓，不吃钱”。然而，也有人说他没有能力，没有魄力，没有脾气，是个“和事佬”、“活菩萨”。

朱村长家有四兄弟，村长排行第二，他大哥和两个弟弟都在外地打工，长年不回家。现在整个院子就住着村长一家。兄弟们的举家外出给村长留下了十几亩土地。村长每年都和老伴耕种着这一大家的土地，十分辛苦。村长和老伴虽然都才 60 岁，但看上去已远不止个这个岁数了。

村长一家是这个村里唯一的朱姓。村长的父亲朱行德是从外地搬来的，初到这里的时候，朱村长还是个几岁大的孩子。可以说，村长一家在本地没有浑厚的根基，也没有和村里的其他姓氏建立广泛的亲属关系。狭窄的关系网是村长在工作中能保持中立的关键，他说自己从不偏私，除了自己本身的性格以外，也和这种较为单纯的关系网有关。此外，朱村长的案例也从另一个侧面告诉我们地域因素在血缘关系中的重要性。朱村长的父亲是外来的，也许在朱家未迁入之前，其所在的村落政治也是纷繁复杂的。朱家作为外人的迁入使得村落内部的家族体会了内外之别，政治作为一种文化的体现蕴含着族群认同中重要的一环——地域认同。

村长的家境和背景注定了他温和的性格。在工作中，他总是不肯得罪人（村民说的是怕得罪人），也不愿和其他的村委干部发生冲突。在人们的印象中他总是听村支书的话。这也是为什么他会得到“和事佬”、“活菩萨”这样的称号了。

虽然村民认为村长没有魄力，但是大家还是认可村长正直的人品。在之前三届的村委选举中，绝大多数村民都投了他的票。在村民的眼里，村长是制约支书的力量。

处于家族斗争之间的朱村长，表面上成了利益的既得者，而实际上却处于权力中心的边缘。朱村长的谦逊、没脾气是其为了融入当地族群的表现。这种努力表面上是为了获得群体认同，但实质上群体认同的内核就是族群认同。

初入村子，我们问了一下村子里有没有什么组织，结果所有的访谈对象都一致说没有。最后当我们问到一位姓秦的大爷时，他说村子中其实有些小帮小派。当我们想近一步追问，秦大爷却不肯再说了，他说都是同村的人，没有必要对别人说三道四的，这样不好。不过，他倒是概括性地为我们列举了村子中几类不同的小帮小派：

（1）以有权人为中心形成的帮派：成员多为权贵人物及其亲戚朋友，如花家兄弟。

（2）以有钱人为中心形成的帮派：成员多为村中的富人及其亲戚朋友，如马友德。

（3）以有胆子的人为中心形成的帮派：成员多为村中的一个或几个不太讲理的人，他们胆子大，在黑白两道都有一定关系，其他人一般不敢惹他们，甚至村委的干部们也拿他们没办法，如马生兹。

一、村中的联防组织

十几年以前，经济条件还不好，村子中绝大部分人家的境况也不好，因此双堰组常常发生偷盗事件。村民不得不自己组织起来维护村子里的治安，这便形成了一种特殊的联防组织。

这一组织涵括了村中的每一户人家。具体情况是这样的：多数人家备有牛角和铜锣，如果发现有人入室行窃、抢劫，主人家就会立即吹响牛角或敲击铜锣，然后大呼大叫，这等于是拉响了警报，村里听到警报的人就会及时赶来，大家会主动堵住各个路口，共同抓小偷和强盗。这一办法对坏人起到了很好的威慑作用，保证了村中的治安。

近几年来，国家政策越来越好，村中的经济状况有了很大的改善，村民的生活质量也都有了很大的提升。据村民们说，现在很少再有小偷小摸的事情发生了。就算发生了这样的事情，大家也不会再用原来的方法捉贼了。

由于村子中的农户居住得较为分散，村中难免还是会发生盗窃事件。所以直到现在，很多人家依然养有狗。在我们的印象中，整个双堰组只有两个院子没有狗。狗是看家护院的好手，陌生人在房屋十米开外，狗就可以察觉了。我们每到一家，总是先听到恶狠狠的狗叫声。

太多的狗也让我们怀疑村民们的描述，很显然，如果村里的治安真是好的话，又何必养那么多的狗。有人说，早些年连人都没有饭吃，哪有东西给狗吃，所以防盗只能靠人力。现在条件好了，有粮食喂狗了，防盗的事就靠狗了。再说现在村子中的中青年人都外出打工了，也不可能再像以前那样随时随地就可以叫出很多人来捉盗贼了。

二、村民互助组织

与中国的大部分农村一样，双堰组的村民户之间存在互助组织。这种组织是非正式的，它没有一个确切的机构，没有共同的规章，甚至没有固定的成员，但是却长久地存在着。

我们在双堰组调查时发现，村民之间在劳动时总会有互助。我们也在曾化成家里目睹过村民之间互助劳动的情形。

杨明泽说："在双堰组，哪一家遇到重大的农事活动，需要大量的劳动力或时间要求特别紧时，就会有人来帮忙。比如，在每年播种、收庄稼的时候，人们都会去换工。自己去帮人干活，以期将来需要别人来帮自己干活。自己有空就先去帮别人，若自己忙就去'请'其他人来帮自己，待自己家有空的时候再去还别人的工。这里所说的'请'是没有报酬的，不像城里人一样要给别人工钱，我们这里就只在主人家吃三顿饭，主家热情的话也可以拿出好烟好酒来招待前来帮忙的人。"当我们问到是不是必须去还别人的工时，杨明泽说："这个不一定，有些人家本来就没有劳动力，需要帮忙的时候大家就去帮一下，也不会说什么，人家又不是故意不还工，这种事大家都还是会理解的。"我们又进一步问道："是不是说有一家人忙不过来的时候，整个小组的村民户都会去帮忙?”杨明泽回答说：“这个当然不是这样的，要去帮忙的一般都是关系好的嘛，不太熟悉的人一般是不会主动来帮忙的，除非你主动去请人家。”

据村民介绍，村中的换工或者说互助的范围主要分三大类：

一是近邻，几家人住得近，在生产生活上一般更容易发生互助；

二是亲戚，而且往往是姻亲或者是血亲——有联姻关系的两家人或者是亲兄弟、堂兄弟之间，亲戚之间关系好的，互助也较多；

三是朋友，关系亲近的朋友之间也常会相互帮助。

这三类互助关系之中，近邻之间的互助最多，其次是亲戚之间，最后才是朋友之间的互助。

在以前，这里的居民修房子时都要筑土墙。夯土墙的工程量大，一次所需的劳动力多，并且一般都有时间限制（筑土墙时就怕天下雨，必须很快筑好墙体并盖上瓦），因此就必须要请其他人帮忙。有时候，差不多整个生产队的每户人家都会派人来帮忙（当然不一定是同一天来）。在村民的眼中，一家人修新房是一件大好事，能去帮的话尽量都去帮忙，再说自己也难免有修房造屋的时候，先给别人一个情面也许日后有用。

1980 年，杨明泽修房子时，有很多乡亲来帮忙，但是在他的记忆中，来帮忙最多的是他的亲兄弟杨明仲、杨明生，其次是与他相邻的下汪家院子的谢兴福和谢兴禄两兄弟。

村中的劳动互助很好地解决了村里劳动力季节性不足的问题，这种互助形式直到今天依然发挥着重要作用。但是值得注意的是，这种传统的互助组织正受到冲击。现在村民都更加愿意自己干自家的活，非到特殊情况绝对不会和其他人换工。这主要有以下几个原因：

（1）大多数青壮年劳动力外出打工，村中多为老人或小孩。

（2）在市场的影响下，村中留下的青壮劳动力在农闲时都会去打零工。现在打零工的日工资一般都是在 80～100 元之间，收取劳动报酬的普遍化让村民难以开口“请”别人，因为对双堰组的大多数人来说，一天一百元左右的工资是难以支付的，再加上熟悉的村民之间往往羞于说钱，所以更多的人宁愿自己干自己家的农活。如果实在有忙不过来的时候再请几个关系好的人来帮忙（日后会还别人的工期），或者直接去请零工。

（3）自己的人手本来就不多，如果请乡亲帮忙的话每天还要煮三顿饭，实在很麻烦，还不如自己一家人慢慢地干自家活。

从以上关于村中劳动互助的历史变迁情况，我们可以看出以下几个问题：

（1）外出务工潮的高涨引起村中传统的互助形式的转变。这种互助形式虽然还存在，但正在不断受到冲击。

（2）改革开放以后，市场经济的运作模式已经深入乡村，那种传统的靠“关系”而产生的互助组织正受到以“金钱”为核心的交换关系的冲击。在调查中，我们发现村民宁愿花钱请零工，也不愿欠邻居或亲戚的人情账。这一点，可以从越来越多的零工交换中得到印证。比如，现在修砖房的人就更倾向于把房子“干包”给农民工（干包：指主人家只负责购买、运输建筑材料，整个施工的过程全由农民工负责；农民工：指那些本在家务农，只在农闲时出来帮人修房的人），而不是像以前一样与村民换工。

（3）尽管这种互助形式在变化，但是我们可以看到传统的以邻里关系、血缘关系为纽带的乡村格局依然顽强地存在着。在双堰组的二十多天，我们也确实见到过这种村民间的劳动互助形式。

（4）传统的乡村关系格局正在改变着，像双堰组这样的村庄正经受着传统向现代转变的考验。有上了年纪的村民说，村中的人情味变淡了，不像以前了。

（5）我们很难断言市场条件下的雇佣关系与传统的互助形式孰优孰劣，但是乡村中的那种温情脉脉的互帮互助的和谐关系却毋庸置疑的越来越远了。

（6）经济和社会大背景的变化会带来思想观念的变化。双堰组这二三十年来的变化就是长沙村的一个缩影，是中国农村千千万万个急剧变化的小村子中的一个。对于它在经济互助上的安排或者说在劳动力资源的分配上可能发生的变化，我们很难去预测。

三、辣椒生产组织

双堰组并没有什么生产性的组织，所有的生产都是单独进行的。石柱县有几个老板，每个老板跟政府达成协议，他们各自负责一个乡镇的辣椒收购和销售。比如，长沙村就只有一个老板，只有一个收购点。整个长沙村种植的辣椒都只能卖给同一个老板。如果其他人擅自收购，政府是不允许的，违反规定的人会被罚款，甚至于把辣椒卖给其他人的椒农也会被罚款。在这种情况下，辣椒的收购价格都是由承包方定的。

而村民都是单独种植辣椒，除了留下一小部分自己吃外，其余的都卖到了收购点。农户辣椒种植的规模小，力量分散又没有形成联合组织，所以在辣椒市场上几乎没有什么话语权。前几年辣椒的销售价格过低，很多村民放弃了种植，选择外出打工赚钱。长沙村辣椒种植的面积不断减少，产量锐减。这两年来，政府规定了辣椒的市场保护价格，每斤市价不得低于0.8元。但是这个保护政策执行起来并不理想。村民的种植积极性并没有恢复——大量的人还是宁愿出去打工，而不是待在家里种辣椒。没有利益，或者说政策不能保护自己的利益，农民是不会相信回家种辣椒是可以赚钱的。在村子里，有人说："在家里种一年的辣椒，还不如我们在外面打两个月的工。"

现在，联方组和茨谷组各有一个由几家人组成的生产合作组织，政府对他们也给予了一定的政策扶持，这极有可能是未来的发展方向。农民只有有了自己的组织，才会有话语权，才会有底气与收购商讨价还价，才会获得更为平等的市场地位。在我们看来，把农民组织起来可能是让农民致富的有效措施。

从互助组织的衰落和相关农业经济合作组织的出现，我们发现族群在桥头镇的内在纽带在悄然发生着变化，但这并不意味着族群内在凝聚力的消失。相反，其内核从地缘和血缘拓展到业缘，族群认同也从家族拓展至泛地域认同。

第四节　社会关系与权力关系

按中华人民共和国相关法律规定，只有进入村民委员会的人才有资格担任村中的文书、计生专干等职务。可是谭佳凤、向学习等人并没入选村民委员会，他们之所以能任职，与现任支书花仁洪的支持有关：支书与谭、向是生意上的伙伴，支书与谭还是舅甥关系。

像长沙村这样，桥头镇由妻子挂名当计生专干，让丈夫实际干工作的村就有四个。平时开会时，去的都是名义上的计生专干，上级其实也知道这事，但是采取默认的态度。村民也并没有出来反对，只是会开下玩笑。

2009年，花仁洪与朱元林矛盾激化，在换届选举的时候，花仁洪暗中支持马生兹（让他的大哥花仁浩出面提名）。最终，马生兹与朱元林一道成为村长的候选人。但是由于马生兹是监外执行的牢改犯，后来被村民举报（村民说支书胆子真大），马生兹失去候选人的资格。后来花仁洪又转而支持向学习（二人是工作和生意上的伙伴，关系亲密），但是朱元林最终还是以绝对优势当选长沙村村长，村长自豪地说："四百多张选票，向学习只得了零头，群众的眼睛是雪亮的。"

马生兹的父亲本姓花，是花兴禄的堂弟，所以马生兹也算是花仁洪的堂兄弟。马生兹好打牌，是村子里出了名的不务正业的人。他被提名后，村民哗然。

一、亲属制度基础上的政治关系对村治的影响

农村就是一个熟人社区，个人的活动总是受到各种亲属关系的影响和支配。亲属关系深深地影响着这里的村治模式。在选村干部的时候，候选人总是很注意对自己的“亲戚”的支持，同时村民也更倾向于投票给自己的“家门”、“亲戚”。在访谈中有村民向我们反映“选举就是几大家人的争斗”。这不由让我们想起埃文斯·普里查德的努尔人，在无国家的社会中也依循血缘和地缘展示着有关族群认同的分裂与联合。我们可以肯定的是，桥头镇土家族各村组如中国东南的宗族械斗相类似，族群内部在平时也会斗争，但遇到内外之别的境况时，定然会选择相对“内”的一方。也正是在斗争与联合中，族群认同不断地被激发与深化。

现任的村干部，工作时也常常受亲属关系的影响。因为这样一个小村子里，有亲人找自己办事的时候，村干部多数情况也“放不下脸面”，同时也不想让别人说自己“拽”、“摆架子”。当然，也可能是为了选举打算（有亲戚关系的人往往投自己的票），所以村干部们总是自觉或不自觉地给自己的亲戚们便利。这也难怪总有一部分村民这样抱怨：“好处都让那些关系好的得了，有好政策还要有好关系，不然有屁用！”

案例5－31：曾红秀是杨启信的妻子，现任支书花仁洪是她的亲姐夫。她家的很多事都请“能干的”姐夫帮忙。我们去她家的时候，她家正在修新房。新房子有八十多平方米，准备修三楼。据曾红秀说，整个房子要花十七八万，她家本身是拿不出那么多钱的，所以她只得向姐夫借钱修房子，而且姐姐和姐夫不收自己的利息（按这里的习惯，找人办事一般都要送点礼物，也不一定是什么腐败）。曾红秀还说，她家宅基地的申请也是姐夫帮忙搞定的，她说，她和老公杨启信没有文化，什么也不懂，她的姐夫很能干，几天时间就给办好了。姐姐对她也好，所以很多事情她都让姐夫帮忙。当我们问到在每次的村委换届时她会不会投姐夫的票时，曾红秀给了十分肯定的回答。她说：“自家人当肯定是比别人当更方便咯，我们当然支持自家的人咯。”

另外，曾红秀的小学同学现在是长沙小学的校长，她的亲哥哥现在是村卫生所的医生。她家的小孩上学可以得到校长的关照，她的家人去看病花钱也

少些。

在曾红秀与村支书、村医生、村小校长的这一组关系中，我们能很清楚地看出这个亲属网络的特点。亲属关系网络将权力附着于其上，权力的延展是沿着亲属关系而展开的，因此族群内部的斗争也演化为不同家系之间的斗争。

村子里明显的“村治”估计就是平时的各种会议了。

长沙村开会地点：长沙小学（这是沿续了自1949年以来的习惯做法）。长沙小学处在长沙村的中心地带，小学办公楼的三楼是长沙村村委会的办事处。

双堰组开会地点：赵一友家（上土墙院子）。赵一友家是双堰组的中心。赵是一退伍老兵，是个老党员，对村中的公共事务很热心。

村民委员会成员：朱元林、刘光华、马青梅等5人。

村民代表：15户选1个，全村共46人。每次有大事时，他们在村民代表大会上讨论决定，80%以上代表同意则决定生效。

村长告诉我们，现在大家都不喜欢去开会了，村上和村小组的会越来越少了。如里有什么事要通知大家，大都是打电话、发传单或者让大家口头相传。如果有什么特别的事才会举行会议。

而村民们则说：“那些会大都没有开头，我们又不太懂，而且都是上头说了算，我们去了也是白去，还不如在家睡觉、打牌。”

村组的集会为各个不同家族的人提供了发声的机会，但由于各自都有其权力精英代表，因此，村组集会包括村民委员会也沦为一个空壳，不过通过这个现象，我们也发现族群内部各派系的凝聚力仍旧较强，这也为族群内部连横提供了基础。

二、亲属制度基础上的权利关系与生计权益

土地使用权与林地使用权是村民们在改革开放之后获得的最为基本的生计权益，由此带来的村落土地以家庭为单位的分割，随着村落家庭的继替，土地经历了分散到再分散的过程，靠山吃山，靠水吃水，村民们在自己使用的土地上谋划生计，土地的权益在村民的意识中成为与自己不可分割的组成部分。山林是龙井组相较其他村落最为优势的资源，山林给村民们带来的财富是其他农作物无法代替的，因此山林的使用权也在村民的意识中逐步地提到了至关重要的位置。这种权益是渗透在村民的日常生活中的，任何与地权相关联的事件都使村民们认识到自己的“地”是如何的重要，这些事件当中掺杂着村民们对于自身生计的意识，也由此看出当代龙井组的社会关系状态。

（一）修路引发的乡村权利博弈

龙井组的道路一直是村民们感觉头痛的问题，在没有修路的时候，村民们只能由林间的小路穿行到达桥头镇，因为道路的问题，黄成林的二儿子也入赘到悦崃去住，村里的男青年很难娶到老婆。桥头镇政府也看到了他们生活的困难，想要把龙井组的村民集体搬迁到山下居住，不过2007年的一件事情改变了原有的计划。

据村民们的口传，龙井组进村路上的小寨子附近有一座郭家的祖坟，这座祖坟是咸丰时期修建的，村子里的郭家有许多都是这个祖先传下来的。这座祖坟对郭家的人来说是很重视的，正是这座坟与“由这座坟带来的人们”给龙井带来了修路的可能。石柱县主管交通的副县长姓郭，是住在村子里郭先阳的堂哥，虽然是三益人，但是他家的祖坟就在龙井组的地界内，并且村子里姓郭的村民也都是他很近的亲属，所以这位副县长一直在找机会为龙井组把路修好。这时桥头镇因为藤子沟电站的修建而搬迁到高处的平坝，饮水存在问题。桥头镇饮用藤子沟电站的水，但是水质不干净，所以镇政府一直在寻找更好的水源，这时龙井组一带发源的石盘河进入了他们的视野。桥头镇开始着力从石盘河引水到桥头镇，这使得龙井组与桥头镇产生了更近的联系。这位副县长以此为契机提出了给龙井组修路的提议，目的是为了使桥头镇的饮水工程更加方便，这项提议在2006年通过并在2007年开始实施。

修路的工程由县政府承担，不过之间发生了一些小的事情。在最开始政府给村民们宣传的是道路由政府出钱来修，不过在工程准备期间，桥头镇政府希望龙井组的每家每户出一点钱，加入工程队，但是由于村民对此表示极大的反对，镇政府便打消了这样的念头。工程队在2007年10月来到了龙井组，工人分别安置在了每家每户，由每家每户提供吃住。路从小寨子开始建设，这时郭先阳这个人开始大做名堂。

工程队在修路之前已经规划好了修路的基本路线，在这个路线中有些地段会经过村民家的土地，所占大部分只为一两分的样子，不过既然占地那就与村民的利益挂钩了。在小寨子，路线是需要经过郭先阳家的土地的，郭先阳不允许道路占用他家的土地，因而不允许工程队经过，工程没有办法施工。最后这还是在那位副县长的劝导之下才解决的。

在经过这件事之后，道路建设比较顺利地进行着，但是当修建到郭先阳家的祖坟的时候又发生了意外。郭先阳担心修路会把自家的祖坟给毁掉，所以便费尽心思阻碍施工队施工。后来，郭先阳想到了一个办法：把道路改线。施工队的人知道他与副县长的关系，所以对他的话存在一定的顾虑，修路当天郭先阳对施工队说，按照路线图应该从陈殿福家的土地上经过。施工队的工人认为副县长的亲戚不会骗他们，就按照他的路线把陈殿福家的土地毁了，而自家的祖坟保留了下来，陈殿福也因此与郭先阳发生了矛盾。道路的路线实际上也并没有要毁掉他家的祖坟，恰好从祖坟前的玉米地经过。向世界亲自跑来给两家调解矛盾，这才使得道路可以继续施工。

在“祖坟风波”之后，道路继续向前修建，到了小寨子向大武、向大义和陈殿福家附近。三兄弟也因为道路的问题出现了纠纷。在道路的路线上有一片田，是向大林的土地，向大林在 1983 年因病去世，他所分得的土地就交给向大义来种。向大义一直在这片土地上耕作，对于修路毁田的事情表示极力的反对。相反，向大武则对此表示支持，道路的路线恰好在他家的门口，而这片田也在他家门口，他希望道路经过这里，这样他出行也方便一些，两兄弟因为这件事也闹了几年的矛盾，近两年才有所缓和。不过道路的线路依然没有修改，在经过小寨子之后又向下新屋方向前进。

在小寨子与下新屋的路途上并没有住户，在白崖脚一带，工程队将一片山炸掉了，修建成了道路，没有占到谁家的土地，因而没有产生太多的纠纷。不过到了道路的终点地带下新屋就不一样了，道路修建过程中占用了一些村民家的土地，因此出现了一些麻烦。黄承寿、黄成林、郭先流、谭迁发等几户人家都住在杨圈子，道路修到这几家门前就算终点了，不过按照路线图的规划，道路的修建需要毁掉黄承寿家的猪圈，黄承寿这几家便有了意见。他们不同意毁掉猪圈，希望道路改线，施工队只好停止施工。用向世界的话说，这几户人家就是要给他添堵。在施工要毁掉猪圈的问题上，双方关于终点的位置一直在争论。

向世界是在 2007 年 7 月份当选龙井组组长的，这正是修路开始前三个月的事情。向世界上任后最重要的事情就是为修路做前期准备。村民们之前发生的事情一直都是向世界在其中周旋，因而才使得施工队的工作顺利进行。但在修到杨圈子的时候，向世界也开始强硬起来，既然杨圈子的村民不允许修路，那么道路就修到下新屋为止不继续向下修了。施工队在向世界家附近修好后就停止施工了，黄承寿等人看到道路不修过来，确实有一些不方便，最后也同意毁掉猪圈，使道路修到了家门口。

道路修建的过程中有两个标志性的东西，一个是祖坟另一个是土地。祖坟是连接同一血脉中不同血亲的纽带，正是祖坟使得三益的郭家与龙井的郭家产生了联系，他们那种家的意识是道路修建过来的一个很重要的原因。当道路与祖坟发生冲突的时候，郭先阳看似极端的举动实际上是出于对自己祖先的尊重，挖祖坟这样的事情在龙井是件伤天害理的大事，谁家的祖坟被毁了，活着的后代有所抗争是再正常不过的事情。道路修建与土地发生冲突也扣住了村民的命门，失去了土地的农民就像失去了生活的根骨，“修路是好事，占了我家的田那是不行的”，由此也可以看到村民们对土地权益的态度。即使是亲兄弟，当自家使用的土地受到侵害的时候彼此关系也会发生裂痕，这正与计划时期的社会关系形成鲜明的对比，那时在村里修道路是生产队的事情，村民自己的利益是不会受到损失的，到了现在则大不一样，因为土地权益的家庭化，村民间的社会关系也会受到影响。在龙井家庭化的生计模式中土地即使已经不再处于中心位置，但却始终是村民自家利益的重要组成部分。这不仅仅体现在土地方面，在黄连的家庭经济地位上升的过程中，村民的林地权益的维护也演变成家庭利益展演的空间。

值得我们关注的是，家庭利益意味着个体化思潮的侵入，家庭利益至上而不是家族乃至村组利益至上，实际上体现了桥头土家族群内部要素的变迁。土地作为认同的基础得到强化，这背后体现了族群精英的策略。如向世界在整个修路风波中的位置，则体现了族群内部凝聚力的形成。

（二）山林所有权背后的亲族权利

在1993年左右，龙井组发生了一件集体性事件。龙井组的林地面积广阔，从小寨子到杨家厂广泛分布着各种林木，村民们记得只在大集体的时候曾经进入过最深的林场，现在如果进去的话，村民都没有把握能够走得出来。这片山林的经济价值十分丰厚，使得许多国营林场垂涎。村民们给我们讲起了当时的故事：那时候长江上游水土流失严重，经常发生山洪。国家决定在四川开始长江上游天然林的保护工程建设，给了非常大的一笔拨款。当时石柱县还在四川省的管辖范围内，石柱县的国营林场在其中看到了利润，打算多划出山林来争取更多的拨款。这时龙井组的山林就进入了他们的视野，当时国营林场的场长来到龙井组找到组长协商，准备在龙井组划分出1000亩林地进行所谓的“国社联营”工作。并将村民的林地划入林场的范围，每年给村民一定的补贴，一起经营林地。当时的村社社长是黄玉成，他相当支持这样的设想，便背着村民将协议达成，并且在他的治下开始划分国社林界。村民们都评价说，黄玉成人还是很好的，但是当时有些笨，没想透其中的一些狡诈的目的。事实也是这样，村民们的林地被划到“国”的范围，没有了自己林地的使用权，但当时许诺的补贴却没有了踪迹。一开始村子里面的几个村民，包括向世界、郭先流、秦家富等四个人的林地都在划分的范围内，因而对此他们表示极大的不满。不久后，国营林场的领导开始划分国社林界，他们要在林界的四个不同地点刻上“国社林界”的字，这项工作交给了村民。他们给予村民的报酬为每刻这四个字，便可以得到100元的报酬。黄玉成和郭先云当时一个是村民组长，一个是党员，而且这100元的利润又相当丰厚，就接手了这项工作。

在国营林场的经理来开会的时候，村民之中的反对声就比较强烈，村民们有80%都反对国社联营。没有了林地的使用权，他们种的黄连也就不能再继续种下去了，这在黄连发展起步的时候对村民们是一个打击，因而村民们始终不肯接受这样的提议。围绕着“国社林界”，村民之间、村民与国营林场之间发生了矛盾。在会议结束后，村里的几个村民就开始着手反抗，其他的村民虽然反对但是迫于国营林场的压力没有参与。向世界、秦家富、郭先流和向大武则是坚决的反对者，他们在划界当天分别跑到了这四个刻字的地点阻止划界。他们对黄玉成和郭先云以及国营林场的工作人员说，“这片林场是我们自己的，我们有自己的林权证，你们所拿的协议我们都没有签字，不行的话你们拿出来。”他们还跑到了自己家的林地与国营林场的领导对峙，他们说：“这是我家的林地，占其他人家的我不管，我家的不可以动。”郭先云与黄玉成用石头刻成的“国社林界”的标志也让村民们用石头和锤子给破坏了，面对村民们的阻止，“国社林界”始终没有刻成，林场始终没有到国营林场的手上。在经历了一年的对峙之后，国营林场自知理亏，无法与村民们达成协议，这件事也就不了了之了，村民们的林地使用权依然留在了村民的手中。而郭先云因为帮助国营林场刻字也在村子里一段时间内都处于很尴尬的局面，黄玉成因为他的决策与村民的意愿背道而驰也不再得到村民的支持，最后引咎辞职。

林地在村民们挖掘出了经济价值之后也成为了村民家庭利益的一个很重要的部分，当国营林场与自家的林地权益发生冲突的时候，村民们开始用自己的力量反抗。由此也可以看到村民们对林地权益的重视，这种重视又是从家庭的生计来考虑的。

三、亲属制度基础上的社会关系与日常事务的决定权

换工式的互助很明显地已经趋于消亡，因为这种劳作方式在当下确实不利

于生产。但是现在，在人们的生活中仍存在一些成为习惯的换工方式，这种换工并不是农业生产方面的换工，而是其他的活动，给我们留下非常深刻的印象的是每年过年之前的杀猪和一般会头里的互助。当然，在许多情况下而言，这并不是什么换工，而是维系社会的重要内容，因为除了劳动的因素外，这里面包含着其他的诸多因素，譬如娱乐。

杀猪以及会头里的互助活动和一般的换工不同。首先，这种交换的预期心理或者说目的就不在劳动方面，人们更多是为了增进相互的感情。另外，在这种类型的互助活动中，很明显，除了部分人员具有明确分工之外，其他的人员在这个场合都只是娱乐——打牌、喝酒或相互戏谑调侃。

（一）会头中的社会关系

我们以会头为例来说明这个问题。几乎每个家庭都会经历一次或多次“办会头”的事情。出生、考上大学、结婚、寿礼、丧葬等，每个人生转折时期都会举行这样的仪式。某一个家庭如果办会头，与其同居于一个自然村落的各个家庭都要放下手中无论再忙的工作去帮助办会头的人家。这是一种全家的参与，并不全是劳动力，因为在这样的场合除了工作之外，娱乐也是十分重要的项目。

办一个会头所需要的时间并不十分固定。孩子出生后的一定时期内需要找一个吉利的日子办一个“酸糟”，俗称“打酸糟”。一般情况下，这个会头从准备到结束需要三天的时间；一个年轻人不负众望而考上一所大学，家里也会为其办一个会头，叫作“状元酒”，这种会头所需要的时间大概需要三天；结婚时所办的会头被称作“红会”，是所有会头中最大的喜事，也需要三天的时间；寿礼上所办的会头被称作“炮生酒”，炮生酒分为两种情况：一是大炮；二是小炮。大炮一般为年龄超过五十岁者办的，这种会头的规模和诸如红会、状元酒这样的会头相当，而小炮则只是请一些较为亲密的亲戚朋友参加。丧葬中所办的会头叫作“白会”，这种会头所需要的时间极不稳定，假如开始和结束至少有一个时间是可以掌控的，那当然就可以很明确地进行时间上的稳定安排，可惜人死并不确定时间，而下葬的时间也并不可控，所以，白会要从人死的那天开始，一直办到经过看期的人看的下葬的那个日子为止。我们看到，其他的会头所需要的时间基本上是稳定的，利用一天来进行准备，利用一天来正式办酒席，利用最后一天来进行扫尾工作。而白会就没有那么明显的可控因素了，它既不能在事先就确定一个时间来办会头，也不能随意确定一个时间来结束会头，所以这在时间安排上显得比较困难，好在有一种传统习惯，那就是村落内的人们在这种情况下无条件地互助。

一般情况下，状元酒和生酒两种会头，要在办会头前几日请人帮忙，这两种情况下办会的情况并不十分稳定，有时候会因为一些特殊的原因不办会。我们了解到一些学生考上了大学，但是父母一直在外忙于工作而并没有回家办会头，他们解释的原因很直接，因为学生考上了大学，则更应该加紧工作，为其准备大学期间的所有开销，相对而言，为其办一个会头就显得不一定十分重要了。生酒也是如此，根据具体的情况，过生日的人自己确定自己是大炮还是小炮，如果是小炮，则不需要请村人来帮助，如果是大炮则需要请村人来帮忙。但是有些时候即便要办会头，也不需要请，只要几个人先开始大张旗鼓地工作起来，那么要办会头的消息便会很快在村里传开。

村里人可以根据以往的经验从办会头的家庭的准备工作中观察到这个家庭是否要办会头。举一个十分明显的例子，假如一个家庭将要办会头，那么这个会头的噱头是早就在村里传开的，比如，一个年轻人考上了大学，他考上哪所大学、大概什么时候要去学校等信息很快就会在村里传开。在这段时间里，村人便可以很轻易地观察这个家庭的准备工作，如果他们需要为孩子办状元酒，那么在此前便会大量置办办会头所需要的材料，现在这里正然通公路，这些材料经常会由一辆车从街上送上来。另外，诸如做豆腐等前期需要准备的工作也在家庭内部逐渐进行。这些工作在村人的经验里表明，这家人要办会头，而关于会头开始的时间也很快会在村里人间传开。然后，无论村里人正在做着什么样的工作，只要是在家里的，都会想尽办法去帮助办会头的人家，会头需要几天便帮助几天。

除了极为特殊的情况，打酸糟和红会都是要办一个会头的。一个孩子的出生有一定的合法基础，要为这个孩子确立其社会地位。在国家的层面上，他的父母必须是办理了结婚证的合法夫妻，而他是在准许的法律范围内出生的，不是超生，有准生证等；而在民间的层面上，其父母的婚姻是这个孩子获得社会地位的重要基础，但酸糟才宣告了这个孩子“事实上”的问世。办会头的话，孩子的母系亲属会约集那边的村人来打酸糟，孩子的父系亲属则会安排好接待工作。孩子在这个会头中确立了众多的社会关系，各种参加会头的人则因为参加这样的会头而表明与孩子的亲密关系。所以，一个孩子一旦出生，办一个会头是十分重要的。在这样的情况下，村人不需要请，直接打听好办会头的时间会主动去帮助办会头的人家。

白会也不需要请，村人自会放下手中的工作而来帮忙。假如一个人是病死的，而不是突然死亡的，那么人们便会根据经验判断这个人将会在某一个时间段离开人世。一个村里人这样告诉我们："如果一个人生了重病可能无法医治，在他还活着的这段时间里，经常会有人去他家，有时候提上点东西去慰问，和他聊天，虽然嘴上总说'没事，过两天就好了'，但是心里则盘算着'根据上次某某人的情况，他估计活不了多久了'。"帮助重病患者的亲属守候病人也很重要，照顾这样的病人事实上并不十分麻烦，只要跟他说话，看他的病情变化就可以了，偶尔为其翻身或者照顾其上厕所。尽管工作并不麻烦，但是一刻也离不开人，因为按照习俗，这个病人必须死在自己儿子的怀里，最好是长子，实在不行就在其他儿子的怀里死去，最不济也得死在女婿或者旁系下辈男子的怀里。但是这些人总不能一夜夜地陪着病人，这样一来就产生了互助，邻居或其他村里人便会来帮助守夜，一则可以减轻守夜人的孤独；二来可以和将死之人多聊聊天。这样，亲近的亲属可以获得一定的休息时间，假如就在这段时间病人出现要去世的状态，守夜的人便会马上叫病人的长子来到床前，时刻准备着让病人死在长子的怀里。而就在人死的这个时候，需要马上在房前放鞭炮，称为"落气炮"。因为村人早就知道这个病人的状态，这个响动便很快使得人们意识到是这个病人去世了。从这个时候开始，村里人便开始投入到帮助丧者家庭的工作中。死者的亲属开始找看期的人，让他确定一个吉利的日子，这个日子很可能在最近的时间中能够找到，也可能需要几天之后才会有一个吉利的日子，无论如何，村人必须在这些天帮助丧者的家庭。

这些会头中的互助活动，毫无疑问会影响到人们的生产劳作。所以我们可以发现一种现象，一般情况下，红会经常会选择在冬季农业劳动不是很忙的时间段来进行。当然，像白会这样的会头在时间上不免有些突兀，经常会影响到人们的生产劳动，所以我们在上文中说到，一个将死之人经常会有村里人去看望他，而事实上也是去看一下他的状态，然后估计他将死的时间，以此来安排农事。普遍的情况是，在农忙的季节，如果一个人重病不治，那么大家都会争先恐后做农活，为的是以免农事会因为丧事而耽搁。

举办会头时牵涉了广泛的社会关系。每一个会头，都会牵涉几个重要的家族集团，至少会牵涉两个。这种集团形式除了是家族性质的（那种婚姻双方属于同一个村落的），某种程度上也是地域性质的（那种婚姻双方属于不同的村落的）。所以，一个会头会牵涉两个或两个以上的地域之间的关系是再平常不过的事情。当然，这种关系究其缘由还是婚姻所引起的，婚姻所连接起来的两个集团将是各种会头的互动主角。所有的会头都会牵涉到这种互动，红会也就是结婚礼，直接建构起两个家族或地域集团之间的关系，当然，许多结婚的男女双方都是在原有的某种社会关系中确立的婚姻关系。所以，红会是结婚的男女双方的家族和各自的村落之间的一次重要互动。结婚之后，孩子出生，又要举办酸糟酒，这种会头也离不开孩子外婆家的家族和村落，他们将由孩子的外婆家组织一起前来打酸糟。这又是至少两个村落或者两个家族间的互动。这个家庭也许会因为生了一个儿子而想方设法修建一栋房子，房子关系到儿子的婚姻大事，这是父母的义务所在。房子落成之时，也会为新房举办一次会头，称为“断水”。在这次会头中，女主人的兄弟将扮演着重要的角色，他们组织自己村里的人一起来姐姐或妹妹家吃“断水”酒，同时备上一些仪式上的礼物，譬如，一块将一直悬挂在新房上的红布以及用糯米做成的小饼，称作“抛梁粑”。一个孩子如果在学业上有所成就的话，可能在20岁上下的时候考上大学，这时候家里将会为他准备一次状元酒，状元酒在某种程度上代表这个孩子的身份转变，他的外婆家里也要见证他的成长，尽管这种会头中他的母系亲属缺乏一定的仪礼，但至少也是必须要来参加的。一个人到了结婚的年龄，不仅仅是他的家庭关注他的婚姻，他的外婆家也会关注这件事情，而且很可能为他物色寻找他的另一半。他结婚的时候，又与另一个家族或地域集团建立了另一种联系。一个人如果去世了，他的女婿将会组织同村人来烧香，这又是一次两个家族或两个村落之间的互动。

随着时代的变迁，这种互动方式也会发生一定的变化。我们可以举些例子来说明这些变迁的情况，比较传统的“断水”仪式是由女主人的娘家准备“抛梁粑”。这种糯米制成的粑粑被拿来从房子后面抛过房梁，让参与者哄抢，粑粑抛过房梁，表示吉利，而抛不过则表示不吉利。在抛梁粑的同时，人们还争先说些四言八句的吉利话。除此之外，娘家还会送来“挂彩”，“挂彩”是几丈红布，用来挂在新房子中，有些被挂在房梁上。这种习俗在20世纪80年代依然是十分盛行的，那时候村里正在大量地修建瓦房，还依然存在“断水”的仪式基础（所谓“断水”，正是将屋顶盖好，将雨水隔在屋外）。到了90年代以后，建房子的人越来越少了，人们逐渐不倾向于在山上修建新房，而是选择到山下或到县城里购买或自己新建房屋。虽然这种情况下依然少不了举办“断水”这个会头作为房子落成的仪式，不过娘家人却少了许多此前存在过的礼数。首先是因为如果房子在石柱县城，距离比较远，礼物不便携带；另外，新建的房子的格局发生了很大的变化，这就使得此前的一些仪式丧失了其基础。例如，所谓抛梁粑粑，乃是要抛过房梁，可是后来修建的房屋都是平顶的钢筋混凝土，根本不存在房梁，所谓抛梁粑粑也就没有用处了。

同样，在“打酸糟”中也可以看到时代的变迁。我们说过，传统的“打酸糟”所送的礼以礼物为主，人们背一背篼礼物包括谷子、酸糟、鸡蛋以及一些孩子的衣物和其他养育用品。但是在近几年，礼物不再是主要的了，除了孩子的外婆家里送来一些用具之外，其他人取而代之的是送礼金。这种仪式的变迁并没有完全改变此前仪式的社会意义，两个家族或地域之间的联系只是因为仪式内容的变迁而发生了联系方式上的变迁，而这种联系还是明显存在的。仪式性的礼物的减少与礼金的增加正是一个相互的过程。

我们从上面的描述中关注的是两个家族或地域之间的互动关系。不过，在一个会头活动中，关涉的往往还不止于两个家族或地域之间的互动。我们曾经以一个家庭的礼金簿作为考察对象，发现其中的送礼者包括各方面的人，他们来自不同的地方，属于不同的家族和地域。然而，在礼金簿中出现的名字，许多往往只是这个家庭的某个成员的私人关系，所以显得更加复杂。而且，在一个会头中具有重要的角色的人群也可能是来自两个以上的地区或家族。这种情况在一个年长者去世之后的葬礼中体现得更加明显，这个老人的女婿要组织他的村落一起来烧香，如果这个去世的人有几个女儿，她们分别出嫁到不同的地区，不同的家族，那在这次葬礼中，将会有更加复杂的社会关系。如果这个去世的是个年长的女人，那么，除了她的众多女婿要组织同村人来烧香之外，她的娘家人（通常是她的兄弟或兄弟的子嗣）同时也要组织同村人来为其烧香。这样，这个会头里的社会关系就显得更加复杂了。

据调查所知，村里的每一次会头都会被村组干部上报到乡镇政府。之所以如此，是为了保障安全。一次会头涉及各种社会关系，这些复杂的社会关系都可能造成不必要的冲突。调查得知，一个向姓的人家到他的姑姑（父亲的姐妹）的葬礼上去烧香的时候与他的表兄弟家（也就是死者的子嗣）意见不合而大打出手，两个村落之间的人发生了群殴事件，结果闹得这位向姓人家最终没有能够参加姑姑的葬礼就跑回来了。当然，这种冲突将会在各种力量的影响下而减少，正如我们已经说过的，政府对这项民间活动一直比较关注，官方的关注将会对一些轻率的酒徒造成一定的压力。

会头的民间管理方式有维护稳定的作用。在会头的管理上，主要由一两个重要的人物负责，通常是一个，有时候为了方便兼顾各种工作，也会安排两人进行管理。这个人被称为“管事”，表明他能够掌控很多会头上的事情。这个管事一般要求具有广泛的社会关系，他们通常是那种比较具有威信的人，并且很有统筹能力。一个家庭假如要办一个会头，他们首先要将这个会头中的一切事情跟所请的管事说个大概，例如，大概会有多少人来参与会头，主要的是哪些地方的人，会头中要准备哪些菜等情况。然后，管事将会根据这些情况对会头的运作有一个大体的掌控。会头从准备开始，村里的人都会来参与帮忙，这时管事就会根据各人的特点而将会头中所要进行的各项工作分配给他们，并监督他们准时完成自己的工作。

会头进行的那天，管事要代替主人家迎来送往，安排客人吃饭。他们一般比较懂得各种会头中必须遵循的规矩，知道在什么人来的时候应该说什么样的话，在哪些会头中不能吃哪些菜，他们甚至会告诉主人家在什么时候该干什么事情。例如，在一个白会中，丧者的女婿家里组织人来烧香，主要的孝子和孝媳都要出门去迎接。如果这个老人是个女子的话，她的娘家人会来烧香，那么这些孝子孝媳们都必须跪下迎接，而且对方如果没有将其扶起来的话就不能起来。通常的解释是，这位去世的女子依然还是她的娘家人的一部分，所以，这个女子既然在这边的家庭中去世，这边的家庭在某种程度上要负有一定的责任，作为死者娘家人，他们有了解死者死因的权利，甚至有不赞同会头举行方式的权利。所以，这个管事很有必要了解各村各家族在这方面的习俗与仪礼，最大限度地减少摩擦因素。又如在一个男子的结婚会头中，有些菜是不能上台面的，尤其是魔芋豆腐和竹笋。习俗认为，这二者分别象征着女人和男人的生殖系统，如果在婚礼仪式中使用这两种菜，那将是对女方及其家族的莫大羞辱。如果管事没有意识到这些，也许一些严重的争端将会从这里开始。

有时候，管事的权力非常大。例如，管事可以任意支配那些用于会头中的各项物资，他可以随便从主人家里拿包烟来分发给别人抽。主人家对这些都不会介意，因为大家都知道做一个管事并不容易，他的这些作为甚至被认为是在处理一些事情的时候必不可少的。我们在会头中看到管事是个圆滑而精明的人，他在安排村里人的工作时是十分严肃的，但在接待客人时又是十分随和的，甚至跟他们开玩笑，平时再没什么联系，到那时也如同很熟悉的样子，十分热情。这些都是需要一个经验丰富的人物才能够完成的，他们应该处理过一些比较大的场面。而且，这种人一旦做过管事之后，越来越多的人将会请他做管事，因为人们相信他们的经验。于是，我们不难发现，在一个村落里通常只有一两个能够长时间从事管事这件事情的人，而且，这些人中很多是村组干部，因为村组干部从某方面而言具有一定的威信，同时他们作为一村的管理者，通常比常人更加懂得如何掌控大局。当然，这并不是必然的，因为这些村组干部中也不一定全都能够取得人们对他的信任。

（二）杀猪中的社会关系

还有一件颇有意义的事情在很大程度上关涉到农民的社会关系问题，这就是杀过年猪。只有在杀过年猪的时候，杀猪这项活动的社会意义才被最大限度地体现出来。从维持社会关系的角度来看待杀猪这一事件，它就如同一次小型的会头活动，那些参与杀猪的、被请来吃杀猪饭的人都与主人家有重要的社会关系，假如有那么一些客人与主人家的社会关系尚不十分明确，那么这也将是他们之间的社会关系确立的第一步。

每年杀一头过年猪是家庭生活的重要内容。几乎每一个家庭在冬至之后直至过年的这段时间，总要选择一个合适的时机杀自己家的过年猪。这里所谓的合适时机，并非信仰上的讲究，而是指在这个时机能够请到那些原本计划在邀请范围中的客人。一般情况下，杀猪的家庭总要等到家庭中的每一个成员都在家的日子才会杀猪。

被请来帮忙杀猪的一般是村里与这个家庭关系比较密切的人，诸如这个家庭的男主人的兄弟们，假如这些兄弟之间处于相对平静的状态，而不是经常处于冲突当中，那么他们通常是必须请来一起杀猪的。假如这个家庭的女主人的娘家也在本村，那么她的亲属们也将是重要的邀请对象。如果男主人的姊妹出嫁在本村，她们及她们的家庭也是邀请的重要对象。如果女主人的姊妹出嫁在同村，情况也是如此。

有一种不是基于亲属关系，但是每年杀猪时都会邀请来帮忙的是同一个院子里的其他家庭。一般情况下，同一个院子里的几个家庭通常存在某种亲戚关系，而且经常是兄弟。但是，某些院子并不完全由具有亲属关系的家庭构成。无论是亲属关系还是非亲属关系，院子邻里的家庭之间在互助上通常更加频繁，而且这种互助从一般生产扩大到一些日常生活中。

一种在杀猪活动中更大范围的社会交往值得我们重视。这种情况通常发生在那些有亲属在城市里有稳定工作的家庭中，这里的城市指的是县城。当这个家庭杀猪的时候，他们在县城里的亲属便会回来吃杀猪饭。有时，邀请的范围会被他们在县城工作的亲属扩大，他们会将这一人情扩展至他们的同事和朋友。尽管看起来这还是城里人与城里人之间的关系，但是也足以体现出城里人与农村人是通过怎样的方式联系起来的。

一个来自梨子组柯队长家的杀猪故事，鲜活地体现出了柯队长是在怎样的情况下将杀猪这件事情作为一项社交活动来进行的。

前年腊月，柯队长家如同往年一样又要准备杀过年猪了，但是杀猪的具体时间还没有确定下来。这一天，他到县城里去吃酒席，席间碰到自己的兄弟，他在石柱县农村商业银行上班。他想起兄弟曾经告诉过他，他的许多同事曾经多次向其表达想要到他的老家吃“泡汤肉”（杀猪饭）的意思。但是因为他考虑到父母年龄大了，可能在做饭做菜方面没有城里人那么讲究，于是将其推辞了。柯队长想到自己的弟弟在单位需要搞好各方面的人际关系，也多次对弟弟说，什么时候自己家里杀猪的时候，让他请他的同事们来吃一顿杀猪饭。可是几年过去了，经常因为时机不巧而未能达成。这一次在酒席中碰到弟弟，柯队长便对弟弟说，如果他们方便的话，柯队长第二天就杀猪，让他们明天来一起吃饭。碰巧的是第二天柯队长的弟弟和他们的同事都放假，所以决定来柯队长家里吃饭。柯队长决定了此事后，又在席间遇到了本村一个在县移动公司工作的人，此人是石柱县移动公司的领导，他有车。为了兄弟回来方便一些，柯队长又跟这个人提及了杀猪的事，并对他发出了邀请，此人也答应第二天能够来。酒席散去之后，柯队长回家了，他搭了一趟顺风车，开车的是横高出去的一个亲戚，这重亲戚关系已经比较远了，而且算起来是柯队长妻子的表亲，但是这个人在石柱县国投公司工作，也是一个重要的领导，并且他的父母与柯队长家关系也比较密切。所以，柯队长也邀请了这个远房亲戚。这位亲戚表示不一定能够来，因为工作上的许多事还需要处理，但可以尽可能赶来。

柯队长回家之后开始着手准备第二天杀猪的事情。杀猪并不仅仅是吃猪肉的事情，还需要准备一些别的菜肴，所以一方面准备第二天杀猪所需要的柴火，同时还要在村里请人，包括其他的亲戚朋友。柯队长的妻子忙着开始做豆腐和准备其他的菜，柯队长自己则开始清理屋外的杀猪灶，搬运柴火，打电话通知各路亲戚朋友。第二天一大早，柯队长开始生火烧水，请来帮着杀猪的人陆续到齐。待水开之时，支起杀猪凳，将猪圈里的过年猪赶出来，众人围上，将其绑缚到杀猪凳上，杀猪匠朝着肥猪的脖子上一刀刺入，肥猪很快便咽气了。众人又将肥猪抬到盛着开水的铁锅上，开水一过，便开始煺毛。此后，一些人负责将肥猪卸成几块，另一些清洗猪的各种内脏，另外一些则开始清洗肉，准备丰盛的“泡汤饭”。

这时，县城里的客人们也陆陆续续地来了。他们都自己开着轿车前来，将轿车停在距离柯队长家两三百米远的原梨子小学的操场上。前日柯队长在酒席中所邀请的那些人都来了，此前还不能确定的那个柯队长的远房亲戚打来电话，不仅自己能够来，而且还会带上几个县教委的领导一起来。柯队长很高兴，因为这个远房亲戚是在为他考虑事情，柯队长的大女儿在桥头的小学校里教书，县教委正是县内教育系统的主管单位。这一天，柯队长的家里非常热闹，在县城里工作的两个弟弟和他们的家人都回来了，还有他们那些同事和朋友，村里在县城工作的几个人也来了。这些人都开着车，这一天，破烂的梨子小学的操场上停了8辆轿车，柯队长办了5桌席面来招呼这些客人。

以上所说的这些邀请关系十分有趣，这是一种与外界的互动。按照一般的说法，一个家庭，除非此前已经受到别的家庭的邀请，否则这是难以推辞的。因为这是一对互动的关系，接受别人的邀请意味着需要邀请别人，不接受别人的邀请则意味着不能邀请别人或不愿邀请别人。不能邀请别人从某种角度而言将自己置于互动的不利位置，而不愿邀请别人则将自己置于互动的危险的位置。这种关系将人们之间、家庭之间紧密地联系起来。而族群内部的互动和凝聚力的增强也通过这样的形式得以实现和扩展。

第六章　教育与文化传承

教育通常是民族文化进行代际传递的主要方式，也是让每一代族群成员获得认同感和民族自豪感的重要方式。通过正式和非正式的教育，与民族文化相关的口头传说、民间艺术、宗教信仰等内容逐渐为下一代所知晓，而在记忆与背诵的过程中，这些与民族相关的内容又慢慢地获得新的活力。

但由于地势偏远、经济落后、文化制约等因素，少数民族地区的教育发展存在诸多困难，桥头的土家人也面临诸多教育问题。本章将通过学校教育、教育投资、家庭教育等方面的阐述将当下桥头人关于教育的看法进行梳理，展示了变化中的桥头镇的教育及其所影响的社会流动与族群认同的关联。

在调查中我们发现桥头镇的基础教育薄弱。村落小学的衰败，复式教育法、简陋的教具无疑体现着桥头教育环境不佳。但改革开放以来，桥头土家人对待教育的看法有所改观。九年义务教育的实行着实减轻了父母在子女教育上所需的花费。虽然孩子上高中的学杂费用和日常开销比义务教育阶段来得多，但越来越多的父母舍得并愿意在子女的教育上投资。

由于市场经济的驱动，大量外出务工的桥头人给桥头掀开了一扇窗。新奇的物品和观念如手机、电视等涌入了这个经济并不发达的地区。外出打工和接受教育成为桥头土家人后代们改变命运的两种重要途径。在桥头，受过一定教育的人作为榜样是更受村民敬仰和羡慕的。教育与个体家庭的生计相互关联。对于桥头土家人的个体而言，教育就是实现社会流动的重要途径之一。社会流动本身表明的是个体在社会阶层上的变动，而所谓社会阶层上的差异，比较直观的乃是经济、生活及文化习俗的差异，因为这些因素事实上本身就具有一定的阶层性，与外界的交流以及与外界能够达到多大程度上的交流都与人们所处的阶层位置具有紧密的关系。经常在外面工作的农民工与那些已经成为国家公职人员而常年居于外地的人在与外部社会的交往方面存在较大的差异，农民工尽管常年居于外地，但是他们的根基始终还是在村落里的，而那些公职人员事实上已经彻底改变了他们的生存处境。毕竟受过良好教育的人可以在当下社会享有不错的文化资本和社会资本，从而获得不错的社会地位，而不至于像很多外出打工者闯荡几年后还得回到桥头，并无进展。

因此，和中国大部分地区一样，桥头的土家人逐渐重视教育，很舍得进行教育投资。但与此同时，外出务工青年男女的城市转移和城乡二元体制的长期壁垒，也使得外出的桥头人将子女放在农村，留给年迈的父母或亲戚照看，造成家长和子女的异地分离，形成一个特殊的群体——留守儿童。

留守儿童问题固然是当下农村常见但又亟须解决的问题，但是儿童在当地社区里成长，受到整个社区文化的影响，在其成长过程中汲取了“传统文化知识”，从某种形式上完成了民族传统文化的代际传递，亦形塑了族群认同。

第一节　学校教育：薄弱的基础

学校教育作为现代教育的主导力量，在帮助学生获得现代生活方式所需的知识储备时，也体现了社会阶级的分层特征。

桥头镇有一个中心小学，该校位于桥头村，为全镇学生提供基础教育。桥头镇的中小学在同一个校园，按照国家的相关规定给学生提供九年义务制教育。桥头在历史上一度是区公所的所在地，那个时候在这里还设有高中学校。不过那个时候的高中只是在初中的基础上办起来的，主要是为那些没有条件去石柱县城读高中的学生提供一个退一步的选择。桥头办高中的时间并不长，因为除了生源有限之外，教学质量也跟不上。随着集中办学的趋势越来越明显，高中学校也越来越少了。

20 世纪 80 年代时，大多数的区中学都放弃了高中培养，而把精力全部放在初中办学上。于是，那些读完初中之后需要继续深造的孩子们便只能从偏远的山里到石柱县城上学。现在接纳高中生的学校主要有两所，一是石柱中学，这是人们普遍公认的石柱县最好的中学，农村孩子一般只有成绩达到一定水平才能够进入这个学校；二是石柱民族中学，这个学校在人们的印象中其教学质量不如前者，入学分数的要求也相对于前者低一些，所以那些没有考上石柱中学的学生便退而求其次，只能进入这所中学了。

但是在村级小学合并以前，桥头的各个村民小组有村办小学，教授一至三年级的知识，四年级以后则要到镇上就读。在合并之后，村小原有的校址现在已经荒废了。我们在梨子组找到一个梨子小学的最后一届学生，他现在已经在石柱县中学上高中一年级了。在他看来，梨子小学当时的教育和现在他弟弟在桥头小学受的教育情况比起来，完全不一样了。据他回忆，他当时在梨子小学上课每天只上半天的学，剩下的时间便回家帮助家里做些杂务活。每天早上8：00之前就来到学校，其实学校就在他家的旁边，从家里走到学校，3分钟的时间都不需要。龙井组比较远，到了8点钟，还是有一些龙井的孩子没有能够到学校，他们要从龙井到学校，需要一个多小时的时间。于是，先来的学生便在小操场里游戏追逐。

老师的家就在梨家湾，距离梨子小学也就一里路的样子，他每天很准时地在8点到达学校，学生们远远地看到这个熟悉的身影，便很快跑到教室装作十分努力的样子，大声朗读语文教材的课文。老师来了之后，老师会让先来的学生规矩地坐在教室里朗读课文或者做作业，等着那些远处的孩子来了之后才开始上课。当时有三个年级，三个教室，每个年级的学生只有几个到十几个不等。但是老师却只有一个，他要上三个年级的所有课程。他总是先去一个教室给一个年级的学生上课，然后又辗转到另一个教室给另一个年级的学生上课。在老师不在的时间里，每个班的班长便会负责监督班上的学生，让他们遵守秩序，在教室里看书和做作业。老师有时候会上一节活动课，做游戏或做些力所能及的劳动：游戏包括体育活动或者诸如“老鹰抓小鸡”之类的游戏，而劳动则主要是清扫学校。只有这样的课，几个年级才在一起上。每天早上上五节课，上下课的信号便是学校瓦房屋檐下挂着的那根废钢管的声音。中午12点的时候，老师敲响这一天的最后一次钟声，然后放学，这一天的课程也就结束了。

由于当地的学校教育所特有的流动性，加上国家对义务教育阶段的授课内容的规定，使得当地的文化是在一种非正式的形式下完成的，即社区环境中的非正式教育方式，包括各种节庆礼仪、亲属称谓和亲属关系以及红白喜事等场合中，年轻一代所见、所闻、所想，都影响了他们对文化的接受程度和追随程度，然后又对他们的实践程度产生影响。

第二节　教育投资：显性和隐性的支出

桥头小学的学生们每个学期缴纳的书本费并不多。但是在日常生活中，上小学的孩子由于每天中午要在学校吃一顿午饭，每学期要交 200 多元的生活费，另外孩子也会得到几毛到一两元的零花钱，他们主要用来买一些辣条等小食品，基本上都是 5 毛钱一袋，他们不会拿钱买饮料，他们也不会看牌子，只是看着喜欢就买。上初中的孩子每星期拿 30 ~ 50 元的生活费，包括吃饭和买一些零食，他们从自己家里带来大米，周末下午回学校的时候带上一星期的大米，然后在食堂里蒸，1.5 元一份菜，有时候自己打一份，有时候两个人合着打一份。

一个孩子要是足够努力，他的家庭也有能力继续供养他上学，那么他在十五六岁时也就开始上高中了。这里的乡镇上只有初中学校，读高中的话只能去外地，而花费也就要高一些。一个农村家庭的孩子在石柱县城上高中，每个学期的学费和住宿费一共需要 1390 元，生活费用每个月在 400 元到 500 元不等。除此之外，学校每年会在计划外为学生选定一些学习资料，学生还需要缴纳一定的资料费，每个学期要交 200 元到 300 元不等。某位村民的大儿子在石柱县城上高三，还要多交一点补课费，大约每学期 2000 元的学费，另外还要每月 400 元的生活费。

我们访问过一个在石柱中学上高一的学生及他的父母。他的父母在家种植黄连，他的弟弟在桥头小学读书。他的父母亲原本常年在外地打工，他们一直由外公外婆照顾，外公家就在本村。他的弟弟学习一直很不好，经常拿着把弹弓到处打鸟，学习成绩一直提不高。老师给他的父母打电话，说可能是因为在家里缺乏管理的原因。为了孩子的教育，他的父母便从外地回到家里种植黄连。他在石柱中学的生活费每个星期从石柱县城的亲戚那里领取一次，每次 100 元左右，这是他的父母存放在亲戚那里的，一方面是怕他经管不好太多现金；另一方面是害怕孩子掌握着太多的钱而容易走上歪道，所以想出这个办法。父母在外打工的时候，隔两个月会给亲戚打一次钱，现在在家了，便每隔两个月去县城看一下孩子，顺便将接下来两个月孩子的生活费存放在亲戚家。他在学校的生活开支主要用于吃饭，还有部分用于生活用品的购买。学校为住校的学生办了食堂，他每天早餐吃一碗面，花费 2 元钱，午餐和晚餐的选择主要有两种，如果他吃素菜的话，每顿花费 2.7 元，如果吃荤菜的话，每顿花费 4.7 元。他的父母给他的条件是，每天的两顿正餐至少有一顿是荤菜，这样看来，他每天在学校里面的伙食开支就要花费 10 元左右，再加上其他生活用品的添置，每个月的 400 多元生活费也就大致花完了。

一个家境一般的农村家庭培养出一个大学生并不是一件容易的事情。人们经常提起横高的一位现在住在县城里的老人，他的母亲是怎样抚养他读书的：她不得不在白天参与到生产队的劳动当中，因为家里需要获得工分，到年终分得粮食维持生计；到了晚上，她便熬夜打草鞋，将这些草鞋在合适的时机卖给公社的供销社，以此换钱来给她的儿子读书。一个养育了两个大学生的农妇告诉我们，在2000年前后，有一次去中益赶场，背些米去中益卖，因为第二天就是孩子们报名的时间了。那天，与她一同去中益卖米的一共有33人，全都是为了将卖来的钱作为家里的孩子第二天报名用的。她们一同从家里走到中益乡的街上，走了三个多小时。

第三节　家庭教育：现代化的缺失

图29　洗鞋的孩子

在我们进行田野调查的村子里，在20世纪80年代之前出生的孩子，大都在小时候就会做一些农活。男孩子从小时候便开始为家里割草喂猪喂牛。但是大人皆无意识要教会孩子做一些什么，小孩子只是会模仿大人的做法。到孩子渐渐长大之后，孩子们所做的活也会变得多一些，比如说男孩子会做犁田这些重活，而女孩子也会做一些田里的农活。由于当地男女是无特别的分工的，没有说什么是男人不能做的，什么是女人不能做的，因此在孩子时期他们做的都是差不多的，很多男孩子也会做饭，只是相对于女孩子要少一些，女孩子也会做一些农活，但是因为力气太小做不了重的活。

20世纪80年代之后，教育渐渐被人们所重视。孩子们用在读书上的时间也变多了，因此做的农活也变少了，家长也期望孩子们能好好读书，能够靠读书走出大山，丢掉锄头，吃轻松饭。

至今，只要条件允许，孩子们基本上是不用做活了。但是孩子们小时候的教育问题还是渐渐显现出来。如今山里的孩子渐渐地少了，在山里的时候碰到过一群孩子，他们很可爱、很单纯、很惹人喜爱。在山里做调查的20多天里，每一天都会有孩子们的陪伴。他们会在我们上山之后的半个小时之内找到我们的落脚点，会精力充沛地带着我们走家串巷，会很乖地帮忙做翻译，会吵吵嚷嚷地想要引起我们的注意，会故意在镜头前晃荡，朝着镜头灿烂地大笑。

我们在调查时遇见两个女孩子，一个大妹，一个二妹。两个孩子的父母因为家里的田地太少，孩子读书需要钱，入不敷出而外出打工，把她们两个连同她们眼睛不方便的四姑留在家中看守。可能是家庭经济条件不好，两个孩子平时见的生人也不多，刚刚见面的时候，孩子们显得特别礼貌懂事，没有几岁的孩子该有的任性。之后的相处中，孩子们渐渐没了那种拘泥，只是会让人觉得很心疼。有一次我们上去，恰巧两个孩子背着大背篓要出门，那个背篓几乎有大半个大妹那么大，孩子小小的身子和大大的背篓显现出一个明显的对比，她们说要出去割兔草。我们便陪着孩子们一起去割草。

图30　虽贪玩，但也是可以专心做作业的孩子

还有一个喜欢唱歌跳舞的孩子，平时喜欢一个人在家玩，她父母说一个人在家的时候玩得挺疯的。我们刚过去的时候，孩子说话很小声，在熟悉了之后，孩子也还是保持着很拘谨的状态。这个孩子也很懂事，我们去到她家后，她自己跑到田地里摘了很多的玉米和番茄回来，让她妈妈来做给我们吃。这个孩子最让人觉得可惜的地方是，据她母亲说，孩子平时不喜欢学习，不喜欢做作业，但是很喜欢做活。小的时候，便跟着父母学，习惯了做活，因此似乎孩子长大以后，宁愿去做活，甚至是跟着大人到田地里去，也不喜欢做作业。

桥头镇的居民们轰轰烈烈外出打工，确实改善了家里的经济条件，但是也带来了留守儿童的问题。如我们在前文所说，现在村里在家务农的基本上是老人，甚至还流行一句话“60岁时正劳力”，意思是说60岁的老人本来应该在家里安享晚年，但是在这里确是生产的主要劳动力。更为严重的便是留守儿童问题，比如，长沙村双堰组马禄兹家的两个孙女，因为她们都是在一岁的时候便被妈妈留在家跟着爷爷奶奶生活，所以和父母的感情很不好，即使妈妈回家也不会叫妈妈，在她们的心中，爷爷奶奶是最亲近的人。另外一个问题便是孩子的教育问题，爷爷奶奶那一辈的受教育水平很低，基本上都是不识字的，有小学教育水平就算是很高了，所以孩子的家庭作业得不到很好的辅导，而且爷爷奶奶比较溺爱孩子，对孩子的教育重视程度不够，所以当孩子说不想写作业时，很多家长便会说那就不写了，去玩吧或者打猪草吧，这些对留守儿童的成长非常不利，所以有的家长考虑到这一点，便放弃打工回家来陪伴孩子，她们说在外面打工虽然挣钱比较多，但是孩子的成长过程缺少母爱和教育，宁可在家少挣点钱也要多陪伴孩子。

第四节　观念教育：榜样的力量

对于榜样的力量，我们认为这是一种经验的概括，它对于人们的教育观念的影响是显而易见的，无论对于孩子还是对于家长都是如此。通常认为，无论通过何种途径获得成功的人都具有一种榜样的力量。有些人是通过打工获得成功的，这种情况我们只在横高看到一例，这个男人在十多年前就到浙江打工，现在已经在浙江桐乡开了一个小型工厂。不过，他并不能够经常回家，孩子送回来让自己的父母代管。

另一种取得成功的途径是教育，这几乎成为现在所有人的认同。因为，在两种可选择的社会流动的途径中，教育对于一个农民家庭出生的人来说更加现实。尽管教育需要大量的资金支持，但是在一般状态下，每个家庭在今天都能够使其子女完成基本的学业。打工或经商所要求的条件则颇为不同，资金是需要的，而且这种投资要求是一次性的大量投入，对于一般的家庭而言，缺乏这种投资能力。而且，这一途径还要求具有广泛的社会关系资源，这也不是一般农民家庭所具备的。

榜样的力量在潜移默化地影响着人们的行为，通过教育获得成功的人也是如此。但是，有一个重要的条件是：一个通过受教育而获得成功的人只有经常在村子里露面并表现出他的成功所在时才能在某种程度上发挥出其榜样的作用。通常的情况是，受教育获得成功的人往往从外出读书开始就很少回到自己的家乡，他通过教育究竟变成了怎样，只是通过一些口头上的传说，很少有人能够亲眼见识到。打工的人反而不一样，他们回家的频率比前者更高，他们每一次回家都会对人们产生一些影响，人们总会比较谁这次回来更加气派。孩子们有一种天然的好奇心和模仿能力，所有那些在他们生活中不常出现的人和事物都会吸引他们，甚至会被他们模仿。我们在别的村寨看到过一些孩子用纸折出手机模型，整天拿着那个纸做的手机假装成年人打电话的情境。仅仅还在几年之前，手机作为一种通信工具，在这些农村是罕见的，孩子们之所以知道了这个东西一方面是从电视里发现的；另一方面则是他们身边的少数人在使用这东西，这些人中，打工回来的占据了大部分。所以，一些家长经常抱怨他们的孩子不好好读书，读完初中之后就再也不想读了，吵着闹着要和别人一起出去打工。我们不能够否认打工者在这方面的榜样作用，因为打工这件事情孩子们本来是不知道的，打工所得到的结果是怎样的，孩子们当然也并不完全理解。但是，这些都可以为那些打工者在回家的时候所表达和表演出来，以此来影响人们对打工的认识，尤其是孩子对打工的认识。梨子组的柯队长曾告诉我们一件事情，他说梨家湾外出打工的人与其他村落相比较少，而且起步也比较晚，有一个原因是不能忽视的，那就是最先出去打工的人没有获得过成功的；相反，他们回来之后经常回忆打工的艰苦经历，并且把这些情况表述给了其他的人。所以，看起来打工者对于孩子的发展有某种引导作用应该是可以理解的，尤其是在那些通过受教育而获得成功的人基本上不回家的情况更是如此。

孩子的榜样除了打工者之外，受教育获得成功的人也占据了一定的榜样位置。我们已经在上文中说到过，那些通过受教育而在县城或更远地方工作的人在过年的时候总是会回到自己的老家来给祖宗上坟，同时看望那些还依然在老家生活的亲戚朋友。有些比较注重祭祖的人在清明的时候也会回来为自己的祖先上坟，因为这几年清明节也是有节假日的。这些人在村子里露面，使得村里的人们对他们有了一定的了解。人们对他们的关注是多方面的，包括他们的衣着和他们所说的话，假如一个现在已经在城里居住的家庭是开着轿车回到村里的，或许会受到更广泛的关注。这些人都是从这个村里走出去的，他们之所以受到这些关注，乃是因为他们身上发生着某种变化。一个成功的人在村里登场，通常引来人们（尤其那些年纪和他们相当或更大的人）对他们过去的一系列回忆性的描述，以显示现在的变化情况。通常，这些人小时候的受教育情况会被翻来覆去地回忆，回忆他们小时候是怎样在艰苦的条件下求学的，回忆他们是如何刻苦努力的。于是，一种榜样的力量便在颇具感慨的回忆性的表达中潜移默化地形成了。

还有一个条件影响着榜样能够在多大程度上发生作用，那就是一个榜样的家庭情况。打工者的成功，尤其是年轻的打工者的成功往往没有能够在改变家庭命运方面起到很大的作用。大部分的打工者，他们的最终结局是回到村里，他们的一生依然要在出生的地方结束。所不同者，通过教育而获得一项稳定工作的人，他们的家庭往往也将得到很大程度的改变，他们在没有必要的情况下很少再回到村里来生活，他们彻底获得了一次生活的变迁，他们在社会流动的潮流中属于优胜者。假使这样的人的新家庭就在石柱县城的话，他们与老家的人之间的联系还是显著的，因为他们还会回到老家吃酒席，而老家的人也会到他们那里吃酒席。这一互动将这些通过受教育而获得成功的人和他的家庭显露在村民的面前，他们树立了一种改变自己、改变家庭、改变子孙命运的榜样。

或许我们应该提供一个故事来说明榜样的力量。这个故事是以一个如今已经 70 多岁的老人为主角的，他是村里第一个通过现代教育而获得成功的人。他现在生活在石柱县城，他的子女们也都有很好的发展出路。尽管他现在已经没有任何亲人在村里了，但是他还是在每年的春节和清明都会回老家一次，一方面为自己的父母上坟；另一方面则会见一下那些与自己年龄相差无几的儿时朋友和那些与自己的关系维持得比较好的村民。他与村子的这种联系明显地为村民对他的了解奠定了一定的基础，更重要的是，他为人们回忆历史增添了某种主题。以下是那些村民对这位榜样所建构的一段个人历史故事：

谭本游现在已经 70 多岁了，居住在石柱县城。他被认为是从村里通过教育走出去吃财政饭的第一人。谭本游的老家就在横高院子的横屋里，幼年丧父，生活过得十分拮据。他小的时候只有母亲维持一家的生计，母亲想尽各种方法来增加家里的收入，以供其上学。母亲自己砍下自己家的树，用这些材料请木匠做些家具，再将这些家具卖给供销社。同时，母亲还会做草鞋，白天参与生产队的集体生产，到了晚上熬夜打草鞋，这些草鞋也被卖到供销社。比起普通的家庭而言，谭本游的家庭算是比较贫困的，因为家中缺乏最主要的劳动力。

他在石柱县城上学时，母亲想到儿子要在城里学习，不能再像此前一样一直穿着草鞋了，于是给他做了一双布鞋。那是谭本游穿的第一双布鞋，在那样的年代，扯上一些布匹做成一双鞋不是一般家庭所能承受的。布匹就如同粮食一样重要，它和粮食一样，有钱不一定能买到，要用专门用于买布匹的布票才能够买到。他之所以能够获得这样一双布鞋，只是因为他要去城里求学，面对的许多同学都是城里人。母亲的考虑是，假使他去上学时感觉到与其他同学的差距太大，恐怕会打击到他的自信心，影响他的学习。谭本游是一个能够坚持节俭的人，他既能够理解母亲的用心，还要尽可能地保护这双布鞋，使其能够穿得更长久一些。于是，谭本游采取了一种特别的方法来穿这双布鞋。他先穿上布鞋，然后再穿上一双比较大的草鞋，这样可以减少布鞋与地面的摩擦，保护到布鞋。这种穿着方式当然是十分特殊的，在别的同学眼里甚至是奇怪的，他们甚至偶尔嘲笑谭本游的这种穿鞋的方式。可是，每当有同学含沙射影地嘲笑他穿鞋的方式的时候，他便这样来回敬这些同学："我从老家来到这里，并不是来和你们比吃的，也不是要和你们比穿的，而是要来和你们比学习成绩的。我并不介意你们嘲笑我们的穿着，但是我不会让我的学习成绩方面被你们嘲笑。"

正是这种特别能吃苦的精神和刻苦学习的作风使得谭本游最终取得了成功。人们忘记了谭本游最后读了什么样的大学，只记得他最终在县财政局取得了一份稳定的工作。谭本游没有忘记老家，他尤其不能忘了他的母亲，他的母亲一直居住在老家的那杆老木屋里。谭本游工作之后经常回来探望自己的母亲，直到母亲去世之后，他为母亲修造了一座大坟，并在每年的清明和春节都要回来为自己的祖先和父母上坟。

这个故事是对几个版本的综合。我们在村里调查的一个月中一直没有机会见到这位老人回老家，这些关于谭本游的历史是由好几个人给我们提供的。让我们奇怪的是，提供这些历史故事的很多人都是三四十岁的人，也有从外村嫁入本村的女人。从故事的真实度上来讲，这些人事实上是没有资格描述谭本游的历史的，因为他们所描述的这段时期的谭本游，他们根本没有亲眼见识过，不过是一些道听途说。可是，当我们将这种建构的历史故事放在影响人们的教育观念的层面上来讨论的话，就会发现这种道听途说的意义所在。这些简短的个人史中，谭本游那段驳斥嘲笑他的同学的话是人们在教育子女节俭和刻苦读书所经常引用的话。我们难以去推敲其真实性，也许谭本游本人也未必能够回忆得起来是否真有此事，但是，他成了一个成功的榜样，这是显在的事实。

当然，也有人并不愿意将家庭的经济全部投入到孩子的教育上，因为明显的是，通过教育而获得真正稳定的工作的人还是少数。首先，不是每一个孩子都会努力在学校里学习，完全可能因为这个孩子缺乏这方面的天赋和努力而使得家庭白费精力和金钱。将家里的经济用于培养女孩子读书，也偶尔会被认为是不理性的做法。梨子组柯队长的家里只有两个女儿，所幸他的两个女儿都到外面读书，现在都已经具有稳定的工作了。可是在他们培养两个女儿读书的时候，村里有些人便劝告他们，与其将家里的这些钱给孩子去读书，不如留下来为她们好好做两套嫁妆。

第五节　社区教育：文化传承的内在模式

此外，我们的调查发现土家族本身族群文化的传承并不在于正式的学校教育，而是通过非正式的家庭教育完成的。学校的正式教育传授的是这个现代世界所需的各种科学知识，其以一刀切的方式将全国的学生纳入其知识传递范围，并未考虑学生主体的差异。而诸如薅草锣鼓、舞龙灯、跳花灯、说吉利话等极具土家特色的民间艺术和民间信仰则是在孩童自小参加的各种会头及民间宗教信仰的仪式中耳濡目染习得。如果我们将教育视为权力输出的载体，那么，作为民间艺术、民间信仰等非正式文化的教育输出的地方性知识则往往为家长所忽视，沦为主流教育权力的边缘。

虽然，父母的教养是对个人最早且直接的影响，但是，个体接触家庭之外的社会，社会的风俗习惯就开始塑造个人的经验和行为，到其成年能参与社会活动时，社会的风俗习惯常常展现在个人的行为上。也就是说个体在幼年会知觉到成人社会所形成的族群差异，因此他们的族群态度会是成人族群态度的缩影。而在我们的调查中，也可以看到“社区教育”是怎样将“民族传统文化”教给下一代个体，让其不断地融入到社区之中的。

姓氏是每个孩子都能直观感受到家族宗亲的重要方式。我们在访谈时，村子里的孩子们大多数能说出自己在家族中的辈分，知道谁是叔叔，谁是爷爷，知道亲戚的称谓。而这些知识都是他们从小在社区环境里被教导出来的。赶场的时候，遇到了亲戚，必须马上喊出正确的称谓，否则会被大人数落“父母没教好，都不晓得喊人了”。准确识别出家族亲戚的过程，不仅体现在赶场时随机遇见，还出现在过年过节、婚丧嫁娶的礼仪和节庆场合，孩子作为家族中的一员，同样需要弄清楚辈分以及随之而来的称谓问题。

过年过节的时候，当地社区的老人们会讲一些与家族迁徙和家族荣耀有关的口头传说，例如，谭姓是从哪里搬来的，三多桥的历史，星星菩萨月亮菩萨的由来等，村里的孩子在听故事的同时，获得了相关知识，并随着年龄的增加以及参加村里家族活动次数的增加，而相应地有了更深的理解。

在大型场合里，有舞龙灯舞狮的表演时，总少不了小孩们在一旁看热闹，并在人群中钻来钻去地寻找还没爆炸的鞭炮。我们在三次葬礼的现场，都看到小孩子们在现场打闹。对于他们而言，一方面是好玩、娱乐；另一方面是不知不觉地吸收了这些仪式现场所传递出的知识。文化的代际传递，也正是通过这样的方式慢慢地“嵌入”下一代人的心中。

这种“社区教育”的方式，一方面让每一代年轻人获得了本民族的传统文化；另一方面又培养了人们对民族文化的认同感，历史记忆是一种培养，对认同产生一定的影响。在这种文化传递过程中，关于民族文化的历史记忆越深，越促使年轻人产生民族自豪感和自信心，而这又是族群认同的根基所在。

霍布斯鲍姆认为，传统是在建构中适合需要而被发明出来的，尤其是当传统与国族主义、政治角力等需求相结合时，许多业已断层的“传统”以及许多甚至不是原本所有的“传统”都被发明创造出来，再冠以民族的头衔以契合社会现实的需要[1]。但是他忽略了传统所指向的主体，尤其是当唯实论所指向的社会现实的主体一直在经历各种社会变迁时，主体的自我认知才是传统之所以为传统并被传承下去的关键所在。如果族群的个体生命在不断地出现和消亡，每一代个体有自己的能动性和创造力，即使没有霍布斯鲍姆所列举的种种外界因素，传统依然在个体认知的变化范围内产生更替和变迁。更毋论个体的社会需求，亦是传统之所以为社区所需，为个体所需的关键因素。

个体的能动性是我们在调查中一再遇到的。以说吉利话为例，目前桥头镇上说吉利话的一般是四五十岁，五六十岁左右的中年人，没有30岁以下的；长沙村周围有四五名会说吉利话的。在王大伯看来，年轻人不爱做这个活路，觉得钱少，但是他们也有人参与放鞭炮。王大伯说吉利话的经历很偶然。

村民王某：我今年66岁了，我从50多岁开始说的，说了十几年。70年代做过手艺人。我说吉利话是这么开始的：以前村上会说吉利话的人出去打工去了，然后呢，他们就去请人来，就这样我觉得这是个困难事情，后来他们就来喊我，这个地方又经常有各种红白会，我后来就去学说，他们就不再请人来

---

[1] 霍布斯鲍姆著：《传统的发明》，顾杭、庞冠群译，北京：译林出版社2004年版。

说吉利话了，就找我了。我没有跟别人专门学过，都是自己想的。我们这个地方是土家族，这个宗教信仰，它需要这些人，玩灯打锣这些，玩灯打锣说吉利话是配套的。光玩灯打锣的话杀不到各（收不了场）。我老汉也会说，也会打薅草锣鼓❶。

同样的情况发生在摆摊算命的一位老先生身上。老先生今年 70 多岁，他早年是“改猪匠”（骟猪匠），在周围的村镇之间转悠。因为某些原因，他被送到劳改农场，在劳改的时候跟着一位瞎子学会了算命，从此以后就在桥头镇赶场的时候摆摊算命，同时也兼营出售农具。我们问他为什么学算命，他的回答是，他觉得这里需要有个会算命的，加上算命可以赚点钱。我们可以看到，在传统社区的运转中，个体的自主性促使了他们选择“继承”民间文化的某个环节，从而搭建了传统的传承链。而正是在这样的社区氛围与个体选择的互动中，桥头镇的土家社区亦慢慢地形塑了“土家族”传统艺术的概念和认同。

---

❶ 访谈时间：2010 年 8 月 15 日，访谈地点：重庆市石柱县桥头镇长沙村，访谈人：石甜、孙婷、长沙村村民。

第七章 “小传统”：节庆、习俗与民间艺术

本章通过对桥头土家人的饮食习惯、民居建筑与生活用具等生活习俗的描述，展现了桥头土家人简朴而又独特的地缘文化。生活习俗作为环境与历史的产物，其不仅仅体现了经济与物质生活的内在逻辑，而且还体现了桥头人在适应、利用自然的长期过程中形成的文化逻辑。这种物质生活文化性的体现，同样作为社区成员认同与情感凝聚的来源，正在潜在地建构和浇筑着桥头人的土家族族群认同。地方性与族群性的生活习俗的建构以及与外界环境的互动，也反映出桥头人作为文化的主体通过文化整合将自然包容进社会文化秩序的强大能动性。

土家族的传统艺术和节庆礼仪一样，融入日常生活中，是礼仪和仪式的组成部分，同时又产生了文化共享的作用。围观的群众不仅欣赏了摆手舞、薅草锣鼓、说吉利话等艺术表演的内容，在观看的同时也获得了相关的文化知识。这一点是正式教育所缺少的，但又通过社区活动而填补上了。正如那位说吉利话的村民所说，他并没有通过拜师学艺来学会“说好听的”，而是在看别人说的时候，潜移默化地学会了说吉利话的窍门和关键所在。摆手舞、薅草锣鼓等民族艺术亦是如此。

传统艺术作为民族文化的重要组成部分，它的变迁也意味着曾经拥有它的人群发生了某种变化。据我们考察，这种变化是因为族群关系的极度开放而形成的，尤其是传统艺术与现代流行艺术之间的融合（歌舞团），正体现了多种文化的交融。当族群被看作一种文化的拥有者和实践者的时候，文化的变迁意味着族群关系的变迁。正如我们所强调的那样，当地社区并不是一个封闭的社区，而是通过四通八达的交通和信息传播途径，持续地与外界文化发生互动，并且将外界的影响内化到族群文化中，吸收了其他族群所带来的有益影响，并借助技术手段来弘扬民族文化。

摆手舞、薅草锣鼓、说吉利话，甚至是舞狮舞龙灯等民间传统艺术，都经历过一个消亡—复兴的历史。在1949年后的很长一段时间里，这些传统活动被视为“四旧”之一，几乎都被破坏掉了。薅草锣鼓倒是例外，即使在大集体的时候，为了促生产，生产队的人也会提着锣鼓唱一些革命内容的歌。但是传统艺术的大部分，一度在当地人的日常生活中无影无踪。“文革”结束后，这些民间曲艺才又慢慢兴起，同时又在最近三十多年里再次经历了历史变迁。

由于地形地貌以及民族等因素，桥头土家人在饮食习惯、民居建筑、生活用具等方面都表现出了颇为丰富的与社会环境互动的特点。作为生计中的重要积淀，生活习俗可谓是人与生态互动以及历史的产物。每一个民族或者族群都有属于自己的历史、宗教信仰、社会体系和其他一切与文化相关的组成物。在一遍遍的重复过程中，族群记忆得到加深，族群成员之间的关系也得到不断的强化。历史教育、宗教信仰和口头文学一直都是族群记忆和传统文化的组成部分，日常生活则是文化的土壤。桥头土家节庆礼仪多姿多彩，相当丰富。

第一节 饮食习惯：靠山吃山

民以食为天，桥头镇的居民们吃的主要是自己家中的粮食、蔬菜、肉类，基本上属于自给型的。肉类主要是吃自己家养的猪和鸡，每年过年的时候人们就会把自己养了一年的猪宰杀一两头，有些作为新鲜的肉在过年的时候吃，剩下的就制成腊肉，腊肉一般可以吃半年到10个月，剩下日子就要去桥头镇买新鲜的肉吃，人们炒菜也主要是用猪油炒菜，只有猪油吃完了才会吃菜籽油。

在蔬菜方面，人们夏天吃自己家种的茄子、南瓜、黄瓜、豇豆等蔬菜，这些品种都是新品种，口感很好，比如，黄瓜是白色的，比普通的黄瓜要短一些、粗一些，也更脆一些。豇豆也要比原来的品种长一些、细一些。茄子是自己家留一个比较好的茄子作为种茄，作为来年的种子。但现在由于是新品种，人们就去集市上买种子，而且新品种要比原来的茄子更嫩一些。冬天人们主要食用萝卜、白菜等蔬菜，当然人们也会食用一些干菜，比如，晒干的豇豆、茄子、南瓜。豇豆是煮熟的豇豆晒干的，在食用的时候用滚烫的热水泡一下或者煮一下。茄子是直接切成薄片在太阳底下晒干的。

洋芋是当地人们一年四季都要食用的食物，也是人们最爱吃的食物，原来人们吃红色的洋芋，去年更新了品种。新品种的洋芋虽然产量增加了很多，但是口味不好，而且容易腐烂，如果挖洋芋的时间晚了，洋芋就会在田里腐烂掉。

桥头土家人在日常中形成的饮食习惯，一方面凸显了当地的环境特点；另一方面也体现了土家族饮食的独特风味。

一、食物

土家族与其他的南方民族一样，主产稻谷，因此主食为大米。通常也种一些玉米（苞谷）作为饲料和口粮。除此之外，还大面积地种土豆（洋芋），少量的种些红薯（也称红苕），蔬菜主要有番茄、豆角、黄瓜、四季豆、包菜、南瓜、丝瓜等。而且种植辣椒作为经济作物。《补辑石柱厅志·风俗志》记载："土人惟食稻，且惟知艺水稻。厅地山多，少平原……做多者苞谷，以其根大易长，人食有余，即可酿酒饲豚。岁计收成，分数苞谷为水稻之辅也……岁歉，则掘蕨根为粉食之。"该地饮食结构较为复杂，但基本上是地里种什么，饭桌上就摆什么。以我们记录下的当地村民们的菜肴为例：

2011 年 8 月 1 日

晚餐：凉拌酸黄瓜、绿豆南瓜汤、青椒炒肉片、腌辣椒炒回锅肉、青椒鸡丁、青椒炒玉米、糊辣椒炒藕片、清炒藤藤菜、炒豆芽、麻辣鱼片、洋芋饭（桥头镇）

2011 年 8 月 3 日

晚餐：夹沙肉、鸡蛋羹、鸡汤、四季豆炒肉、炒脆皮肠、炒白菜（桥头镇）

2011 年 8 月 4 日

午餐：炒洋芋丝、凉拌西红柿、炒腊肉片、炖南瓜块、炒四季豆、炒莲花白菜、卤猪肚、啤酒（马鹿村龙井组）

2011 年 8 月 16 日

午餐：皮蛋、茄子炒肉、合渣（豆制品）、洋芋果果、油炸酥肉、鸡蛋饼（长沙村都岩组）

但是其中，土家族的几道极具地方特色的饭菜，色香味俱全，不得不着重介绍。

洋芋饭：这一地区广泛种植洋芋和大米，两种食材结合，就产生了土家族的洋芋饭。做洋芋饭，首先是要对洋芋进行加工。将洋芋削皮，然后切成指头大小的块状，放入油锅小炒约 5 分钟，放盐后再加水煮两三分钟，水只需将洋芋淹没就可以。煮过后，将煮的半熟的米滤去水均匀地铺在洋芋上，然后用密封性较好的锅盖将米和洋芋一起焖 15 分钟左右。这期间先大火后小火，如一直用大火，可能洋芋烧焦了，而米饭未熟；如火太小，可能洋芋不香，米饭太软。等到水干后熄火，不开锅盖再焖 10 分钟。再打开锅盖时，洋芋饭就做好了。黄灿灿的洋芋白白的米饭粒，香味诱人。一个土家族的老爷爷说，别看这洋芋饭普通，当年饥荒时，还是填饱了很多人的肚子。

图 31 洋芋饭

“都巴块”：都巴块是土家族另一种与洋芋有关的特色食品。做之前还是要把洋芋进行加工，洋芋被洗干净之后，放入粉碎机里打碎。在没有这种粉碎机之前，人们普遍使用碓舂。粉碎好的洋芋含有大量的水分，将这些洋芋放入一个干净的容器，并用手挤压这些洋芋，将剩下的渣滓拿出，留下含有大量淀粉的水。再过滤一次，将水中残余的渣滓全部滤干净。此后，将这些富含淀粉的水静放沉淀，过了一定的时间，起初看来比较浑浊的水变得清澈了，里面的淀粉全部沉淀到容器的底部。将容器上层的清水倒掉，将这些沉积出来的淀粉切成小块放在一块干净的布上晾晒，直到这些淀粉全部被晒干，这时候便可以保存了。这种食物也经常作为礼物送给城里的亲戚。这种淀粉的食用方式也是多样的，最普遍的一种是将其掺水揉好之后切成片状煮熟食用，或先将其煮熟之后再与腊肉一起做成菜。也有人制作洋芋粉来卖，专门的商人会到街上收购这些淀粉去做成粉条再卖。洋芋粉最近的价格据悉是 6 元左右一斤，而洋芋的价格则是 0.6 元一斤，洋芋粉的价格几乎是洋芋价格的 10 倍。100 斤洋芋可以打出 14 斤左右的洋芋粉，而且，打洋芋粉可以充分利用那些不适于用在其他方面的洋芋。

图 32　洋芋粉

“洋芋果果”：洋芋果果也是一种以洋芋为原料的食物。人们将刚刚从山上收获的洋芋洗干净，有些人家甚至还会将洋芋皮削掉。此后，将洋芋切成几毫米厚的洋芋片放入锅中，加食盐、味精、花椒、胡椒等佐料煮。洋芋片煮熟之后，用漏勺将其舀出，放于阳光下晾晒干，这才将其装入袋中保存起来。待要吃这道食物的时候，将这些晒干的洋芋片拿出来放入沸腾的油中，炸至金黄色便可。在桥头，许多家庭都会做很多“洋芋果果”，除了自己吃外，多将其送人。那些外出工作的人永远也不会忘记这一食品的味道，他们经常会收到村里亲人给他们送去或请人带给他们的洋芋果果，因为它易于保存。有些家庭也将其留到过年，待在外工作的亲人回家时再让他们带走。

图 33　正在晒的洋芋片

图 34　左边就是做好的洋芋果果

扣碗：扣碗是土家族各种酒席上都必不可少的一道菜，日常生活中也会经常吃到。首先要将鲜猪肉洗净切成片，再把白糖或红糖加热熬成糖浆，熬的过程中加入姜、蒜等调味的作料。把米磨成粉状，然后把这些材料放到一起，拌好，放到碗里，这时下面是肉，再把洋芋放在碗顶，放进锅里蒸熟，然后再拿一个碗将两个碗对扣，肉在上面洋芋在下面，扣碗就做好了。一般每碗八片肉，用在酒席上时一般会每桌放两碗。

图 35　扣碗（相同的两碗即扣碗）

喜沙肉：把鲜肉洗净整块地煮，煮到五分熟，将肉从中间分开，放上芝麻、豆沙、白糖、糯米等配料，放于蒸锅大火蒸一个半小时，然后起锅就成。

腊肉：农历腊月的时候，土家人就将新鲜的成块猪肉，裹上食盐、花椒、五香粉等佐料，放在缸内腌半个月左右，挂在火坑上熏干，然后埋在谷堆里，也可以洗净灰尘泡在茶油里，甚至可以储存三四年之久，颜色味道都不会改变。吃的时候，放在火里把灰尘烧净，然后放在水里洗干净，和其他蔬菜一起炒，味道很独特。

面海椒：做这道菜时，首先要将玉米打碎成面，然后再将辣椒打成酱，两者拌匀后放入坛子里过4～7天就可食用了。食用的时候，取出来再放油炒，做好后拌到米饭里很香很可口。因为当地把辣椒称为海椒，所以这道有辣椒的小菜就叫“面海椒”。玉米是当地人的主食之一，史书记载：“……（石柱厅）南境深山，惟玉蜀黍可种，贫民以为粮，罕食稻米也。”❶

糯米粑粑：这是一种小吃，首先是把糯米磨成粉状，然后加水，和成面团，用手把面团揉搓成长条状，再用手捏或用刀切，把长条状的面团变成块状。再放到水里煮熟，拌上白糖就可以吃了。这种食物既可以做主食，也可以当小吃。

除了上面提到的几种食物，土家族还有很多小菜，如霉豆腐、酸菜、酱菜、斑鸠豆腐等。

霉豆腐：一到冬春季节时，土家族人最喜欢做霉豆腐来吃。做霉豆腐时，先把白豆腐切成小方块，用清水煮沸，把水滤干净后，装到木桶里，放到温度比较高的地方，让其发酵生霉，然后把油汤凉泡到坛子里，加上食盐、花椒、姜片、辣椒末等佐料，再放上少量的烧酒，密封7天左右，打开坛子就可以吃了。味道既香又辣，还有点麻，是拌米饭吃的最佳小菜。

酸菜：土家族的酸菜，有青菜酸、洋姜酸、萝卜酸、大蔸菜酸、豇豆酸、苞谷渣辣酸，等等。也有用野菜做酸菜的，如野伏葱酸、鱼腥草酸等。由于酸菜开胃助消化，深受土家族人喜爱。因此在土家山寨，家家户户都有做酸菜的习惯。一进农家门，谁家都可看到大大小小的几口酸菜坛子，有的人家甚至会做十多坛酸菜，以作为常用的大宗菜。

酱菜：在夏季，土家族人习惯于做麦子酱。将小麦脱壳后，煮熟发酵，晒干后，磨成粉末，而后加冷开水调成糊酱，白天在日光下暴晒，夜晚在月光下受露，叫“日晒夜露”，等到晒成红色、香味扑鼻时就可以吃了。食用时与鲜辣椒拌合炒熟，更是一道美味菜。

斑鸠豆腐：斑鸠豆腐是一种纯天然的绿色健康食品，也是土家人非常喜爱的一种菜肴。一般选用深山中的斑鸠叶作为原料，经过简单加工制成。

---

❶ 《补辑石柱厅志·风俗》，第5页，转引自《石柱土司史料辑录》第十五辑，第114页。

图 36 斑鸠叶

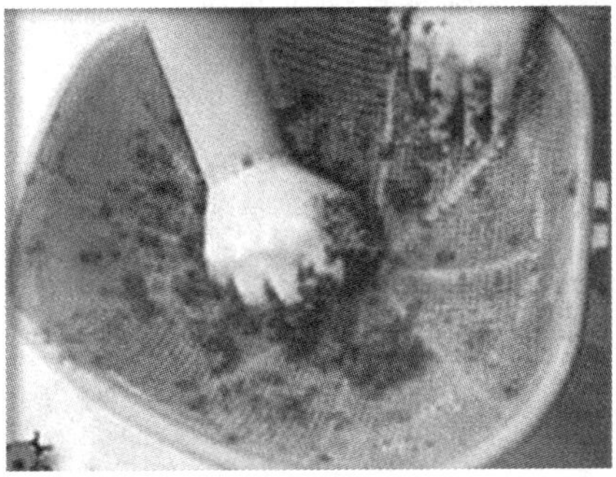

图 37 揉搓斑鸠叶

首先，把摘回来的斑鸠叶用冷水洗净，备用。然后烧一锅沸水，把洗净的斑鸠叶倒入其中，将其烫软，搅拌一两分钟后捞起。然后是榨汁，取一个铁盆或者铁桶，将筲箕放在盆口，把烫熟的斑鸠叶放在筲箕里面，双手用力揉搓，使斑鸠叶的汁从筲箕的孔隙里漏到器皿里面，一直揉到仅剩叶脉为止，这个动作速度要快，以免漏下的斑鸠叶汁凝固。然后是让斑鸠叶凝固成形。把准备好的柏树叶灰烬用水搅拌均匀，多放点水，然后洒在筲箕里，让灰水也顺着筲箕的孔隙漏下，与斑鸠叶汁相溶（柏树灰烬里面含有碱，起到的是食用碱的作用，因此不能多放也不能少放。放多了会使做出来的豆腐变得很老，而且味道变得很刺口；放少了则不能凝固到位，因此要掌握好分量）。最后一步是将装满斑鸠叶汁和灰水的器皿静置在阳光直射不到的凉爽地方，最好不移动容器，让其顺利凝固。放一到两个小时就可以吃了。

二、酒席

土家族的风俗习惯中，最有特色的，我认为应该是他们的酒席。《长乐县志·杂纪志》卷十六中一节记载土司宴请亲朋好友的过程：“土司有亲宾宴会，……堂中则陈鸡肉、蔬果。碗用粗三级者日莲花碗；肉以两头盖通碗口为度。谓之过桥。每一坛设桌一，桌上位及两旁，则各置箸一，而不设坐。客至以次列坐。左右毕，主人呼长妇开坛肃客。”其热闹的情形，可见一斑。

土家人的一生中，除去红白喜事时的酒席，还有孩子出生时的酸糟酒、孩子读大学时摆的状元酒、盖房子时的断水酒以及给老人祝寿时的炮生酒等。这些酒席规格大都相同，用材类似，但因名字各异，很大程度上体现出了桥头土家族的地域和文化特色。

酸糟酒即满月酒，在孩子出生后的半个月到一个月之间举办。状元酒是家里有孩子读大学时举办，一般是邀请亲朋好友一起庆祝一下。经济允许的情况下，出席的人还要带礼金。断水酒是新房完工后，主人家为了答谢帮忙的人摆的酒席。炮生酒就是祝寿的宴席。这些酒席的举办都要经过一个准备阶段，才会正式开始。

酒席开始的前一天，村里的人大都会来帮忙。一般来帮忙的人都会背上一些菜、稻谷之类的东西，给主人家添点菜。来了之后，就会按照分工，开始帮忙准备酒席。分工一般有厨师、帮厨、打杂、洗碗、洗菜、烧火等。分工确定后，都会写在一张纸上，张贴在主人家的门口。除了葬礼用白纸写，其他的都用红纸写（如图）：

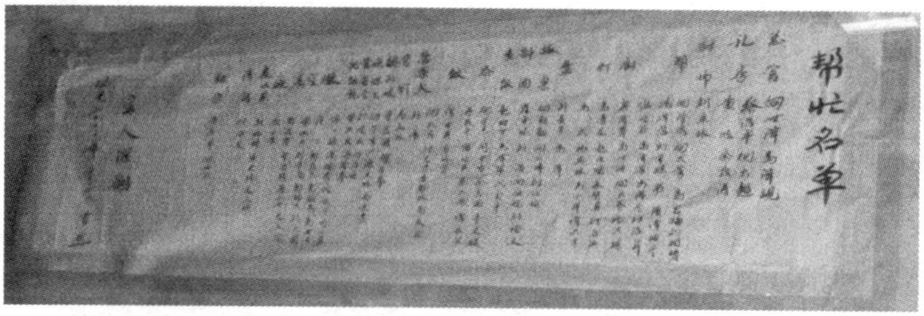

图 38　酒席帮忙名单

图 39　白会酒席

酒席，无论红白喜事，都采用类似的规格，好坏由主人家的经济状况来决定。圆桌时每桌 10 个人，方桌时每桌 8 个人。盛菜的容器有盘子和碗两种，一般碗用偶数盘子用单数，最常见的是 4 碗 9 盘。菜既有白菜、洋芋、豆角等蔬菜，也有鸡、鸭、鱼、肉等荤菜，有时还会有甜点和小菜，每个盘子或碗装的菜都尽量不重复。其中“扣碗”和“喜沙肉”是每种酒席上必不可少的两种菜，同时也是极具土家族地方特色的传统菜。除了以上两种，豆腐还是葬礼的酒席上不可缺少的一种食材。

在土家族，酒席也是人们抒发感情的一个平台。酸糟酒让他们共同见证新生命的到来，状元酒传达了他们对教育的重视，断水酒抒发了他们对新生活的满足，嫁娶的喜酒表达了他们对新人的祝福，炮生酒传达了他们敬老爱老的传统，葬礼的酒则表达了他们对死者的缅怀和不舍。同时，酒席也是人们沟通交流、增进感情的一个重要媒介。在这样一个交通不便的山村，山上与山下的人很难经常见面，酒席就像一场聚会，让山下和山上的人有了坐在一起交流的机会。

第二节　民居建筑：依山傍水

桥头人的民居建筑结构与式样受自然环境和社会环境影响颇深。在前面章节里我们已经描述过石柱的地理特征，这些地理特征在文献中早有记载。根据《补辑石柱厅志·地理志》载：“（石柱）厅地则北燠南寒。厅城南北各四十五里，较江北稍寒而不甚；南鄙六七十里外则气候绝殊。”当地的民居建筑不仅要适应地理气候，同时也表现出了变迁中的经济和文化生活。

一、房屋结构

桥头镇的房屋一般都有两层，下面一层一般由一个堂屋、小二间和灶屋组成。

（1）堂屋。堂屋位于正中间的一间，较为宽敞。主要作为红白喜事，如酸糟酒、断水酒、取同意、婚礼、丧事等与节庆日等接待客人的场所。平时体积稍大的器具，如打米机、电磨机、风车、盖子等也停放在堂屋。

（2）小二间。即堂屋两边的房间。

（3）灶屋。灶屋即厨房，是人们平日做饭、饮食和冬日取暖的地方。依照当地的建筑习俗，灶屋要紧邻房屋建造单独的一间。有的人家把灶屋隔开，分为火炉屋和灶屋两部分。火炉屋为冬日烤火和平时吃饭所用，而灶屋则是专门做饭的场所。

（4）厨房布局。当地的厨房布局大体结构都相同，都设有灶台、水缸、橱柜，厨桌。此外厨房的墙壁上都挂有筲箕。

（5）灶台。当地家家户户灶台的样式都是一样的，一共分为四个灶口。目前，做好一整个灶台要七八百块钱。每家灶台都有三个较大的灶口，放三个大小不同的锅。小的灶口平时做饭用，大的有事时才用，比如，换工、红白喜事、节日等人较多的时候。但是有的人家习惯用大锅，既可以炒菜，也用来煮猪食。

此外还有一个最小的灶口上放一个铝制的圆柱形状的锅用来烧水。这样就不用特意准备开水，做饭的时候利用余热就可以，这样就节约了能源，而且用热水也很方便。也正因为如此村里人春夏秋冬早晚都用温水洗脸。

二、式样变迁

当前我们所能够在自然村里看到的民居大部分是土墙盖瓦的土木结构的房子。除此之外，还存在有两种情况，一是在土墙房子之前流行的全木结构；另一种则是在土墙房子之后的砖房子。以梨子组为例，全木结构的民居只在横高有两间，而砖墙房子也只是在梨家湾有一栋一楼一底的小楼房。

仅存在的两间木结构房子是属于谭本游家。这个老人因为接受了很好的教育而从这里走出去在县城里工作，当他的老母亲在这里去世以后，这里就没人住了，因为他的家庭已经在县城里扎下了根。这两间木结构的房子虽伫立在那里，但已基本废弃了。谭家的人每年的清明节都会回来上祖坟。谭本游老人早已退休，他回来时总想在这里待上一两天再回县城。不过他并不住老屋，他经常是在别人家里借住一两天。

砖墙房子属于梨家湾的黄玉顺家。他常年在家里从事农业生产和种植黄连。他的大儿子还在读中学，而小女儿才三岁多，考虑到自己依然还要指望在山上寻求生存，便决心在山上建造新房子，所以我们才能够在这里看到这一栋颇为标致的小楼。而别的人家，或者因为只有老人守着老房子，或者因为孩子尚小，并不急于准备房子，希望经过接下来的发展能够有能力在街上去建新房。

土墙房子当然是这里最多的民居样式。这些土房子从20世纪70年代后期开始大量地新建起来，至80年代初期，达到一个建土房子的高潮。推算起来，正是现在居住在里面的这些中老年人在当年建设的。他们那个时候建立自己的土墙房子，然后在这里长久居住，并以农业为生计，直到今天。在此之前，这里的民居样式则主要是全木结构的房子，森林的长期破坏继而又转为强烈的控制，人们便失去了传统的建筑材料。

向老师家现在在梨家湾的所有房子都是由向老师自己修建的。修建一所土墙房子需要四种工匠：石匠、土匠、木匠和瓦匠。石匠的工作最基础，因为他们要为房子奠基，所有的土墙房子的墙角都要垫一层石质基脚，这样才能够保证房子的稳定。此外，石匠还要负责其他的石料工作，如果一所新房子要建在坎上，那就需要修建“保坎”，用于保护这个地方以防滑坡而影响房子；还有铺就房子前面的石坝也是石匠的工作。石坝是人们的重要活动场所，这里可以用于晾晒粮食。同时，当家里有重要活动（如会头）的时候，这里也会为活动提供较大的空间。土匠的工作是最主要的，因为房子的墙体整体上都是泥土夯成的，泥土也是就地取材，选择一些较有黏性的土壤来夯建土墙。木匠的工作主要是做门窗和修新房子的楼板。我们可以发现一般的土墙房子内部会修一层或两层楼板，楼板上除了放置粮食和其他一些物品之外，还会在楼上又用板壁隔成几个空间，每个空间可以放一张床和桌凳，这样就成了一个小房间。瓦匠的工作在于做瓦和盖瓦，当房子的基本框架建好后，便要举行一次“断水”的仪式，这一天办一个会头，也就是在这一天将烧好的瓦盖在房子上。做瓦的泥土也是在附近选取的，将瓦做好之后，就在附近挖个烧瓦的窑子，用木材作为燃料在这个窑子里面烧。

基本上所有的土墙房子都呈独立的样式，已经不再像此前的院子式的居住格局。每一栋土墙房子一般包括三间屋子，由木板隔成两层楼，楼上又被隔成几间卧室，根据家庭的具体情况而定。例如，如果一个家庭的客人通常不多，而且家庭内部的成员也不复杂，那么楼上的格局就比较简单。如果相反，一个家庭经常会来比较多的客人，而且家庭中的成员也比较复杂，那么楼板上的房间格局则会更加复杂。我们看到梨子组柯队长家的房子在卧室设计上就比较复杂，整个房子被分隔成二楼一底，两层楼板上都是卧室，二楼分出四间卧室，三楼的卧室也呈现相似的格局。从外观上看，土墙房子落成于一个坎上，这个坎之下是一个可以根据使用情况设计宽窄的院坝，这个坎大概有 0.5 米高，从院坝镶着几道台阶上到这个坎上。从这里到屋内还有将近 3 米的进深空间，头上的屋檐超出这个坎，下雨天气，屋檐上的雨水落不在坎上，全都流向院坝里。这个高坎被认为具有三方面的作用：首先，下雨的天气，雨水不会流到屋内，整个坎上都是干燥的；其次，这个坎通常也被用于人们生产生活中负重的起落点，要从家里背东西出去，则将背篼放在坎上，人站在坎下，起步的时候减省了很多力气，从外面背东西回来，将背篼落在坎上，人站在坎下，也比较轻便。而且，当人们将粮食放在院坝里面晾晒的时候，如果突然下雨，收拾的时间比较紧迫，那就可以直接将院坝里晾晒的粮食收到坎上暂放，一方面不用被雨淋到，同时因为不用收到屋里而节省了许多时间，这就为收拾粮食争取了时间。考虑到当地夏季多雨，《补辑石柱厅志·地理》记载："厅境则自八月至次岁四月，月雨十余日，或廿余日，甚至无日不雨，犬几可以吠日。五七月即雨少阳多，至六月则不雨，其常雨其偶矣。"❶ 所以与天气赛跑，抢时间非常重要。

每一户人家的房子通常都不仅仅只有三间主屋，在三间主屋的左右两侧，还紧邻着一些较为矮小的偏房。这种偏房只有一面瓦顶，也就是说，雨水只流向一侧，它紧紧依附于主屋，雨水流向外侧。这样的偏房在左右两侧都可以设，一面用于摆放杂物，甚至可以在里面放置一个鸡笼在那里养鸡。另一面则很可能是这个家庭的火房，所谓火房，也就是在里面生火的地方，这里面会打造一个灶台，在这里生火做菜做饭，也在这里煮猪食等。同时，这里放置着一些常用的洗漱用具，人们睡觉之前和起床之后都会在这里洗漱。就在这间偏房的外边放置有一处洗台，通常由石头打制而成，或者用钢筋水泥制成，从外面引进来的自来水龙头正好立在洗台之上。人们可以在洗台上洗衣服，也可以洗菜之类的。

除了正屋和偏房之外，与主屋距离四五米的左前方（这是通常的方位，但是也有部分位于右前方的）还立有一栋稍显简易的干栏式房子。这所房子又被分成若干间，每一间都是作为猪圈或牛圈的，也可以在这里养鸡养兔，还有一间必须预留下来作为人们使用的厕所。这所干栏式房子通常不到 3 米高，但是也被从中间分隔成一楼一底。底层被家养的牲畜所占据，楼上用于放置人们生活中所使用的燃料——柴火。整个建筑面向院坝，方便人们进出。

很明显的是，这个山村的房屋居住变迁是集中于一段时间内的，它不是一个缓慢的渐进过程。我们已经难以考察这几个老院子以前的房屋变迁情况了，但仅从老院子到独立的土墙房子的变迁来看，这种变迁是在一个集中时间里快速地进行的。从 20 世纪七八十年代土墙房子建成以后，这个山村里很少再发生修建房屋的情况。这也许可以从房屋的大小上来寻找原因，20 世纪七八十年代修建的这些土墙房子，面积普遍较大，一栋土墙房子一般是三间一字排开，中间一间为堂屋。一栋三间的土墙房子大概有 150 平方米。我们在上文中已经说过，一栋房子的实际使用面积绝不仅仅是这 150 平方米，因它从半腰被

---

❶ 转引自彭福荣、冉建红：《石柱马氏土司文学述论》，《长江师范学院学报》，2007 年第 5 期。

隔成一楼一底甚至二楼一底。所以，这些房子事实上已经足够一家几代人居住，即便下一代结婚，房子也是足够居住的。而且，从20世纪80年代初期开始，计划生育的政策已经深入到这个山村，一对夫妻在那时仅仅只能生育两个孩子，即便这两个孩子都为儿子，他们结婚的时候房子也是足够居住的。更何况，两个孩子均为儿子的情况并不多见，相反，两个孩子均为女儿的情况却有很多。所以，建房在现在看来并不十分迫切。另一个原因也是重要的，许多人开始寻求其他生活空间，他们认为山下的场镇或者石柱县城才是更好的居住环境。所以，那些经济条件较好的家庭更愿意在桥头场镇上或石柱县城购买或自己修建新居。所以，村里的修建活动也就相对的少了。

三、建房开支

建房开支是从买地（或为自己家的田地）开始，直到房子落成仪式（断水）及装修的整个开支。

正如上文所说的，在我们考察的这个小山村里，房屋修建活动在近期几乎见不到。这种情况为我们对房屋建设的开支问题的考察产生了一定的困难，我们在村里所能够考察的是现在已经修建了30多年的土墙房子的建设开支，因为他们还没有进行下一轮的土木修建活动。但是无论如何，人们对居所的开支总是应该加以考察的。如果从一个家庭或一个人的一生中来考察房屋建设问题来说，它是一个家庭的空间，一个家庭将会在很长一段时期围绕着这一问题安排他们的生产生活。相对于一个人而言也是如此，在他们的有生之年也许修建或购买一栋房子将是他们一生中极为重要的几件大事之一，他们的生产生活当然也会在很长一段时间围绕着这个问题进行安排。我们对房屋的开支所进行的考察将是两个方面的内容，首先是20世纪七八十年代所修建的土墙房子的开支状况，另一方面则是现在在桥头或县城修建或购买房屋的开支。

在20世纪七八十年代，人们修建土墙房子的开支主要在于工匠的工钱方面。夯土筑墙、打石烧瓦以及各项木活都必须由专门的匠人承担，但是不需要购买多少原料，筑墙的土都是直接在当地取的，烧制的瓦也是在当地挖个瓦窑自己烧的，建筑立面所涉及的所有木料都是自己家的山林中的。我们从一所三间大约150平方米的土墙房子的修建过程来考察它的开支状况：

首先，修建房子之前必须要将房基平整，这涉及挖土方的工作，这项工作主要是通过换工而与邻里及同村人之间互动完成的。同样，挖地基、下基础石等前期工作也是通过换工来完成的。所以，在准备阶段，除了伙食开支之外，并不需要其他多少的现金开支。房屋基础下好之后，紧接着需要打制墙脚石，这些墙脚石需要专门的匠人打制。打制墙脚石大约需要 40 个工（一人工作一天为一个工，这是一种计算单位），大约 2.8 元每个工，所以打制墙脚石（包括砌成）需要花费 112 元的工人费。夯土筑墙需要 8 个工人同时进行，2 个挖土，2 个运土，2 个夯土筑墙，2 个专门对打好的墙进行修补。夯土筑墙的工钱以 3 元一个工计算，8 个人大概需要 10 天来夯土筑墙，也就是需要 80 个工，总计需要夯土筑墙人工费 240 元左右。木匠的工作主要包括做门窗、柱子、板壁、房梁等，2 个木匠大约需要 8 天的时间，也就是需要 16 个工，每个工以 2.8 元计算，木匠工钱在 50 元左右。房上所盖的瓦都是自己烧制的，其中需要请一位匠人做瓦和其他指导，其他都是换工的人，做瓦大概需要 10 天，每天给匠人 3.5 元左右的工资，这样，做瓦的工费总计为 35 元左右。盖瓦的工作在举办"断水"的当天进行，这些都是村里来帮忙的人所做的工作，不算工资。"断水"结束后，一栋三间 150 平方米左右的土墙房子就基本落成了。以上各项费用合计为 437 元。

这点资金并不能完全建成一栋房子，我们所计算的是一栋在两个月之内完成的房子。事实上，工匠在工作中做得比较慢，一直以来是以点工计算工资。所以，一栋房子所修建的时间越长，其开支可能就越大。另外，我们在做上述计算的时候，只是将修建房屋的主要工作进行了计算，还有些后期进行的工作还没有纳入到其中计算。例如，房屋建成之后，房子前面需要用石头铺就地坝，如果房屋被建在一块台地上，还需要垒砌前面的保坎，以保护院坝和房子。房屋的后面需要挖一条檐沟，作为雨水流通的渠道，如果这条檐沟设计不好，后面的土墙极可能遭受雨水的冲刷。新建好的房子只是一个大体的框架，在房子里镶嵌楼板是必须的工作，因为人们更愿意将楼板上的房间作为卧室。以上这些工作大部分都需要专门的匠人，也需要花费工钱，但是因为这些工作都不是集中进行的，在过了 30 年之后，人们对此已经没有较为详细的记忆了。加上这些工作的工钱，人们估计，自己的土墙房子一共要花费 800 元左右才能够完全建成。

木质房屋容易引起火灾。虽然我们进行田野调查的两个行政村，尚未有火灾的情况，但是村民们告诉我们，20 世纪 60 年代早期，整个大队被变成一个生产单位，而且还互相换工，有次在全村人全部外出到别的村落里生产的时候，一个院子突然起火。由于只有几个年长和年幼的人在家里，他们只能看着火势蔓延，等到在村外生产的青壮年赶回家来的时候，一个封闭式的院子已成为残垣断壁。

现在，人们少有修建房子的，他们更多的是在桥头或石柱县城购买新居。当然，这些都主要限于那些在县城或其他地方有稳定工作的人，一般农户并没有这样的财力，因为要在县城购买商品房，其最低的价格大概也在每平米2500元左右，有些位置较好的则可能达到每平方米3800元左右。如果选择在桥头修建一栋房屋，平均也不会低于每平方米1000元的价格，如果购买，每平方米2000元上下。显然，这并不是一般家庭能够开支的，人们也并不十分迫切地要在桥头或石柱县城买房子，他们寄希望于他们的下一代，他们认为，现在依然还小的这些孩子将来有很多都会走出这里，去到更好的地方发展。要实现这种流动，只有两种途径，一是打工继而自己成为老板；二是通过受教育而改善自身的生活。

第三节 生活器物：陶器、木器与石器的应用

饮食习惯、器物使用、休闲方式等并不是一成不变的。在不同的历史时期，它们有不同的内容，尤其是在进入市场经济后，随着商业贸易的飞速发展，当地的很多器物已经和外界有很多相同的地方。不同的是，它们被使用的方式以及当地人给它们所赋予的文化内涵，它们在不同节庆、人生礼仪阶段的使用，才是将它们作为族群文化的组成部分，与外界所区分开来的重要因素。

一、水缸

为方便做饭取水之用，水缸都设在厨房。并且当地现在使用的主要为自来水，水龙头透过墙壁，直接对着水缸，接水、储水也相当方便。

当地的水缸都是就地取材，在附近取一块合适大小的石头请石匠打制而成。因为环境潮湿、使用年代已久，很多人户的水缸都呈现出淡淡的绿色。以前石匠的工作报酬为60～70元/天，现在通常都要110～120元。长沙村已经没有石匠了，后辈因外出打工而没有继承石匠的工作。现在制作水缸都要请临近的赵山村的石匠帮忙打制。

二、橱柜、厨桌

厨房内还有橱柜和厨桌，橱柜主要是用来存放碗筷、盘子、铁勺等工具。剩余的饭菜也存放在橱柜里面。此外有些人家厨房内还摆放有厨桌，主要用来切菜和放置一些器具。但是一般情况下，为了方便，切菜在灶台的边沿就可以。

每家每户都有簸箕，原材料是自己家里的竹子，请篾匠来做。篾匠是外村的人，偶尔（大概每年一次）来村里，如果看到有人背着小型的簸箕，则可知道他是篾匠。一个簸箕可以用 15 ~ 20 年。长沙村刘家的两个簸箕用了 15 年了。簸箕的制作都是按时间计费，主人要管吃住。当时做的时候 25 块钱每天，现在已经涨到七八十块钱/天了。簸箕主要是用来晒东西，因为地方比较小，盖子可以放在凳子上或者直接挂起来。

据年老的农民回忆，1949 年之前很少有人家有能力购买铁质用具，只是条件稍好的后来被划分为地主和富农的一些家庭能够买来一些生铁用具，这样的人家也是很少的。1949 年以后，铁器在农村的使用还是不多，而至 20 世纪 50 年代末期的大炼钢铁时期，每个家庭中即便一颗铁钉也被要求贡献给国家的炼钢事业，不过这次的炼钢事业没有为人们的生产生活提供任何实际价值就纷纷破产了。70 年代末期之后，铁器又从外地逐渐进入这里的市场，经济条件允许的家庭开始逐渐添置铁质用具。在其后，大约 90 年代之后，另一种材质的家庭用具很快取得了自身的地位，那就是塑料用具。金属和塑料用具已经逐渐普及开来，但是那些传统的木制、竹制、泥制以及石制等用具在今天依然被保存下来，这些东西不一定还在使用，但很多还保持完好。在长沙村有一种很特别的木桌，它是由马发之发明制作的，上面是有两块长方形木板，下面有四条交叉的“木腿”，在吃饭的时候可以撑起来，平常不用的时候可以收起来，这样很简便也可以很好地节省空间。

三、灶

虽然现代的家用电器已经进入了这个小山村，但是家家户户都还保留着这个传统用具。土家人的灶，一般用泥土砌成，现在也有用水泥做原料的。一般砌成一个类似正方体的形状，中间是空的，用来加柴草或木柴等燃料，前面再留一个孔，做燃料的进口。

最初的灶做工比较粗糙，没有烟囱，灶台也凹凸不平。做饭时，房屋内烟雾缭绕，十分呛人，灶台也不能放置物品。现在，随着人们认识的不断进步，灶也在不断地改进。不仅加了烟囱，而且在一些比较讲究的人家，对灶台也有了加工。制灶时，很多人家会把灶台抹平，甚至还有人在灶台的周围贴上瓷砖，既干净又整洁。从土家人对灶的改进上，人们生活水平的提高和观念的进步可见一斑。

图 40　桥头人家的灶台

四、碗

在土家族，另一个使用比较普遍的器皿就是碗。据我们了解，碗这种用具，除了盛饭这个作用外，其他的功能已经广泛地被盘子取代，但是在村民家吃饭时，我们发现这个用具在土家族仍然占据着主体地位。无论是自家吃饭、盛菜，还是村里的红白喜事，碗都是饭桌上的主角。

图 41　桥头人家的碗

五、竹器

村落里很多家庭的房子周围都种着竹子，这些竹子被用于编制家庭生产生活用具。

最常见的竹编用具是背篼，人们传统的搬运方式除了挑运便是背运，背篼就是人们背运物品的重要用具之一。而且，背篼除了用于背运物品之外，还用于背孩子，只是其形状和做法不一样而已。用于背孩子的背篼小而精细，中间收腰，上下两端较粗，上面开口的地方较大。背篼内部在收腰的地方装一块小木板，孩子在里面的时候坐在上面。

当地用于背孩子的传统用具包括背篼和背带，背带是一条黑色或白色的布带，它用来缠绕孩子，然后背在身上。用背带背孩子可以比较好的将孩子固定在背孩子的人身上，这有利于成人背着孩子劳作。不过，背带一般只适合于热天，因为背带的缠绕并没有将儿童的身体全部覆盖，夏天感觉凉爽，但冬天就没有保暖的效果。现在已经很少有人使用背带了，原因在于人们一般不需要背着孩子劳作，一个家庭通常会解放出一个劳动力来专职照看孩子。而且，用背带背孩子没有背篼方便，使用背篼时只需要将孩子放进背篼就行，而背带则需要复杂的缠绕过程。夏天天气较热的时候，背兜里什么也不用放，孩子坐在里面便可以了。冬天天气寒冷，人们在背篼里加上一件小棉袄，为孩子防御寒冷。我们在这一地区的另一些村落发现，有些人也用背篼背着孩子上山进行农业劳作。不过，人们只是将孩子背上山，然后将背篼放在一个空旷的地方，背篼周围插上三根棍子，以保持背篼的稳定性，孩子可以在背篼里自由玩耍，成年人则可以自由地在田间劳作。

用于背运物品的背篼可以分为多种，主要看这些背篼被用在什么地方，做何用途。看起来最大的是叫作“拃背”的背篼，这种背篼的制作较为粗糙，体形较大，用于背运刚收获的农作物。同时，在种植作物时也用于背运粪草。比“拃背”稍小的是“把揽背”，这种背篼被作为割草或采摘时的背运工具。还有一种更小而且制作更为精细的背篼被称作“小背篼”，这种背篼一般不会用于生产，并且保持外部和内部的清洁，人们经常背着这种背篼去街上赶场。很多时候，人们走访亲戚要带上一些礼品，假如亲戚住处稍远的话，这种背篼也被用于背礼品去走亲戚。

一种类似于背篼的竹制容器叫作揽叶篼，这是人们从养蚕时期遗留下来的，它主要用于采摘桑叶。另外一种从养蚕时期遗留下来的竹制用具是蚕簸，它本来是蚕子的生活空间，不过现在用来晾晒东西了。

还有一种比较重要的竹器是筛子，用于隔离物品之用，例如，对粮食进行筛选时，总是使用筛子来筛选。除了粮食之外，还有一种叫作灰筛的筛子是用来隔离较粗的物品的，它原本用于筛选木炭之用。冬天来临之前，人们会烧一些木炭准备过冬，烧好之后，木炭和灰混杂在一起，人们用灰筛将其隔开。另一种竹制用具经常被固定地悬挂在火上，用于烘干一些物品，因其最初是用来烘干斗食，所以被称为“斗食篼”。

撮箕亦是村民生活中较常使用的竹器。这种用具整体呈半椭圆形，一半开口，用于撮东西。它们尽管在形状上没有多大的区别，但因为在使用方式上的差别所以做工便有粗细之分。第一种撮箕主要用于生产领域，它们被带到山上转运一些刚收获的作物，用这种撮箕装着作物，将其运至篾制的背篼里，再用背篼将作物从山上背回家。这种撮箕还可以用于装粪。所以，这种撮箕的编制比较粗糙，各条篾之间的空隙比较大，原因是这些撮箕主要用于装那些比较粗大的物品，并不会因为篾织空隙大而使物品从中遗漏。而且，所装的东西都不干净，从山上刚收获的作物还沾满泥土，也经常被运用于装粪。

另一种撮箕的篾比较细，其表面相对光滑，所以编制的过程中各条篾之间的空隙就比较小，更为细小的东西装在里面也不容易从中漏出。这种撮箕主要用于搬运颗粒粮食，例如，已经脱粒的稻谷、玉米等。人们将这些粮食从家里运出来并在石坝里晾晒的过程中就需要这种撮箕，所以它的制作相对比较精细。编制这种撮箕要花费更多的时间和劳动。还有编织得更为精密的是一种叫做“皮撮”的撮箕，编制这种撮箕的篾需要划得很薄，表面极为光滑。前两种撮箕的篾是圆的，后一种的篾是扁平的。皮撮的编制过程更加复杂，工序更加繁琐，篾条与篾条之间的缝隙几乎是密不透风的，即便在里面装上水，也很难从中遗漏出来。这种皮撮被用于装运那些完全成型的粮食，例如，去壳后的大米，机器打磨好的苞谷面等。这些粮食的生产和加工都已经基本完成，对于人们而言，它们应该被装在一些比较干净的容器中。

竹制用具还包括其他多种类型，竹制刷把是将一根竹子的一段被划成细丝所制成的。养鸡的人家通常备一个竹制的鸡罩笼，用于晚上关鸡。筛黄连灰的槽笼，这是比较传统的黄连加工工具，也是竹制的，中间较粗，内部放入烘烤好了的黄连，两端较细，人们站在两端来回摇晃槽笼，黄连灰便从里面露出。簸箕分为几种类型，其名称和用途均有所不同，大簸箕用于晾晒粮食，“皮盖盖”是比较小的簸箕，它被用来簸除粮食的糠和其他杂质，也可晾晒东西。

六、木器

木制用具也是比较普遍的家庭生产生活用具，生产劳作中的大部分传统工具是木制的或者至少有一部分由木料构成。锄头的柄是木料，镰刀的柄也是木料。耕地时所使用的传统耕犁只有插入土中的那一部分为铁质，整个犁架均为木质，这样方便轻巧，我们也观察到有些耕犁全部为铁质，但是这种耕犁显得笨重一些，既费人力又费牛力。土地翻耕之后，经常需要将其平整，尤其种植水稻的水田，用于平整土地的“耙”是由木身加铁齿构成的，也是用牛力。

收割后的水稻晒干之后将其脱粒，这时需要一种生产工具叫作打斗。它是一种四面为木板并有底的木盒，人们站在其边上，将捆扎成束的水稻摔打在打斗里面，脱下来的谷子便装进打斗。在打斗的内部，为了更方便脱粒，会使用一种类似梯子的小木架子，称为“搽子”。它使得水稻摔打下去之后具有着力点，便于水稻脱粒。近年来，打谷子已经部分机械化了，前期使用脚踏式的脱粒机，全部为人力，后来逐渐使用电力自动打谷机。打好的谷子中谷壳和谷子需要分开，这时就要使用“风车”，这种风车除了人力搅动的手柄是铁制的之外，其他全为木质。近年来，很多已经使用了铝合金的风车，并且是电力自动的。还有一种生产工具叫作“连盖”，它事实上是将一根木棍和一块由竹篾编制的竹板连接而成的，主要用于农作物的脱粒，人们手执连盖的木棍，有节奏甩动竹板打在收获来的农作物上，这样便将诸如豆类这样一些粮食脱粒。

在所有的木制生产用具中，有两种在今天是完全没有用武之地了。但是，这两种用具在还没有新的工具代替之前，对于人们的生产生活依旧十分重要。第一种是被称作“碾子”的工具，它的制作和工作原理类似于石磨，不过它是全木的。这种工具主要用于加工大米，谷子脱粒晒干之后，需要用碓舂，将谷壳去掉，但是大米上依然有一层紧紧附着的糠皮，这个时候，需要用碾子将其加工一次。这项工作不能用石磨来进行，因为石磨是石质的，其重量太重，容易将大米碾碎。

另一种比较重要的木制用具是一种背运工具，它曾经是人们负重的最重要的工具之一。这种被称作“扁背”的工具也是用木材制作的。将一根原木内部挖空，成一上粗下细内部中空的整体，前面绑缚两根木棍用以固定背运的物品，再扎上两根背索即可。中空的部分一方面是为了使“扁背”减轻质量，另一方面这里也可以装一些东西。在交通极不发达的年代，人们经常背负重物行走一整天或更长的时间，他们将自己半路上吃的食物放置在扁背里。同时，与扁背搭配使用的另一种工具是“背杵”，它被用于负重的行人在半路上歇气的工具，将其杵在地上，背上的扁背支撑在背杵的上端，以此小憩。

除了以上几种重要的木制用具之外，我们还观察到许多日常生活中的木制用具。

甑子和水盆的做法是相似的：木匠将晒干的原木用斧头砍成一片一片，然后用竹子做连接，把一片一片的木片连接起来，然后围成一个一个上大下小的圆柱形，再根据上面圆柱形底部的大小来决定底的大小。底也是用竹子连接起来的圆木板，比上面圆柱形的底部稍稍的大一点，然后把圆木板从木圆柱形上部慢慢地放下去，并压到底部，外面用铁丝牢固，这样便可以确保不漏水。

因其不同的用途，“盆”被分为几种在形状上和制作工艺上均有所差别，并具有不同名称的类型。广盆在盆沿上刻有一些简单的花纹，主要用于洗手洗脸。菜盆与广盆形状相似，但是比广盆稍大些，主要用于洗菜。大盆一般比较大，很多时候它被用于制作某种食物，例如，当人们制作洋芋粉的时候，就会用大盆来沉淀淀粉，而制作豆腐的时候也用大盆来装豆腐。除此之外，“剁盆”专门用于砍猪草。各种桶也大部分是木制的，“黄桶”的用途最广泛，它比一般水桶的容量大，既可以用于装粮食，又可以用于泡洗粮食，且不会漏水。在人们举办会头的场合中，黄桶用得比较普遍。“扁桶”与其他桶的形状稍有不同，它呈椭圆形，原因是这种容器多用于装粮食，常被固定地放置在墙壁边上。除此之外，挑水的水桶，挑粪的粪桶，装猪食的猪食桶等作为各种用途的桶都是木制的。

木制用具中的桌椅板凳以及储藏粮食和其他物品的各种箱柜在今天依然广泛使用。尽管一些铝合金的粮仓可以在市场上买到，但是木柜的使用年限较长，所以在今天还依然能够很好地发挥作用，就被保留了下来。

七、石制用具

制作生产生活用具的另一种质料是石头。村落周围并不存在丰富的石料资源，所以人们的居所的建筑很少使用石料，只是墙体的基础部分使用石料。另外，以前修建的木屋，大多使用石础，上面刻有花朵、鸟兽等石刻图案。地坝部分为了晾晒粮食也用石块铺就而成。传统上比较重要的两种石质生产生活工具是石磨和碓。我们今天还能够在房屋的周围偶尔见到一些废弃的石磨，曾经的工作已经被一些现代机器所取代。它本来用于推豆腐，还可以将各种粮食碾成面粉，加工各类食物。现在已经被广泛称为“钢磨”的加工机器所取代。

碓的作用也是以加工食物为主，大米需要用碓舂来去壳。曾经，这里每年的春节都要做“糍粑”，它是将糯米蒸熟之后放在碓里舂成的。

此外，几乎每户农家都会在过年前一天杀一头过年猪，而杀猪的整个过程中有许多用具也是石质的。例如，杀猪时要将猪按在杀猪凳上，有一部分家庭专门用木料做成了杀猪凳，不过许多家庭使用的是石质的杀猪凳，它被常年放置在猪圈门口，每年杀猪时直接将猪赶出来按倒在凳子上杀掉。杀死的猪需要用开水烫完之后去毛，烧开水的地方叫作“烫灶”，由石头垒成，上置一口大铁锅，烧开了水，将猪抬到上面过水刮毛。

更小一些的石质用具包括洗衣服的洗台，直接被放置在水龙头之下，有些放在房子旁边的水井边上。虽然较少，但还是存在一些石盆，它们一般被固定在洗台边上，用于洗衣服。用于装水的大部分水缸都是石质的，不过今天也已经有许多塑料水缸了。

前文所述，现在仍然在桥头镇土家人的生活中被频繁使用的各种陶器、瓷器和石器制品，在历史上都可以找到它的渊源关系。鄂西南清水江流域的故县坪遗址，出土了陶罐、筒瓦、板瓦、瓦当等，瓦当的当头为草叶纹花卉装饰，筒瓦、板瓦的表面有粗细不均的绳纹[1]。而现在桥头镇居民的一些木房子，仍使用有草叶纹花卉装饰的瓦当和石础。土家族聚居的流域，发掘出了大量的陶器。土家族擅长制陶，灰陶、黄陶、黑陶、白陶、彩陶等陶器中纹饰多样，工艺精湛[2]，而制陶工艺与当地的生活环境密切相关。

究竟迁徙了多少次暂且不论，土家族先民一直在川东—鄂东南—湘西—黔东这一区域生活，即武陵山一带。武陵山是云贵高原云雾山的东延，向北延伸，山体形态呈现出峰顶平坦、坡陡、谷深的特点。气候冬冷夏凉，雨量适中，植被属于华中系，杉木较多。居住在此地的土家族以及苗族的先民，充分利用地理环境所提供的物质资源来制作生产生活用具，陶器就是其中之一。

器具的制作与生活是分不开的。我们在调查时，发现很多农民家里的灶房都摆满了大大小小的陶罐和陶瓮。好奇之下一问，才知道陶罐里放着各种“腌菜”，其做法不一。其中一种方法是将青菜晒干，均匀抹上盐，然后一层一层地放入陶瓮中，最后用玉米的外壳放在最上面扎紧，再扣上盖子。腌菜做好以后，每次吃的时候取出来一些；另外一种方法是将蔬菜洗净，晒干后放入

---

[1] 邓辉：《巴东长江段几处古遗址调查》，《考古》，1995 年第 5 期。转引自邓辉：《土家族区域的考古文化》，北京：中央民族大学出版社 1999 年版，第 208 页。

[2] 宋仕平：《土家族古代社会制度文化研究》，北京：民族出版社 2007 年版，第 121 页。

陶罐，最上面放一些白菜叶，然后将陶罐倒立着放入一个盆子里，盆子再盛上清水。两三天以后，就可以将陶罐取出来，里面储存的蔬菜也就自然发酵变酸了。在当地，各种肉、鱼都可以用放入陶罐腌制的办法长时间地储存。此外，还有一个办法是将肉类挂在火塘上方，熏制成腊制品。

桥头镇所位于的武陵山区一带，湿度较大，在没有冰箱等工具的条件下，智慧的劳动人民用腌制的办法将食物长期保存。这种方法不仅土家族采用，西南边疆的众多少数民族亦采用此方法腌制酸鱼酸肉，尤其是贵州一带的侗族、苗族、瑶族，将“酸”系列发挥到了极致，酸汤鱼、酸汤排骨、酸肉等，号称“三天不吃酸，走路打蹿蹿”。武陵山一带以及贵州境内，多云雾瘴气，腌制的酸肉酸鱼不仅可以刺激胃口，亦能补充蛋白质等营养。而腌制过程中就需要用到各类器具，即大大小小的陶器，满足生产生活的需要。木器和石器在当地人的生活中也具有同样的作用。武陵山区树林茂密，大量的植物资源供给土家人的先民们削制成各类用具，装物盛水，可谓派上了用场。

除了一日三餐的饮食外，我们还注意到桥头镇的土家族居民们有自制米酒的习惯。在《石柱直隶厅志》有记载：“咂酒，贮糟注水成酒，插竹筒糟中，轻吸之。”光绪《长乐县志》记载：“其酿法于腊月取稻谷、苞谷并各种谷配合均匀，照寻常酿酒法酿之。酿成携烧酒数斤置大瓮内封紧，于来年暑月开瓮取糟，置壶中冲以白沸汤，用细杆吸之，味甚醇厚，可以解暑。”❶ 桥头镇的居民们现在都有在家里用糯米煮熟后加上酒曲来酿制米酒的习惯。

但是，正如我们在“人口与历史记忆”那一章所分析的，我们进行调查的两个行政村，基本上都是百年前左右从邻乡搬到这里，并非历史上就在这里居住的“土著”。他们所带来的，亦是在邻乡居住时的饮食习惯，然后与当地生活习俗融合。我们无意去区分，到底哪一个习俗是“之前的”，哪一个习俗是搬到桥头镇以后才有的。事实上，邻乡亦是属于武陵山区的范围，亦具有山高谷多、湿度大、食物不宜保存等生活限制，因而也同样有用陶器储存食物、制作腌制食品、米酒等生活习俗。聚落成“院子”的居住习俗，使得当地人对人生礼仪的宴庆上格外重视，婚丧嫁娶都是亲戚朋友相聚一堂的时刻。

饮食、居住的生活习俗原本就与地理环境密不可分❷，在武陵山区一带居住的各族人民的祖先们充分利用了地理条件所带来的物质资源，创造出复杂的

---

❶ 转引自彭瑛：《咂酒——土家族酒文化的精髓》，《酿酒科技》，2007 年第 8 期。

❷ 马丁·琼斯著：《宴飨的故事》，陈雪香译，济南：山东画报出版社 2009 年版。

仪式体系，同时又是区域文化的体现。这也恰恰证明了我们在第一章提出的观点，即“土家族无论从血缘上还是从文化渊源上都与周围各族人民互相影响，并受到居住环境——中原与西南边疆的过渡地带的影响”，在这个地理与历史条件的基础上，土家族文化发挥了主观能动性，制作了精湛的生产生活用具，在这片土地上繁衍至今。

第四节　传统节日：岁月沉香与绵延

无论节庆还是礼仪，其都是社会关系存续和发展的见证和契机。对于桥头的土家人而言，节庆是狂欢的时机，是维系、发展亲属关系的好契机。但因为经济的原因以及大量年轻人的外出，除了春节，其他节庆已退却了节日的热闹，显得冷清。

传统节日的形成过程，是一个民族或国家的历史文化长期积淀凝聚的过程，对于桥头的土家族也同样如此。土家族的传统节日主要有春节、清明节、端午节、中秋节。但是在我们考察的村落里，就当前而言，许多被认为是节日的日子实际也没多少节日的气氛了。在1949年以前，当地的传统节日包括春节、清明、端午、七月半（盂兰盆节、鬼节）、八月十五（中秋）等。虽然现在依然认可这些节日的存在，但是除了春节，其他的许多节日已经在很大程度上失去了传统的节日习俗。

土家族的传统节日，是在改土归流后逐渐传播开来的。像庆元宵、春节拜年、清明扫墓、中秋祭月、中元焚赙祭祖等汉族年节在土家族地区盛行。如：

“元旦夜半，肃衣冠，具香烛，放炮竹，开门，拜天地、家龛，男女以次叩贺尊长。向吉方行，拜喜神，诣祠堂祀祖先，上祖墓。至族戚贺岁，谓之‘拜年’。远者及邻戚，他日次第贺之。城市多以小红刺书‘某恭贺’，入门，不必躬拜。客至，主人设果盘、汤圆款之，谓之‘纳财’。”❶

事实上，汉文化在土家族地区的传播，是族群长期互动的结果，亦成为了当地社区形成集体文化记忆的组成元素。

---

❶ 引自段超：《改土归流后汉文化在土家族地区的传播及其影响》，《中南民族大学学报（人文社会科学版）》，2004年第6期。

一、春节

春节在桥头是个非常重要而且隆重的节日，人们很早就会开始为这个节日忙碌，准备年货、食物等。即使在20世纪50~70年代，春节依然是当地社区的一个隆重的节庆，但是当时准备的年货和过年的内容与现在略有不同。

真正的开始忙年，一般是从腊月二十五开始，一直持续到除夕。年三十的时候需要做豆腐，杀鸡杀鱼，炖猪脚。男人们一早起来就开始忙着杀鸡杀鱼，烧猪脚，写贴对联，贴年画等。女人们则开始进行各种洗涤工作和做菜做饭，她们将屋里的所有脏衣服全部洗干净，将铺盖拆下来洗，因为铺盖在整个正月里是不能洗的。除此之外，人们还要给自己沐浴。而且，年三十这天还需要对自己家里的各个角落、房前屋后进行打扫，据说如果不打扫，家人便会在来年生病。

正月初一早餐吃汤圆，汤圆由糯米面做皮，用芝麻、核桃、花生、红糖等做馅儿。初一晚上有一道菜是必需的，叫作油团子，这种食物也是由糯米面做成的，把柔软的糯米面揉成面团子，然后放入油锅里面炸。油团子没有馅儿，往用于炸油团子的油里面放一些红糖，这样使得刚放进去的油团子不会粘在锅上，同时也会给油团子增加甜味。

过年的时间大约从腊月三十算起，直到第二年的正月十五为止，这段时间被认为是过年的时间，但是并不意味着这段时间人们都不做农活。事实上，有些农活比较多的家庭可能在正月初二就开始下地干活了。这个大约15天的时间段被认为是过年的时间，不在于休闲，而在于有些重要的需要在过年期间完成的事情都可以在正月十五之前完成。其中比较重要的就是拜年和走人户。

拜年的活动是大多是从正月初二开始的，对于那些需要到多处拜年的家庭来说，他们可能从正月初一就开始进行拜年的活动了。拜年的最主要对象就是一个家庭女主人的娘家。在过年期间，必须去这个家庭拜年，这是整个拜年活动的第一站。出嫁了的女儿回到父母家里来拜年，需要准备一样固定的礼物，那就是一块割成圆形的六七斤重的猪后腿肉。她的家庭不仅要来父母家里拜年，同时也会到她的叔伯家里拜年。通常的情况下，这一次的拜年需要在父母家里住一宿。当然，这要视情况而定，譬如，来拜年的这个家庭可能还有许多需要去拜年的地方，包括他们的干亲那里以及嫁出去的姑娘那里等。而且，去拜年的家庭也极有可能需要接受别人的拜年，所以有些家庭去拜年只是吃一顿饭就回来了。根据日常关系的亲疏，有些家庭拜年的对象也有广窄之分。譬如，从外乡有两个姐妹嫁到我们所考察的村落里，她们的孩子会在过年期间相互去姨娘家里拜年。但是这并不是必须拜年的对象，到姑姑家里拜年的频率远比到姨娘家里拜年要高。拜年活动伴随着压岁钱的发放，通常，接受别人拜年的人都会给予拜年者一定的压岁钱。不过，压岁钱并没有直接给予来拜年的成年人，而是给那些辈分更小的孩子，尽管如此，这些压岁钱也被视为给了这个家庭而不是这个孩子自己。

在所有的拜年活动中，我们发现拜年与接受拜年的关系大多都是以婚姻关系为基础的。因为，一个家庭不会去给男方的叔伯拜年的，但给姑娘拜年却是常见的事情。到岳父母家里拜年是最重要的拜年活动，因为这是最重要的姻亲关系。年轻的家庭不仅要到岳父家拜年，而且还要到这个男主人的外婆家里拜年，如果他的外公外婆已经不在世，那就会到他的舅舅家里拜年。如果他或他的妻子有干亲的父母，也会到那里去拜年。假如他们有了孩子，这个孩子又有了干亲父母，他们也要带着孩子到其干亲父母家里拜年。这种拜年活动虽然都由孩子的父母安排，不过，孩子的父母也仅仅是随行人而已，真正拜年的是孩子。因为，在拜年的习俗中，同辈之间一般不会相互拜年，拜年者首先在辈分上小于接受拜年者。而且正如我们上述所说，拜年活动的双方以婚姻关系为基础。不过干亲关系通常也是拜年的对象。对于这种现象的解释，村里人认为是婚姻居住方式所引起的，因为普遍的婚姻居住方式是从夫居，所以人们除了女性父系亲属之外，男性父系亲属与自己的居住地域很近，他们经常可以在日常生产生活中进行互动，包括换工、借东西、串门、会头互助等活动。但是女性父系亲属则是外嫁的，他们之间缺乏许多这样的互动，母系亲属也具有同样的特点，即在地域上居住得比较远，干亲在很大程度上也有这种特征。可是这种解释似乎并没有能够完全解释这种现象，一个上门女婿很少会在过年的时候回到老家给自己的父母拜年，即使他们在过年的时候带着各种礼物回到老家看望自己的父母，也并未被认为这是拜年活动。并且，婚姻发生在同一个村落的情况并不少见，婚姻使双方亲戚之间在日常生产生活中也存在广泛的互动，但是在过年的时候，拜年活动也是少不了的。有些人们的干亲父母与自己居住在同一个村落，拜年的活动同样不可缺少。

春节期间还要给祖先上坟祭祖，有些人家是在大年三十的上午去上坟，有些已经搬迁到其他地方的人家，会在大年二十八和二十九的时候回来上坟，然后再回去。虽然这种驱车数百里回来上坟的行为看上去浪费时间和精力，但是它却是塑造家族宗亲乃至族群认同的关键因素。我们将在后文进一步讨论上坟与历史记忆和认同的关联。

过年祭祀祖先的习俗，在大江南北的汉族地区长期存在。《津门纪略》载：“元旦昧爽，长幼皆盛衣冠，设供品敬神祭祀祖先。”《帝京岁时纪胜》载：“土民之家，新衣冠，肃佩带，祀神祀祖，焚楮帛。”《清嘉录》载：“携糖、茶、果盒展墓，谓之上年坟。”❶ 改土归流时期，汉族的过年习俗在土家族地区得到进一步传播，亦被当地社区吸纳到原有的庆年岁活动中，而后又被现在的居民所继承。

二、清明节

清明节是土家族祭祖上坟的一个重要节日。在清明这一天，土家族的人们会买上香、烛、纸、酒还有火炮，到坟上去拜祭祖先和已经去世的亲人，他们会把白纸剪成长长的条状，用竹竿或树枝等挂起来，叫作“挂青”，用来寄托对祖先还有对去世亲人的哀思。

清明节曾有扫墓挂青的活动，但是现在看来，清明节已经没有这些祭祖的活动了，只有那些到外面生活的人偶尔会在清明节的时候回到家乡为自己的祖坟挂青。人们这样解释这种变迁的原因：

> 祭祖活动在1949年以后受到强力的政治打压，不仅仅是清明节的祭祖活动，其他节日中的祭祀活动也都被压制了，例如，七月半的祭祀活动、春节的祭祀活动等。而且对于农民而言，清明不仅是一个关于祭祖的节日，更是一个安排农事的重要节气。清明是二十四节气之一，农民在这个节气前后忙于春耕工作。但是已不从事农业生产在外面工作的人则不存在这样的情况。他们在清明节的时候能够获得节假日，所以他们可以在这天回家乡祭祖。当然，不难理解的是，在别的地方还盛行着清明挂青的习惯，他们外出工作之后，也难免会受到这些地方传统的影响，在祭祖活动已无政治压力的情况下，他们也想要恢复为自己的祖坟挂青的习俗。

除了春节之外，正如清明一样，这些在1949年以前曾经一度包含有祭祀活动的节日在今天已经看不到祭祀的影子。在1949年以前，七月半的时候，人们会写一些袱子烧给已故的亲属。所谓“袱子”，犹如一个信封，上面写明已故亲属的名字。可在今天，完全没有这种现象了，人们只能够在葬礼上看到

❶ 周耀明著：《汉族风俗史》第四卷，徐杰舜主编，上海：学林出版社2004年版，第355页。

袱子。至于七月半要烧袱子的习俗，只有那些年长者才能够回忆起来。

清明，也是汉族传统的祭祖节日，清代时，祭祖习俗逐渐丰富，“清明男女簪柳，出扫墓”、“士庶并出，祭祖坟墓，谓之上坟。间有婿拜外父母墓者……凡娶新妇，必挚以同行，谓之上花坟……家祭、墓祭皆焚化纸锭”[1]。

三、端午

端午分为五月初五的小端午和五月十五的大端午。在桥头，小端午有回娘家、驱蚊虫、插艾草的习俗。人们已经难以回忆起端午和八月十五是否曾经具有某些祭祀活动，但是这两个节日中有些饮食习俗是现在都还在人们的生活中出现的。在20世纪50～70年代，这些习俗一度因为“破四旧”而消失了一段时间。随着时间流逝和环境的缓和，人们又慢慢地开始继续这些饮食习俗以及与婚姻礼仪结合在一起的“端午回娘家”。

喝雄黄酒：那些平时并不喜欢喝酒的人在这一天也多少会喝上一些，孩子们通常是被禁止饮酒的，但是在端阳这天，他们也被允许少量地喝一点。人们不仅将雄黄酒喝下，还会在脸上、身上涂抹，将雄黄酒洒一些在屋子的周围。在这里，雄黄被赋予了一种能力，它能够驱除蚊虫和蛇，而且可以抵御一些邪魔，小孩会变得勇敢，夜晚不会害怕。

驱蚊虫：因为环境关系，人们把酒擦在脸上防蚊虫叮咬。吃过午饭，人们还会把雄黄放在竹筒里，在屋里的每个地方放雄黄烟，还会洒大蒜水在四面墙角，这些是用来驱蛇的。

插艾草：艾草主要是家里种的，大端午早上起来，就出去采艾草。有的自己家里没有的，就去别的人家“拼”（要别人送），拿回来后插在门上。过了这天拿下存起来，以后可以作为药材来用。小孩子肚子痛，把艾草碾碎了贴在肚子上，止痛效果很好。人们相信只有端午这天采来的，才具有药效，其他时间都不会采艾草止痛。此外艾草会散发一种香气，这天年轻女孩还会把艾草插在自己的辫子上，包头巾的女性则把艾草裹在头巾里面。

端午回娘家：已经取得同意即定亲的男女，初五这天女方邀请男方到女方家里做客，而女方的家人要赠送男方伞和草帽。这天女方家人也可随自己的意愿请自家的亲戚过来，亲戚一般也会赠送伞和草帽给男方。不仅长辈要送，同

[1] 《燕京杂记》，《清嘉录》卷三《三月》，转引自周耀明著：《汉族风俗史》第四卷，徐杰舜主编，学林出版社2004年版，第366－367页。

辈的人，如女方的兄弟姐妹也可以送。男方过来的时候要带一点礼品，如酒、白糖等，现在也有人带牛奶和水果。男方走的时候女方还会送麻花、馒头等“干盘”（当地人称送人的一点小食品为干盘）。

婚后，如果有了小孩，外婆在小孩到来的第一个端午要给小孩红包。有了小孩之后，男方一般都不会再得到草帽和伞了。外孙或外孙女的红包视自身情况而定，有的每年都要给，有的就只有第一年给。

如果双方在外打工，距离较远，很多人端午都不回家，但是新婚后的第一个端午都是要到娘家去的。也有的两家距离较近，外婆在这天有时也会把外孙（女）接到家里团聚。爷爷奶奶会为孩子准备馒头、麻花等带去外婆家，同样孩子也会从外婆家里带回干盘。

相比小端午，大端午在桥头并不很受重视，并不像小端午一样庆祝。传统上来说，大端午这天，已订婚的男女，男方会邀请女方到家里做客。

端午节在汉族地区也是非常盛行的，并且还有诸如白蛇传等与之相关的神话传说。端午节是何时传入土家地域，尚无法做出详细考证和结论。但是有一点可以看出，端午节在土家地区还结合了当地的婚嫁传统，使其具有了一定的特色，并且也成为当地文化记忆的元素之一了。

四、六月十九

六月十九拜菩萨也是当地比较重要的节日习俗。六月十九相传为菩萨生日，所以这一天人们要去祭拜菩萨表示对菩萨的敬意，并求得家人的安康、生意的顺利、生活的兴旺，等等。除了准备香烛，当地人还会去裁缝店扯来白布敬献菩萨。白布的长度不定，视自己的经济状况和对菩萨的诚意，可长可短，也可以不准备。但是长度必须要为三的倍数，一般人扯三尺，而准备六尺和九尺的人也有。

在藤子沟水电站建设之前，那里曾经有一个观音洞，里面摆放着几座菩萨石雕。在凤凰山的山腰，有一个“仙岩鸟洞”，传说早年是观音菩萨住过的岩洞，又称“观音洞”。该洞为石岩上的天然洞，洞中常有白鸟飞出，要进洞只有神仙飞鸟可至，故又称“仙岩鸟洞”。后经开凿，人们可入洞中朝拜。洞内有观音菩萨和宗教塑像。观音洞有很多具有传奇的色彩传说：

很久以前，有兄弟二人在此洞下面的龙河上打鱼，不觉天黑，无法回去，露宿河边灌木丛中。至夜深，忽闻山腰轰然声，随后群鸟飞出，盘旋一会儿又回到林荫之中。兄弟二人喜出望外，以为山间有人户烟火，于是攀登山峰。终于寻得鸟声，却不见人家，只有洞中旋绕着香气，闪着余火。在此坐下后，他们不知不觉慢慢地进入梦乡。睡梦中一菩萨姗姗前来，轻声细语道："我是南海观世音是我住过的地方。我知道你二人要来这里，故空出此洞，留下余火，供你们过夜，从明早起，你二人可以不打鱼了，上游不远处，有一块好地方，在那里辛勤耕作，成家立业，繁子衍孙，多造桥梁，以后就叫那里为'桥头坝'吧。"不觉天亮，打鱼兄弟醒来，按照菩萨梦中指点，沿路而上，果然找到那块宝地。经过数十年的辛苦，打造了桥头坝场，两兄弟再也不打渔。为报观音菩萨之恩，两兄弟凿通至洞小道，塑造观音金身。为后人写下了仙岩鸟洞的美丽传说。

在藤子沟水电站建成之后，这里被水淹没，人们主要在现今的瓦屋和长沙村的活菩萨处祭拜。六月十九拜菩萨，一度是当地很重要的公共活动，但是现在慢慢地变成了个体活动，信众有什么需求，就直接到土地庙去拜一拜，而不再是一个集体的民间宗教活动了。

五、八月十五

八月十五打糍粑是当地传统的饮食习俗。在这一天，人们将糯米蒸熟，再放到碓里面舂。糯米舂好之后将其分开做成粑粑，上面撒上一层熟豆面，一方面减少了糍粑的黏性，另一方面也会增加糍粑的口感。人们通常也会在八月十五前几天从市场上购买月饼，并且月饼越来越有代替糍粑的趋势，因为有些家庭已经几年没做糍粑了，他们嫌太麻烦。

在汉族地区，往往是以月饼、赏月等活动作为中秋节的主题内容。可以看出，中秋节在传入土家地区后，结合了当地的饮食文化，构建了当地的文化认同。

第五节　人生礼仪：个人生命史的呈现

贯穿从生到死不同阶段的礼仪书写了个人的生命史。桥头土家的人生礼仪用其较为特殊的方式将社区中的每个成员凝聚在一起。这种团结是点滴间完成的，是在仪式的集体记忆中完成的。同时，礼仪也让桥头人产生地方性认同。

这种认同也是在潜移默化中形成的，也是在基于地缘和血缘的亲属关系的脉络中展开的。

一、诞生礼

诞生礼是人生的开端礼。土家人相当注重为婴儿举行诞生礼，它既含有为新生命祝福，祈祷长命富贵之意，也有为产妇驱邪避祸之意，在礼仪中带有一定的神秘色彩。妇女怀孕后，俗称“有喜”，要请土老司行法事安胎、驱邪，祈求祖先保佑，并在堂屋门上挂上筛子、艾蒿草，称“金钟神罩”，护住孕妇之屋。分娩，一般要请“接生婆”，接生婆进产房后，要敬祭土家族的生育女神巴山婆婆。婴儿下地，接生婆用白线结扎脐带，若是男孩，就用父亲的衣服包裹；若是女孩，则用母亲的衣裙包裹。给婴儿洗澡的水严禁任意外泼，以免污秽神灵。

报喜，孩子出生后，父母家人就会为他举行出生礼，一般情况下亲朋好友都要参加。孩子的外婆家需要郑重其事地通知，称为报喜。孩子出生后，孩子的父亲要就近选择一个日期去外婆家报喜。临行时，父亲一般会背个背篓，如果生的是女孩，就在背篓里放一只母鸡；如果是男孩，就放一只公鸡。到了外婆家，将鸡留下，外婆家再在背篓里放上甜酒、猪蹄、鸡蛋、核桃等礼物，由孩子的父亲背回来。报喜后，孩子的外婆会代表父母这一方去通知外婆那一边的亲戚，准备到孩子家吃满月酒，称为“约期”。父亲这边的亲朋好友，在外婆一边约定好日期后，由父亲一一通知。

满月酒，土家人称其为“酸糟酒”。一般在孩子出生后半个月到一个月之间举行，男孩女孩都一样。在约定的这一天，亲朋好友会带着礼物和礼金到孩子家，礼物用背篓带来。被子、孩子的衣服、鞋、帽、洋芋，稻谷等都可以作为礼物，礼金的数额视双方关系和经济状况而定，多则上千，少则几百。

亲朋好友一般吃过早饭过来，收过礼物后，中午酒席开始。酒席的规格与婚嫁等酒席类似，只吃中午一顿。吃过饭后，亲友回去的时候，孩子家需要回礼。一般要回一个染红的鸡蛋，一包方便面。背了背篓的亲友回去时，孩子的父母要往背篼里放钱，大背篼 10 元，小背篼 5 元，称为“压岁钱”，意思是给孩子压岁。

孩子取名一般会找学识渊博、见多识广的人取名字。近年来，父母自己给孩子取名的也越来越多，一般在孩子出生前会提前取好。男孩子取名，很多是依据辈分来取，姓氏在前，中间是辈分，单个名字在后。女孩取名字一般没有太多讲究，只要寓意好，叫着上口就可以。

新生儿第一次剪头发，称为“剃胎头”。以前，一般会找风水先生看日子，然后找专门的人来剪。传说如果选择的日子不吉利，孩子的头上会长疮之类的东西。现在，还是会找人来剪，但是已经没有过去那么重视。

在土家族，久婚不育的人家会收养或过继别人家的孩子。收养只需双方同意口头即可，过继则需要特定的程序。过继时，一般会请一个双方都信得过的人作为证人。在证人的公证下，双方签署一个类似于合同的东西，完成过继程序。过继时双方会共同举办酒席，请亲朋见证，亲生父母一般会把孩子的生辰八字写给收养孩子的人。一经过继，孩子就成了别人家的，一般不会反悔。经济状况允许的情况下，亲生父母还会支付一定的抚养费给养父母一方。过继的孩子也有长大后认祖归宗的，但是属于少数。即使认祖归宗，孩子还是会奉养自己的养父母。

二、婚礼

当地结婚流程分为：介绍—望人户—取同意（接书简）—结婚—回门。

（一）1949 年前的结婚习俗

（1）在男女双方还不认识的情况下，男方请媒人看双方的情况，之后向双方描述对方的情况。在同意之后，去赶场的时候，由媒人送话，双方各自去集市上去看对方，但都是偷偷地看，因此称之为“偷看”。

（2）在当时取同意称为“接书简”。双方的亲朋好友到男方家，男方亲人坐左边，女方亲人坐右边，媒人月老坐中间。由男方给女方送礼，主要是衣帽鞋袜全身穿的一套，礼金则是看男方的意愿，也有不给的。也要送给媒人一些礼物，但是也是看男方的意愿，也可以不送，一般要给几斤肉，这称为“谢媒”。

（3）1949 年前当地还是以轿子来迎接新娘。男方办 3 天，第一天称为夜迎，第二天称为正酒，第三天则叫送客。女方则办 2 天，在新郎接走新娘之后，女方家的客人便散了。

在第一天夜迎的时候，是请帮忙的人吃饭。新郎要请长辈堂前送礼，称为“敲棒槌”。由主持喊“堂前送礼”，新郎的外公和舅爷要给新郎挎红（红指红绸巾，红绸巾上一般会有大红花），在夜迎当天新郎要亲自去请媒人过来，称为“起媒”。之后媒人带一些糖酒和肉过去给女方，要女方家开礼单，即女方的嫁妆清单。拿到后回到男方家，将礼单公布出来，按照礼单之上的东西安排人，准备第二天去把它取回来。正酒当天要安排亲朋好友抬轿子去接新娘，但是新郎自己是不去的。

轿子在新娘家门前石坝停下，新娘则由儿女多、子孙满堂的大娘牵进轿子里。在正酒当天及其之前的3天，新娘是不允许吃东西的。在进轿子之前，新娘要一一向自家长辈磕头告别，然后一路退到石坝边上。在新娘进入花轿盖上头巾之后，男方接亲的人去吃饭，吃完后给抬花轿的人“利时钱”，之后抬花轿的人才起轿回去。到男方家之后，新郎新娘就位，需要先由主持喊“叩首、叩首、三叩首”称为“站ci（三声）”，新人三叩首。下面接着喊“桃之夭夭，之子于归”、“配凤凰，牛郎织女鹊桥双汇”、“夫妻双双拜高堂”、“一拜天长地久，二拜地久天长，三拜福禄寿喜，四拜金玉满堂”、“叩首、叩首、再叩首”新人再三叩首。之后“新娘新郎退位，礼毕平身，奏乐声炮”。

（二）1949年后的结婚习俗

（1）介绍。若是双方不认识，则由介绍人来根据男方条件或是介绍人自己的意见给男方介绍对象。媒人到女方家介绍男方的条件及征询女方的意愿。若是女方有什么要求，男方是需要按照要求达成的，如若不能，则可能不成功。

（2）望人户。女方在中午之前带着自家的女亲戚（如姐姐、妹妹、嫂嫂等）到男方家去，男方客人则是不论男女。双方互相认识介绍了解对方情况，双方亲戚互相认识，吃一顿饭。男方也要送女方衣服或是布料，也有不送的。不过望人户这一过程经常是被省略的，人们很多时候都会直接取同意或是将望人户与取同意合到一起，一般以取同意为主。

（3）取同意。女方带着自家的女亲戚在中午之前到男方家，若是同意便第二天吃完早饭才回去，若是不同意则吃完午饭或是不吃午饭就回去。但是一般只要愿意过来，便有同意的意思了。通常是要摆几张桌子，桌子上要有瓜子、糖果摆在茶盘里。一桌8个人，在筷子上放一张方形的红纸。在瓜子、糖果撤下去之后，衣服礼金就摆在茶盘上。菜是没有确切规定的，有什么就做什么，一般是腌菜、白菜、豆腐等常见的食物，但是一定要有蒸肉，称为“蒸扣碗”。

双方在不同时期送的东西不一样，在早期是男方送女方布或是一套衣服鞋袜。之后男方依旧是送这些，只是数量一般会比早期的时候多，但是也需要看个人条件。女方则需要送男方一支笔和笔记本。到90年代以后，男方家里若是有钱，在取同意之时需要给女方买戒指项链之类的首饰给女方戴上，而女方则除了笔和本子之外，还要送一些牙膏、牙刷、毛巾等日常用品。在取同意时男方是有礼金的，只是有很多都没有送礼金。“太穷了，什么都没有，”他们一般这样回答，因为男方家家庭条件不好，没有钱给礼金。大多数人都说当时取同意的时候只有一些布，一般是6段布。也有给礼金的，在1978年给4元钱礼金，1995年给400元，2011年给2000元。据说，这些礼金在当时整个乡里也是偏少的。

（4）结婚。也是男方办3天，且称呼相同，女方同样是2天。坐花轿则在1949年后由于号召反对封建迷信而取消了。第一天请帮忙的人吃饭，而媒人则带着烟酒和肉、2支毛笔、2瓶墨水以及10元钱去女方家。其中10元钱是给女方开礼单的人，否则不给开。

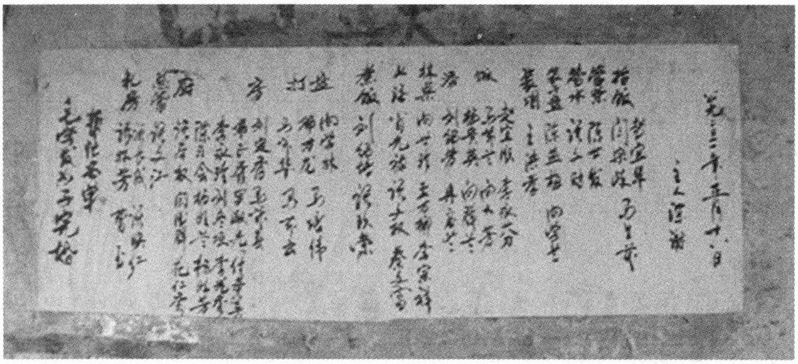

图42　婚礼帮忙名单

之后媒人回男方家，分配任务。箱子、柜子和立柜都需要两个人用竹竿抬的，称为“过抬”，表示我是你敲锣打鼓抬回去的，不是随便就嫁过去的，显示对新娘的尊重。也是希望女方在嫁过去了之后，可以将一个家撑起来。被子也是需要两个人抬的，需要用红线绑起来，同样需要两个人抬，另外碗之类的容器需要有剪纸剪花放在上面。

第二天一早新郎带着迎亲队伍抬着盒子，里面需要装一些鸡鸭蹄髈之类的肉和一些钱，到女方家吃早饭。女方家将礼物收下，把钱摆出来。

新娘告别父母及长辈，现有婚礼的管家喊“堂前送礼”，新娘向长辈磕头告别，长辈送新娘礼物或是给钱，称为“打发钱”，钱数不定，礼物的内容也不一定。之后新娘退出大门，表示恋恋不舍，转身与迎亲队伍汇合。新郎牵着新娘走，迎亲队伍抬着嫁妆在最前面。男方带过来的聘礼是要带回去的，若是女方家愿意或是有钱的话，可以在上面再加一些钱。新娘走在新郎前面，表示新郎对新娘的尊敬。送亲队伍在最后，父母是不送亲的。在过桥和过坎坎（沟道）时，就有与新郎同龄的青年起哄，要新郎背新娘，以此检测两人的感情亲密程度。在快到新郎家时，男方放鞭炮，此时送亲队伍要远离迎亲的队伍，大概 100 米，表示不舍的意思。

礼炮放完，男方邻里中有威望的且儿孙满堂的大娘将新娘牵进屋里，表示对于新娘的一种祝福，希望新娘以后也能有这样的福气。然后拜堂，在屋子中间摆一张桌子，两边是两根红蜡烛。新人在堂前，念一下结婚证上的内容就算是拜堂了。之后新娘由新郎牵进新房中去，媒人拿鞭炮去迎接送亲的人，开始宴席。

吃饭是要预留 4 张桌子给女方送亲的人，筷子下面放上红纸，分为男女桌，派一个德高望重的人去陪。男桌派男人，女桌派女人。

第二天一早，新娘要送男方家除了父母之外的长辈被子、布巾等物品，长辈要给相应的钱。在如今，一床被子一般要给 50 元或是 100 元，此称为“敲棒棒”。随后是吃早饭，这一餐被称为“拜茶早饭”，先吃汤圆再吃饭。吃完饭，新郎新娘放鞭炮送送亲的人。

（5）回门。在结婚之后第二天，即拜茶早饭当天或是第十天早上，新娘和新郎带着肉酒烟回娘家吃一顿午饭。大多数人都是选择在拜茶早饭那一天，在家吃完早饭，送走送亲的人之后，便回娘家。

（三）其他的情况

（1）在 1958 年至 1960 年，全国大灾荒，当地也遭受了颇为严重的灾难。“那个时候，这个组饿死到只有几十个人了”，回忆当初，这些人还是记忆犹新，我们也确实碰到过几个父母饿死的人，有一些是双双都饿死在了那一场大灾难里。有一位大娘说：“我家十几个兄弟姐妹，现在只有我一个人了，全部都饿死了，一个都没得了……”

因此在那样的时期，人们结婚基本就没有仪式和喜酒。有一些就是请一个大队的人吃一顿羹羹（粥），但很多是没有仪式或是喜酒就结婚了，只有一张结婚证甚至连结婚证都没有，有姑娘出嫁就是自己抱了一双鞋子到新郎家。

（2）自“打工潮”之后，由于人们鲜少在家，因此没有那么多时间去准备婚礼以及那些望人户和取同意的仪式。同时很多人在外谈恋爱，对于对象选择的地域条件没有了一定的限定，男女双方家庭相隔太远，且人们思想观念受外界影响较深，使得他们对于传统的结婚嫁娶仪式不太注重，很多人选择办“坐堂酒”，即只办一下酒席，也是办3天，请客人吃饭，而没有嫁娶的过程。

案例6－1：向SC，男，56岁；谭文秀，女，49岁。两人于1982年的3月31号经介绍认识，介绍人与向是一个生产队的人。然后两个人的父母商定一个日期，看人户，当天就蒸起扣碗，有肉，还有就是洋芋一些常见的菜。女方带着十多个亲戚，有她的婶娘、妹妹、嫂嫂、姑姑等女的亲戚，而男方的客人就是他的生产队的一些人。看人户的时候给了女方2段布，一段布6尺。

取同意是在当年的5月26日，当时还有取同意便在男方家待到第二天的说法，取同意时，向给了谭1套衣服，谭则送给男方1支笔、1个笔记本，男女双方还是同样的客人。在取同意时约期，约定时间为旧历的10月26日，这个时间没有算过八字之类的，是双方家长按照结婚取双日子习俗而自己取的。

结婚正酒前一天，介绍人带了10块钱给女方写礼单的人，还有6斤肉，1斤酒和一条烟到女方家，回来之后就分配任务。当时男方给女方20套衣服和8双鞋子，没有礼金。女方嫁妆则有1个立柜，1个书柜，1个写字台，1个洗脸架，一张桌子，4条板凳，4个箱子，6床被子，6套碗以及火盆等一些家里的日用品。当时乐队的人是每人10块钱。3天之后，也是带着肉、酒和糖回娘家。

案例6－2：彭YH，男，70岁。向XM，女，68岁。两人之前不认识，由本村人介绍，当时女方17岁，由父母做主。1959年结婚，年龄不够，因此也没有领结婚证，只办了酒席。当时恰巧在大灾荒年间，大家饭都是吃不饱的，所以也算不上什么酒席。当时的人们结婚，很多都是没有办什么的，只是他们家男方是大队的司务长，专管吃饭这一块，因此还会有一些条件。

结婚的时候，男方请了同一大队的几个人和一些会敲锣打鼓的人去把女方迎了回来，然后在男方家里请男方那一边的同一个大队的人去吃了一顿羹羹（粥），便散了。当时既没有取同意，也没有看人户。男方也是没有礼金的，女方嫁妆也是比较少，例如，被子枕头之类只有一套，两个箱子中有一个箱子是女方送的，这种嫁妆称为“添箱”。

案例6－3：谭C及其未婚妻的取同意

两人在2011年8月12日取同意。女方家一共过来6个人，有女方的父母、姐姐、婶娘、姐夫和另外的一个人。他们6个开车从重庆过来，中午12点左右到达，几个人都是第一次来，双方都不熟悉。本来取同意时女方那边是不能有男人并且父母是不能来的，但是一方面女方的母亲是后母，其父亲不放心，另一方面由于是开车过来的，所以姐夫就开车过来了。在吃饭后给了女方2000块钱，之后才与女方家长约期，定下来是10月26号结婚。其实该时间早就定下来了，是自己翻日历推算出来的，在此只是说一下而已。女方在下午3点左右便因为一点突发状况离开了，男方亲戚以及附近的亲戚朋友们，一直聚到下午8点左右。还在的亲朋好友吃了“包面”才回去，当天按规矩是不能吃面条的。

图43 箱子，20世纪60年代末人们的嫁妆

图44 桌子与立柜

图45 茶盘❶

三、祝寿

祝寿，土家族把它视为人生礼仪中的重大礼仪之一。对祝寿，土家族有些不成文的俗规：未满童限的小孩，称为“长尾巴”；成年人，则叫“过生日”；五十岁后，才称“祝寿”。但是，若父母在世，即使年过半百，也不能举办“祝寿”，有“尊亲在不敢言老”之说。最隆重的祝寿，是满六十花甲；特大隆重的寿诞，是年满百岁，称为“人间寿星”。

祝寿时，一般会叫上自家的亲朋好友，在过寿的老人家里摆酒席，这个酒席称为“炮生酒”，酒席的规格与红白喜事的规格类似。

四、葬礼

各国各民族文化传统、宗教信仰的差异，产生了形形色色的葬礼风俗。有的葬礼盛大隆重，有的简易朴素，有的充满了宗教色彩，有的科学而又卫生。土家人的丧葬仪式也独具自身地方特色。

❶ 结婚时，在上面铺上一层红布，上面放置瓜子，糖果之类的东西，在撤下去之后，将礼放在这上面。

土家族采用土葬，如果去世的是年轻人，一般不会举办葬礼就悄悄埋掉，如果是老人去世，就会在灵堂停放最少3天才会下葬。为防止尸体腐败，儿女们大都会租用冰棺来存放。葬礼前，去世人的子女会找风水先生定日期，选墓地。葬礼一般会举行两天，下葬时采用双层棺木。土家人一般会在六十岁以后就开始准备自己的棺材，棺材选材、制作等过程，自己都会参与其中。

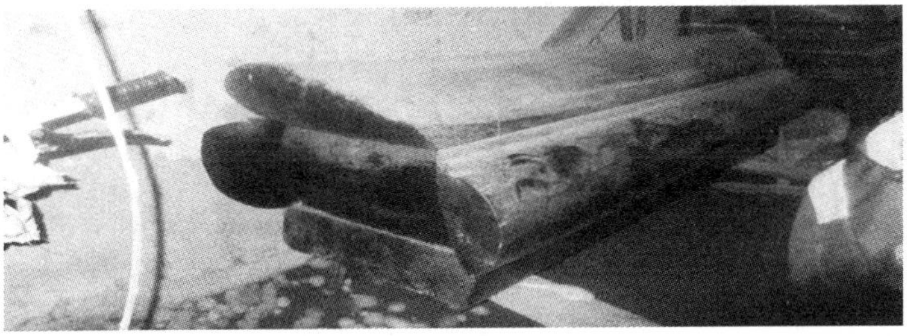

图46　土家族的棺木

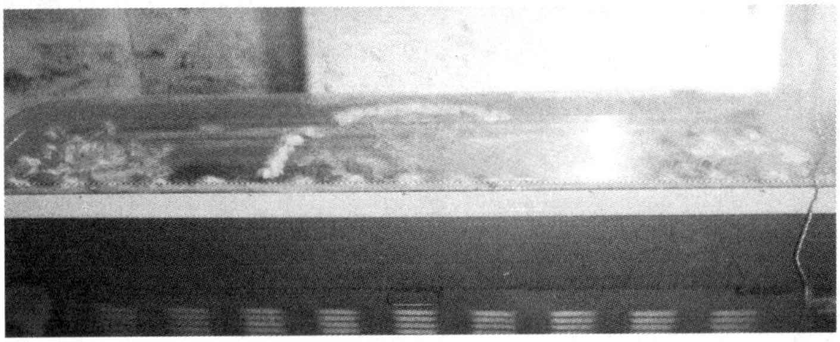

图47　冰棺

（一）穿衣

老人去世后，儿女首先会给他换上专为去世的人做的衣服和鞋子。这种衣服在土家族被称为“丧服”，颜色不分男女，主要有蓝黑两种，丧服一般是死者的女儿、儿媳来做，现在购买的也很多。丧服上不能缝扣子，用布条来固定衣服。有些比较富裕的人家，儿女会给去世的人准备很多套衣服，多则七八套，少则四五套，无论多少，都要全部穿在去世的人身上。

去世的人穿的鞋子，土家族称其为“寿鞋”。鞋面有黑、蓝、绿、红四种颜色，男的一般以黑色为主，女的有绿红两种，但绿色更常见些。鞋底以黄、白两种颜色为主。寿鞋一般做成方口鞋，鞋面用单层布就可以。鞋底类似常见的千层底，把多层布叠在一起，用线缝起来。寿鞋鞋底的特殊性在于，鞋底的布必须是奇数层，三层、五层、七层最常见，布与布之间还要垫上笋叶。据说，这种鞋子可以让去世的人在另一个世界行走时不会感到疲惫。去世者的亲人，都可以帮他（她）做寿鞋。

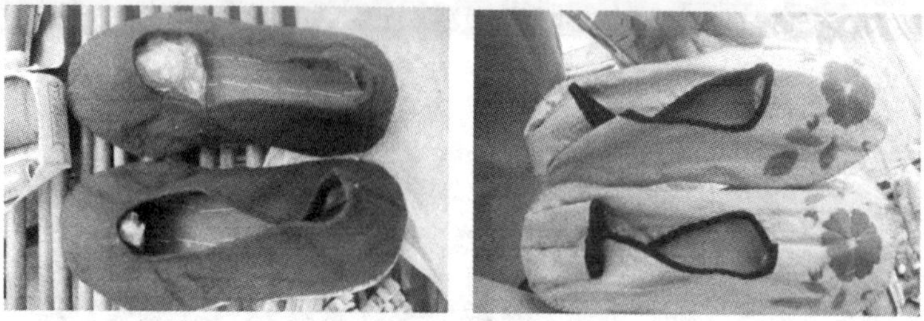

图 48　寿鞋

（二）上香

在土家族，家里如果有人去世，会立即通知死者的儿女亲戚前来奔丧，然后会请风水先生确定举办葬礼的时间。到了举办葬礼的时候，办葬礼的人家会放三个大炮，伴着若干小炮来告知村里人。同村的人无论关系亲疏，都会前来参加，称为“上香”。

村里人上香后，就会加入到葬礼的准备队伍中。用松柏、竹子等搭设灵堂，灵堂里要燃烛、焚香、点灯，写用来怀念死者的白对子，准备阴符幡（用白纸做成，正面写着死者的生辰八字，死亡时间；背面写着观世音菩萨），设礼房（收礼金），然后开始为第二天的酒席做准备。

图 49　阴符幡

（三）葬礼

死者的亲朋好友在收到消息后，都会前来吊丧，并带来礼金和礼物，礼物有肉、糖、被子等，礼房会一一记录在册，吊丧的人会放鞭炮，以示对死者的怀念之情。如果来人是死者的晚辈，他便会在孝子的陪同下去灵堂行礼。三作揖三叩头，孝子磕头答礼，当地有一句话叫作“孝子的头，直如狗头”，意思是逢人就要磕头答礼。主人家会给来吊丧的人送上孝帕，亲朋的孝帕与孝子的宽度相同，但长度不同。孝子中，大儿子的孝帕长七尺，后面一个比前一个短一尺，女儿比儿子再短一尺，腰间会扎着麻绳。亲朋的孝帕一般长五尺。

图 50　众人头上的白布就是孝帕

除了亲朋要给死者献礼，儿女也要为死去的父或母亲准备去另一个世界使用的物品。这些物品大都是纸做的，有灵屋、家电、动物等，有些还会扎童男童女送给死者，传说到了另一个世界，童男童女会做死者的仆人和丫鬟。

图 51　灵堂

女儿或侄女还会专门为死者摆“赚碗”。“赚碗”是一种用来孝敬死者的礼物，用碗装着水果、肉类、蔬菜等食品，摆在灵堂，为死者上供。如果两个老人有一个去世另一个健在（如父亲去世，母亲还在），会摆八个碗；如果两个都已经去世，就摆九个碗。要求每个碗里的东西不能重复。

为了表达对去世的父亲或母亲的怀念，女儿女婿还会为去世的人请歌舞团。女儿多的情况下，可以几个一起请，也可以单独请。如果女儿家的经济状况不允许，也可以放火炮或鞭炮来弥补。

亲朋好友都到齐时，会给死者行三迎九叩的大礼。行礼时，儿子、女儿、孙子、孙女、外孙走在最前面，其他的亲朋好友在后面，三步一叩头称为三迎，一共循环九次称为九叩，一般会在距离很远的地方开始，一路走一路叩头，一直到灵堂结束。这种礼节，真的让人震撼，子女对父母的缅怀与不舍可见一斑。

1. 八大夯

八大夯是葬礼中的一个特殊群体，他们是从同村来帮忙的人中特意挑选出来的人，在葬礼一开始就要选好。葬礼的第一天，他们会去墓地把坟坑挖好；下葬时，需要他们抬着棺材走在前面。这八个人选出后，主人家会给他们提供特殊招待，用最好的酒、肉、水果、香烟，回礼的时候得到的东西也会比别人多。

2. 下葬

土家族的葬礼中，最隆重的就是下葬的时候。送葬时，“八大夯”抬着棺材走在最前面，后面跟着儿子、女儿、孙子、外孙，然后是其他的亲朋好友。给死者的陪葬品也一起带着，大儿子捧灵位，二儿子拿灵屋，花圈、纸扎的礼物由其他人拿着。棺材下地时，要舞龙舞狮，敲锣打鼓，放鞭炮火炮等。表演结束后，由儿子带头，每个人都会向棺材上撒三捧土，向死者做最后的告别。然后，由八大夯做最后的埋土工作。下葬后，葬礼就基本结束了。这时参与丧礼的人都会分到一些礼物，死者的晚辈会得到一个碗，儿子会把收到的礼物分一部分给女儿。来帮忙的人在每顿酒席后也会发东西，男的给烟，女的会给方便面。

下葬的当晚，会有人来给死者“送火”，帮他照亮前往异世的路。送火的燃料是由死者的儿子亲手编的一种草辫，由稻草做成，很粗，分三股，然后编成跟发辫一样的东西（形状跟清朝时男子的发辫类似），发辫的节数与死者的年龄相等，一节代表一岁。一共三根，分三次送，在下葬后的三个晚上，每个晚上送一根。送到坟上后点着，燃得越干净越好，如果碰见阴雨天，草辫熄灭了也不会重新点燃。

图 52 送葬的队伍

葬礼结束后，死者生前用过的东西都要烧掉，房产由其儿孙继承。以后每逢死者生日或逢年过节时，儿孙都会去坟上烧纸放炮，清明节时，要将白纸剪成条状，挂在坟上，称为“挂青”。

图 53 已经修葺的坟墓

死者的儿女，在经济实力允许的情况下，在葬礼结束一段时间后，还会帮死者修葺坟墓、立碑等。

特别之处在土家族，如果去世的是女人，还有特别的要求。死者的娘家人（可以是父母，也可以是兄弟，也可以是晚辈）可以到婆家对葬礼的举办提各种要求，这些要求一般是针对葬礼的规模，棺材的用料，寿衣的布料、件数等。在以前，如果双方意见不统一，两家还会发生冲突甚至出现流血事件，如打架烧房子等。关于衣服，一般娘家人会要求准备好几件。

案例 6－3：石柱县桥头镇马鹿村 89 岁老人冉 LZ 葬礼仪式

该户灵堂搭建在梧桐街头的一个街边的门面里，一共用了三间门面分别用于设灵堂，小卖部以及闲聊时的场所。在灵堂外靠近街沿边摆了一个拱门，在拱门的正中间写着“祭奠”二字，在“奠”字的下方悬挂着“灵堂”二字。拱门的两侧柱子上面缠绕着代表思念和追忆的松柏枝，依靠在竹竿和街边政府种植地的树干上，同时在门面柱上两边也悬挂着松柏枝。从街沿上的拱门进入灵堂的门，当地人称之为“进门”。拱门的柱子和灵堂的正门的两边都悬挂着挽联。拱门上的挽联写的是“孝堂种悲音凄几时休丧帐内哭声哀何日止”，灵堂大门两侧的挽联写的是“母今亡子当孝三叩九礼哭戚父早逝娘遗孀万难尽一世度”，灵堂的上方还悬挂着四个大字“古柏霜摧”。

“进门”以后便可以看见灵堂的全貌，在灵堂的左边墙中间张贴着来帮忙的名单，名单的开头列下本次仪式的名称，然后开始就是帮工的名单，上面写帮工人的名字，下面写他这次帮工的对象的名字。

在灵堂的正中间摆放着由两张方桌拼成的灵台，在灵台的最中间摆放着一个绿顶红体的两层楼的纸房子，纸房子的前端放着香案，香案的正中插着香蜡，在香案的后方插着亡者的灵牌。在香案的两边摆放着十几封写有字的纸钱，这样的形式在当地称之为“写袱子”，这些纸钱一共有21封，左边有12封，右边有9封（“写袱子”的内容和形式在后文专门进行描述）。在纸房子的背后是一张从房中央垂下直至方桌沿下面的白布，白布的左边悬挂着白幡，白幡上书写着老人的生平，从出生到死亡的时间地点，白布的正中间纸房子的上面悬挂着老人的遗像，遗像的左右两边挂着三条长钱。

在方桌的下面，8月6日的晚上正前方放着两个麻布口袋，左边放着一个麻布口袋，到8月7日白天，正前方只有一个麻布口袋，左右两端分别放有一个麻布口袋。前方的麻布口袋是用来上灵用，左右两端的麻布口袋是家属还礼之用，左边的是给直系的女性亲属，右边的是给直系的男性亲属。

灵堂的背后就是老人的遗体，由于天气炎热所以将遗体放在租用的冰棺里面，头朝向里面，脚朝向门口。

老人遗体的脚的下方的地上摆放着一个脚盆，脚盆上面横搭了一块木板，木板上点了一盏灯，灯芯用菜油点燃，当地人称之为“长明灯”。脚盆里面有水，当地人称之为“金水”，是老人去世以后给她抹汗的水，象征着家庭的财富源源不绝。其实这是源于一个传说，说是孙悟空把他师父脚盆里的水全喝了，就学到了他师父的一身法术。而点亮长明灯的菜油也有传说，说的是张飞死后有一块油地，每个去敬他拜他的人都要去给他的地上油，但是再多的人都倒不满，必须要结拜的兄弟和最忠诚的人才能够倒满，所以老人死后必须点这个长明灯而且不能熄灭，以表示自己对老人的尊重和深切的怀念。

在棺木的后方放了四个纯白花圈，只能是亡人的儿子、儿媳、女儿、女婿、侄儿、侄女、孙子、孙女等关系亲密的亲属的花圈才能进到灵堂里面摆放，亲属关系还是以男方为主。在灵堂门口靠着墙边的位置放了一张桌子，周围放着三条长板凳，在门口的右边竖着放了两条长板凳，在以前，假如是一老妇人去世，那么就只有她的娘家人和女儿、儿媳等直系的亲属可以坐，但是现在随便谁都可以坐在那里，大家聊聊天说说话，同时也是表示在陪伴着死者。

在面向灵堂的右边的街沿上是歌舞团的表演，他们的舞台背倚着街边的房子，面向大街，地上铺着红地毯，一张大的“××歌舞团”及其联系方式的幕布挂在门面上直垂落到地上，红地毯的左边是音响设备，有一个人负责设备的调试，演员有7个人，换衣服的地方就在舞台背后的门面里面，整个表演场所被三面观众所环绕。她们表演的内容有唱歌、跳舞、小品、相声、快板等各种各样丰富多彩的节目，引来围观群众的哈哈大笑。歌舞团一般是由女儿、女婿请的，亡人的孙子、孙女以及他们的家属，亡人的内侄儿、内侄女、外侄儿、外侄女以及他们的家属也可以请，亡人的娘家人也可以请，其他的人就不能请歌舞团了。请歌舞团也算是送来的礼金未被登记在礼金簿里面，写“××请歌舞团支出×××元”。请歌舞团是按各个家庭情况的不同进行的，家庭环境好的，家里人丁兴旺的，在设灵堂的期间的每一天都可以请歌舞团，家庭条件不太好的一般就请一次。设灵堂期间，歌舞团的表演时间一般是下午和晚上，按小时收费，在出葬的那天就是上午开始表演到中午，然后下午就上山下葬。由我们观察所得，来看歌舞团表演的人一般是摆设灵堂的周边的人群以及和亡者及亡者的某一个亲属有关系的来自亡者生活的地方附近的人群。在观看歌舞表演时，他们的脸上少见悲伤，更多的是快乐，看到开心的地方还会哈哈大笑，我们询问了几个来观看歌舞表演的人，他们都觉得是看来令大家开心的，觉得歌舞团表演得很好，觉得很热闹。来观看歌舞团表演的人群囊括了各个年龄段的人，从小孩到老人，其中不乏戴孝的人，他们都站着围绕在舞台周围，饶有兴致地观看着表演。

在灵堂的左边那个门市里面，摆放着一个玻璃货柜，里面放着烟、糖、打火机等，用于出售，据我们观察是亡人的侄子在收钱售卖货物。这个门市里面还放着一张木头沙发，上面放着枕头被子，应该是守夜的人晚上轮流睡觉的地方。晚上11点左右，就会从这间门面的内房里面做一些宵夜给还在场的人吃，不论是否有亲属关系，也不管是否熟识都可以去吃，他们家的消夜做的是苞谷粑和面条，在我们询问消夜的内容是否都一样时，亡人的侄子给我们介绍说这个消夜一般是根据当时季节生产的农作物来决定的，像8月份，是玉米的产季，所以就做了苞谷粑，这个苞谷粑是用嫩玉米磨成粉做成的。一般任何季节的消夜都有面条，这是任何时间都有的东西。

再左边的一个门市，里面堆积着一些木材，然后门口放着几根长条板凳，上面坐着几个人在交谈着，其中也有戴孝的人。

再左边又一个门市，过后就是一户才修几年还比较新、比较气派的大院子，在以前询问这户院子左边卖家具的老板娘，据她所说，这户院子里的人都去石柱县城里面生活了，只是偶尔天热或者有事的时候才回来住几天。据我们观察，在下葬的这一天，亡者的大女儿在灵堂拜望过老母亲以后，就回到了这户院子里。

在下葬的当天，这户院子大门的两头都摆着席，一共摆了15桌，吃轮席。席的对面的房子就是菜房，内房里有三个人，分别是一个大师傅负责炒菜，一个妇女负责烧火，一个妇女负责打下手。在菜房的外厅，左边坐着几个妇女，面前放着一些做菜的原料，右边的门口放着凉菜，正在准备端出去。而菜房外面的路边，摆放有一个专门洗碗的、收剩菜的小摊子。在离菜房不远的正在修房子的前面，放着一个大的滚筒，经询问是蒸“扣碗”用的，一般一桌是上四个“扣碗”，假如家庭条件比较差的就上两个“扣碗”。

在灵堂对面的路的转弯处，放着一个放鞭炮的支架，一串又一串的鞭炮从下葬的那天早上一直放到下葬的时候没有停过。支架旁边又撑了一个支架，上面挂了一个牌子，用来提醒过往行人，这里有丧事要放鞭炮，来往注意安全。

到10点50分的时候，葬礼开始“上灵”，即亡人的亲属等一家人前来给亡人磕头祭拜。当时来的第一家是亡人的“妈屋头”，即亡人的娘家人，他们排成一列举着花圈，从面向灵堂的右边走来，在队伍的最前方的一个人拿着一个花圈，到了灵堂处便将花圈堆放在街的对面的街沿边，在还未到达灵堂之前，有一个人会拖着一串长鞭炮点燃以后从右边拖着往左边走，然后来“上灵”的人就跟随在放鞭炮的人后面，后面来“上灵”的每一大家人都如此。他们到达灵堂以后，就拿一大块猪肉给亡人的大儿子，然后放在灵台上面，这个猪肉在当地没有特别要求，一般是猪的腰坊肉，但是只要不是猪头和猪脚都行，一般送猪肉是4~6斤，不能送母猪和小猪，因为当地人认为“母猪是怀了孕的吃了要不得”，这些肉都是送的人在市场上买的。整个来“上灵”的一群人在灵堂门口排成一纵列，然后依次进去磕头，每个人磕三个头，而磕完头的同时，亡人的真孝子也会还礼，男人在右边还男人的礼，女人在左边还女人的礼，还礼的男人一般是亡人的儿子，而还礼的女人一般是亡人的女儿、儿媳妇、孙女、孙媳妇、重孙女、重孙媳妇。来“上灵”的人磕了多少个头，就要还多少个礼，然后“上灵”的人等到真孝子还礼结束起身以后，就会走到孝子的面前表示自己的哀悼和安慰之情，再然后这一批所有来“上灵”的人从灵堂的右侧进入摆放着亡人遗体的内堂，然后坐在里面摆放的板凳上，右边的坐满了再坐左边的板凳，接着边开始“哭丧”，边哭边呼唤着亡人，并且诉说着对亡人的无限怀念的感情，诉说完以后所有人又从灵堂的左侧依次出来然后离开。在整个上灵期间，拱门处会有一支狮龙队，他们会先由女人组成的腰鼓队打腰鼓，打完以后紧跟着就开始舞龙，结束以后又开始舞狮，然后边打边舞还会有一个专门的人在前面说着“利市话”，然后每一轮结束就会有专门的人给狮龙队“利市钱”，一个人一块钱一轮，“上灵”结束以后，狮龙队也紧跟着就结束了站在一边休息。

第二个来“上灵”的是亡人的大女儿的一大家人，大女儿家住石柱县城，同时也在县城里工作，当时在跟着放鞭炮引路的人来了以后，他们自己请的乐队就开始奏乐，他们紧跟着乐队后面，当他们到了门口然后排好队准备入内“上灵”的时候，乐队就开始在拱门内侧面向灵堂的右边奏哀乐，然后这一队人就只是胸前戴着白花跟着哀乐鱼贯而入，到了灵台处奏乐停止了，他们没有向灵牌磕头，而仅仅是在灵台前站着鞠躬，然后乐队又开始奏哀乐，一群人在大女儿的带领下从灵堂的右侧进入然后再由灵堂的左侧出来，没有经过哭丧的环节，仅仅只是在亡人遗体的周围绕了一转，他们到大街上队伍就散了，在“上灵”的同时，拱门外的狮龙队依然像前一个来“上灵”的人一样敲打着，只是这次是和洋号队的号声重合了，在他们离开以后，洋号队的奏乐及时停止，队伍也随之散去。

第三个来“上灵”的人是亡人的姨侄女、姨侄儿的一大家人，整个程序和前面的一致。

第四个来“上灵”的人是亡人的孙媳妇的妈一家，在到灵堂的路上就有专门帮忙的人去接过他们送的一床棉被，然后在灵堂的上方的住房里，又有人直接放了一根挂钩下来将棉被从下面拉到二楼放着，然后和前面一样的形式到了灵堂内，来人带来了一大块腊肉，放在了案台上，然后开始磕头、还礼、慰问、看望遗体，然后离开，在此同时狮龙队也和前面一样的舞着、敲打着。

第五个和第六个来的都是亡人的两个干女儿一家人，他们各送了一床棉被一大块腊肉，然后整个程序都和前面的一样。

每一家人在灵堂内“上灵”的时候，外面的狮龙队都在打，他们一共有七个人，最先开始的是四个人敲锣、敲鼓，在通知大家说有人来看望亡人了，紧接着便是打腰鼓，有五个妇女穿着绿色的长衣长裤在外面打着腰鼓，接下来便开始舞龙，每说一句利市话，打几下锣鼓，龙便会点几下头，然后又换一个人说利市话，再敲锣鼓，龙又舞几圈，然后再换人说几句利市话，再打几下锣鼓，就换成舞狮。一共有两头狮子，两个人装作一头狮子，先是一个打锣的男人说一段利市话，然后狮子舞几圈，再是腰鼓队的一个女的说一段利市话，狮子再舞几圈，再然后是发利市钱的男的说一段利市话，狮子便跟着舞几圈，最后是打腰鼓的那个女人说一段利市话，狮子舞几圈。整个流程会在“上灵”的时候进行三轮，每一轮每一个人1块钱，整个一共7块钱，每一轮结束了都会有掌管着利市钱的人将一轮一共的7块钱拿给打鼓的人，接着再第二轮第三轮。

关于送铺盖卷，只要是亡人的亲属都必须送，其他人可以送可以不送，关于铺盖卷的颜色是没有限制的，就算是红色也可以，一般是在铺盖卷上都有带点白色，同时也没有样式的限制。

关于戴孝，分为戴重孝和一般的孝，重孝是由亡人的直系亲属戴，一般是亡人的儿子、女儿、侄儿、侄女以及他们的家属，还会戴孝帕，而亡人的儿子还会在腰间披麻，即捆上一根麻绳。而一般的孝则是将孝帕折成一根长条形然后缠绕在头上。

到了下午2：40，开始做上山的准备工作，先是将灵堂内的所有花圈拿出来和别人送的花圈一起堆在路边。然后便开始撤灵堂，从拱门处开始向内，将所有缠绕的纸条、挽联等全部撤掉。在做准备的同时，狮龙队就在一直敲锣打鼓，洋号队也在吹号。然后亡人的大儿子就拿着引魂幡到了这条路房子的尽头处的路边上跪着，后面紧跟着亡人的女婿，拿着灵牌，再是亡人的儿媳妇，拿着亡人的遗像，再然后是亡人的二兄弟的女儿的老公即亡人的侄女婿，拿着一栋纸房子，再是亡人二兄弟的儿子即亡人的侄儿拿着放在灵台上的那个纸房子。后面紧接着就是一长串的花圈，第一个拿花圈的人必须是亡人的大女儿，第二个是亡人的外孙，后面的人就随便怎么排列，拿着花圈就好，这个拿的花圈也不分的，就随便拿着谁的就是谁的。在列队的同时，灵堂这边也在做着最后的准备，即抬老人上山的八个人在灵堂内包裹着内棺，他们将一条床单裹在内棺上，然后再用长的白色的布将内棺缠绕几圈，以便在上山的时候抬上去。

发丧的时间经过看期的人算过，必须是下午三点以后，但是不能够超过三点零三分，最好的时间是在三点零两分的时候出发。其实在十多年前，桥头镇也和其他地方一样，一般都是上午发丧，但是后来由于有人觉得这样非常不方便，因为上午发丧一般就是早晨七八点，这样的话来帮忙的就必须前一天晚上就要到，然后就必须要解决他们住宿的问题，有时候人多了光是棉被就要去借100多床，还要找地方给他们住，很是麻烦，也极其不方便，所以后面就改革，把时间放到下午，这样的话那些帮忙的人就可以在自己家睡舒服，上午的时候慢慢过来都可以，所以普遍为大家所接受，到最后就直接所有的葬礼发丧都变成下午。

到了发丧的时间，这个时候就会点燃一个大鞭炮，前面拿着引魂幡、灵牌的一长列队的人听到鞭炮一响就马上起身向坟那里跑，后面的人会一直喊“前面的快跑，前面的跑快点”，然后就一直不停地快速跑上去。而后面的一听到鞭炮响也马上抬上亡人的棺材跟在队伍的最后往上跑，在队伍的中间和最后面分别有个人放鞭炮，一路都不停歇地从下面放到坟那里，这是在通知大家已经上山了，传说这是为了催促前面的人跑快点，不要停下来，同时也是在惊吓路上的鬼魂，把他们全部吓跑然后就能顺利地送亡人上山。而抬棺材的人在送棺上山的路上不能将棺材放到地上，因为这样会让棺材沾染地气，会被阴间的鬼缠上，那这样棺材就会越来越重，最后会抬不走，就不能把亡人送上山，这样亡人也会被阴间的鬼拉走，被抢走，成为游魂。所以用8个人来抬棺上山，是有6个人在路上轮流换着抬棺材上山，剩下的两个人就一人扛着一根长条板凳，假如在路上需要休息，就把两条板凳放在地上，把棺材放在板凳上休息，反正就是不能让棺材接触到地面。

在发丧的路上，我们向一个跟随上山的人了解到，帮着抬棺上山的8个人一般主人家是不给钱的，就是会给些烟，然后有的会买一双鞋子，有些还会买些毛巾。

到了山上以后，首先映入眼帘的是整个坟，坟是斜向的，而这个坟还只是一个土堆堆，然后在上山的左手边堆放着花圈、纸房子等物品，正中间是坟，坟的周边站在很多人，正对着路口的这边站着狮龙队、腰鼓队、锣鼓队，都在准备敲锣打鼓、舞龙舞狮。当棺材抬到了坟上的时候，就先把土堆里的外棺盖抬起来，然后就将包裹棺材的白布条撤下来，用来将外棺的底部擦干净，然后将白布条丢出来，再拉过一条床单遮在棺材上，直到盖棺后才将床单撤去。再将内棺轻轻放进外棺，放的时候脚朝着来的路那端，头朝着山里面这一端，然后亡人的亲人将亡人的脚抵住棺材边，再用内棺底的白布从亡人的脚慢慢向上裹一丝一逢都不露出来，直到亡人的腰部，亡人穿的是黑色的外衣，黑外衣上还搭着一层红色的布。亡人的头上用黑色的布套着，头下垫着一个枕头，亡人的亲人将一沓纸钱垫在亡人头下，用枕头布包裹好。然后就准备盖棺了，这时候，亡人的女儿、媳妇等亲人瘫倒在坟边放声大哭，其情之悲，让我们都不忍侧视，在悲痛声中，缓缓地盖上了棺，然后大家都把自己的孝帕取下放在坟里，表明自己是真孝子，然后最先由亡人的大儿子捧三捧土撒在坟内，接着其他人也都捧三捧土，这个没有人的限制，只要你愿意都可以去捧土，但是一般都是亡人的真孝子，真孝子就是族人中比亡人小一辈的人被称作是“真孝子”，同辈人不是孝子，所以不用捧，其他人就更不用捧了，他们也不想去捧，捧了土在当地的老话说就是捧了财回家，捧完土后亡人的真孝子就回家了，剩下的只是些帮忙抬棺材然后再填土的人，还有一些帮忙的人坐在旁边休息。

在大家都撒完土后就开始打腰鼓，然后是敲锣，再是吹号，然后是敲鼓，接着便开始舞龙，一共有两条龙，都是妇女舞的龙在右边，男人舞的龙在左边，两条龙从右向左的绕圈，同时也会有敲锣打鼓的人说利市话，然后就是舞狮的，一共有五条狮子，在前段舞出各种动作，还会绕着棺木转，同时也会有人在那里说利市话，当狮子绕到棺木后方的时候就会给钱。当狮龙队的表演完了以后，就开始填土了。填好土以后，将所有的花圈、纸房子、灵牌、引魂幡等全部要烧掉，只余下一个亡人最大的子女送的花圈插在坟头，最后一个步骤就是将鞭炮横穿过坟身，然后点燃鞭炮，将所有的鞭炮全部燃尽以后，就再也不放火炮了，整个葬礼在3：30的时候也就随之结束了。

最后只余下一件事，就是从下葬的这天晚上开始，需要在晚上送三束火把上山插在坟头，一般是这三天晚上，每天晚上6点钟的时候送一束，但是现在也有人图简单一个晚上送三束火把的。送的火把是用枯草裹起来的，“一岁一转”，也就是老人死的时候有多大年纪，就需要缠多少转，送到坟上来以后，才点燃插在坟头，火把是由亡人的儿子送上来，假如亡者没有儿子，女儿、女婿也是可以的，送上来也是插在坟上腰部位置的正中间，送上来是为了让亡人可以抽烟。

在整个摆设灵堂期间，都不能打扫屋子，假如扫的话就是将财往外扫，所以在下葬后回去就要开始打扫屋子。假如家里兄弟姊妹多，大家关系都很好，那么大家就可以同时拿起扫把开始清洁家里面，假如关系不是很好，那么就是在谁家摆的灵堂就由谁来清扫。

图 54 灵牌

关于灵牌的写法，灵牌是用一张红色的纸沿着中线对折，然后用胶水粘住，再在两端折横处插上两根竹签，然后插在灵台上。在最后那一天送亡人上山下葬的时候，就要由大儿子（假如没有儿子则由大女婿）举着灵牌第一个上山。

写灵牌有许多讲究，首先就它的内容而言，灵牌的正中需要写：正荐新逝亡人 故 显考某某某老大人 灵位。在左右两边会写上一副对联，如图 54 所示，左边是：金童报信去，右边是：玉女往魂返。这一副对联没有固定要求必须是哪两句，也可以是：左边：一炷冥香通信去，右边：五方童子往魂返。但是对于对联唯一的要求就是左右两句必须对称，不能有不同结构的词相对。而对于正中间的那一列文字也有要求，在“新逝亡人”后面的“故”字必须向左移出一格单独成一列，紧跟在后面的“考”字，假如亡人是老母亲的话就必须用“妣”字，而且跟在后面的“老大人”，也必须跟着变为“老孺人”，最后的灵位两字和前面的一列字之间空一格。

对于写灵牌还有字数的讲究，在这里就有“小黄道”和“大黄道”。

“小黄道”则是“生、老、病、死、苦”，在写灵牌的时候就需要在旁边的纸上写下这几个字，然后灵牌中间那一列字从上到下依次对应“小黄道”中的字，例如，图中“正”对“生”，“荐”对“老”，就这样依次对下去，到中间那列字对完“苦”以后，下一个字又从“生”对着走，轮回循环直到中间那列字全部对完。当灵牌中间那列字的最后一个字对在“老”字上是最好的，对在“生”字也可以，但是对在“小黄道”中间的其他字的时候就是不吉利的，这个时候这个灵牌就不能用，写得不好。

“大黄道”则是“路遥何日还乡 道远吉时通达”，对于“大黄道”中的字的对应法和“小黄道”一样，也是依次轮回循环着对应，当最后一个字对应的字是带有“辶”这个偏旁的，就说明这个灵牌的写法是很吉利的，否则也不能用。

写灵牌必须同时遵循“大黄道”和“小黄道”的吉利法，只要有一个显示出这个灵牌对应的字不是所沿袭下来的吉利字，那么这个灵牌就不能用。

图 55　袱子

关于“袱子”的写法，“袱子”就是石柱县桥头镇小辈用来表达自己不会忘记自己的祖辈而使用的东西，他们是用一整张制作纸钱的纸包裹住一叠纸钱，然后在最外层写一些内容，在人死以后放在灵台上的纸房子里，也是在过年过节或者上坟去需要使用到的东西。但是在葬礼上和平时敬拜老辈子的“袱子”是不一样的，葬礼上摆放的“袱子”被称为“过殿袱子”，而平日里敬拜老辈子的“袱子”就叫作“袱子”。

在桥头，除了死人以外一般敬拜老辈子都是在“三十天”、端阳、七月半和八月十五这四个日子，“袱子”上需要写这四个日子上去，但是是用另一个称呼，“三十天”写在“袱子”上为除夕，端阳写在“袱子”上为莆节，七月半和八月十五都可以在“袱子”上写为中秋。“袱子”中所有文字均以繁体形式写成。

“过殿袱子”需要二十一封，分放于纸房子底层的两端，每一封“袱子”上都需要写字，二十一封“过殿袱子”中有一共有十二个殿，还有九个配角。十二个殿分别是：一殿秦广、二殿楚江、三殿宋帝、四殿五官、五殿阎罗、六殿卞城、七殿泰山、八殿都市、九殿平等、十殿转轮、十一殿东役、十二殿南役，从一殿到四殿是阴曹地府里的掌权者，从五殿到十二殿都是阴曹地府里的关口。十二个殿以外还有九个配角，分别是：引魂将、引魂童子、开路将军、开路童子、当方土地、桥梁土地、丰都城隍、大江土爷、舟夫。写“过殿袱子”还需要一个“总袱子”，谓之曰：“凡遇关津渡口　桥梁土祇　勿浔阻滞　验时放行”。

“过殿袱子”是从左写到右，竖排从上写到下，内容为：虔备冥纸一封，奉上一殿秦广大王案下，了纳新逝亡人×××，天运×年×月×日化炼。在“奉上”那里，“上”不连接在“奉”后面，而是单独提成一行，放在顶头。内容中有空格的地方均为另起一行顶头开始写，而内容中的“秦广大王”的“秦广”可以替换成其他的十二殿的名字，然后到剩余的九封写到配角的时候就将“秦广大王”全部替换成配角的名字即可，其他的均不变。

平日里敬拜老辈子的“袱子”的内容和“过殿袱子”不同，但大体格式一样，也是从左写到右，呈竖行排列，从上写到下。内容为：恭逢除夕之期，虔备冥钱×封，奉上故祖母×氏/父×公学孝老孺/大人正魂仅用，孝男/女×××具，天运××年×月×日化炼。其中内容中有空格的地方均为另起一行顶头开始写，而除夕也可替换成莆节或中秋，在“故祖”后“母×氏”呈竖行在“祖”的右边排列下来，父×公则并排在“母×氏”的左边，“学孝”则又呈竖行在“氏和公”的中间从上排列下来，在“老”后面，同排右边对应着上面的母则用“孺”，左边对应上面的父则用“大”，再下来又是“人正魂仅用”从上依次列下，在最后一竖行的年月日里，要用天干地支的年号，然后月份则采用桥头镇人们对每个月份的专门称呼，一月为春月，十一月为冬月，十二月为腊月，月份是以农历为准。后面的日子则要用××数字写成。

还有一种敬拜老辈子的“袱子”的写法是：今逢莆节之期，×封奉上×氏历代昭穆考妣高曾列祖内亲外戚左邻右舍孑孑孤魂普通普均享孝仕××具天运××年×月×日。内容中有的依然是另起一行顶头开始写，而“高曾列祖”则是家族中的九代人，后面的日期的写法均和上一条“袱子”的日期要求一样。

关于花圈的写法，花圈一般会分成三种格式的写法，分别是孝子女的花圈、侄儿女的花圈以及其他关系的花圈。花圈的写法分为上款和下款，上款在右，下款在左，下款的起始位置在上款的下面一点，呈从上到下竖列的形式，分别贴在花圈的两边。

孝子女送的花圈的格式是：上款：故显考××老大人仙游千古；下款：孝男/女×× A/B 敬挽。在上款种的“故显”后面的“考”字要向左移出一格单列在竖行外，假如亡人是老父亲的话，“显”字后面就用“考”，假如亡人是老母亲的话，“显”字后面就要用“妣”。而“显”字则只是老父亲老母亲才能用，其他的像叔叔、叔母等都不能使用。在后面的“老大人”则是指的亡人是老父亲，假如亡人是老母亲的话，则用“老孺人”或者“老安人”都可以。在下款中，假如家里的几个儿子要一起写一个花圈给亡人，则用“孝男”，后面跟上孝男的姓氏和字牌，然后将几个儿子的名字的最后一个字在下面一排分列左右。孝女也是同样的写法。

侄儿女送的花圈的格式是，上款：尊谋府 ××老大人西逝千古，下款：愚表姪××率族·亲·友恭挽。“××老大人”的“××”是亡人的名，“姪”字是用于外侄、姑侄等亲属关系较近的侄儿侄女，而“侄”写在花圈里面则只是该人和亡人是同姓，按字辈排能排到侄子的位子，但是不能说和亡人是有特别亲近的关系。

而在其他关系送的花圈的格式则是，上款：大德望谋府×××老大人仙游，假如亡人是个妇女则上款写作：承命下谋×母×××老孺人仙游，下款均为：愚×××率族·亲·友哀挽。如上述，假如亡人是个妇女，上款中“×母”中的×是指该妇人嫁入的夫家丈夫的姓氏，再后面的“×××”则是亡人的名字。假如花圈是送给同辈分的人的话，“仙游”必须被换作“安息”，因为“仙游”只能用于长辈，表示对长辈的尊敬。而在落款的“哀挽”也可换作“叩拜”等表示对亡人尊重的词语。

关于引魂幡的写法，引魂幡是悬挂在灵堂中间的白布的左边，沿着白布的边缘垂下。而引魂幡的最上面呈一个红色的三角形状，中间是一个记载了亡人生平的长条形的白纸，再下面又是红色的，红色底端有三个尖，每个尖上又会垂下三条白条，整个引魂幡的形状如图 56 所示。

引魂幡上写字的部分也是用一张白纸沿着中线对折起来的，然后两面都会写字，在面向外面门口的这一面写的是亡人的生平以及他的出生和他的死亡。而引魂幡的背面则是在正中间写上佛教的经语，经语又由于亡人的性别不同而不同。然后在经语的左右两边又会写上一副对联。

图 56　引魂幡

写引魂幡的正面时需分为三列，分别为右、中、左。从右写到左，右边一列写亡人出生的日期、时辰和具体的地址，中间一列写亡人的名字以及引魂的文字，左边一列则是写亡人死亡的日期、时辰以及具体的地址。这是我们通过访问刘福成老支书知道的。在访问到这个问题时，刘支书给我们写了一份范例，是以当时马鹿村的谭 ZS 老妇人为例，内容如下：左列，“东来也：阳命生于辛卯年七月初七子时，在重庆市石柱县桥头镇马鹿村兴隆组兴隆保，生长春光 80 岁止”；中列，“旛宝盖腾空接引揖召新逝亡人故，显妣谭 ZS 老孺人真三魂七魄四十八愿吁速赴神旛之下”；右列，“西去矣：阴命殁于庚寅年八月初十亥时，在重庆市石柱县桥头镇楠木村桥头组梧桐街 4 号正寝病故，享年 80 岁告终”。而中列的格式和灵牌等其他写的格式一样，内容也同时因性别的不同而不同。

写引魂幡的背面同样也有要求，也是呈三列竖行状，中间为正文，两侧为对联。当亡人是妇女时，中间的内容为：南无南海岸上紫竹林内救苦救难大慈大悲观音菩萨金莲之下。两侧的对联可以为：金童报信去，玉女往魂返。对联的内容不定，只要形式能对上即可。而当亡人是男人时，中间的内容就需要写成：南无西方极乐世界阿弥陀佛接引导师宝座之下。两侧的对联任意。这样就写成了一个完整的引魂幡，悬挂在灵堂之上。

节庆礼仪均具有相同的功用。节庆礼仪中充斥了格尔茨诠释意义上的深度游戏，这样的深度游戏将社区的每个人勾连在一起。当地的节庆礼仪中可以看出很多内容是在不断地变迁中，一些构成元素消失又复兴，一些构成元素是受到汉文化传播的影响，但在传播过程中，当地社区吸收了汉文化的元素，将其作为集体文化记忆的组成部分，加上地域、血缘等因素而逐渐构建出了族群的认同感。

第六节　民间歌舞：摆手舞、薅草锣鼓和六口茶

我们刚到桥头镇时，请当地领导带着我们熟悉当地的村落情况，乡干部和村支书们得知我们是来了解当地的文化习俗等内容后，告诉我们："土家族文化，摆手舞啊，石柱县去年还举办过摆手舞大赛呢。"虽然在田野期间，我们并未遇上跳摆手舞的场面，但是村民们会常提起摆手舞。

摆手舞被认为是酉水流域土家族的民族舞蹈，以祭祀、歌唱为表演形式，讲述人类起源、迁徙等内容。由"梯玛"带着众人在摆手堂或空地上跳摆手舞，唱摆手歌。摆手舞分为大摆手、小摆手等好几种，跳舞的时候，众人围成圆圈状，双手呈同边摆动，踢脚摆手；圆圈外放置一大鼓，鼓手击鼓鸣锣，让跳舞的众人跟随节奏而翩翩起舞。虽然同属于土家摆手舞，几个土家族聚居地的跳法还不一样。酉阳、黔江、石柱与贵州沿河、湖北恩施的跳法有很多区别，动作不一样，背景音乐也不一样。

在桥头镇，以前过年的时候也要跳摆手舞。跳摆手舞时，要先在"摆手堂"挂三笼帐子，帐内挂猪头、猪肉、香烛和野猪头、野猪蹄等，然后由身穿红色法衣、头戴法冠的老土司手持法器，带头摇摆呐喊，男女老少都参加，拜了神后再跳舞。现在，除了县城的民族学校还会教这个舞蹈外，大部分人都已经不会跳摆手舞了。

虽然潘光旦先生在实地考察酉水流域土家人的时候，他记录下了来凤等地的土家人跳摆手舞的情况。但实际上，在"文化大革命"时期，摆手舞被视为"四旧"的东西，也就没有人再跳摆手舞。之后随着改革开放以及民族政策的落实，一种文化复兴的现象才伴随着政治气候的变化而慢慢出现。

20世纪90年代，黔江地区的文教部门整理了摆手舞的规范动作后逐渐向公众推广开来。同时，跳摆手舞成为当地宣传民族文化的一种方式，每逢节庆或大型活动，摆手舞都成为表演的节目之一。另外，学校的老师也教学生跳摆手舞，可以在公众活动的时候作为学校的代表节目。王明珂曾经提到羌族地区海选羌族小姐，从某种形式上说开始规范了羌族女性的着装方式。因为20世纪50~70年代的羌族大多都汉化或者藏化了，但是羌族精英族群意识的觉醒，开始慢慢地规范羌族文化的各个方面。土家族也是一样，从某种意义上说，自土司赶苗后，土家族已经接近于汉人了，但是民族识别后，土家族成为一个单独的少数民族，民族文化的各种组成部分得到了整理和推广，这也包括摆手舞在公众层面的普及。

2010年7月14日，石柱县举办了摆手舞大赛，参赛队伍来自城区和各乡镇通过初赛而选拔出来的代表队，全部由当地居民组成。参赛时，各个代表队为了突出创意，对原来的摆手舞进行了“创新”，把生产劳动的场景融入到舞蹈当中，挖地、割草、薅草、插秧、收黄连、扁担挑水等农事生活，都被改编成舞蹈动作，演员随着木叶情歌的曲调跳起舞来[1]。现在石柱县的学校都在推广摆手舞广播操，让学生在课余时间学习本民族的传统文化。

文化亦有新内容的注入。每天傍晚，桥头场镇的居民都会在街上伴随音乐跳起舞蹈来。我们住宿饭店的老板娘忙完一天的活儿之后，就在店门口不远处的街道上，和其他店的姑娘们一起跳舞。整个桥头镇大约有两个这样的业余舞蹈队。她们自己购置音响，有的甚至不需要豪华音响，就是用一个功率较大的录音机放在街边播放。舞蹈音乐是节奏欢乐的现代音乐，而翩翩起舞的舞蹈动作加入了各种元素，有印度瑜伽的动作，亦有新疆维族舞蹈动作，各种元素混合搭配，却又那么漂亮精彩。

民族舞蹈一直都具有复苏记忆的作用，给传统文化保留了一片天空，通过舞蹈的形式来传承民族文化[2]。就土家摆手舞而言，虽然当地居民对于土家历史已经没有太多的记忆，可是民族文化通过舞蹈的形式，跨越了时间的断层，不断地被激活。国家政策对于民族舞蹈的复兴有推动作用。吴燕和教授认为，这些政策是出于“民族建构”的需要，舞蹈促进、完成了国家塑像的创造和

---

[1] 谭岷江、谭华祥：《石柱县举办摆手舞大赛》，2010年7月14日，参见：http://txy.cqnews.net/content.asp?id=4766&zzid=494.

[2] *An Answerability of Memory*: “*Saving*” *Khmer Classical Dance*. Judith Hamera. TDR (1988—) Vol. 46, No. 4 (Winter, 2002), pp. 65-85.

论述，把“中华民族”的具象给展示出来。但是从摆手舞在石柱县被“再创造”的过程，不难看出民族文化本身的魅力所在。

薅草锣鼓，土家人俗称为“打闹”“打闹歌”，也有叫“山锣鼓”的，它由薅草劳动形式和田歌艺术形式两部分组成，是土家族的一种伴随劳动生产与音乐相结合的民间艺术形式。

传统的薅草锣鼓在某种程度上是在人们的劳作过程中产生的，而且为了提高人们的热情，经常会迎合劳动者的需要而涉及一些低俗的荤段子。劳逸结合而最终服务于劳动可能是薅草锣鼓或者其他艺术形式的重要功能。在大集体时代，薅草锣鼓十分流行，因为集体生产正需要一种连接个体的纽带，薅草锣鼓正好可以做到这一点。它在嬉笑之中引起劳动者的兴趣，并为劳动者提供各式各样的话题，因为薅草锣鼓经常涉及一些集体关注的内容。除此之外，薅草锣鼓还有一种鞭策劳动者的作用。劳动者往往从田地的一端向着另一端前进，而唱薅草锣鼓的人就站在劳动者将要到达的这一端的田地边上，一旦看到谁落后了，唱薅草锣鼓的人便会即兴编出些词来调侃那个落后了的人。

每个村民在生产队指定的地点一起薅草，为了提高薅草的效率，生产队组织了村里的一些老人在薅草时唱薅草锣鼓。村里的老人们没有年轻人一样的体力，但是唱薅草锣鼓一样可以得到10个工分，与薅草的人们一样。每次要薅草之前，生产队都会提前通知几位老人，这些老人马上准备需要唱的段子，第二天就在薅草的时候演出。薅草锣鼓表演时一共有四个人，一个吹喇叭、一个敲鼓、两个敲锣，他们被安排在田坎上表演，一般唱的段子多是为村民们鼓劲的，哪个薅草薅得快，老人们就会在前面唱段子以示鼓励，相反的，如果谁薅得慢了，老人们就会在他的后面唱段子，追着他向前赶。村民们想在薅草的时候聊聊天，但是薅草锣鼓的声音太响，说什么都听不到，这样也保证了薅草的效率。薅草锣鼓就是在这个时候兴盛的，当时老人们为了准备唱词煞费苦心，因为生产队要求他们要经常唱，所以唱词需要不断地创新。当时一位村民实在想不出好的唱词，就唱出了“布票不足二尺五，前胸平平平，屁股股股股”这样的词，这在当时被认为是反词，有人举报，因而生产队还开了一次批斗大会，全生产队对他进行批斗。

在一次葬礼上，我们偶遇了三位会唱薅草锣鼓的村民，他们正在休息，等待发丧之后去墓地处理诸如清理墓地现场等事宜。在我们的要求下，他们一人敲锣，一人打鼓，一人唱起了薅草锣鼓的唱词：

李家那个三妹才二面朵花啊，小姐那个爱我都我爱她，小姐爱我的花生子儿哟，我爱小姐的牡丹花。

李家那个才二里多宽啰，小姐那个打扮都像面花，
不是小姐爱打扮啦，祖坟埋在那风流荡。
……

那我在那山中是砍木兜柴啊，前面那个送饭都出发来，
六十大岁还抱儿子哦，我是为你都那个来。

请来家中来噢，不来也得来哦，
我从一个拉饭都拉拢来，我从那方那路过哦，
又把那门儿都围成坎儿。

请来那个来啊，不来也得来啊，
我从一个东方都东罗来，我从东方东路过啊，
东方那个门儿又围成坎儿。

请来家中来噢，不来也得来哦，
我从一个拉饭都拉拢来，我从那方那路过哦，
哪把那门儿都围成坎儿。

请来家中来噢，不来也得来哦，
我从一个那方都那路来，拿个鞭子吃早饭啦，
拿个电灯儿啦又穿草鞋。
……

讨完花朵红哦哎啰溜完一度亲哦，什么开花那个是红彤彤哦，
什么开花那个是白隆隆，什么开花那个悬空吊啰，
什么开花都遇不着。

桃啊桃花子开花是红彤彤，李子朵开花是白隆隆，
核桃开花悬空吊啊，白果开花是遇不着。

什么蔓蔓出来是高又多高，什么那个出来又半中腰，
什么出来连根折，什么出来棒棒敲。

高粱那个出来是高又多高，苞谷那个出来都半中腰，
豆子出来连根折，芝麻出来棒棒敲。

什么那个过河是不脱掉鞋啊，什么那个过河都横起来，
什么背上背八卦啊，什么背上又长青苔。

牛儿那过河是不脱掉鞋啊，螃蟹那过河都横起来，
乌龟背上背八卦啊，团鱼背上又长青苔。
……

传统的薅草锣鼓由三人、五人等组成，而他们只有一个人唱，村民唱完后说，“一个人唱起没得意思，要两个人唱，一问一答才好”。

在桥头镇做田野调查时，有一天正当我们在山间田坎上汗流浃背地行走，我们听到了仿若天外仙音般的武陵山区民歌《六口茶》：

男：喝你一口茶呀，问你一句话，你的那个爹妈（呀）在家不在家？
女：你喝茶就喝茶呀，哪来这多话，我的那个爹妈（呀）已经八十八。
男：喝你二口茶呀，问你二句话，你的那个哥嫂（呀）在家不在家？
女：你喝茶就喝茶呀，哪来这多话，我的那个哥嫂（呀）已经分了家。
男：喝你三口茶呀，问你三句话，你的那个姐姐（呀）在家不在家？
女：你喝茶就喝茶呀，哪来这多话，我的那个姐姐（呀）已经出了嫁。
男：喝你四口茶呀，问你四句话，你的那个妹妹（呀）在家不在家？
女：你喝茶就喝茶呀，哪来这多话，我的那个妹妹（呀）已经上学哒。
男：喝你五口茶呀，问你五句话，你的那个弟弟（呀）在家不在家？
女：你喝茶就喝茶呀，哪来这多话，我的那个弟弟（呀）还是个奶娃娃。
男：喝你六口茶呀，问你六句话，眼前这个妹子（呀）今年有多大？
女：你喝茶就喝茶呀，哪来这多话，眼前这个妹子（呀）今年一十八。

歌声是那种电子音像播放出来的声音。我们循声四望，才发现音乐是从对面山坡上的一户农家的家里飘出来。山上村落的村民们，有的住得比较分散，这户人家将音响的低音都打开，使得几里以外的路人都能听见。事实上，在桥

头赶场的时候，有人专门摆出摊子，售卖这种民歌灌制的光碟，前来赶场的村民们买回去欣赏。民歌作为文化的组成部分，通过新的媒介，得到了更广泛的传播，而不是一些学者大叹特叹的那样在现代化的影响下销“声”匿迹。

薅草锣鼓的时候，表演者需敲锣打鼓，配合演唱者。锣鼓、唢呐、二胡等传统乐器，同时也是当地举办婚礼娱乐时演奏用的乐器。据一位在20世纪60年代曾做过该行业的师傅讲，他们在夜迎当天晚上，要由新郎亲自去把他们接到新郎家，到时，新郎需放鞭炮，来迎接他们。当天晚上开始演奏，至客人主人准备休息。然后是第二天一早，随着迎亲的人去接新娘。下午回到男方家在拜堂之后便不吹了。第二天一早到拜茶早饭结束。其中在拜堂和娶亲的时候是有专门的曲子的，其他时候便没有规定，只要是喜庆的就行。一场婚礼每个表演的人10块钱。

从20世纪90年代后期，当地出现了歌舞团，人们慢慢接受了这一种娱乐方式。在我们到达当地的第一天，便碰到一场婚礼请的歌舞团在表演。当地人说，节目内容有唱歌、舞蹈、相声、小品等节目，内容很诙谐有趣，适合农村人看，只是有些语言和动作相对成人化一些。

歌舞团不仅在婚礼的现场进行表演，同时也出现在白事场合。我们在桥头镇所参与观察的三次白事，都有人请歌舞团进行歌舞、相声、小品轮流表演。即使在夜里，音响里仍播放着激昂的音乐，演员们在临时铺就的场地上卖力地演出。场地外圈坐着观众，有年纪大的老人，也有小孩子，里三层外三层地把场地围得水泄不通。以往的丧事现场，是请敲锣打鼓的人来表演，而现在，敲锣打鼓的传统形式让位于歌舞团这种具有“现代”气息的新形式了。

如果仅仅站在当下的角度来看，可能会有学者对这种变迁表示担忧。通过现代技术所完成的大规模、批量的机械复制，传统艺术那种需要精心雕凿，由时间沉淀所带来的灵韵（Aura）就会消失，取而代之的是缺乏虔诚之心所制作出来的复制品❶。不仅是某一种艺术形式，也不仅仅是民间乐器，而是整个传统艺术在现代化的“入侵”下，显得束手无策。给我们演唱薅草锣鼓的几位老人都表示，很久都没有唱薅草锣鼓的调子了，得先试唱一下，找找感觉。

但如果从长时段的角度来看，传统本身就是一直在变迁的。薅草锣鼓的唱词和曲调随着时间变化而增减；吉利话的内容亦是跟随时代的发展而有所变化；龙灯、狮子的步法、表演场地、时间等亦是在变化中变化。桥头镇的丧事

❶ 瓦尔特·本雅明著：《机械复制时代的艺术作品》，王才勇译，中国城市出版社2002年版。

出殡时间，从以往的清晨卯时出殡，在前几年改成了下午出殡，而这样的习俗为当地人所认可，并约定俗成，慢慢地践习下去，也形成了新的传统。

第七节　口头艺术：生活之囍

说吉利话又被称为“叫口”、“说点好听的”，通常在丧事和断水酒（新房子修好后请客）的场合多有表现。届时主人请来一位或几位当地人，站在舞狮队和龙灯队前面，舞狮舞龙几分钟后，说吉利话的人手一挥，喊一声“哎～”，这时舞狮舞龙的就要停下来，说吉利话的再继续说一些即兴发挥、押韵顺口的吉利话，内容包括夸孝子、小辈对长辈的孝道或者谴责孝子生前对亡者不孝、夸国家政策方针好、夸新房子漂亮，等等。

吉利话是四句一套，每句的内容由你自己想，要说得落音、顺溜。四言八句，你不能今天走东，你说走西。说四句，就有三个字、两个字的尾音要相同❶。

吉利话的内容需因地制宜，要根据事主家的具体情况即兴编出顺口又好听的话。不同人家的家庭情况不一样，如果换了其他人家，内容就得不一样，说的吉利话也会不一样。但是，这也不需要说吉利话者提前去要办席的人家看情况，而是到时候现场发挥。例如：

关于国家政策和生活好：

你在说，我在想，我一时想起国民党，
国民党，心豺狼，又捉壮丁又抢粮。

中国出了个毛泽东，他打日本帝国主义最凶。
三年两年一刮风，牛鬼蛇神全扫空。

广安出了个邓小平，改革开放开大门，
实行一国两制好办法，收回香港和澳门。

---

❶ 访谈时间：2010年8月15日，访谈地点：重庆市石柱县桥头镇长沙村，访谈人：石甜、孙婷、长沙村村民。

关于忠孝：

灵堂的孝子听清楚，养孩儿抚女很辛苦，
为儿为女操的心，三天五夜说不清。

妈妈怀我十个月，那就是造不尽的孽，
夜深场道望不亮，天气长得难忘黑。

孩儿一下地，忙得不歇气，
不是抱就是背，不是吃不尽的亏。

半夜三更一身病，没得钱找周围团转割，
听说哪家医院好，急忙背起往哪家跑。

孩儿长大又入学，从幼儿园读起上大学，
读书一毕业，账都借了一大坨。

读书回来又不会做活路，急急忙忙到处给他找媳妇儿，
请个人去一看，张口就要一万。

请个人去一说，衣裳就要一大坨，
一去又借不到，不晓得朗个杀各。

媳妇一说手，就约起去打工，那个时候他就开始凶，
妈老汉一身病叫他寄点钱回来，他说你是在屋里装疯。

计划生育搞迟了，那独生子女才最好，
儿子多了是个腾，女儿多了是比起搞。

修房子断水酒：

金狮锣鼓闹洋洋，筹集资金修华堂，
华堂修得高又宽，后辈儿子会当官。

这所华堂很特别，是个红砖钢筋和水泥结，
这所华堂修得好，四面八方吊得墨。

还会根据气候时令的不同，说不同的内容，比如说天气热的时候是：

天气伏执，来得淡白，
孝家原谅，还要体贴。

春天的时候说：

目前是春耕大忙季节，我们是哪儿来的客，
一屋衷情衷白，还请孝家原谅和体贴。

下雨的时候说：

今天是大雨季节，一定要带蓑衣才要得，
又是淡白，又是请孝家原谅和体贴。

由于说吉利话主要是在白会（丧礼）场合说，这种场合下狮子和龙都被称为“孝狮孝龙”，以示与平时“金狮金龙”的区别。尤其是这个名字不能喊错，如果喊错了，会引发矛盾和冲突。白会的时候，除了在灵堂外面表演以外，有人进灵堂吊唁时，孝狮孝龙也会进灵堂舞一阵子。这个时候，“叫口”就要说“二十四孝”。我们的访谈人说，他在扫孝堂的时候只说一套：

一扫东南两方，一扫锣锤撞锣昂，
二扫西北两方，子孙发达家庭安康。

吊唁人对着亡人的遗像鞠躬拜一下，孝子要跪着给吊唁人磕头答礼。这时，叫口就要喊“孝狮给亡人拜个灵”，狮子才跪得下去行礼。然后叫口又喊：“孝子你起来，你下去做安排。”孝子才能站起来，叫口继续喊“今天的吉利，东拉西扯说几句，三下锣鼓下去歇气”。也有的叫口会说，“下去喝水”，有的说“让场地出来”，总之就是等叫口说完，孝狮孝龙才可以退出灵堂，而后面等待的人才可以继续进灵堂吊唁。

叫口除了会说吉利话，同时也是舞狮队和舞龙队的指挥。舞龙队和舞狮队到了现场后，等待锣鼓声响起。打锣鼓时四个人打鼓，有引子，每次打的不同，两头两尾（首尾）是一样的。锣鼓声响起后，狮子和龙灯开始舞起来，四个方向都一一舞完后，玩龙灯的就停下来，把龙灯举起来，舞狮子的人也将狮子头顶起来，这就说明已经表演完一个段落了，就该叫口上场了。等叫口说完后，狮子龙灯才又继续舞。通常情况下，叫口不止一个，断水酒的场合上，叫口一般有一到两个人，其中一个是负责站在门口接待客人的；白会的场合就要多得多了，五六个或者七八个说吉利话的都有，有的时候相互之间会你争我赶，互相斗嘴，看谁更厉害。但是，如果一个一个地来，斗嘴就斗不起，如果有好几拨儿，就容易争场面，争面子。还有一种是“你没喊我说，我偏要说”，有些人在围观的时候想要冲上去说几句，这时就容易打架什么的。但是，毕竟白会是很严肃的场合，发生冲突后有丧礼总管前来打招呼，让大家都少说几句，息事宁人。

有白会时，主人家会去请叫口，问“有没有时间来帮我说点好听的”。因为都是同村的，即使不去说吉利话，也要去送礼还礼之类的，所以就和村里人一起去。一般情况下，什么时候去，得看约定的时间，如果是下午埋人，叫口上午就要去丧礼现场。有人要吊唁的话，叫口是晚上去。如果早上埋人的话，头晚就得去现场。通常而言，来请的人决定到场时间和住宿等问题。如果距离丧礼现场近一点，说完吉利话就回家；远一点的话，主人家包车送叫口回去；留宿的话，就住在那里。

当天，说吉利话的人和敲锣打鼓的人一起去现场，等舞龙舞狮的人都到齐了，大家集中了，主人给大家发烟倒茶，然后整队入场，放鞭炮的在前面一边放鞭炮一边开路，举花圈的人在前面，然后是端礼品的，打锣玩灯的，一个接一个地进去，狮队龙灯队就在场地边表演起来。每次表演完一段，负责整个仪式的会头来决定给大家付多少钱，一般是 1 元钱/人，而且大家的报酬都是相同的，也就是说，如果是 2 元/人，则举花圈的、打锣的、舞狮子的、玩龙灯的各得 2 元，如果是 3 元/人，就各得 3 元，依此类推。但是也有人“装空子”，本来可以一个人完成的内容，分别由几个人来做，每个人都可以得一份报酬。以前，报酬是装烟，但现在则给现金。因为香烟要 5 块钱一包，给烟不划算。

除了白会、断水酒，还有过年玩龙灯时，也会请叫口来说吉利话。从初七初八之后，当地人就开始玩龙灯了。负责玩龙灯的灯头（总管）提前到各家各店去通知一声要去表演龙灯的具体时间、人数，店家要准备好饭食和烟酒茶以及红包，红包多少由店家决定。表演的时候，狮子龙灯一停下来，说吉利话者就开始说吉利话。正月的吉利话是千万不能说错的，不然就会被人找麻烦，因为对方觉得过年时就被说惨了，这一年肯定运气不好。

虽然“叫口”是当地的一种传统艺术，但是在三年自然灾荒的时候，没有人玩灯，也没有人说吉利话。一般而言，说叫口的都是男性，不过也有玩龙灯的女性说吉利话，因为她们经常去不同的地方玩龙灯，见识多了，也会说一些吉利话。说吉利话要求有一定的胆识和机灵，面对众多的乡亲，要可以大声吼出来，还不能与别人说的重复。

目前桥头镇上说吉利话者一般是四五十岁、五六十岁的中年人，没有三十岁以下的年轻人。长沙村周围有四五名说吉利话者。在王大伯看来，年轻人不爱做这个活路，觉得钱少，但是他们也有人参与放鞭炮。王大伯说吉利话的经历很偶然。

村民王大伯说：我今年66岁，从50多岁开始说的，说了十几年。我在70年代曾做过手艺人。我说吉利话是这么开始的：以前村上会说吉利话的人都出去打工了，人们需要时，就去外边请人来。就这样，我觉得这是我们这里有需求的事情。后来人们来喊我去说，这个地方经常有各种红白会，我就去学。后来，人们看我会说，就不再去外边请人来说吉利话了，就都找我了。我也没有跟别人专门学过，都是自己瞎想的。我们这个地方是土家族地区，有这种宗教信仰，它需要这些人：玩灯、打锣这些人，玩灯、打锣、说吉利话是配套的。光玩灯打锣的话，杀不到各（收不了场），要有吉利话。我老汉会说，也会打、唱薅草锣鼓❶。

同样的情况发生在摆摊算命的一位老先生身上。老先生今年70多岁，他早年是“改猪匠”（骟猪匠），在周围的村镇之间转悠。因为某些原因，他被送到劳改农场，在劳改的时候跟着一位瞎子学会了算命，从此以后就在桥头镇赶场的时候摆摊算命，同时也出售农具。我们问他为什么学算命，他的回答是，他觉得这里需要有个会算命的，加上算命可以赚点钱。我们可以看到，在传统社区的运转中，个体的自主性促使了他们选择“继承”民间文化的某个环节，从而搭建了传统的传承链。而正是在这样的社区氛围与个体选择的互动中，桥头镇的土家社区亦慢慢地形塑了“土家族”传统艺术的概念和认同。

❶ 访谈时间：2010年8月15日，访谈地点：重庆市石柱县桥头镇长沙村，访谈人：石甜、孙婷、长沙村村民。

第八章　精神世界的族群认同：民间宗教与民间信仰

本章通过对宗教与民间信仰的传统与实践的分析以及宗教信仰变迁的描述，试图将桥头土家人的日常宗教信仰生活展现出来。近代以来，桥头土家人的宗教与民间信仰实践以及国家的政策息息相关，民间信仰历经起伏。现在正以各种面目呈现着“传统的复兴”。

民间信仰的兴起一方面与国家政策的放松有关，另一方面也与市场经济有关。政府对民间信仰的态度直接影响了民间信仰的兴盛与衰败。在集体时期或者“文革”时期，民间信仰或改头换面信奉毛主席，或转入地下，在百姓中暗地流传。而当下，国家政策的放松则给民间信仰留出了大量的社会发展空间。民间信仰甚至还成为非物质文化遗产的民俗而得以保护和存续。同时，宗教与民间信仰本来是人们在信仰方面的生活状态，明显地，其成了与人们的生计也相关联的事情。

通过民间信仰，当地的神话传说或多或少地得到代际传递，当地社区的集体认同也得到加深。就像上坟的习俗一样，不仅是对逝去的祖先的一种怀念之情，更重要是一种历史记忆的传递。一旦居住在这个社区，就不能违反这些规则，并且由于生计需要，遵守这些神秘规则显得更契合生产生活的实际情况。

石柱县桥头镇是一个多种民间信仰相互交融、共同存在的社区，他们既有人信奉佛教，又有人信仰基督教，还有一些对山石以及太阳星星的自然崇拜。但随着时间的流逝，随着社会的现代化，当地外出务工的青年人增多，留下的大多是老人和儿童，同时由于水电站的修建，很多祭拜的场所被淹没，还有历史上“破四旧”以及“文革”时期遗留下来的种种反对封建迷信思想的影响，他们的信仰都在慢慢减少，并逐渐变得隐秘。

该社区里有三种类型的信仰：一是对神的崇拜、对鬼的敬畏、对妖的憎恶。神有当地的菩萨崇拜，如山王菩萨、土地菩萨、观音菩萨、牛王菩萨、二郎神、八仙等；二是对自然的崇拜，如太阳神、月亮神、星星神；三是行业神崇拜，如鲁班、老君、姜太公、菜婆；四是祖先神的崇拜。当地人认为只有人才能变成鬼，鬼也有好坏，所以当地人也过“七月半”，也就是俗称的“鬼节”，他们会在鬼节的时候去祭拜老辈子，烧“袱子”等，同时对于坏的鬼大家都会害怕，采用各种方法去震慑和驱逐之。当地人还认为，为人所憎恶的是妖，而所谓的妖主要是蛇和蟾蜍（当地人称之为 kei ma），它们都是坏的，会带来灾祸，所以当地人很讨厌它们，但是这些东西很多只有 70 多岁以上的老人才知道，现在已经很少有人清楚这些信仰的深层含义，都是说“是老一辈的人给我们说的，我们就这么做了”。

第一节　民间信仰的传统：从家庭到社区

在桥头，“家”神信仰、庙宇、石菩萨、日常生活中的禁忌等民间信仰方面的内容从古早的年代一直延续至今，成为当地的传统。

一、“家”神信仰

1949 年以前，这里的人们普遍供奉着家神。每户人家的堂屋里都有一个神龛，放在堂屋的正墙上。神龛是一块木板搭着的，上面放着香炉及烛台等物。每年腊月三十的早上都要写“袱子”，写好之后要放在神龛上供着。年饭是午饭，吃年饭前要先供奉家神，将所有的菜放在神龛前供奉，点燃香蜡，焚化纸钱，磕头，有条件者此时放鞭炮。供奉完毕，人们开始吃饭，年饭吃完，将“袱子”请到屋外的地坝边上燃烧，一边燃烧一边说话：“各个老辈子来领收。”

家神的神龛被供奉在堂屋的正墙上，墙上贴一张红纸，红纸的正中间竖着写上“天地君亲师位”字样，六个大字的左右两侧有分别写上“四官财神”和“文武夫子”。

可以看到，红纸下方设一神台。这个神台有时候只是一块简易的木板钉在墙上，而经济条件较好的人家通常将这个神台设计得十分漂亮，像一个桌子一样有四只脚，脚上和面上都雕有精细的花纹，其中脚上的花纹多以蛟龙为主。神台上放置着一些祖宗牌，也就是这家人的故人的亡灵神位。祖宗牌是木质的，根据自己的经济条件，做法也颇不相同，但是上面都要刻上亡人的名字。

“敬坛”也是1949年前的一种民间宗教活动。人们认为他们的堂屋一角有一个神灵（或者不止一个），所以要对这个角落进行供奉。当然，这种供奉不是每年都举行，一般是隔上两三年才会举行一次。而且，“敬坛”没有固定的时间，通常是自由安排的。一个家庭在敬坛神的这一天，通常要请些亲戚朋友来家里吃饭。敬坛神有何意义，这已经被人们所遗忘了。现在的人们只依稀记得坛神的来历，而至于为什么要敬坛神就不甚了了。传说：

当地一名男青年名唤赵侯，家中比较穷苦，于是到一户财主家里帮着放牛，赚点衣食之资。不想，赵侯在财主家里放了一段时间的牛之后，却与财主家的小姐产生了爱情，于是二人发生了关系。财主知道此事后甚为震怒，将赵侯和自己的女儿叫到堂屋，狠狠地打了他们的耳光，二人被打得跌倒在堂屋的一个角落里，并死在那里，遂成为“坛神”。当地有些人以为，大约是这个财主因为一时愤怒而将二人打死，事后肯定又极其后悔，所以之后便开始供奉堂屋的那个角落。

而很可能是受到财主家的影响，别的人家也开始供奉坛神。那么为什么又要叫坛神呢？原因是这个财主尽管对于打死赵侯和自己的女儿心生悔意，但是为了保护自己的自尊，便在供奉赵侯和女儿的灵魂时采取别的名义。房屋的角落里通常存放一些坛子，这是农村生活中通常都可以见到的情况。

二、庙宇

从距离上说，能够对我们所考察的村落产生影响的庙宇似乎只有两个比较大的：一个是马鹿山山麓的马鹿寺；另一个则是中益乡不知名的寺庙。这两个寺庙今天都已经不存在了，我们现能在马鹿山下看到马鹿寺的残岩断壁，它的大殿的基本框架还矗立着，内部还剩下几根红色的木头柱子和一只石质的小狮子，此外能看到石板地上和墙壁上有一些花纹，还有就是依稀可见毛主席语录及“农业学大寨”等字样。这里现在被两户居民共同占有，他们在里面生活，这是从他们的父辈那里继承下来的，他们的父辈曾经在1949年后分房子的时候分到这里。

马鹿寺建于何年，现已无从得知了。不过在1949年以前，这里曾住着几十个和尚，他们在解放军进入石柱之后逐渐逃走。在调查中，我们得到几则关于马鹿寺的传说。

马鹿寺传说一：

在很早的时候，马鹿寺规模很小，庙里只住着一位和尚。寺院附近住着一位老太太，她是一个无嗣的寡妇。她需要自己打理自己的生活，她经常上山捡些松果来卖，据说那种松果在古早时是人们生活和夜晚照明的重要材料，老太太便以此来生活。

有一次，这位老人一如往常地上山捡松果。当她在松林里捡松果的时候，突然发现有只母鸡带着一群小鸡在树林里觅食。老人感到有些奇怪，因为这个地方事实上荒无人烟，怎么会有鸡呢？她随手捡起一个棍子向鸡群打去，正好打在一只小鸡的身上，其他的则受到惊吓而四散了。被打到的小鸡扑在地上奄奄一息，老妇将其捡起揣入自己的怀里。很快，老妇捡够了松果回到家中。回家之后想起自己在山上遇到的事情，才忽然想起那只小鸡还在自己的怀里。老妇于是赶紧将小鸡从怀里取出，她为她所看到的而感到惊讶，因为这不是一只小鸡，而是一锭亮堂堂的银子。

当夜，老妇开始觉得头有些痛，难以入睡。好不容易入眠了，却做了一个十分奇怪的梦。梦里恍惚见到一个人（关于此人的信息，讲述者也不知晓），此人对老妇说道："据此不远处有一处庙宇，名叫马鹿寺，就在马鹿山腰。你今天在松树林里捡到的银子，如果在明日清早敬献给这个寺庙，这样你的头便不会再痛了。"

巧的是，马鹿寺里那个和尚当夜也做了一梦。他在梦里也见到了一个人（如上，此人的信息也全无，但并未强调是同一个人），此人对这个和尚说："你所在的庙宇要遇到贵人了，明日你务必起个大早，将院前屋后打扫干净，中午之前，必有贵人来访，并有不少的施舍。"

老妇于第二天清早起床依然觉得头痛，但清晰地记得夜里自己所做的梦。于是，老妇带着昨天拾到的那锭银子赶往马鹿寺。马鹿寺的和尚也起了个大早，对寺庙进行了精心地打扫。本来寺庙不大，打扫起来并不费事，很快打扫干净了。和尚久等之下，却不见那贵人前来，正当要放弃之时，看到一老妇蹒跚而来。老妇见到和尚，遂将自己的来意告知和尚。和尚赶紧待以斋饭斋菜，老妇遂将银子献给和尚，即去。果然，老妇尚未回到家中，头便不痛了。

和尚得到老妇的银子之后，将银子放在屋内的一个撮瓢（用于舀粮食等物之用）内。夜晚和尚入睡，山林里的那群小鸡由母鸡带领来到马鹿寺，它们是来寻找那只失散的小鸡的。它们走到撮瓢边，看到这锭银子就是失散的那只小鸡，但是这只小鸡显然是带不走了，于是这群小鸡全都走进这个撮瓢将自己变成了银子，银子装满了撮瓢。马鹿寺的和尚正是使用这些银子来修缮寺庙、扩大寺庙的。此后，马鹿寺的香火越来越旺，来此出家的僧侣也越来越多。

马鹿寺传说二：

另一则是关于马鹿寺和尚的传说，这个传说讲的是一个贪婪的和尚。据说，在大寨坎（这是马鹿山一侧的陡峭崖壁，与对面的山壁对峙，中间流过一龙河）对面的崖壁上有一个能自己出米的天然石洞。马鹿寺的和尚经常来这个地方接米，而这个洞穴所出的米的分量也是有限的，每日按照马鹿寺用餐的人数出米。每日所出之米一旦足够寺内享用即停，仿佛有一种力量控制着这个洞穴。一天，常去接米的和尚忽起贪念，他想，此洞穴之所以每日所出之米仅够寺内食用而无结余，可能只是因为这个石洞太小，如果将这个石洞凿大一些，肯定能出更多的米，这样不仅够寺内食用，还可以将每日多出来的米拿去街上卖。于是该和尚便将这个石洞凿大，然而与和尚的愿望相反的是，这个洞穴从此之后再也不出米了。

现在住在马鹿寺的居民告诉我们，1949 年以前，马鹿寺很大，有山门，里面供奉着各路菩萨，有关公、观音菩萨和其他几位菩萨，非常热闹。但是我们在《补辑石柱厅新志》上查不到关于马鹿寺的记载。《补辑石柱厅新志》完成于清末道光年间，大概马鹿寺在此之后才修建完成。

另外，当地还有一些较小的庙宇也是值得关注的，尽管它们的服务范围不大，但总是对我们所描述的社区产生过一些重要的影响。在梨子的梨家湾与黄高交界的地方是座小山，其小地名唤作庙梁。1949 年之前，庙梁上有个小庙。这个小庙乃是一个天然的石洞，进深 1.5 米左右，而长约 5 米。1949 年之后，这个小庙被毁掉了。

据老人回忆，庙梁上的菩萨既能防火，又能求雨。1949 年以前，如果本地的天气干旱太严重，人们就会去庙梁上敬菩萨，求雨。求雨分为两种，一种是比较零散的求雨活动，一般是一些个体民众去庙里敬菩萨，也就是香蜡纸烛点了，磕个头，向菩萨求雨。影响比较大的求雨活动是全村的参与。梨家湾 70 多岁的向某回忆：

1949 年上半年，这个地区的干旱十分严重，田地都已经难以耕作了。在这样的情况下，全保决定举行一次大型的求雨活动。这样的求雨活动需要杀一头猪，于是买了一头 100 斤的猪。准备就绪之后，全保每家出一个人开始浩浩荡荡地走向庙梁上，抬着那头 100 斤的猪。人们敲着锣鼓，一边走便一边喊：

“老天爷，落雨啊！”到了庙梁上，人们站在庙前面，先将抬来的那头猪当场杀掉；然后一个专门从事祭祀活动的人（回忆者忘了那时是怎样称呼这样的人的）走到菩萨的面前，点上香蜡，焚化纸钱，然后问菩萨：“我们这边太干旱了，今天请你去马鹿寺，你要落雨啊，你去不去？去的话就让我们打个顺卦，不是顺卦就不去。”说完抛出手中的卦，卦落地，发现竟不是顺卦。于是大家也都不敢动，只有请示当时的保甲领导。当时有四个甲长在场，他们觉得应该去问问保长怎么办，人们都说可能是猪杀得太小了。四个甲长找到保长，跟他说了具体情况，并说明可能是猪杀得小了的原因，于是保长同意重新买一头大点的猪。人们又重新抬来了一头更大些的猪杀了，再去扔卦时，便成了顺卦。于是人们将菩萨从庙里抬出来，放在事先准备好的椅子上，这个椅子的两侧捆上两根木棍，做成个轿子的样子，菩萨放到椅子上之后，四个人抬着菩萨走在前面。人们抬着杀好了的猪在后面跟着，依然敲着锣打着鼓，喊着“老天爷，落雨啊”的口号，一直走到马鹿寺门外。据说还没有走到马鹿寺，大雨就下起来了。到了马鹿寺，人们将杀死的猪放在寺外，直接将菩萨抬到马鹿寺的大殿的台子上，人都站在下面祭拜。三天之后，再将菩萨抬回庙梁上。

在1949年以前，邻近乡镇中益的那个寺庙也比较出名。人们对于这座庙宇的记忆似乎是因为这座庙宇也曾经一度是人们求雨的重要地点。一位年过八旬的老人给我们讲过在这座寺庙求雨的传说。中益乡的这个庙里供奉着两尊专门用于求雨的菩萨，其知名度高是由于这两尊菩萨在求雨活动中比较灵验。这两尊菩萨的来历也是比较具有传奇色彩的：

传说中益有一年涨大水，洪水从上游带来了一个大木疙瘩。有人将其从水中捞出，在拍打其以辨别其质料时，没想到当人们拍一下这块木疙瘩，天上便会打一个雷，屡试不爽。于是人们决定将这个木疙瘩雕成两尊菩萨，一大一小，将其供奉在中益的一个寺庙里。每逢旱年，便从这个寺庙将这两尊菩萨请到大寨坎上祭拜，通常这样做，三天之内必定下雨。

据说这个木疙瘩是一块沉香木，后来有些抽鸦片的人从菩萨的身上刮下一些粉末来掺在鸦片里面吸食，经此破坏之后，这两尊菩萨便再无祈雨之灵了。

龙井组过去的求雨仪式在村里的龙井边上举行。龙井组有一口龙井，传说在很久以前，一个村民看到村里水井前的耕田里卧着一条龙，它原本只有一个棒棒那么大，后来越长越大，终变成了一条龙。他赶紧跑回村里叫人，回到井边时却也没发现龙。但因此村民们认为该井里可能有龙，所以就把此井定名为龙井。村民也认为这口井很有灵性，只要天旱，村民们就到龙井前祭拜求雨。祭拜的人不仅仅只有龙井组里的人，村子对面的三益乡的村民也会来祭拜，他们多捆着牛羊来到龙井前进行拜祭。而在缺雨水的时候，村民就会将水井表面的水取走，没过几天村子里就会下雨。

三、石菩萨

所谓的石菩萨指的是设在田间的田坎上或者某处崖壁上的一种菩萨。石菩萨没有什么真正的庙宇，只是在菩萨的周围随便搭建一个很小的避风雨的棚子。而在悬崖上，人们往往是在悬崖上打出一个洞穴，以此容纳石菩萨。在梨子村及其周围，我们现在已经找不到任何石菩萨了。但与这个村落毗邻的合堡组的大寨坎的崖壁上供奉着几尊小的石菩萨。

大约在十年以前，梨子组组长柯大海的父亲组织全队的人凑钱在大寨坎修了两个石菩萨。柯组长的父亲在20世纪80年代以前曾当过梨子大队、梨子村的党支部书记。他们这群人也曾经在“左倾”思想指导下率领着民众“破四旧”、“反封建”、“反迷信”。但到了20世纪末，随着政策在民间信仰控制方面的放松，他们又回到了传统，并借助“复兴传统文化”的机遇恢复了一些传统。许多地方的石菩萨逐步出现就是例子。最初，那些开始去敬菩萨的人还需偷偷摸摸的，他们甚至没有去到菩萨的面前，经常在门前院子的角落里站着自言自语地说着些旁人听得不甚清楚的话语，那是他们正朝着菩萨的方向许愿。但慢慢地发现也没人来干涉这样的行为后，敬石菩萨的活动就逐渐地公开了，只要自己愿意，时间充裕，什么时候都可以去敬菩萨或向其许愿。通常每年农历的六月十九是最为热闹的，这天，全组的村民会集体去石菩萨前敬奉。

2003年，藤子沟水电站开工建设，这对于当地的石菩萨信仰也造成了一次不小的冲击。因为大多数的石菩萨被嵌在崖壁中，如柯大海组长的父亲曾经筹钱修在大寨坎的石菩萨一样。尤其那些有路经过的崖壁最适宜被用来供置石菩萨，有些上崖壁的路甚至完全是为了敬石菩萨而修的。藤子沟水库正好淹没了原来的桥头场镇，那些供奉有石菩萨的崖壁也面临水淹，因而这些石菩萨也面临着被水淹没的处境。

田畈村人凭自身的能力抢救了一些石菩萨，将他们供奉在一个距离他们比较近的地方，随着水库的建成，隔离了马鹿山和田畈，马鹿山上的人想要去田畈村敬菩萨变得十分困难了。因为马鹿山与田畈村、桥头村正好在水库的两侧，水库没有建成时，人们从马鹿山到田畈村，一条路是从马鹿山上下到今天的水库底，再从这里爬上田畈那边的山；第二条路是直接经过“三多桥”到达田畈村。水库建成之后，这两条路均被阻断，马鹿山与田畈的交流只能依靠船只或绕道更远的地方。在桥头，船只的功能主要是运送田畈村、桥头村的孩子到这边上学，到了赶场的日子，则运送田畈村、桥头村的人们过来赶场，傍晚又将其送到另一边，通常不会为一两个人走一趟。这样一来，马鹿山上的人敬石菩萨便只能去大寨坎了。

梨子组的村民很少去敬菩萨。以前水库还没有修起来时，有不少人会去田畈敬石菩萨。现在过去的路被水淹了，过去一次很不方便，所以敬的人也就越来越少了。但是田畈那里的村民因为有菩萨庙宇，祭拜石菩萨的现象还是比较多的，六月十九日是那里主要的敬菩萨的日子，水库这边的人们在六月十九日能够清晰地听到田畈那边一整天的鞭炮声。

传说六月十九是龙王菩萨去取经的日子，龙王菩萨的作用主要是降雨。所以每年的六月十九，总有许多人去敬菩萨。六月十九敬菩萨，要准备香、烛和一些纸钱，再带上一团火炮。如果那个地方菩萨比较多，那就为每个菩萨准备相同的香烛纸钱。祭拜时，先给每个菩萨点上香、烛，并给它们磕头，磕头时嘴里念叨一些愿望，例如，保佑风调雨顺、家宅平安之类的，如果家里有人生病，则求菩萨保佑病人早日康复，其后在菩萨周围扯些野草带回去煮成水给病人喝。磕头完了起身便将火炮（鞭炮）燃放。

除了六月十九之外，人生病了也会敬。不过生病时敬菩萨的方法有点不一样，只需要生病的人走出屋门，站在地坝边，朝着有菩萨的方向祷告，告之病人的病情，希望得到菩萨的保佑，让自己能够尽快康复，并且许以一定的报酬：例如，许诺一旦病情有所好转便马上去菩萨所在的地方敬菩萨，也可以许诺在六月十九时再去还愿；许愿时甚至还要说定去还愿时所敬菩萨的物品，例如，香蜡纸烛以及多少红布（用以顶在菩萨的头上）等。如果许愿之后病人的病情确实有所好转，那就要按照许愿时的许诺履行诺言，或者在病情好转时就去还愿，或者到六月十九再去还愿。许以菩萨的物品不能少，当时所许以菩萨的物品一般包括香、烛、红布以及纸钱等。

案例7－1：信奉石菩萨的黄玉顺

黄玉顺说，菩萨事实上只是一个以往的人，只是因为他曾经做过诸多善事，人们为了纪念他才为他塑了个像，并在过年过节的时候去敬一下他们。敬菩萨经常是一种发善心的举动，只是在生病的时候这个举动变得有些功利。

敬菩萨的时间在阴历六月十九日，这个时候去敬菩萨分为几种情况：一是常规的供奉；二是还愿性的供奉；三是许愿性的供奉。当然，敬菩萨的时间并没有完全被限制在六月十九日这天，如果需要，每天都可以去敬，通常这是在生病的时候，似乎也有人在出门打工之前去敬菩萨。生病去敬菩萨，并不是全部指望菩萨的庇佑，如果是一些小病，人们许个愿，还不好便要去看医生；如果病情比较严重，首先考虑的是看医生，直到求医无果时，才考虑敬一下菩萨。黄玉顺说，大概在20年前，他妻子的下巴无缘无故地疼了起来，在医院去检查毫无结果，开了些消炎药来吃了也无用。于是黄玉顺想到了去敬一下菩萨，只到菩萨面前许了愿便好了。大概在20世纪80年代中期，黄玉顺的儿子无缘无故地腰疼，这一次，黄玉顺只是在家门前朝着菩萨所在的方向许了个愿病情便好转了。

基于对石菩萨的理解（菩萨是已故的善人，敬菩萨乃是行善之一种方式，也有一定的治病功能），黄玉顺每年的六月十九日都要去敬一次菩萨。两年多以前，他的视力开始下降，求医无果，敬菩萨亦无效，到今天，他已经完全看不到了。于是，每年的六月十九日只能由他的儿子去敬菩萨了。

四、日常生活中的禁忌

当地村民的日常生活中，既保留了对“未知事件”的解释，也保留了行为上的忌讳。他们认为，如果违反了某些规则，就会遭到惩罚。1981年，给当地村民留下最深刻记忆的是雷打死小孩的事情。这一年的夏天，梨子这个小村落竟然发生了两起雷打死小孩的事情。人们一直对于雷打死人的事情保持着一种责难死者的观念，表现最为明显的便是一种禁忌，这种禁忌要求当一个人被雷打死之后，他的亲人和朋友们不能为其哭泣或只能悄悄地哭泣。这个禁忌是因为在人们的观念里，天是世间一切的主宰，而雷电一类的天气变化是上天的行为。雷电将生活于世间的人打死，这是上天的决定，它的决定在这里具有合理性，因为天总是公道的，所以人们对于那些忤逆之人总骂之以“雷打的”。如果一个人被雷打死了之后，他的亲人和朋友们公然为他哭泣，那就表明他们公然违反了天意，他们至少是在抱怨上天的决定。而这种行为的结果，只能换来上天的又一次惩罚。

相似的事情在20世纪60年代也发生在大寨坎下的河流中。有一次那里有个人在河里摸鱼，不想天气突然变化，打了个大雷。这个雷电将高处悬崖上的石头打落，石头顺势滚下，此人发现之后逃离，但还是慢了一步，石头将他的手打断。于是人们便议论说此人肯定做了些什么忤逆天意的事情，不过这样的事情应该不至于太严重，所以老天也觉得他不该死，不过需要一定的惩罚，所以将他的手砸断。

20世纪70年代，兴隆组有两个男人在山上做农活，突然下雨，二人便急忙一起到一处石崖下避雨。结果打了个雷，打死了其中的一人，而另外一人竟毫发未损。随之而来的评论便是：该死的必定要死，不该死的总有机会活着。至于为什么一个该死，另一个就该活着，人们认为，死了的那个人肯定干过一些坏事，不过他隐蔽得让人难以知晓，但最终是躲不过天谴的，所以才会死于雷电。

雷电是一种天灾，还有另一种天灾是洪水。石柱县的一些乡镇饱受洪水的困扰，在治水的同时，也留下了不少关于洪水的传说。1982年的洪水对石柱县许多地区的耕地造成了严重的破坏。山上的耕地由于处于斜坡之上，加上常年耕作使得土质十分酥松，洪水一发，对耕地的冲刷力十分强大，有一定肥力的泥土都被洪水冲走了。河岸上的耕地也不能幸免，洪水淹没了河岸上大片的耕地，等到洪水逐渐退去之后，人们发现田地里盖上了厚厚的一层河沙，已经完全无法耕种了。这场洪水退去后没几天，又来了第二次洪水。河水再一次暴涨，再一次将河流两岸的田地完全淹没，当这一次的洪水逐渐退去之后，人们发现前几天两岸覆盖的厚厚河沙竟被冲得干干净净，适于耕种的土壤再一次裸露出来。经过这先后的两次洪水之后，人们开始传言河里有龙或者某种妖魔，它的性情并不稳定，它很可能原本是想要将整片耕地全部毁掉的，但是后来可能出于某种善良的考虑而再发一次大水，将覆盖农田的河沙全部吸走。

神秘事件频频引发了人们对自然界或冥冥之中神秘力量的猜测。梨子有一个院子的名字就叫“院子”，那里住着三户人家，两家姓谭，一家姓杨。姓谭的一位老奶奶年已七旬，眼睛已经盲了。据她的回忆，她的眼睛在自己结婚两年后就已经开始看不见了。那还是在集体生产的年代，她被生产队分配来喂猪，负责上山捡柴火煮猪食。有一次上山捡柴火时，发现有座坟上有几根木柴很干，应该很容易燃烧，于是未经过任何思考便上去把那几根木柴捡下来背了回去。就在那天下午，那几根木柴都还没被烧，她走路的时候就已经发现自己老是在前面的地上看到自己的影子，可是当她抬头望天时，又发现太阳好像是在自己的前方，因此黑影不应该是自己的影子，自己的影子应该在背后才对。晚上回家，她一如往常地点亮自己的煤油灯，只眼前一亮，之后的视线就开始模糊了，一步步地变得看不见。此后，她在“文革”及之后的一段时期，分别三次去重庆的医院看病，可惜限于当时的社会条件和医疗卫生条件，她的眼睛一直没有医好。直到今天，老奶奶对此一直耿耿于怀。她在讲完她的这段故事之后，深表遗憾地说了一句："那个时候都是因为不准搞迷信，要不然请人看一下可能也就好了。"据她回忆，那个时候给别人用迷信看病的人都被拉去批斗，而那些还没有被拉去斗的当然也引以为戒，不敢再做这项工作了。

此地还流传着一个关于白果树的传说。龙井组杨圈子前面的大田尽头是一片悬崖，在山崖边的石缝中生长着一棵白果树，村民们介绍说，这棵白果树起码有 1000 年的历史了，千百年来一直都长这么高，一年四季都是绿叶成荫，冬天树上从来不会积雪。村民们认为它是很灵验的神树，没有村民敢靠近它，更不要说去砍它了。然而，陶家的人不知出了什么差错，在 1949 年前就要去砍这棵树拿回家熏腊肉。陶家的人拿斧头砍白果树，这时怪事发生了：这个人的手当场就骨折了，而且在一个月之内，这家人就相继死去了两个。

此外，还有一些传说与当地的历史相关。我们已经在石柱县的多个地区发现过桥梁下面悬挂一柄长剑的习俗。有些桥梁看起来不过一个简单的石拱桥，其下也悬挂一把长剑。这样的桥梁通常是在 1949 年以前修建的，我们还没有发现那种近年来修建的桥梁下面悬挂长剑的情况，而在新中国建立以后的很长一段时期，这种事情也是不可想象的。我们在前面已说过，三多桥是桥头的重要标志，它给人的印象不仅在于它的宏伟和华丽的建筑样式，还在于由它体现出来的一种风水观念。曾经的白塔和乌塔在人们的观念中也具有重要的风水价值。三多桥横跨在河水之上，对于河流有一种镇压的效果，并且如同其他较老的桥梁一样，在其桥身之下也悬挂着一柄长剑，号称"斩龙剑"，这意味着河水将漫不过这把剑。某种程度上而言，河流本身就是龙的象征（但是有时候人们又认为龙并非河流而只是居住在河流里面），或者说龙的生命的体现。河水一旦漫过斩龙剑，必定受到斩龙剑的伤害，以此达到抵制洪水暴涨的目的。

第二节　民间信仰的实践：风水与看期

民间信仰从来不会成为毫无生命力、空洞词汇的原因在于，民间有着深厚的实践土壤。我们选取了桥头镇颇具土家族民间信仰的风水、阴阳、看地、看期等元素为大家勾勒出桥头人民间信仰的大致样态。

一、风水

风水的想法源于人们对居住空间的想象构建，居住在什么地方，需要朝向什么方位，这些都是一切建筑需要考虑的问题。这种空间想象不仅仅只在于自己的家宅方面，也在于社区聚落及更大的范围内。而且，基于人死后到了另一个世界的想法，亡故者的居所也需要讲究风水，而这在很大程度上也会对活着的人产生影响。

有人说，从田畈村往马鹿山看去，马鹿山的形状颇似一艘船的一半，形成一个不规则的倒三角形。在这个倒三角形下面，角所处的地方，正好是原来三多桥在马鹿山这一段的起点，而三多桥从这一点经过桥梁直接通往河流的另一岸，也就是桥头村、田畈村的方向。于是，这就在某种程度上体现出众势来归、五马归巢的地形。藤子沟水库的建成使得这里更是山水相间，这在风水观念中也是重要的内容，因为当人们考虑风水的时候，往往将地形与山水都考虑进去。

从某种程度上说，风水虽然很大程度上是在自然环境的基础上形成的，但是，人力对风水也能够产生重要的影响。桥头镇的古迹还没有遭到完全破坏的时候，这里有两座标志性的建筑：一是白塔；二是乌塔。这两座塔都是人力所为，但是我们可以从当地人的解释中看出它对风水的影响。当地人流传一句俗语，叫作“乌塔对白塔，富不过杨开甲”。而且，据说乌塔和白塔的损坏正是杨家衰落的主要原因。

土墙院的廖支书曾告诉我们两件离奇的事情，以表明他自己对白会中的看期、看地有些相信。以下是他所说的两件给他印象十分深刻的事情：

20世纪80年代，在桥头医院发生了一件十分可怕的事情。有一个知青不幸病死在了桥头医院的病床上。这个知青被草草下葬在医院后面的一块空地里之后，奇怪的事情接踵而来。在医院执勤的人晚上常在医院里仿佛听到有人在窃窃地发笑，时而又唱歌。执勤人员刚开始时以为真有人在笑或唱歌，直到在一个医院里既无病人也无医生的夜晚，执勤人员又听到之前熟悉的声音，他朝着声音传来的方向慢慢找过去，声音则慢慢地消失了。这异常的情况使他极为惊恐，便告知了其他的人。这才发现，原来已经有很多人在医院里遇到了类似的声音，之前都没有引起注意。此事一经传出，许多人都知道了，便有人传说这异样的情况源于前不久死了的知青，是因为他的坟墓没有把地势选好。医院抱了一种死马当活马医的态度，将那个知青的坟墓换了一个位置，并将头朝向另一个方向，医院里面才得以宁静下来。

另一个故事发生在大约20年前的龙井，其时有个小女孩突然去世，死因是这个孩子在外面玩耍的时候看到一个蛾子从她头上飞过，于是抬头看了一下，不料这个蛾子翅膀一扑，落下了很多蛾子身上的灰尘，且正好落到了这个女孩的嗓子里。这样，她开始咳嗽、呼吸困难。她的父母马上带她去看医生，医生用手指在她的脖子上刮了几下，这个女孩就死了。这个女孩死后，她的家人都没有找人来看期和看地，只是觉得有个地势看起来应该不错，于是在那里草草将她下葬，并且下葬的时间是在凌晨两点钟。这个女孩下葬之后，人们总觉得龙井组一下子变得雾蒙蒙的，老是没有天晴的感觉，并且经常发生一些奇怪的事情。有人从女孩的坟墓旁边路过，老是能听到墓那边有个女孩学鸟叫的声音，并依稀能够听到女孩的哭声，听到她说："妈妈，你们为什么把我埋了，我还没有死呢!"从这里经过的人，总是感觉脖子不能动，而且脖子是歪的，动不了，脸上还莫名其妙地有些血，像是被火炮炸了一样。大约过了十几天，这个女孩的妈妈竟然死了。人们联想起之前发生的那些奇怪的事情，总觉得可能是那个女孩所埋的地势没有选好，或者是因为埋葬的时间太早了。于是她的家人决定选在下午三点钟对这个女孩的坟墓进行搬迁，搬到另一个地方。挖坟的当天，女孩的哥哥也参加了，他拿着锄头使劲往下挖，劲使大了，直接挖到了女孩的头。据说当时挖出来的头的面部依然保持着笑容，而且鲜血直流，完全与活人的血没有什么区别。

女孩的坟墓迁移了之后，这个村庄再也没发生过之前的那些怪事情。龙井组的天气也变得天朗气清，这个家庭也没再发生过什么灾难。

关于亲人的坟墓的风水对在世的亲属产生影响的情况还有一个例子。本村一个女孩的一只眼睛的睫毛是白色的，她的家庭通过多种医疗途径都无法将其治好。我们在隔壁村子里访谈的时候，听到一些人议论说，这个女孩小时候睫毛并不是白色的，好像是她的祖母去世之后才变成白色的，很可能是她祖母的坟地的风水不好。当然，后来有对这个女孩更加了解的人告诉我们，这个女孩的这只眼睫毛从出生就一直是白色的。尽管人们的议论并不属实，但是仅从他们的谈论来看，他们还是具有这种风水观念的。

二、阴阳：看地、看期的人

（一）看地和看期的必要性

所谓看地，包括看阳地和阴地两种。阳地即人们活着的时候所活动的地方，人们新建房子一般要请教一个阴阳，请其为自己选择一块好地方。当然，通常的情况是主人提供一处自己觉得适合的地方，再请阴阳告知这里的凶吉情况。看阴地即是为死者选择一块入土为安的好地方，因为正如上文中所说的，这样做不仅仅关系到死者，而且还会对死者的后裔产生现实的影响。简单地说，看期就是看日期，为某件事情选择一个吉利的日子。看期也是比较频繁的事情，修建房子需要看期，葬礼需要看期，总之各种会头都要看期。除此之外，有些人出趟远门也要看期，他们甚至自己在家挖个厕所、打个土灶也要请人提供一个好的日子。

一个50多岁的男人对看期、看地做了以下的说明和解释：

办白会（丧礼）一定要请个人看个好的日子，看个好的地势。这些事情如果办得不是很好，后面的影响不好，而且还可能会影响到周围的人。其实干点什么事情都要看个期，大家也不是说特别相信，只是别人干什么都看一下，如果自己不看，心里还是觉得有些不安。如果做事情不看期就做，一旦出了什么事，那心里的想法就大了，因为看期本来又没什么麻烦，花点钱请个会看的看一下就行了。如果看了期，后面还是出事了，那就只能怨那个看期的人了。

从这里看来，这种看期的活动事实上在人们面对事情的时候总能归结于一些想象的原因，这一想象的原因尽可能地避开了自己的过失，而归过于别人。当然，并不是说一旦出了什么后果之后一定要找到看期的人进行赔偿或者理论，但是至少在心理上已经形成了一种“自我保护”，至少这件坏事情的发生并不是自己的过失，于是在心理上得以缓解。

（二）阴阳的社会地位

我们可以从当地人对于那些具有看期、看风水能力的人的描述中看出人们对于这些人的态度，简单地说，他们对于这样的人保持着一种尴尬的态度：既畏惧又尊重，或者说是一种敬畏。究其原因，乃是因为这些人有一种超凡的能力，他们能够使唤一种超越常人的能力，他们能够通行于阴阳之间，所以他们被统称为阴阳。日常生活中，人们对这些人通常是比较尊重的，但是私下对其又有一种较低的道德评价。他们通常认为，人们假使在不经意的场合怠慢了这些阴阳，后果将是不堪设想的。

以上观念被人们使用于解释家运的问题，我们不妨介绍一下1949年在桥头地区处于统治地位的杨家地主，其男主人名叫杨开甲。人们以为，杨家的兴旺在很大程度上在于他家长时期雇用着一些阴阳，这些阴阳经常为杨家的发展出谋划策。例如，杨家曾经出资修建的三项大的工程：乌塔、白塔、三多桥。阴阳在这方面起了很大的作用，阴阳觉得这些建筑能在某种程度上改善杨家居所的风水。至今，有一句俗语依然流传在民间："乌塔对白塔，富不过杨开甲。"不过，有一件细微的事情导致了杨家的惨败，那是杨家的管家与杨家的阴阳之间的一次戏谑事件。有一次，杨家的阴阳外出回来，杨家的管家正好在给杨家的100多条狗喂食。这位管家似乎并不在乎这位阴阳的能力，竟然将喂狗的食物端去给这个阴阳吃。阴阳知道这件事情之后，非常恼怒，他认为，杨家的管家在很大程度上是代表着杨家的，那么这样对他应该也是杨家的主意了。于是，这位阴阳在以后的生活中，开始对杨家的各种工程建设进行错误的引导，因此杨家便逐渐败掉了。杨家的兴衰，被人们总结为：成也阴阳，败也阴阳。

这样的例子在梨子村里也曾有过。土墙院在1949以前长期由曾家地主居住，这个家族当时不仅仅在经济上处于优势地位，而且，据说这个家族还有子嗣考上了秀才。这在当地是比较鲜见的事情，许多地主尽管在农业经济中非常突出，但是在教育中从来没有过这样的成就，可是曾家最终还是败在了一个阴阳的手里。曾家原来的居所是在较为平坦的背靠山而周围较为开阔，可是一个阴阳告诉曾家，假如这个家族的居所往右边移动几十米，在一个只有前方开阔而其他方位全被山坡包围的洼地上建筑自己的新居所，那么曾家的家运还会更好，说不定能在政治中获得一定的地位，有为官的子嗣。曾家听信了阴阳的劝告，真的在那里建了自己的新居，并且搬进了那里居住，而且很快便惨败了，以致现在的梨子村落里已经没有这一曾家的后代了。

我们在上文中说这两个例子的时候一直强调其传说的色彩，我们所关注的是这些家运兴衰是怎样为人们所解释的，他们的这种观念在这里显得比历史的真实性更加重要。对家运的兴衰做出风水以及阴阳作怪的解释是十分普遍的情况，这种观念在很多年长者中较为通行，这种构建的历史被他们作为一种基础，在此基础上再构建出一套经验教训来。所以，诸如修葺动土、红白喜事甚至打个灶台、挖个厕所都要请个阴阳看看日期和地形，因此，阴阳们的地位也得以保证，正如上文所言，他们成为了人们敬畏的人物。

（三）如今的阴阳：廖汉山的小传

就我们所关注的这个村落而言，对其影响比较大的阴阳只有一个，他就是廖汉山。廖汉山家住马鹿村合堡组（这里与梨子村之间的距离不过一二里的行程），育有五个儿子，其中的四个儿子具有稳定工作，拿着国家工资。第二个儿子没有什么稳定工作，便传承了廖汉山看期的衣钵。廖汉山现已84岁，行动有些不大方便了，所以他已无法再到街上摆摊给人看期，但他的二儿子却住在街上，长期给人看期。尽管如此，很多人还是宁愿走老远的路到廖汉山家里请廖汉山本人为其看期、看地，而不去街上找其儿子看。因为他们觉得廖汉山历练得多些，看得也久一些，有丰富的经验。

1946年，读过六年书的廖汉山没有什么稳定的职业，其父母觉得应该让他学点什么手艺，将来好养家糊口。当时，野鹤（现在是桥头镇的一个行政村）的向大林是位阴阳，看地、看期都比较出名。基于向大林的影响力，而且又是廖汉山的表兄，于是廖汉山决定拜他为师，学习道艺。

拜师的过程很简单，但是仪式却也很到位。廖汉山决定拜向大林为师之后，便请向大林来家里吃饭。这是一个必不可少的仪式，廖家需要备一桌十分丰盛的酒席，请了向先生之后，还要请些在周围具有一定影响力的人物来陪向师傅。廖家当时请了甲长、保长以及几位亲戚，包括叔伯、外公、舅爷等。这些人被邀请来吃饭的意义十分简单，那就是做证，证明廖汉山将要拜向大林为师，让这些被请来的在当地具有一定影响力的人证明他们的师徒关系。除此之外，还要写上一份《投师约》——一张由徒弟写好交给师傅且两人共同认可的一个约定，上面常写的是学徒某某向某某师傅学习道艺，交予师傅多少斤谷子，学成之后，永远不忘记师傅，孝敬师傅，否则法力不灵。按照投师约上的内容，廖汉山要给向大林一石谷子，不过并没有直接送粮，而是折合成钱直接给向先生。除此之外，廖汉山按照约定，将在未来的时间里经常与师傅联系，到了节庆时间抑或是师傅过生日的时候，廖汉山必须要到师傅那里去拜年或庆生，所送礼品包括猪肉、白糖、香烟等。平时师傅家里办会，也必定要送礼金。

向师傅学习道艺，包括两种方式：一是跟师学；二是离师学。所谓跟师学，就是这个徒弟一旦拜了师，就要一直跟着师傅，师傅要干什么他都必须跟着，包括在家里干农活，徒弟都要跟着师傅，也就是说，学习的三年当中，这个跟师学的徒弟几乎像是师傅家里的一个成员，至少可以看成一个长工，经常要给师傅做很多事情。而所谓离师学，则指的是这个徒弟不需要整天跟着师傅，并不是师傅干什么活都要叫上他，而只是在师傅去给别人看地或看期的时候跟着师傅，这时候师傅通过现场教学，让徒弟明白看期和看地的道理，并会借些书给徒弟看。跟师学的方式一般不要求徒弟给师傅别的报酬，算是以劳力来对师傅的教育进行报酬，而离师学的徒弟则给师傅一石谷子。廖汉山就是通过离师学来学成道艺的。

师傅收徒弟要求一定的一条件。首先是要认字，这一点十分重要，因为无论是看期还是看地，很大程度上都是要从书上看的，如果不会认字，根本无法学习道艺。其次就是德行方面的条件了，徒弟无论在什么时候都要忠诚老实，不能忘记天地，不可忘记父母，也不能忘记师傅。这一行里有几句话教育着学习道艺的徒弟："忘天天不灵，忘地草不生，忘记父母遭雷打，忘记师傅法无力。"另外，尽管说不清究竟为什么，但是这些人都是男的，绝无女人从事这项工作的。在年龄上并没有明确的限制，只要能够认字，年龄小年龄大都行。

廖汉山的第一个师傅是野鹤村的向大林，而事实上廖汉山还不止拜过一个师傅。廖汉山的第二个师傅是蔡席之先生。蔡先生的老家是涪陵地区的，后来迁居永和（今石柱县三河乡），在看期和看地方面在石柱很多地区小有名气。廖汉山跟向大林学习期间，向大林发生了一些意外。据说他给别人的丧礼看期时发生了偏差，影响了事主后人的发展。于是廖汉山的家里人决定让他重新拜一位师傅，所以便找到了蔡席之先生。由于蔡席之先生精通于看地，因而廖汉山就跟着蔡先生学习看地。事实上这两位先生有着一个共同的师傅，他就是桥头一带十分有名的风水师沈宝玉先生。向大林从一开始就跟着沈宝玉学习道艺，而蔡席之则是在涪陵学会了看地之后才来向沈宝玉先生学习看期的。

向大林先生先后有四个徒弟，包括桥头街上的赵道陪、毛大怀，三益的余跃成以及合堡的廖汉山。赵道陪并不曾留下弟子，毛大怀也在荒年里死去，也不曾留下弟子，余跃成在三益有个弟子叫刘世鼎，此人在荒年里当上了三益的一个大队会计，"文革"时期，他当上了桥头公社的革委会主任，后来还当了一段时间的乡长和副书记。廖汉山也有一个弟子，即他儿子。事实上，有不少人想向廖汉山学习道艺，包括三益乡的龙太恒、合堡的谭本良等人，但是因为他们经常忙于农业和其他事情，并没有学成。而据谭本良自己所言，因为这个地方本来就有廖汉山和他的二儿子会看，自己再学也就没多大的意义了。此外，除了廖汉山父子外，在街上还有龙平生（60 岁左右）也会看期、看地。

廖汉山在 1946 年至 1947 年才开始学习道艺，一般情况下，要学成谢师，大约需要三年，也就是说当廖汉山刚学会道艺，全国便解放了。1949 年之后，所谓的封建迷信全部被纳入打压的范围，明令禁止其在民间从业。直到 20 世纪 80 年代之后，看期和看地才又慢慢地在民间恢复与盛行起来。几乎所有的"会头"都要看期，包括红白会、"断水"、建房子（看期和看地势）、搬家、生孩子请客的三朝酒等，有些人甚至在出远门之前、打个灶也要看个期，而在办白会时还要附带看个地。

如果是白会看期，孝子来请看期人，到了看期人的门前首先要下跪，看期的人赶紧出去扶他起来。孝子拿着亡人的生辰八字来请求看个期，报酬一般是钱，有的时候则拿的是糖、酒或者香烟。现在，无论看什么期，人们在刚来请求看期时都会带点礼品，事情过后再付给看期人一些钱。据廖汉山的回忆，20世纪80年代刚开始看地看期，看一个总能够得到几元钱，并不固定；1983年左右，价钱加到10元至15元，以后逐渐往上涨，近几年，每看个期，总能收到50元钱的报酬。现在请廖汉山看期的人不多了，只有临近的人们才请他，太远了的话，当地人直接在街上就请人看了。所以，2011年上半年，一共才有两个人请他看过期。

如今，廖汉山主要从事的只是看期和看地，而事实上，1949年之前，他跟着向先生和蔡先生还学过道礼，也就是“做道场”。1949年前做道场，有的人做一天，有的做三天，也有做五天甚或七天的。做一天道场只需要2人，做三天则需要3人，做五天需要5人，做七天则需要7人。虽然人数有所不同，但是做道场的程序是差不多的。做得多的只是说多超度亡灵几天，使得亡灵下辈子更好。

整个道场的大致程序是先搭建好灵堂，其次是取水，接着敬灶王菩萨，之后开始念经超度亡灵，最后是送亡灵。道场一开始便是要搭建好灵堂，先贴上灵牌，上面写着：新逝亡人某某老大人三魂七魄灵位。再悬挂引魂幡，上面写着亡人生于某年某月某日，生于某地（小地名），逝于某年某月某日某地（小地名）。

所谓取水，是到距离亡人家里最近的水井里去取水，做道场的人一边敲打着锣鼓，一边照着科仪本唱（做道场时师傅经常要念唱一些内容，都是跟着科仪本念唱的，这些书在土改时期大部分被毁损，有的则到了“文革”时期才被销毁的）。后面领着孝子，他们跟随着做道场的师傅走到水井边。到了水井边，由领头师傅组织敬“龙王菩萨”，供品有花（花的品种不限，一般不采用红色）、茶、酒、刀头（即一块肥厚的煮熟的猪肉）及“果果”（即油炸的洋芋、豆腐）等。在水井边点上三炷香、一对蜡烛，点燃之后再也不灭，直到几天道场做完为止，快要灭了就马上点上。此仪式过后，师傅用一个陶制的小茶壶在井里打出一壶水，一路又敲打着唱着歌回到灵堂，将这壶水放在灵前。

超度亡灵是几个做道场的师傅在灵堂内照着科仪本念诵经文。超度的作用在于使得亡人能够在来世再变成人，在阴间能够不受罪，来世去个好人家，也就是那些殷实之家，不再像此世一样地受苦（无论条件怎样，人们总觉得这辈子过得并不容易）。而且，超度亡灵还有赎罪的作用，一个人假如在阳间做了很多恶事，到了阴间一定会受很多罪，并不能升天。而经过超度之后，这个人的罪恶就会被减少一些。

送亡灵只是将亡灵送到地坝边，送亡灵的作用是要亡人的魂灵记得自己家在哪里，以后能够找得回来。

1949 年以后，不能看期看地了，这在当时是作为迷信严禁的。但是因为廖汉山具有一定的文化知识，至少能够认识不少字，所以在 1953 年，廖汉山进入桥头供销社工作，如今，廖汉山领着将近 2000 元的退休工资，根本不用靠看期看地来维持生活。回顾他看期看地的历史，他几乎从来没有专职做这件事情，因为他长期在供销社工作，领着国家财政工资。

（四）半路出家的看阴地人：刘福成

刘福成，今年 70 多岁，祖籍忠县。他以前居住的房子是买一个地主的房子，当时只用了 100 多块钱，楼高两层。现在紧靠着老房子的背后修了一栋楼高四层的新房子，底楼的门面用来做铝合金门窗的生意，上面用来住宿。1982 年以前，是纯粹的农民；1982 年至 2006 年当桥头的支书，从事村上的一些事务的管理；2006 年从支书的职位上退下来了，开始给人看期、写袱子、写挽联、写对联等。

分产到户的时候，刘福成家分到了 10 亩田 5 亩地，家里还养有大水牛，靠种点田地得到的收成生活，后来在政府政策的引导下，又开始养长毛兔等等。刘福成在 1982 年当上了支书，到 2006 年 3 月桥头镇合村并组的时候因为年龄大了就退下来了。在他做支书期间，坚决执行上面的指令，像政府对养长毛兔有什么政策或指示，每家每户又必须养多少，像每家每户需要养多少蚕种、多少桑树等的指令和整个村的各方面的问题都需要他带领着其他干部一起通知到位、落实与解决。到桥头镇修路征用土地时，刘福成家的 10 亩田和 5 亩多地全部被征用去了，所以他家现在就没有土地了，只有在修路没用完的、水淹不到的地方种些，现在家里除养两头猪外，其他的牲畜家禽都没有养，因为现在住在新房子里面，养鸡鸭等牲畜家禽害怕丢失。现在老两口就依靠着刘福成 680 元/月和他妻子 400 多元/月的社保来生活，但是他们自己觉得过得很舒适、很开心。他一直强调，他帮人看阴地从来不收钱的，纯属帮人解决问题。

刘福成是退休以后才开始看阴地的，他是通过自己看书学习的。他看了很多古书以及历书等，然后又去向其他看地看期的人请教，看别人是怎么看的，有不懂的就问别人是怎么看的。他没有正式拜过师，全是靠自己钻研出来的。他也认为，有些人对他为人看阴地有看法，“说你是党员还搞这些封建迷信的东西，别人印象不好”。

在访谈中，刘福成给我们展示了他以前曾经读过的《三国演义》、《封神榜》等以及《奇门遁甲》、《玉匣记》等。他说，“我虽然只是读了小学，但是看的书、认的字肯定比很多大学生都多”。这句话也从当地很多人那里得到了印证，大家都说刘福成看了很多书，而且从他写的“袱子”以及对联等用的是繁体字，能够看见他造诣的深厚。刘福成小学毕业后正值中国解放，那个时期宣扬“大鸣大放”，所以他的父亲到处去说哪里好哪里不好，结果就被抓起来批斗了，从而使他们家都受到了牵连，因此刘福成就没有再读书了。

刘福成认为自己是党员，但又义务做看地、看期这些事情，可能会使村民对他有不好的印象。但另一方面他也认为，自己的党员身份和干部身份也会使村民认可他看阴地的身份，会不断地找他去看阴地、看期。他说，“改革开放以后，国家不再说你搞这些是搞封建迷信，所以许多干部退休以后，都开始做这些事情。现在搞道场的几乎都是些党员，像陈云开、冉区长（以前老干部退下来的人）这些人都在做这些事情。实际上现在也只有这些干部有文凭才搞得起来嘛”。因为他们的干部身份，村民对他们有一种信任感，觉得他们是有文化的人，他们会知道怎么写这些东西，所以在每次遇到这些事情的时候首先想到的是这些会搞道场的退休老干部。

刘福成可以说是一个“半路出家”帮别人看阴地看期的人，而他的孩子一个出去打工，一个在家做生意，也没有想过要将自己看地看期的这门手艺传下去。而且他认为现在的年轻人对这些事情都没有兴趣，不会愿意去认真看书学习这些传统风俗的东西，所以并没有想到要如何传承下去，只是自己现在做这个事情做得自己开心就好。刘福成会时不时地组织唱打锣鼓的人一起娱乐，以此来充实自己的生活。

刘福成主要参加的仪式就是婚礼和葬礼以及平时别人有什么需要就帮别人写点对联、挽联，看地看期，还会和其他打锣鼓的人组成一个团队在本镇以及其他地方去打锣鼓赚点利市钱。他也告诉我们，现在为了保护传统文化，政府有专门的机构在邀请他和他的团队写一些利市话、对联等形式的东西，出成一本书来保存和传承传统文化。在他们的构思中，整本书会以时间为线索，从1949 年过后开始，每个时间段的大事情都会写一份长篇的词出来。他参与葬礼，主要就是负责帮丧家看一下阴地、选一下下葬的具体日期和时间、准备一下葬礼需要的东西，譬如袱子、祭文等，葬礼当天场地的布置以及下葬当天整个葬礼现场活动的组织。

刘福成一再强调说他纯粹是热心帮忙，只要别人找到他，他就会很乐意地帮人家做，在桥头镇办白会或者办红会都会有很多帮忙的人，帮忙的人都是附近周边的邻里乡亲，而帮忙的人男的就会得到一包烟，女的会得到一包方便面，所以别人找刘福成帮忙做一些白会的事情可能也就是送几包烟。但是其实在桥头看期看地是算在帮忙人员之外的，因为这些人算是有知识有文化的人，所以请人帮忙看期看地其实是要收钱的，我们询问一家办白会的人家时，事主就对我们说“现在这个真的很贵，人都死不起，只是写一副在两个‘进门’处的对联就要 500 块钱，更不要说看期看地了”。

三、“走阴”——游走在生与死的边界

龙井组有个男性村民，现年 29 岁。据他自己回忆，他曾经“搞过人”，按照他自己的解释，所谓“搞过人”，意思是走阴曹地府，也就是会通阴间。他说，人死之后有三个魂，第一个在阴间的牢房里，第二个是人的影子，第三个则是在阳间游走。牢里的魂是为了把人留在阴间，影子随着尸体进入坟墓，游走的魂一直在生前的村子里游走，每个村寨都有一个魂官，控制游走的魂，不让他们犯事。他们偶尔灵魂附体，乃是为了躲避地方官。人的坟墓是他的阴宅，人死后之后他不知道阳间的整个送葬的过程，下葬之后，魂魄从牢里放出回到坟墓里。家里给他烧多少钱他就用多少，如果他不够就托梦给子女，子女不烧则让他们害病。他到了阴间之后，总能够看到村里那些死了的人，不过他们都不和他说话。来回都能够看到，就是不打招呼。

他的“走阴”能力是自动出现的。在他 11 岁的时候，他的外婆去世了。两年之后的一夜，他在熟睡中突然做了个梦，这个梦是他的外婆给他托来的。在梦里，他的外婆在阴间依然像在阳间一样种庄稼，外婆对他说：“孩子啊（此处叫的是这个男孩的名字），来给我做哈活路嘛。”他的魂魄便不知不觉被勾走了，他恍惚觉得他真的去了阴间帮助他的外婆做农活。到了阴间，阎王给他一个命令，叫他回到阳间把黄某的爸爸带过去，也就是要将黄某的父亲带去阴间。

第二天晚上12点，他开始再度进入梦里，这个时候，他的魂魄开始离开他的身体，尽管他的肉身还是躺在床上的。他的魂魄出来，直接走到黄某家里。他还记得他们一起去的一共是三个人（或者说魂魄），其他两个人（或者说魂魄）他并不认识。他们走到黄家，走到黄某的父亲的床前，他们开始叫黄某的父亲："起来了，该走了。"于是黄某的父亲的魂魄便离开肉身，他们三人便用铁锁链把黄某的魂魄捆了起来，像牵牛一样把他牵到了阴曹地府。

要去阴曹地府，首先要到"奈何桥"。这座桥上并没有什么人，那桥不过只是一根独木搭着。过了奈何桥就到"上望台"，那所谓的"上望台"是一个高台地，上面有三个人（或者说魂魄）在烧水，他们四人过去便要在那里喝水。他们勾魂的三个人（或者说魂魄）喝的是白开水，但是黄某的父亲喝的却兑了一些米粉状的粉末，这种粉末可以使黄某的父亲忘记阳间的一切事情。喝完水，四人继续上路，很快便走到了酆都城。到了酆都城之后，他们便不再用脚走路了，而是直接像风一样地飘到了阎王殿。在这里，他们看到一些恐怖的场景，有人正在被铡刀铡成两半，而有些人则正在被磨碾得粉碎……他们见到了阎王，他的面前放着生死簿，大概有半米长，十厘米厚。阎王的个头很矮，头上戴的冠就像玉皇大帝戴的一样。阎王的身边是包拯，包拯是阎王殿里的判官，有罪无罪由他判定，该入地狱还是该上天堂做神仙也由他判定。他所判的人，如果是好人就上天堂，如果是坏人就要在阴曹地府受罚，他们进来时看到的那些酷刑，正是针对那些坏人的。总之，这里的一切看起来和警察局一样。

他是半夜12点去黄家押黄某父亲的魂魄的，大概在鸡叫时就回来了。第二天起来，他还记得梦里的事情。他于是去黄某家，对黄某说："最近两三天你们家要死个人！"当时黄某的儿子听了很生气，也不相信他说的这些话。三天过后，黄某的父亲果然就死了。这件事情使黄某相信了他的预言，黄某于是就去问他："我家最近还有人会死吗？"他说："还会有一个要死。"过了几天，黄某的母亲也死了。

两个月之后，村民们都知道了他有预言的能力，都知道他"走阴"了。后来山下的马鹿、庄屋等村子的人也都知道了他的事情了。可是人们并不怕他，只是相信他的预言。有一次马鹿组又死了个人，死者的家属碰到他便问他："为什么你要带他走？"他说："他该死了，谁也没办法。"

并不是被他们抓去的每个人都要死，这一切还得由包拯来判。如果包拯判了此人要死，就会先将此人的魂魄关入牢里，直等到这人的肉身在人间死后才将他的魂魄放出。如果包拯没有判定他现在就要死的，则由牛头马面送回阳间。

他“走阴”只走了两个月的时间，在这个两个月以内，他带过20~30人。这些人中有十几个是马鹿、梨子、龙井的。有些是其他地方的，他自己也不知道是在什么地方带人，他觉得，他很可能去过东北地区带过人。他做这件事情，如果做得好他就会升官，而升官则意味着他要死。两个月时间里，白天总是很想睡觉，上坡想睡的话，倒头就可以睡。中午12点还要勾魂，这时的勾魂是救人。

两个月后，当大家知道他“走阴”后，为了救他，村里老人说可以用狗血来驱邪，使其不再“走阴”。他们将狗耳朵弄破，将血放点在碗里，放入水。他上坡干活时，他爸爸给他准备好，干活回来就给他喝，喝完之后也没有任何反应，只是再也没有灵魂存在的感觉了，所以，从此他不再“走阴”了。但由于他习惯了，一到晚上就想“走阴”，于是他就去学杀猪，学会了杀猪后就再不会也不想“走阴”了。

在“走阴”时，他看到阴间的生活状态就像阳间一样。他能够见到本村那个死得很邪的小姑娘正在坡上种田，而且，在街道上，他看到那里的人也熙熙攘攘地赶场。他因为没有在“上望台”上喝那兑了粉末的水，所以阴间的事情他看在眼里，记在心里，即便到了阳间，依然记得清楚。据他说，一个男人到了阴间一定变成个女的，阳间的女人到了阴间则会变成个男的。这是因为男的应该也要做一下女人做的事情，体验一下女人的生活，而女人也需要体验一下做男人的生活。

第三节　连接生死的家神：上坟及祖坟的修葺

坟，对于一个家族而言，连接了生与死。围绕着坟相关的祖坟祭礼、修坟、做棺材等一系列仪式值得我们去关注和进一步探讨。

一、祖坟祭礼

大饥荒时期，人的生命几如草芥，每天在路上增加几具饿殍实在是寻常的事情。村里经常为腐烂的尸体太多而头疼，那种已经腐烂不堪的尸体所散发出来的气味已经影响到了活人的日常生活。于是，一种以搬运腐尸而获得生存机会的人出现了。几乎每个村都会有那么几个人经常从事搬运尸体的工作，一般都是由村里的干部找到他们的，向他们承诺，他们搬走越多的尸体，他们的饭食就会相应地有所增加。那个时候，一个生产队（通常是一个自然村）建立一个伙食团，大家吃大锅饭，搬走尸体的人在打饭的时候就会得到一些利益，这个甜头使这些人十分乐于从事这项工作。这些尸体被统一搬到一个地方，或者土埋，或者直接扔进一个洞穴中，那些地方是阴森恐怖的地方，直到今天那些地方依然使胆小的人毛骨悚然。

这就是人们在那个非常时期对待“死人”的方式，那个时代也不可能有“超度”仪式。假如死时尚有亲人在世，亡者还能够得到一个单独的土堆坟墓。那些没有亲人的尸体，都被统一扔进了“万人坑”或洞穴中。

除了非常时期外，当地一直有祖坟祭祀的活动。上祖坟的时间一般是在腊月。只要在这个月，除了闰年之外，都可以上坟。当然，如果这一年是在腊月打春，那么必须赶在打春以前上坟，打春之后便不能够再上坟了。人们认为，上坟是下一辈对上一辈的孝道问题，并不是一般意义上的迷信。现在看来，清明节时，这里并没有挂青的习俗，甚至不必上坟扫墓。但是，似乎有那么一些在外面工作和生活的本地人清明节会回来上坟。

过年之前是要上坟的，每个故人的后代都要以家庭为单位去上坟。先上哪座坟并不需要明确的顺序，一般从近处的坟墓开始敬起。现在许多人都在三十那天去上坟，而事实上在腊月如果不闰年也不打春，就都可以上。上坟只需要准备香烛、纸钱和一团火炮，别的不需要带什么。到坟上，先给祖坟烧香烛、燃纸钱，下跪磕头，并放鞭炮。做完这些就回家，有时候看到坟墓有些损毁，则给祖坟培些土。

哪些坟对于在世的人而言是要上的呢？这没有很严格的标准，一般的家庭所上的坟就是这个家庭的父系祖先的坟墓，这是基础，除非他们已经无法找到这些父系祖先的坟的所在，不然他们都会去上。除此之外，根据具体情况，一些稍远的已故亲戚也会成为一个家庭的祭祀对象。一是因为这个已故亲戚没有后代为其上坟，另一种则是这个已故亲戚的子嗣与这个家庭的关系十分密切，还有一种是距离比较近而又是亲戚的坟墓也会成为一个家庭的祭祀对象。

第一种情况看起来并不少，原因是在20世纪五六十年代，很多人饿死，这些人中的很大一部分当时还未结婚或者生儿育女。但是这些人的某些兄弟可能很幸运地在那场大难中生存下来，度过那几年的艰苦生涯之后，他们传下了子嗣。这些幸存下来的人当时可能草草地将自己的兄弟在某个地方下葬，然后告诉自己的子嗣这些艰辛的历史，这些子嗣便于每年腊月去这些过早死亡的叔伯坟上祭祀。当然，并不是每个在饥荒中饿死的人都有这样的待遇，他们完全可能没有任何亲戚在那场灾难中幸存下来，这些人不但没有人会为其上坟，甚至连坟都没有。后一种情况也不在少数。

第二种情况也广泛存在。有些家庭和另一个家庭本身就有某种亲戚关系，但是这种亲戚关系并不要求这个家庭给另一个家庭的已故父系祖先上坟。不过，因为这两个家庭的关系处理得很好，所以，借助已有的那点亲戚关系，他们便会相互给对方家庭的父系祖先上坟。举一个例子，两个旁系家庭，他们有共同的祖父母，他们的父亲是兄弟，他们的祖父母、父母也都已去世了，假如这两个堂兄弟的关系很好，家庭之间的互助比较多，那么在过年的时候，他们便会给自己的叔伯上坟。这种关系还可以延伸，关系更远的同宗兄弟之间也会有这样的情况。有时候，一个家庭也会给妻子已故的亲属上坟。我们在村里访问到的一个家庭，两夫妻常年在外地打工，他们的孩子被寄养在孩子的舅舅家里，他们每年过年都会回来一次，也要到妻子的祖父母的坟上去祭祀。当然，这种一般不是相互的，也就是说，妻子的在世亲属一般不会到这个男人的已故亲属的坟上祭祀。有一种例外，假如这个家庭的婚姻是姑舅表婚，那在上坟这一点上也完全可能是相互的。

第三种情况发生得比较少，而且，第三种情况通常也是在前两种情况的基础上实现的。首先，与自己的祖先临近的这些坟墓必须是某种亲戚关系，而且这位已故者的后代与自己的关系很密切，这才会发生。

如上的描述和分析在说明一个道理：相互为对方已故亲属上坟祭祀是为了维持在世人们之间的关系。不过，人们之间的关系有时候较为复杂，很多时候并不是相互在对方的已故亲属的坟上祭祀一番便能够维持和改善的。有些人表明，当别人未经自己允许而在自己的已故亲属的坟上祭祀，这会让自己感到很不舒服，“我自己不会上坟吗?”所以，相互之间为对方已故亲属上坟一般会采取一些委婉的方式来征求对方的同意，例如，会询问对方什么时候去上坟，自己也想去看一下老人。普遍的理由是：“我前几天梦到他老人家了。”这个理由几乎屡试不爽，因为，谁也不会轻易去反对死者的要求。到此为止，我们只能说，相互为对方的已故亲属上坟祭祀与现世的人际关系维持存在一定的相互关系，仅此而已。

除了极少数的情况，长期在外面工作的人都会回家过年，过年极重要的一项活动便是给已故亲属上坟祭祀。对于那些还有亲人在村里的人而言，情况尤其明显，他们一方面回来看看自己的亲人；另一方面则回来给已故亲属上坟。这些人多为在外地工作的年轻人，他们的父母亲还在世，过年多半会回来看望父母，与父母一起过年，为自己的已故亲属上坟祭祀，在村里相互走访。有些即便父母已经不在世，也会回来看望自己的兄弟姐妹，与自己的兄弟姐妹们一起过年，并为自己的已故亲属上坟，也会在村里相互走访。一个最典型的例子就是横高出生的谭本游老人，他已经70多岁，在县城里面住着，可是每年过年还要回来为自己的父母上坟祭祀。他在这里已经没有在世的亲人了，也正是这样，他必须每年回来为自己的父母上坟，除他之外没有谁有这项义务了。但是他和村里许多人的关系处理得很好，村里人办会头，他要是有空便会亲自来一趟，或者为友人带来礼金。所以他在这里尽管没有亲人，但来上坟时有时候也会在这里住上几天，住在关系较为密切的人的家里，如村民小组组长就曾接待过他。

不能不说，这些在外地工作的人与村落的联系与其在村里的经历极其相关。除了极为细微的利益关系之外，他们与村落的关系很大程度上在于情感上的认同。他们在这里生活过很长一段时间，那是他们成长的阶段，家庭和村落给予他们基本的培养，在这里他们依然还有许多年轻时候的玩伴。从他们回到村里的交际情况看来，经历和记忆在他们与村落的关系维持上起着重要的作用。他们回到村里，除了探望自己的亲人，还会拜望那些曾经为自己的成长给予过帮助的人，这方面我们可以从向老师的情况看出来。向老师很长时间是梨子小学唯一的教师，那些现在在外地获得稳定工作的人很多是在他的教育下成长起来的，所以，他与那些人的关系最为密切，那些人回来经常要拜访他。我们还可以从另一些情况看出个人经历和记忆的重要性，谭本游老人的孩子都是在县城长大的，当谭本游回到村里给自己的父母上坟的时候，他的子女也经常陪着他一起回来，不同的是，这些子女并不像他们的父亲那样在村里还要从事很多的社交活动。在外地工作的年轻人回家过年时的社交活动更体现了这一点，他们将在家的大部分时间用于与自己儿时朋友的交往中。我们访问过的一个老人说他的儿子每年过年回家在家里吃不了几顿饭，经常就在他的朋友家里吃了，有的时候他又请那些原来和他要好的朋友到家里来喝酒吃饭。

土墙院的最下方是原来的梨子小学，如今已经荒废许久，小学的后面是廖辉忠家。廖辉忠从1982年至2009年，一直是村委会的成员，先后做过村里的文书、村长和支书，所以今天人们依然还是叫他廖支书。这个年过半百的男人酷爱抽烟，尤其是在谈到他那个在市民委工作的儿子时，更是一支接连一支地将纸烟往嘴里送。他说话时的神情经常让人觉得他对所谈之事十分享受，说实话，不知道是因为嘴里的烟呢，还是因为自豪于自己有个如此让他骄傲的儿子。我们跟他交流过两次，而他每一次都只是谈论儿子，谈他的儿子是如何从一个师范生考上了公务员，并且一步步高升的经历。他的儿子不经常回家，偶尔只是在过年的时候回来一次，不过几乎都不在家里吃住，因为他每次回来的时间只有几天，又要去会他那些曾经的朋友，所以几乎都在石柱或桥头度过。当然，他是不去上坟的，因为他家的祖坟较远，况且他也不信这些。

上坟祭祖是人们回顾共同记忆的过程，也是人们创造共同记忆的过程。孩子们由他们的长辈带着到祖坟上祭祖，成人们将会告诉孩子们一些关于躺在这座坟墓里的人物的一些事迹，孩子们还将从长辈那里获得关于这个祖先的后代的信息，以此，孩子们认识到哪些人与自己属于同宗的关系，并且与这些人在同一座祖坟上来祭祖。所以，这就是一种维持认同和制造认同的过程。事实上，这时我们已经涉及节庆中的社会互动问题了。只是，这里的互动是在节日中通过祭祖活动来实现的。在我们考察了那些在县城工作的人回乡祭祖的活动之后，我们也发现了这样的互动不仅仅是同宗者之间的互动，也是城里人与山村农民的互动。

二、修坟

这里的祖坟似乎都要“修”，修和埋并不相同，许多人是在生前就将自己的坟墓修得十分漂亮、树立墓碑，而有些人则是在死后先草草埋葬，直到子孙经济条件允许的情况下再来重新修一次坟墓。外地做官者和做生意的人家经济总是好些，他们的祖坟总是修得相当气派。从梨子组的土墙院到横高的小路边上，有一座看起来不算很旧的祖坟，修葺得十分气派。从坟墓的样式和气派而言，除了几座晚清时期的大坟之外，这座坟算是这个村落里最突出的坟墓了。墓碑上明显表明这是一座合葬墓，其男主人名讳为谭本爵，是他和妻子的合葬墓。谭本爵去世没几年，但他的妻子已经去世十多年了。他们在 20 年前就修好了自己的坟墓，花费了 5000 多元钱。他的大儿子在越战中牺牲，所以国家对他们有烈属补助，当时每月就有几百元的补助。他们的二儿子是当地的赤脚医生，也稍有积蓄，而第三子当包工头，在石柱县买了房子，经济条件也比较宽松。在这样的条件下，谭明爵老人的气派大墓才修了起来。这座大墓是在两人去世之前修好的，这种情况下修建的坟墓被称作“生祭坟”，也就是人还没死之前就将坟墓修好。就在横高之下的一块小平地上，住着四五户人家，这里向来有一个统一的小地名，叫作“生祭坪”，原因就是这里曾经因为风水较好，很多活人在这里抢占风水宝地，还没死之前就修造了许多坟墓。

关于生祭坟，现在已经不甚流行，人们更加关注现世的生活。况且，尽管修建生祭坟有一定的影响力，但是这种做法多少会影响到其子女的名誉问题。传统的看法是，“父母少不了儿子的一个媳妇，儿子少不了父母的一盒棺材”。这里所表达的意思事实上是父母对于儿子的婚姻有着责任，而儿子对于父母的养老送终也有着义务。所以，这种义务和责任一旦没有能够很好地履行，那么义务方的名誉将会处于不利的地位。从另一种角度而言，父母和子女的关系状况通常也会通过修建生祭坟来表现，有些生祭坟的修建事实上是父母羞辱儿子的一种做法。当父母和子女的关系不好的时候，他们便会排除子女的力量而自己修葺一座生祭坟，以此来羞辱儿子。所以修建生祭坟是一件十分谨慎的事情，在许多修建生祭坟的场合，作为子女的义务方都会想方设法的在场，包括参与购买材料，协助工匠进行修建等。而作为父母，假如他们与自己的子女并没有什么激烈的矛盾的话，总会向别人强调一件事情，那就是他在修建生祭坟的时候自己的子女所做的贡献，尽管有时候子女的贡献并不大甚至完全没有贡献。我们在调查中遇到一个正在为自己修坟的老人，他正在和两个没有亲属关系的工匠师傅修坟。我们了解到他的儿子不在场，便问他为什么儿子不帮助他一起修，他很紧张地强调说之前一直是帮着修的，而且各种材料也是儿子去买，用车载回来的，当天只是因为儿子有急事才没有参加。

在桥头，修坟的花费不菲，表32为修葺一座生祭坟的经济开支情况：

表32　生祭坟修葺的经济开支情况表

物　品	价　格
墓碑上的一对龙	150元
脆石	400元
水泥	要用3.5吨，440元/吨，一共花费1540元
瓷砖	200元
劳动力	请工100元/人，工钱共花费4000元
朝角	一共10个，每个15元，共150元
铁丝、铁钉	20元
塑料桶	5元一个，买了4个，共20元

根据表中的情况看，修葺这座坟的开支是6480元。但是，这里还没有包括全部的开支，诸如交通运输费、建设中所耗的电费等，这些开支全部加起来还需1000多元。于是，修造一个这样的坟所要花费的资金大约为8000元左

右。修这样的坟，成本算是较低的，因为它主要是用水泥来修造的。

另一种更为奢华的修造方式是修造石料坟，这种坟墓的修造成本明显要比水泥坟更高，首先，石料的打造和运输要比水泥贵得多，而且，石料坟所要请的工人都是专业的石工，大概需要180个工来修造石料坟，也就是说，工人费也要18 000元左右。因此，一座石料坟的修造成本最低也在20 000元左右。

死后修的坟和生祭坟有所差别，而且成本低些，因为生祭坟需要预留出将来安葬的空间，这无疑增添了修坟的工序，其成本增加在所难免。而且，坟墓有单坟双坟之别，双坟为夫妻合葬墓，其规模更大，花费也需更多。一般情况下，单坟比双坟更为普遍。这与人们相信风水之说有关，当地人认为，如果是双坟，一旦风水不好，那对后代的影响要大于单坟，而如果建的是单坟，一处风水不好，可能另一处的风水会好，故影响不大。

三、做棺材

梨子组的最低处的一个院子被称为“生祭坪”。所谓生祭，就是在人还活着的时候就准备操办一些人死后的事情，例如，在人还活着的时候就开始给自己建造一个气派的坟墓，或者为自己做一个漂亮的棺材。对于这些事情，人们总是希望能够早有准备。由于棺材、选墓地、修坟这类事比较复杂，一天两天做出来的总不那么让人满意。所以人们常说：“闲时办来急时用，急时办来不作用。”所以，有不少人在生前就为自己准备棺材与修坟。

在生祭坪，我们曾看到一群人正围着两个木匠看他们做一口棺材。棺材的主人也在其中，他很高兴地审视这一切，偶尔指点或协助一下木匠师傅。棺材的底板已经做好放在旁边，木匠正在做棺材四面的框架，做好之后，两人抬起放在底板上，却发现框架和底板之间还存在一两公分的缝隙。看到这个缝隙，木匠和旁观人便笑说，这位棺材的主人会长寿，原因是当地有一种传统的说法，即是在给生人做棺材时，当框架第一次与底板相配时，如果严丝合缝，便预示着用这口棺材的人的生命也就不久了，但如果还有缝隙，而且缝隙越宽，说明这个使用棺材的人的寿命将会延长。这位木匠举了一个例子，他说，曾经有一个木匠给一个生病的人做了一口棺材，在框架第一次抬上底座之后发现严丝合缝，这位病人也就在第二天去世了。这位木匠觉得，这可能是因为大家都觉得这个病人已经活不了几日了，所以做那口棺材的木匠就故意做得很好，第一次就使得棺材严丝合缝。他又说，一个木匠在做棺材的时候，通常不会这样，他总要经过多次的磨合，才能够使得各板块之间很好地嵌合在一起。当然，这应该不是技术问题，而是习俗或观念的问题。

这几年，龙井组里有几户人家一直在做棺材的生意。做棺材最好的木料是杉树，当地人说杉树防腐，这样的棺材质量好，而龙井的山有很多杉树，做棺材再好不过。村民经常上山砍一些够粗够好的木料背回家，然后请木匠制作。龙井组经营棺材生意的向世界就请了一个来自黄水的白木匠到他家做活。棺材的价格根据棺材的质量而不同，“三底的棺材需要2000多元，五底的棺材需要3000多元”。龙井村民们一般根据棺材底的厚度来定价格。木匠的工钱也不一样，三底的一副棺材需要600元，五底的棺材需要700～800元。而且木匠要住在经营棺材的主人家里，主人供吃住。白木匠在村里做棺材已做了2年多了，早成了龙井人的老朋友。做好的棺材就放在家里，等待买家来买。周围的村子都知道龙井这边的山林多，经常有人来问棺材价格。以向世界家为例，2011年已经卖出了3口质量好的棺材，卖了10 000元左右，除去白木匠的工钱和食宿费外，利润有5000元左右。

第四节　民间信仰的变迁：从现实到观念

我们在上文中已经在每一部分的描述中涉及变迁的内容。这里只是作为一个总结和补充，而且，这里所关注到的变迁不仅仅涉及宗教活动的变迁，更涉及人们观念的变迁。

在大集体时期，假如天旱不下雨，粮食没有收成，生产队长就会组织生产队里的村民一起去求雨。在有事的时候才会去拜菩萨，譬如说家里发生了不好的事情，或者家中有人要出去读书，或者要发展自己的事业的时候。但是都不能在平时上工的时候去拜，一般都是晚上去拜，求菩萨保佑自己和自己的家庭，希望所求的事情都顺利。如烧香的话，都在庙子里面进行，在家里，就只是磕头、烧纸。在那个时代，一般当地人家堂屋正中的墙上会有个神龛，里面会供奉一些神像，在家就随时可以祭拜，这个时候就在地上烧点纸，然后跪在地上磕头，嘴里念念有词，向神明祷告，将自己的心头所求说给神灵听。在那个时候，多为孩子的求学、自己和家人的身体健康而祈祷，一般不会请求神灵让自己发财。因为大集体时期，钱方面都是集体的，不会有自己的私人财产。

到过节的时候，如过年和端午等，就烧点香烛纸钱，然后在案台上放点水果、糖等贡品，平时没有供品。到六月十九观音菩萨生日时，就将肉、饭、糖、水果等东西在供奉菩萨的案台上摆放一下，敬了以后，糖就给小孩子们吃掉。

在大集体时期，除了在家里敬菩萨以外，人们还会去万寿山敬菩萨，传说那个地方的菩萨脚下有草药和圣水，生病的人祭拜后，弄一些做药吃，病就会好，但是并不是所有人都相信，也有人认为此法不灵。

“文革”以前，农历每月初九、十九、二十九等沾九的日子，人们便会去拜土地爷，烧的纸是用黄色的、粗糙的火纸做的，然后另外再拿一张白纸写上“我”来拜土地的心愿，求土地爷保佑等文字，在后面写下自己的名字，然后将其烧给神明。

大集体时期祭神有的是为了生产，像集体修了养猪场要拜土地菩萨，开山开石头弄猪圈的石匠师父也要拜土地，生产队长为了生产，有时间就会去拜土地。为不影响生产，一般都是一大早去拜。

在那个时候，拜土地爷主要是因为有涉及动土的问题，如开山、开石就需要去问问土地爷，这样对土地爷表示了尊重，才能够放心地去做事情，不然的话就会担心出事情。

大集体时期上坟，多是各家整家人一起去，自我决定先上哪位祖先的坟，后上哪位祖先的坟。上坟者也没有性别限制，男人、女人、小孩都可以去上坟。不过屋里头需留个人煮饭，通常都是家中的主妇留下。上坟要带上锄头，可以修整坟茔等。此外就是带上拜祭用的、用线针打的那种纸、香烛、供品、纸钱和火炮。

到了“文化大革命”的时候，毛主席提出“破四旧”的口号，为响应毛主席的号召，当时队上也组织了一个专门打砸神像、斗走资派的队伍，将当时的神像和祭祀的场所都毁坏殆尽，到现在，联方组中的联方寺只剩下地基，其他什么都看不见了。

在这一运动中，有的人将自己家里供奉的神像交出去了，有的人将神像丢了，也有人将神像藏了起来，有的人把菩萨藏在雨淋不到太阳晒不到的隐秘地方，有的人将神像藏在家里。但不能被队里查到，假如查到的话，就会开会批斗，所以大家都很害怕。有些胆大又虔诚者只能在夜深人静的时候，偷偷摸摸地带点东西去自己藏神像的地方祭拜，诉说自己心中的愿望和请求，不敢公开祭拜，更不敢放火炮。

“文化大革命”时期，家里供奉的祖先灵位也都撤了下去，不准摆在外面，天地君亲师神位也不准贴。坟地中修建的比较豪华的、大型的地主的坟都被砸了，那些清代古坟也被砸了，只余下一些普通的家坟。在过年前的腊月还可以去上坟。到了坟上，主要是修整一下坟墓，如加一点土，以表示该墓还有后代在，然后再烧点纸磕下头就完了。

“文化大革命”期间，堂屋正中原贴“天地君亲师”神位的地方都贴着毛主席的画像。大队要组织大家学习毛泽东语录，同时也给每家人都发了本毛泽东语录，让大家时时刻刻可以学习。平时街上也有些人监察，被他们拦着就会问一些毛泽东语录，能答上就算过关，不能答上的话，就让你在那里学习、背诵，读熟一条才可离去。有段时候，人们还需要早请示，晚汇报。“早请示”是向毛主席请示这一天自己要做什么事情，要怎么搞生产。“晚汇报”是在晚上上坡回来以后向毛主席汇报今天已经完成了什么任务，生产上有什么成效等。生产队开会时也要学习毛泽东语录和唱歌颂毛主席的歌，譬如说《东方红》《大海航行靠舵手》等歌曲。开会前要全体起立，向挂着毛主席的像的地方请示会议精神，说清楚今天会议内容的主线，在开会时的整个阶段都要向毛主席保证会议的内容自己能够做到。

1976 年毛主席去世以后，村民在农会里面为毛主席开了个追悼会，大家都去悼念。当时有三间屋，正中间那间挂着毛主席的画像，其余全站着人，各家去悼念的都站成一排，然后大家都开始哭，深切地思念毛主席。

在毛主席去世后，很多人还是把毛主席像挂在堂屋中间的墙上，按当地人的话来说，就是这时“已经把毛主席当作神来拜了”，逢年过节，当地人都会在毛主席像下面的案桌上摆一些糖果贡品，像拜菩萨一样地向毛主席像祈祷，以便保佑家里面的事情，然后磕几个头，完成祭拜仪式。

分产到户以后，各家分到了自己的田地，田地上生产出来的东西都是自己的了，极大地激发了农民的生产热情。这个时候不再像大集体时期那样，什么都是集体所有，做出来的任何成果都是集体公有。也不像“文化大革命”时期，满脑子想的是如何搞运动而荒废了生产。当农民有了属于自己的土地，想的就是怎样可以把自己的生产搞好，怎样才能够在自己的土地上生产出更多的东西。随着改革开放的深入，国家也承认宗教信仰自由，认为信神信菩萨是一种正常的民间信仰，所以以前被摧毁的庙也在慢慢被修复，重新开始接纳群众的信奉，以前被藏起来的菩萨也开始出现在家中、路边或者专门为那些神像修的神龛中。

就这样，人们的民间信仰逐渐公开、复兴起来，人们可以因天旱去求龙王菩萨，也可以因需要出行或邻里相互之间的矛盾去求山王菩萨，也可以为了要开垦荒地向土地菩萨询问，也可以正大光明地逢年过节或者有什么事的时候就去拜祭祖先，可以燃放火炮，曾一度被压制下去的民间信仰开始慢慢复兴起来了，尤以每年阴历的六月十九日最为热闹。

第五节 多元融合的信仰体系：有神则灵

石柱的民间信仰有悠久的历史。早在清末道光年间王槐龄所纂修的《补辑石柱厅新志·建置第五》就详细记载了石柱县城以及周围的各大庙宇、寺堂。当时的石柱县城，有火神庙、显英庙（供奉李冰父子）、城隍庙、坛庙、文庙、武庙、龙神祠，吕真君庙等[1]，还有许多寺院分布城郊外。如《石柱厅志·寺院》记载："观音阁，在城东隅，创自土宣抚马千乘之母覃氏，明崇祯十四年（1641）都督秦良玉重修前玉皇殿，次观音阁。"《石硅乡土志》记载："城隍庙在城西市，明崇祯九年（1636）秦夫人良玉创立"，"崇圣祠在文庙大成殿后，亦马宗大创建"，"镇江王庙旧在城东隅，乾隆五年（1740）土司马宗大筑堤工成，建庙于堤后镇之"，"节孝祠……宣慰司马光裕妻节孝妇陈夫人捐款创建，又置祭田十余亩。"

但如果细细品味下来，便会发现，这些神祇之间原本是互不搭边的，更有甚者，如马鹿寺，则让各大神仙们齐聚一堂，关公和观音同样接受来自村民的祈祷和供奉的香火。对神祇如此崇尚，对巫鬼也不落下。王承尧《土家族简史》引唐《夔州图经》云："夷事道，蛮事鬼——他若有病不信医，宰牛以祀神，歌丧哭嫁，崇尚巫鬼"，[2]"疾病不信医而信巫，夜夜鼓吹跳鬼。死亡不从凶而从吉，家家燕乐闹丧，凿龛供岁煞财神，却无一隅藏主，顶香敬阎罗鬼，使不闻二簋享亲。"[3]

---

[1] 补辑石柱厅新志·建置第五中国国家图书馆提供数字在线版：http：//res4. nlc. gov. cn/home/pdfRead. trs？ marcid = MzEyMDAxMDc4MTY3&channelid = 8&bookid = 3733_ 008&dataid = shzfz&currentpage = 1&pathinfo = 676_ 200&top = &haveTop = false&type = first&subchannel = 0&ifPdfReader = 0&jumpType = 0&filenameSize = 3&part = 7.

[2] 王承尧、罗午：《土家族土司简史》，中央民族大学出版社 1991 年版，第 76 页。转引自彭福荣、冉建红：《石柱马氏土司文学述论》，《长江师范学院学报》，2007 年第 5 期。

[3] 王萦绪：《石柱厅志》，乾隆四十年（1775）刻本。转引自彭福荣、冉建红：《石柱马氏土司文学述论》，《长江师范学院学报》，2007 年第 5 期。

清代的改土归流，给当地的民间信仰带来了重创。“今既改流，凡一应陋俗俱宜禁绝”，“杀牲饮血，宜严禁也。”并规定“凡巫师假降邪神，佯修善事，煽惑人民，为首者绞，为从者各杖一百，流三千里”。[1]

但官家禁令并没有使民间信仰完全消失，即使在一百多年后的今天，各路神仙依然是当地村民祭祀与求助的对象，这其中包括了来自佛教、道教、儒家的思想和概念，也糅合了土家傩神信仰的底本。例如，佛教对当地信仰仪式的影响在葬礼上可窥见一斑。葬礼仪式上所写“小黄道”是“生、老、病、死、苦”，它出自佛教典籍《法华经》：

长者见是大火从四面起（至）心不厌患无求出意。

譬观六道苦起大悲心。四面即生老病死四相。为众苦之本。

生老病死忧悲苦恼为果业。属前因。

四合怖畏难。常有生老。病死忧患。

四谛之初。为治小智爱欲故说苦谛。使知厌离苦。即生老病死由爱欲起也。

三苦者。一苦苦。若根若境乖违逼迫。生老病死诸现苦相。二坏苦。因乐变异生诸忧恼。所谓乐未毕哀又继之。即爱别离求不得之类。三行苦。即念念迁谢之相。五趣蕴苦皆行苦摄。[2]

《中阿含经》中所给出的解释是，

謂生苦、老苦、病苦、死苦、怨憎會苦、愛別離苦、所求不得苦、略五盛陰苦，是謂知苦如真。[3]

即人生所必须经历的痛苦，各种烦恼忧愁及因为欲望所带来的困境。在丧事中出现的引魂幡，背面写有字迹，当亡人是妇女时，中间的内容为“南无南海岸上紫竹林内救苦救难大慈大悲观音菩萨金莲之下”，两侧的对联可以为“金童报信去，玉女往魂返”。而当亡人是男人时，中间的内容就需要写成“南无西方极乐世界阿弥陀佛接引导师宝座之下”。

观音菩萨：在大乘佛教中，他被认为是阿弥陀佛西方净土中的大菩萨，西

---

[1] 转引自段超：《试论改土归流后土家族地区的开发》，《中南民族大学学报（人文社会科学版）》，2004 年第 6 期。

[2] 《大乘妙法莲华经》，姚秦鸠摩罗什译，在线查询：http：//www. cnufo. com/tbtj/fhj. htm.

[3] 大正新修大藏经第一册 No. 26《中阿含经》CBETA 电子佛典 V1. 73 普及版，链接：http：//www. cbeta. org/result/normal/T01/0026_ 007. htm.

方极乐世界教主阿弥陀佛座下的上首菩萨，同大势至菩萨一起，为阿弥陀佛的左、右胁侍菩萨[1]。他本是无量劫前转轮王无诤念的长子，因为其在宝藏佛前发愿，宝藏佛为其命名观世音。

金童玉女：出自道教，据《真武本传妙经》说，金童、玉女是真武大帝的侍童小神，“元始天尊，于龙汉元年七月十五日，于八景天宫上元之殿，安祥五云之座。与三十六天帝、十极真人、无量飞天大神、金童玉女，侍卫左右”。金童、玉女分掌威仪，书记三界中的善恶功过。[2]

阿弥陀佛：梵语“阿弥陀”，中文称“无量”，“舍利弗。彼佛光明无量，照十方国，无所障碍，是故号为阿弥陀。又舍利弗。彼佛寿命，及其人民，无量无边阿僧只劫，故名阿弥陀”[3]。

葬礼上还需要用到二十一封“过殿袱子”，这二十一封“过殿袱子”中一共有十二个殿，还有九个配角。十二个殿分别是：一殿秦广、二殿楚江、三殿宋帝、四殿五官、五殿阎罗、六殿卞城、七殿泰山、八殿都市、九殿平等、十殿转轮、十一殿东役、十二殿南役，从一殿到四殿是阴曹地府里的掌权者，从五殿到十二殿都是阴曹地府里的关口。而九个配角分别是：引魂将、引魂童子、开路将军、开路童子、当方土地、桥梁土地、丰都城隍、大江土爷、舟夫。这其中大部分的“殿主”和配角，也都是来自佛教典籍，如关于“阎王”的概念：

“阎王”，梵语音译，本意是“捆绑”，意思是捆绑有罪的人，在古代印度神话中，阎王是管理阴间的王，印度现存最古老的诗集《梨俱吠陀》中已经有关于阎王的传说。佛教沿用了阎王的观念，称其为阴间地狱之主。佛教传入中国后，演变出具有汉化色彩的阎王观念：十大冥王/十殿阎君，这一说法始于唐末。据《玉历宝钞》，十殿阎罗分别是：第一殿秦广王蒋、第二殿楚江王历、第三殿宋帝王余、第四殿五官王吕、第五殿阎罗天子包、第六殿卞城王毕、第七殿泰山王董、第八殿都市王黄、第九殿平等王陆、第十殿五道转轮王薛[4]。

---

[1] 大正新修大藏经第三册 No. 157《悲华经》CBETA 电子佛典 V1. 27 普及版，链接：http：//www. cbeta. org/result/normal/T03/0157_ 002. htm.

[2] 元始天尊说真武本传妙经．全文链接：http：//www. jnk. org. tw/w02 – 55. htm.

[3] 《佛说阿弥陀经》，链接：http：//book. bfnn. org/books/0086. htm.

[4] 马书田：《中国佛教诸神》，团结出版社 1994 年版，第 345 – 349 页。

而我们在桥头镇所收集的“十二殿”阎王，则在原有基础上多了东、南役，并且还有九大配角。这九大配角中的人物，大部分来自道教的信仰体系，如“土地”和“城隍”：

当方土地：《公羊传·庄公二十五年》：“鼓用牲于社。”“社”即土地之主。14世纪后，道教日益世俗化，土地也成为地方神祇。

城隍：城隍本指护城河，经过道教的演衍成地方守护神。❶

在这九大配角中有一位“开路将军”值得注意。开路将军，又叫开路先锋，是傩戏中的“先导之神，其职责是逢山开路，遇水搭桥，扫除前进道路的妖魔鬼怪，其面具造型与开山莽将相似，但头上有三只角”。土家族的傩戏，与道教的渊源颇深，但又融合了楚巫文化，同时结合了土家族先民所生活的乌江流域、酉水流域等地理环境的内容，形成了集自然神、道教神祇、巫文化等为一体的土家傩神信仰体系。❷ 但是，正如前文所析，石柱桥头镇的傩文化几乎不见踪迹，也没有傩戏请神、酬神的祭师——“梯玛”的存在，甚至本地人的记忆里，对于1949年前是否有过“还傩愿”仪式也不甚清楚。只不过在丧事仪式所请神祇中，这些本属于“傩戏”中的神，依然在人们的生活中存在，并且担任着“逢山开路，遇水搭桥”的神灵职责。

除了道教、佛教、地方傩神之外，当地丧葬仪式中，还有来自中原儒家文化的印迹。丧葬仪式现场所写牌位上，“×氏历代昭穆考妣高曾列祖”，“列祖”出自《诗经·颂·商颂》，泛指祖先；“昭穆”指祭祀时，子孙按宗法制度的规定排列行礼。《礼记·祭统》：“夫祭有昭穆。昭穆者，所以别父子、远近、长幼、亲疏之序而无乱也。”牌位上所写“故显考/妣”以及后面的“老大人/老孺人”也与儒家文化有关，

考：《考工记》：“考，成也；妣，媲也。”《礼记·祭法》：“是故王立七庙，一坛一墠。曰考庙，曰王考庙，曰皇考庙，曰显考庙，曰祖考庙，皆月祭之。”

妣：《礼记·曲礼下》：“王母曰皇祖妣。”后用来指代母亲。

孺人：《礼记·曲礼下》：“天子之妃曰后，诸侯曰夫人，大夫曰孺人，士曰妇人，庶人曰妻。”宋代为通直郎以上之母或妻的封号。

---

❶ 王宜峨：《中国道教》，五洲传播出版社2004年版，第61－63页。

❷ 曹毅：《土家族民间文化散论》，中央民族大学出版社2002年版，第35－42页。

有时甚至会发生佛、道、儒同时出现的情形，例如，引魂幡正面中间所写“旛宝盖腾空接引揖召新逝亡人故显妣×××老孺人真三魂七魄四十八愿吁速赴神旛之下”，这短短的38个字，就用到了佛教、道教的概念：“幢幡宝盖”“三魂七魄”“四十八愿”，与儒家的“妣”“老孺人”并列在同一文本中：

幢幡宝盖：挂起幢幡，代表菩萨。“宝幢菩萨”表智慧殊胜，特别是表弘法利生。古时候，寺院讲经说法用幢作讯号。

三魂七魄：道书《云笈七签》云：“夫人有三魂，一名胎光，一名爽灵，一名幽精。”七魄是：尸狗、伏矢、雀阴、吞贼、非毒、除秽、臭肺，皆“身中之浊鬼也”。

四十八愿：出自《佛说大乘无量寿庄严清净平等觉经》，法藏比丘以五劫思惟摄取庄严佛土清净之行，然后在世自在王佛前，长跪合掌，以最真诚的心，说出四十八个大愿。

此前关于土家族的民间信仰，较多的讨论集中在道教对土家族文化的塑造上，例如，邓红蕾在《道教与土家文化》中所做的诠释，土家族文化确实受到了道教的影响。但是从我们的田野调查所遇到的实际情况来看，事实上，土家族的民间信仰不仅仅局限在道教的力量，而是融合了各家所长；将各类宗教以及本地的自然信仰均融合在一起，构成了当地社区的多元融合的信仰体系。

土家族的宗教信仰包括了三大块内容：与自然信仰、祖先信仰结合的傩神信仰、儒道佛等外界输入的信仰和一些历史人物的神化信仰。第一类信仰诸如山石雷神等因自然环境和祖先迁徙所带来的敬畏，第二类和第三类部分是文化互动的结果，部分是地方政府在改土归流过程中强行推行汉族天神信仰的结果。例如，鹤峰知州毛峻德发布《告城隍文》，要土家族人信仰天神。“伏惟尊神，作一州之保障，操生死之权衡，辅国佑民，御灾捍患，是其职也。”[1]

事实上，关于儒、道、佛以及本土自然神祇信仰的融合，早在人类学家们研究台湾汉人的民间信仰时，就指出过这个现象[2]。李亦园认为中国的民间宗教吸收了佛教、道教的教义，又融合了本土的祖先崇拜、自然神祇信仰等[3]。

---

[1] 转引自段超：《试论改土归流后土家族地区的开发》，《中南民族大学学报（人文社会科学版）》，2004年第6期。

[2] 范纯武、王见川、高致华：《台湾民间宗教研究的回顾与前瞻》，《文史哲》，2009年第1期。

[3] 李亦园：《民间宗教仪式之检讨—讨论的架构与重点》，《“民间宗教仪式之检讨”研讨会论文集》，中国民族学会出版1985年版，第2页。

这种宗教融合主义（syncretism of religion），常常展现在外来宗教与本地社会的文化、宗教的磨合之中，融合于当地文化之内❶。这种现象不仅在中国出现，在全球各个国家也有类似情况发生。例如，伊斯兰教传入印度尼西亚时，其礼拜礼仪也结合了印度尼西亚原有的文化❷。这种多元融合的信仰体系也印证了我们在田野观察中所见到的佛道教义与傩戏戏文以及儒家思想融为一体的现象。

更重要的是，这种多元宗教融合主义，恰恰与土家族所处地理环境以及民族历史相关。土家族先民长期生活在中原与西南边疆交界地带，受到中原强势民族的文化——汉文化的影响，但同时也受到险恶地势环境所带来的自然神祇信仰的影响，并且还有因为历次战乱所造成的动荡流离转而祈求平安福祉的心理，一一紧密结合而形成了土家族的宗教体系。

土家族地区的民间信仰一直是民间与官方政令之间的博弈。一段时期里，由于当地官方政府的主导思想是倡导儒家“正统”思想，抑制土家民间信仰，致使这一段时期的地方宗教体系陷入困境。而一旦环境开放，地方宗教体系又蓬勃发展起来。在1949年以后的很长一段时间里，地方宗教信仰又遭遇了同样的，而且几乎是灭绝性的经历。但是也正如我们所描述的那样，在适当的环境里，那些信仰再一次表明了其活力所在。更重要的是，在随后复兴的信仰中又融入了新的集体记忆，即对毛主席的无限爱戴所神化的内容以及大集体时代集体经历的内容。这些集体记忆一方面是对那段历史记忆的一个地方性叙事传统；另一方面则充实了土家人的地方信仰体系。这些起起伏伏的变迁史，使得集体记忆一点点地加厚，也使得族群认同一点点地加深。

---

❶ 张家麟：《论台湾民间信仰“本土化”现象——以礼斗仪式为焦》，“宗教经典诠释方法与应用”学术研讨会，2008年。

❷ 蔡宗德：《传统与现代性：印尼伊斯兰宗教音乐文化》，桂冠图书出版公司2006年版。

第九章　结　语

本次田野调查的研究对象是渝东南武陵山区的土家族，田野点选在了石柱土家族自治县桥头镇，分别从地理环境、人口、婚姻家庭、经济、教育、生活习俗、传统文化、民间信仰、信息传播等方面考察了当地社区的构成以及土家族文化的现状和传播。

关于“传统”的变与不变，传统的孰是孰非，似乎成了难断的公案。而民族文化的传播与传承，也成为众说纷纭的话题。传统文化具有自己的生命力，并不是刀光剑影就能阻断的。薅草锣鼓、舞狮舞龙灯、摆手舞等一度在桥头镇绝迹；山上的石菩萨被敲掉，马鹿寺台阶上的石刻也被抹黑，看不到烧香拜菩萨的人，喝不到转转酒，听不到步步高升的吉利话……可是，转眼间，火红的狮子又跳起来了，金色的龙灯又上下飞舞了。

桥头镇的居民，用自己的日常生活来驳斥了学术界的一种视角：

大陆官方学界看待少数民族的三种视角，第一个是通过现代化进程来理解少数民族处于哪个阶段……从一个现代化的角度去研究少数民族，往往受制于关于传统的想象……预设了会看到他们以为都市已经失去了的传统[1]。

传统文化有其自身的生长痕迹，而社区则是它成长的温室。无论是红白喜事，还是逢年过节，小孩子们在父母的带领下，走家串户，在嬉戏中获得了对传统文化的初步印象。随着个体的社会化，年轻人不断地获得社区知识，开始记得辈分，记得人生礼仪的每一个步骤。从出生的酸糟酒，到“落气鞭炮”，上一代走完了人生的历程，而下一代在这个过程中从长辈手中接过文化的接力棒，又传递下去。这也是法国学者布迪厄所力证的“文化实践”，即社区的文化表征在其成员的言行举止中得到内化和传播。

[1] 石之瑜：《社会科学知识新论》，北京大学出版社2005年版，第216－222页。

虽然当地缺乏学术典籍上所记载的“白虎信仰”、“梯玛傩戏”等典型的土家族文化特征，但是我们可以看到，族群认同在日常生活中一点点地被形塑。这一点同时又受到地域文化的影响，因为摆手舞、薅草锣鼓等文化内容，与其说是某一个民族所独有的，还不如说是武陵山区的少数民族所共享的文化元素。而且由于家族宗亲等社会组织和社会结构所形成的权力变迁的角逐，在当地社区中亦出现了地域认同，即外来移民与当地居民的互动，经济关系的互动，山上的村民小组与山下村民小组的认同差异，等等。但这些诸多层次的认同，都指向了这块土家人聚居的地区所特有的土家族族群。并且有所不同的是，土家族的族群认同并不是剔除了其他文化而仅仅由单一元素组成。相反地，它在历史长河中不断地吸收、兼容和糅合了外来文化，将其与自身的传统文化结合在一起，形塑了土家人的文化认同和族群认同。

我们认为，在中国这个自古以来就是多民族聚居和杂居混合的国家，在这块大地上，单独剥离某个文化元素仅仅属于某个民族，是非常不符合现实的，也是不尊重历史本身的。民族之间杂居，一个民族的文化受到同一地域的其他民族的文化的影响，这些他者文化元素被采纳到自己文化中，构成了本民族的特色。台湾人类学家胡台丽研究台湾地区原住民时指出，不少原住民族群的共同记忆本身就是将外界的影响纳入到族群记忆中，以此构建起关于本族群的历史记忆❶。她用了一个影视学的概念——“叠影”来形容此现象，指当每一个部落与其他部落交往的时候，这个部落的文化便会留下一些其他部落所带来的影响，犹如冲洗的胶片出现的“叠影”一样。就像一张不断被重复曝光的底片，各个文化重影在这张底片上，这才构建了今日的民族文化。这也是我们现在进行田野调查的立足点，而不是去分离哪个文化元素是受到哪个民族的影响。

我们的田野个案与其他学者所研究的社区最大的不同是，当地并没有传统上而言的土家族历史记忆。虽然，土家族的大姓——向、谭、杨等姓氏在桥头镇可以找到，但是并没有族谱记载他们是从何地搬迁至此。口头相传的则是因为逃难、经济、生存等原因从邻乡搬到此地。当地的集体记忆更多的是关于最近百年内所发生的历史事件，并无白虎信仰，也没有土家梯玛等祭师。当地人甚至认为，他们不是“土人”，还有一些与“土人”有关的说法，例如，“土人的脚后跟要长一些”云云。所以，这个现象就显得更加有趣：几乎没有

❶ 胡台丽：《文化展演与台湾原住民》，联经出版事业股份有限公司2003年版，第161－221页。

"族群记忆"的社区，是怎样构建了族群认同呢？

实际上，在石柱县成立自治县后，民族政策落实了，当地人的民族成分成了"土家族"。无论是出于宣传还是招商引资的需要，当地政府部门挖掘整理了民族文化的资料后，通过摆手舞大赛、文化节等方式推广了土家族的民族文化。就地方社区的层面而言，则是出于生产生活的需要，敬畏自然，祈望能有更多好运等，民间信仰、节庆礼仪等文化内容在日常生活中频频现身，构成了当地生活的一部分。而这些文化内容都被赋予了"民族"的特征，当地居民们也慢慢地接受了"土家族"的族名，并频繁地使用这一族名。在我们的访谈中，村民在讲解具体内容的某一段时，经常会停下来说，"这些都是我们土家族的传统"，"这些都是我们土家族的东西"。这不由使我们联想到，布迪厄在论述场域与惯习时所指出的，族群性是在一个实体下各个成分之间互相关联起来的关系，而这种关系又反作用于各个成分之上，使得它们具有了那些没有如此这般关联的成分所没有的性质[1]。而土家族社区中的各个组成部分——地理环境、交通、人口、婚姻、经济、社会组织、教育、传统艺术、风俗习惯、节庆礼仪、民间信仰等，无一不是互相关联着的。而这样由本地元素所编织的"意义之网"，使得它所覆盖的主体不断地继承并实践着这些惯习，也即是"土家化"的历程。

长期以来，对于异族被纳入到中原王朝的视野中的现象，史书和民间都称之为"汉化"。但是，对于从古至今都与周边民族有各种互动的少数民族而言，"化"不是一个单向的过程，而是多面向的；有"汉化"现象的存在，亦有"蒙古化"、"藏化"、"苗化"等现象的存在，即边疆地区的汉族或者其他少数民族受到该地区某一个强势民族文化的影响，逐渐向其靠拢的现象。我们的研究也论证了近几十年里，通过社区中民族文化的传播与传承，石柱县桥头镇的民众"土家化"的过程。对于当下的和谐社会而言，多元文化并存，"各美其美、美美与共"，才是族群认同与民族互动的最终走向。

---

[1] 布迪厄：《实践感》，蒋梓骅译，译林出版社 2003 年版，第 5 页、第 12 页。

后　　记

桥头，这个渝东南的小镇，似乎沉静在山水之间，在数百年前却是中央王朝往西南边疆拓展的咽喉要道。如今金戈铁马的硝烟早已散去，只剩下“天降神兵”的传说在村民之间口口相传。桥头镇属于石柱土家族自治县所辖，大部分居民为土家族，以农业种植和外出务工为主要经济来源。村民们的生活日复一日，似乎单调无味；但复杂的民间信仰、多姿多彩的民俗活动，都呈现出精彩的土家民族文化特征。

土家族主要分布在湖北、湖南、重庆和贵州等省和直辖市，尤其是在武陵山区一带，与苗族、汉族、瑶族等其他民族杂居。重庆境内的土家族主要聚居在渝东南区域，即石柱、彭水、黔江、酉阳和秀山，其中又以石柱县的土家族人口为最多。在长期与多民族杂居的过程中，土家族人民吸收了其他民俗的文化元素，为繁荣的土家文化注入了新的活力。但是，土家文化的特征何在；在经济浪潮的洗礼下，是否保留了传统文化的内容；是否因此而停滞不前甚至濒临消失，诸如此类的疑问正是本次田野调查所要解答的问题。

此次田野调查在西南大学历史与文化学院民族学院田阡教授与云南大学民族研究院张振伟博士、上海交通大学人文学院石甜博士，带领学院 2009 级 1 班 12 名本科生和田阡老师的 8 名硕士研究生共同开展的集体田野工作。对所有的本科与研究生来讲，都是一次人生的田野，使他们收获不同的学术和生活。书中使用的基础资料和信息均参考了分类撰写的田野调查报告，赵亚丽调查马鹿组的人口状况，彭玉菊调查兴隆组婚姻家庭情况，屈靖调查交通与信息传播，邹潮调查桥头镇概况，王鹏调查合堡组生活方式，孙静调查风俗习惯，刘应科调查梨子组经济生活，王明月承担了龙井组生计与社会组织的任务，高凤琼关注了龙井经济状况。长沙村则由彭伟负责人口分布与人口流动的调查，黄兴泳调查了茨谷组的婚姻家庭情况，孙婷负责民间文化的调查，罗佳丽调查了宗教信仰，刘妙调查了人生礼仪，张龙调查了教育状况的调查报告，杨少玉调查了生活方式，蒋丁冬调查了民间习惯法，袁亮调查了社会组织与社会结构，金亚飞调查了经济状况。虽然学生的文笔稚嫩、调查不够系统深入，但是田野训练本身的魅力已经显现。他们实事求是、认真负责的田野调查精神就是最好的激励。田野调查的资料不仅是当地社区文化历史发展的见证，也为本书的社区全景式研究提供了有力的证据。本书由田阡、石甜、李胜共同撰写，田阡、石甜对全书进行最后统稿，田阡对书稿内容进行最后审阅。除了标注的引用书籍和参考文献之外，本书中的数据均为田野调查所获信息。感谢时任桥头镇委书记的张道华先生，他给我们的团队调研提供了很好的保障和支持。这份调查报告也献给这些可亲可敬的父老乡亲，愿他们在这片土地上的辛勤耕耘，不会再被“历史”所遗忘。

田　阡

2014 年 12 月 8 日

特别感谢

教育部新世纪优秀人才支持计划“多元文化互动与族群关系研究”，重庆市社会科学规划项目“武陵山区多元文化互动与族群关系研究”（项目批准号：2010YBRW61）；西南大学基本科研业务费专项资金资助项目“中国少数民族村寨文化模式与经济的现代转型研究”以及重庆市文化委资助的“武陵山区多流域文化遗产调查与生态文明建设研究”项目对于作者学术研究的支持！

鸣　谢

西南大学统筹城乡发展研究院
西南大学新农村发展研究院
重庆国学院
西南大学校地合作处